教职员卷（1922年~1949年）

主　编：刘兴育　王晓珠

副主编：毕学军　雷文彬

主　编　刘兴育　王晓珠
副主编　毕学军　雷文彬

教职员卷

（1922年～1949年）

云南大学
云南省档案馆　编

云南大学出版社

图书在版编目（CIP）数据

云南大学史料丛书. 教职员卷：1922 年~1949 年/
刘兴育，王晓珠主编. —昆明：云南大学出版社，2013
ISBN 978 - 7 - 5482 - 1496 - 0

Ⅰ.①云… Ⅱ.①刘… ②王… Ⅲ.①云南大学—史
料②云南大学—工作人员—概况 Ⅳ.①G649.287.41

中国版本图书馆 CIP 数据核字（2013）第 061951 号

云南大学史料丛书·教职员卷

（1922 年~1949 年）

主　编　刘兴育　王晓珠

副主编　毕学军　雷文彬

责任编辑：李　红
出版发行：云南大学出版社
印　　装：昆明市五华区教育委员会印刷厂
开　　本：787mm×1092mm　1/16
印　　张：26.5
字　　数：661 千
版　　次：2013 年 10 月第 1 版
印　　次：2013 年 10 月第 1 次印刷
书　　号：ISBN 978 - 7 - 5482 - 1496 - 0
定　　价：60.00 元

社　　址：昆明市一二一大街 182 号云南大学英华园内
邮　　编：650091
电　　话：0871 - 65033244　65031071
网　　址：http://www.ynup.com
E - mail：market@ynup.com

序　言

　　云南虽然地处边陲，但在近代教育的发展方面却不输内地。1922 年 12 月，时任云南省都督的唐继尧出资创办的私立东陆大学宣布成立，校址位于已有 400 多年历史的云南贡院。1923 年 4 月 23 日学校正式开始招生。1930 年学校由私立东陆大学改组为省立东陆大学，1934 年又进而改名为省立云南大学。1938 年，学校由省立云南大学成为国立云南大学。16 年里，从东陆到云大，从私立到公立，从省立到国立，学校几经改组变迁，先后有董泽、华秀升、何瑶、熊庆来 4 任校长，逐步发展，日臻成熟。

　　在云南大学的发展史上，最值得一书的是 1937—1949 年著名数学家和教育家熊庆来担任校长的 12 年。在此期间，学校进入了自己历史上最辉煌的时期。

　　1937 年抗日战争爆发，熊庆来教授接受云南省主席龙云的聘请，出任云南大学校长。当时的云大，只有 2 个学院 6 个系，30 多名教授，8 名讲师，302 个学生，教学设备简陋，教学质量不高。熊庆来原在清华大学工作，他以清华为蓝本，从云南实际出发，利用抗战初期各方人士南下昆明的机会，广揽人才，延聘了一大批著名学者如刘文典、顾颉刚、吴文藻、楚图南、陈省身、华罗庚、费孝通、庄圻泰、霍秉哲、华岗、尚钺、彭桓武等来校执教。当时云大师资阵容之强、水平之高，在全国大学中是少有的。熊庆来校长还亲自作了《云南大学校歌》，制定了"诚、正、敏、毅"的校训，要求学生具有诚实、正直、聪敏、坚毅的品格和精神。在熊校长的努力下，到 1946 年，云大已发展成为有文、法、理、工、农、医等学科门类较为齐全，有 5 个学院 18 个系、3 个专修科、1 个先修班、3 个研究室，在校学生达 1100 多人，图书馆藏书十余万册，理科各系有实验室或标本室，并有附属医院、附属中学、天文台、实习农场、实习工厂等设施较完备的综合性大学。到 40 年代，云南大学已成为美国国务院指定为中美交流留学生的 5 所大学之一。1946 年，英国《简明大不列颠百科全书》把云南大学列为中国十五所世界著名大学之一。熊庆来主校12 年，云南大学蒸蒸日上，日新月异，被称为学校历史上的"黄金时代"。

中华人民共和国建立后，云南大学又经过了新的调整组合，其发展也经历了诸多曲折起伏，一路走来，直到今天。随着历史的延伸，国家的发展，今日的云南大学，无论是院系设置、师生规模，还是校园环境、办学条件，与80年前或50年前相比，都已不可同日而语。然而，学校的优良传统，却由一代又一代云大人传承下来，发扬光大。从私立东陆大学"发展东亚文化，研究西欧学术，造就专才"的办学宗旨，到今天"会泽百家，至公天下"的云大精神；从云大创始人唐继尧提出"自尊、致知、正义、力行"的老校训到今天"立一等品格，求一等学识，成一等事业"的新校训，都昭示着云大一脉相承的光荣历史。正所谓"八十余载，弦歌不断，薪火相传"。

在80多年的岁月里，云南大学积累了大量的文书档案资料。这些史料真实而生动地记录了学校一步步走过的艰辛历程，其中包含着几代云大人的心血和汗水，是前人留给我们的保贵遗产。随着时间的推移，一些历史文档已开始变质损坏。尽快整理、编辑和出版这些珍贵的资料，不仅可以完整地反映学校发展的历程，真实地记录历代云大人为学校作出的贡献，而且有利于我们总结80多年的办学经验，把握未来学校的发展方向；也有利于对师生员工进行爱国爱校的传统教育。这是一项有意义和有价值的工作，做好这项工作，既是前辈师生校友的心愿，也是我们后来者义不容辞的责任。

由于学校1949年以前的档案资料均已移交云南省档案馆保存，为了更快捷有效地查找整理相关资料，我校与云南省档案馆携手合作，计划用几年的时间，共同编辑出版多卷本的《云南大学史料丛书》（1922—1949）。在《云南大学史料丛书》完成编辑出版之际，负责此项工作的档案馆·党史校史研究室刘兴育索序于我。一方面因为我在学校分管档案和校史工作，另一方面也出于我个人对学校历史的热爱和兴趣，于是欣然从命，完成此序。

肖　宪
2008 年 8 月于云大会泽院

编辑说明

1. 体例。本卷所选资料按类项编辑，并依形成时间先后顺序排列。

2. 标题。除少数标题如报告、附件等的标题未作更改外，其余标题大多为编者所拟。

3. 格式。（1）本卷中出现的各类应用文体及表格，包括公函、私人信函、聘函、名录、报告、计划书、会议记录、调查表、章程等，在忠实档案资料的基础上，尽量保持历史原貌，不作统一范式处理。（2）公函、聘函多无台头。私人信函大多有台头，如"……道鉴""勋鉴……"。（3）电文与信函格式不一样，在处理中存在差异。（4）信函中一些习惯用词，如"径启者""谨启者""径复者""无任公感""察阅""查核"等，编者均保持其原貌，未作处理。（5）公函、训令等发文有字号标注，但由于历史原因和档案保存的缺失，有些档案字号并不完整，甚至空缺，从尊重档案出发均保持其原貌。

4. 编辑整理。（1）档案中出现的异体字、通假字和繁体字，在编辑整理中统一改为简体字。（2）本卷汇编的档案资料大多数没有断句，编者做了断句处理。（3）为了简洁地反映每年教职员的人事、薪俸变化，大量使用表格，如某年度教职员名录、某年度教职员薪俸表，这些表格大多是编者将散存在档案中的资料归类整理而成。教职员简历一节也同样是经编者整理而成。（4）在档案整理中出现少量的外文，由于档案破损不清和手写体难辨，在录入中难免存在错谬。（5）数字均保持原貌未作统一处理。

5. 纪年及日期。落款时间均照原文采用民国纪年，标题之下所采用的时间为公元纪年，是编者所加。由于档案保存的原因，部分文件的时间无法查证，有的地方编者只能根据文件的内容及前后联系来处理；部分文稿同时存在拟稿、核稿、复核、发文等多个不同时间，无法准确判断其发文日期，只能选择其一，难免存在臆断错误之处。有些文件无落款时间，然标题之下却有时间，乃编者根据文稿发送时间、批注时间或前后函电之联系所做出的处理。有些文档虽有落款时间，但仅有年份，而无月、日，编者均按原件残缺不做处理。

编　者

2009 年 2 月

目　录

校、院、系及行政机构人事任免

名　录

教职员管理

教职员薪俸与生计

校、院、系及行政机构人事任免

一、行政机构组成的相关规定

（一）省立云南大学时期

云南省立云南大学组织大纲（节录）

第七条　本大学设校长一人，总理校务，由省政府咨请教育部呈请国民政府任命之。

第八条　本大学各学院各设院长一人，由校长聘任之，商承校长处理各该院院务。

第九条　本大学各学系各设主任一人，由院长商请校长聘任之，商承校长及各本院院长处理各该系系务。

第十条　本大学各学院设教授、副教授、讲师、助教若干人，必要时得添设兼任讲师，均由院长系主任商请校长聘任之。

第十一条　本大学设秘书处，置秘书长一人，由校长聘任之，商承校长处理文书庶务会计事宜。

第十二条　本大学秘书处设文书、庶务、会计三课，各置主任一人，由校长分别聘任之，商承校长、秘书长分掌各该课事务。

第十三条　本大学设教务处，置教务长一人，由校长聘任之，商承校长处理一般教务事宜。

第十四条　本大学教务处设体育部、注册课、出版课、图书馆，各置主任一人，由校长分别聘任之，商承校长教务长分掌各该部馆事务。

第十五条　本大学各部课馆主任之外，得酌量分别设置体育指导员、课员、馆员各若干人，由校长分别委任，协助主任办理各该部课馆事宜，其办事细则另定之。

第十六条　本大学各处院部课馆，得酌用雇员。

民国二十七年

（二）国立云南大学时期

二十九年校览（节录）

第五条　本大学设校长一人，总理校务，由国民政府任命之。

第六条　本大学置教授、副教授、专任讲师、讲师、技士及助教若干人，由校长分别聘任之。

第七条　本大学设教务处，置教务长一人，由校长就教授中聘任之，商承校长处理全校教务事宜。

第八条　本大学设训导处，置训导长一人，由校长就教授中聘任之，商承校长会同导师处理全校训导事宜。

第九条　本大学设总务处，置总务长一人，由校长就教授中聘任之，商承校长处理全校事务事宜。

第十条　本大学各学院各设院长一人，由校长就教授中聘任之，商承校长会同教务长，处理各该院院务事宜。

第十一条　本大学各学院所属各学系各设主任一人，由各该院长商请校长就教授中聘任之，商承院长处理各该系系务事宜。

第十二条　本大学校长办公室得设秘书一人或二人，由校长聘任之，承校长之命处理各项机要文件。

第十三条　本大学教务处分设注册、出版两组及图书馆，各置主任一人，及干事、组员、馆员各若干人，由校长分别聘任或委任之，承教务长之命分掌各该管事务。

第十四条　本大学训导处分设生活指导、军事管理、体育卫生三组，各置主任一人，及训导员、军事教官、体育指导员各若干人，由校长分别委任之，承训导长之命分掌各该管事务。

第十五条　本大学总务处分设文书、出纳、庶务、工务四组，各置主任一人，及干事组员各若干人，由校长分别聘任或委任之，承总务长之命分掌各该管事务。

第十六条　本大学设会计室，置主任一人及佐理雇员若干人，由国民政府主计处任命之，依法受校长之指挥，办理本校主计会计事宜。

第十七条　本大学设统计室，置主任一人，由本校教授兼任之，及设佐理若干人，办理全校统计事宜。

民国二十九年

二、校董事、校长、院长、系主任的任免

（一）私立东陆大学时期

有关筹办东陆大学的文件

令东陆大学筹备处处长董泽。呈一件为呈报被选为校长，请另聘贤员，并请省长就名誉校长职由，呈悉。查本省东陆大学纯系私立性质，该司长既被选任该校校长，应即承认，力谋进行，以期早观厥成，勿得固辞。其余被选名誉校长，应准备案，勿庸由政府加委。仰即知照。

此令

省长唐继尧

民国十一年十一月二十日

有关筹办东陆大学的文件①

呈为呈请函聘校长并发给关防事。窃查东陆大学组织大纲第十四条载，本大学设校长一人，由教授会推选二人，交由校董会选择一人聘任之，但在校董会未成立以前，暂由本大学筹备处函请推荐人聘任等语。现本校一切组织均已大体就绪，定于明春开学，当此密迩开学期间，校长一职自应从速选聘，然后纲举目张，办理有绪。特于本月四日集合各筹备员开会票选，开票以后均属董筹备处长，后应请依照组织大纲加函延聘，一面制颁校印，俾从速就职。依据校纲，恳请加函给印，各缘由是否有当，理合具文呈请。

钧核示遵谨呈

云南省省长唐

东陆大学筹备处谨呈

聘任胡昭及充任本大学学监兼兵式体操教员

今聘任胡昭及先生充任本大学学监兼兵式体操教员。

校长署名

民国十二年九月十八日

---

① 此条日期不详。

函聘卢锡荣博士为本大学副校长

径启者，凤钦博士冀藉声闻，兹特敦聘台端为本大学副校长，春风化雨，宏开马帐以傅经立雪问途咸向龙门而负笈。即希俯就，无任翘企。

此致卢锡荣先生

东陆大学创办人唐
民国十三年二月

聘华教授兼代文科主任

径启者，本大学文科主任一职，原议由卢副校长兼任，现在卢君一时不能返校，而文科事务，又诸难进行，不可无人主持，应请由贵教授暂为兼代。即希克日到职，筹商办理为盼。

此致华教授秀升

校长董
民国十四年二月

函聘行政委员会委员

径启者，查本校事务，近来逐渐殷繁，应即援照成案将行政委员会组织成立，以利进行。兹根据委员会简章第二条之规定，聘任台端为本委员会委员，即冀查照办理为荷。

此致萧扬勋先生、华秀升先生、赵家遹先生、余名钰先生、杨克嵘先生、袁丕佑先生、杨维浚先生、周恕先生、何瑶先生

校长董
民国十六年二月

函聘招生委员会委员

径启者，查本校招收预科学生，向系组织入学试验委员会办理其事。现在第七届预科学生毕业，经布告招考，自应照案办理。惟入学试验委员会名称涵义稍狭，应改为招收委员会，以符名实。兹聘台端为本委员会委员，并请出试题，请监场，请办理试验时一切杂务，除会议及试验日期届时再为通知外，相应函请查照为荷。

此致○○○

校长董
民国十七年一月

预科主任改聘邓屏洲继位

照得本校预科主任赵述完先生坚请辞职，挽留不获，现改聘邓屏洲先生继任，合行

布告周知。

　　此布

校长董

民国十八年二月二十五日

函聘周惺甫、马伯安为本校董事

　　径启者，窃以遵扬文化，乃国家根本之图，培植人才亦社会繁荣之计。凤稔台端热心教育，望众枌榆，特聘为本校董事会董事。即冀惠然俯就，宏收集思广益之功，坐商校务发皇，共完蓄艾，树人之愿。

　　此致马伯安先生、周惺甫先生

东陆大学董事会董事长龙

董事陈

王

董

民国十八年四月

聘本校副校长及各主任

　　为布告事，兹经董事会聘华秀升先生为本校副校长，所遗文科一职，由邓屏洲先生担任，惟遗预科主任一职，由聂雨南先生兼任，未到职前，事务仍暂由邓主任兼代，除函聘暨通告外，合行布告全校，一体知照。

　　此布

校长董

民国十八年五月二十六日

（二）省立东陆大学及省立云南大学时期

省政府委员会第三零四次会议决案（节录）

议决事项：

（三）东陆大学校长华秀升呈为重申前请，恳准辞去代理校长职务祈核示案

决议：

所请辞职应予照准，遗职以该校工学院长何瑶暂行兼代。

（四）任命东陆大学校长案

决议：

任命何瑶兼代省立东陆大学校长。

民国二十一年九月二十日

省立云南大学重要职员

校长：何瑶
理工学院院长：何瑶
文法学院院长：郑鸿藩
医学专修科主任：周晋熙
附属高中主任：徐继祖

民国二十一年

云南大学民国二十六年二月二十日教务会议记录

附中主任改聘聂雨南担任。

省立云南大学任免名单

兹将函聘各教授、各讲师姓名计列于下：
徐梦麟为教授，兼教育学系主任，自二十六年八月起至二十七年一月止。
李颂鲁为教授，为土木系主任兼教授，自二十六年八月起至二十七年一月止。
赵雁来为理化系主任，兼教授，自二十六年八月起至二十七年一月止。
徐敦璋为教授，兼文法学院院长，自二十六年八月起至二十七年一月止。
范秉哲为医学院院长，兼教授，自二十六年八月起至二十七年一月止。

民国二十六年八月十八日

聘任杨元坤为体育教员并兼代体育主任

顷决定聘书：
杨元坤先生为体育教员并兼代体育主任（住一坵田八号）。

校长熊庆来
民国二十六年九月十三日

聘任程仰秋为本校校务长职务

径启者，兹敦聘台端兼代本校教务长职务，自二十六年八月起至二十七年七月止，除另具正式聘书外，相应先行，敬请查照。
此致程仰秋教授

云南省立云南大学校长熊庆来启
民国二十六年九月十八日

云南大学史料丛书·教职员卷

函聘杨春洲为本校附中主任

径启者，兹敬聘台端为本校附属高中主任，自二十六年九月十日起至二十七年一月底止，除通知旧主任聂雨南君移交外，相应函请查照。于九月十一日到校就职，接收具报存荷。

此致杨春洲先生

云南省立云南大学校长熊
民国二十六年九月三十日

函聘秦光弘为医学专修科主任

兹敬聘台端兼任本校医学专修科主任，负责结束该科一切事宜。

此致秦主任光弘

校长熊
民国二十六年十月十五日发

函聘秦稚藩兼任本校医学院副院长

兹敬聘台端兼任本校医学院副院长。

此致秦稚藩先生

云南省立云南大学校长熊庆来
民国二十六年十月二十五日

聘闻在宥为本校文学系教授兼主任

兹聘闻在宥先生，为本校文学系教授兼主任，并订定聘约如左：

——薪金每月国币叁佰元按月致送；

——每周授课自九小时至十二小时；

——应聘期自民国二十七年二月起至二十七年七月止；

——其他事项依照教员待遇章程办理。

外送旅费国币贰佰元。

校长
民国二十七年二月

（三）国立云南大学时期

行政院关于任命熊庆来为云南大学校长训令

案准国民政府文官处本年十月二十六日渝字第三一八○号公函开：十月二十五日奉国民政府令开"任命熊庆来为国立云南大学校长。此令。"等因，除由政府公布并填发任状外，相应录令函达查照，并转饬知照。

院长孔祥熙

民国二十七年十月三十一日

教育部给国立云南大学筹备委员会的训令①

案举国民政府二十七年十月二十五日明令，任命熊庆来为国立云南大学校长，此令等因。查国立云大校长既奉，明令任命，应即翘日就职。该筹备委员会，仰即办理结束，所有校产，如学校基地、校舍、校具、图书、仪器等设备及器具文卷等项，一律移交该校长接收，具报备核。

此令

教育部高等教育司

函聘李季伟暂代教务长

为布告事：查本校代理教务长程仰秋先生业已辞职，教务长职务未便久悬，兹敦聘李季伟先生暂行代理。合行布告，仰本校全体学生知照。

此布

校长熊

民国二十八年二月二十五日

聘姚碧澄为医学院教授兼副院长

奉校长条谕：兹聘姚碧澄先生为本校医学院教授兼副院长，月薪四百元（除五十元外七折），自本年七月起薪至二十九年七月底止。除由文书课即填发聘书外，相应通知请烦查照。此致文书课

国立云南大学秘书处

民国二十八年七月十三日

云南大学史料丛书·教职员卷

---

① 此条日期不详。

聘李季伟为教务长、伍纯武先生为训导长、徐茂先生为总务长

查本校遵照教育部订定校行政组织，设教务、训导、总务三处，分别设教务长、训导长、总务长各一人。兹聘李季伟先生为教务长；伍纯武先生为训导长，兼生活指导组主任；徐茂先生为总务长。除分别致送聘书外，合行布告，仰本校学生知照。

此布

校长熊
民国二十八年八月十三日

函聘陶天南兼代文法学院法律系主任

径启者，兹特敦聘台端兼代文法学院法律系主任，月薪增为国币叁佰贰拾元。自八月份起致送，相应函达，敬祈惠允为荷。

此致陶天南先生

校长熊
民国二十八年九月七日

聘蒋导江为矿冶工程系代理主任

径启者，兹聘台端为本校工学院矿冶工程系代理主任，相应函达，敬希查照为荷。

此致蒋导江先生

民国二十八年十月二十日

函聘汤惠荪、冯言安兼任农业经济、园艺研究室主任

径启者，查本校农学院设立农业经济、园艺研究室，敦聘台端兼任农业经济、园艺研究室主任。相应函达，敬希查照为荷。

此致汤惠荪、冯言安先生

校长熊
民国二十八年十二月

聘蒋导江兼任采冶专修科主任

蒋导江先生兼任采冶专修科主任，每月致送特别办公费五十元，自本年二月起，由专修科经费内照送，总务处会计室查照。

民国二十九年二月十一日

校、院、系及行政机构人事任免

教职员异动通知

奉校长条谕：李教务长任务繁重，未便兼代文法学院院长，准其辞兼文法学院院长职，在胡院长光炜未返校以前，请吴文藻先生代理，相应通知，即请查照为荷。

国立云南大学总务处

民国二十九年四月十日

新聘职员变动通知单

民国二十九年七月份起新聘职员变动通知单文书组汇存

自二十九年八月一日至三十年七月卅一日聘

胡光炜先生，文法学院院长兼文史系主任及教授；

林同济先生，政治经济系主任兼教授；吴文藻先生，社会系主任兼教授；

陶天南先生，法律系主任兼教授；王士魁先生，教授兼代理数学系主任；

赵雁来先生，理化系主任兼教授；汤惠荪，农学院院长兼教授；

张海秋，森林系主任兼教授；范秉哲，医学院院长；

姚碧澄，医学院副院长；严楚江，生物系主任兼教授；

杨克嵘，工学院院长；王绍辛，校医兼讲师；

涂文，体育卫生组主任兼教授。

以上照发聘书

总务处

民国二十九年七月十二日

教职员异动通知

彭元士先生，图书馆主任；路祖焘先生，会计室主任；

陈鸿藻先生，出纳组主任；宋瑞贤先生，庶务组主任；

刘治中先生，工务组主任；虞唐先生，文书组主任；

张友铭先生，注册组代理主任；张森先生，出版组主任。

民国二十九年七月二十二日

教职员异动通知

李季伟先生，教务长兼教授；伍纯武先生，训导长兼教授；

徐嘉瑞先生，校长室秘书兼教授；李增德先生，校长室事务员。

即发聘书（自本年七月一日起），总务处查照

民国二十九年七月二十二日

云南大学史料丛书·教职员卷

聘张海秋兼任总务长职务

张海秋先生兼任总务长职务，月薪应照四百四十元致送，自八月起薪，此希总务处查照。

民国二十九年八月二十二日

国立云南大学聘书

兹聘李季伟先生为本校教务长兼教授及先修班主任，并订定聘约如左：

——薪金每月国币伍佰肆拾元，按月致送，除生活费五十元外，八折致送。

——每周授课自六小时至九小时。

——应聘期自民国二十九年八月起至三十年七月底止（但兼先修班主任自开办之月起至结束之月止）。

——其他事项依照教职员待遇服务章程办理。

校长熊庆来
民国二十九年八月

聘冯景兰为本校矿冶系主任兼教授

聘冯景兰先生为本校矿冶系主任兼教授，月薪国币四百五十元，并任采矿专修科主任，月薪国币五十元，自八月份起至三十年七月底止。希即备送聘书。

总务处
民国二十九年九月十九日

聘李季伟兼先修班主任

兹聘李季伟先生兼先修班主任，每月致送办公费实支国币一百元，自开班之日起至结束之日止，总务处查照。

民国二十九年十月八日

聘许靖先生为工学院铁道管理系主任

敬启者：兹敦聘台端为工学院铁道管理系主任。敬希台诺，为荷。

此致许靖先生

校长熊庆来
民国三十一年一月二日

校、院、系及行政机构人事任免

聘冯景兰为矿冶系教授兼工学院院长

敬启者：兹敦聘台端为本校矿冶系教授兼工学院院长，并兼任采矿专修科课程，月薪国币伍佰元，兼课薪金国币壹佰肆拾元，自三十年十二月份起薪，米贴及生活补助费伍拾元（十二月起支）及家属米贴外月送院长旅马费壹佰元，研究经费壹佰陆拾壹元。除另致聘书外，相应函达敬希查照台诺，为荷。

此致冯景兰先生

校长熊庆来
民国三十一年一月四日

聘吴泽霖为文法学院院长

敬启者：兹敦聘台端为本校文法学院院长，月薪国币肆佰陆拾元，外加研究补助费壹佰陆拾壹元，生活补助费伍拾元及家属米贴。除另致聘书外，相应函达敬希查照台诺，为荷。

此致吴泽霖先生

校长熊庆来
民国三十一年一月四日

聘许靖为本校铁道管理系主任

聘许靖先生为本校铁道管理系主任，应加发聘书。

总务处
民国三十一年一月十一日

聘林同济先生为文法学院院长、朱驭欧先生为政治系主任

兹敦聘林同济为本校文法学院院长，朱驭欧为文法学院政治系主任。相应函达，敬希查照台诺，为荷。

此致林同济、朱驭欧先生

校长熊庆来
民国三十一年一月二十二日

国立云南大学教职员名录（民国二十九年度）

校长：熊庆来；校长室秘书：徐嘉瑞，马鹤荃。

教务处：教务长，李季伟；

注册组：主任，张善继；

云南大学史料丛书·教职员卷

出版组：主任，张森；

图书馆：主任，彭元士；

训导处：训导长，伍纯武；

生活指导组：主任，伍纯武；

体育卫生组：主任，涂文；

军事管理组：主任，张在实。

总务处：总务长，徐绳祖；

文书组：主任，虞唐；

工务组：代主任，刘治中；

会计室：主任，路祖燊；

统计室：主任，赵铸。

文法学院院长：胡光炜；

文史学系副教授兼代主任：楚图南；

法律系代主任：陶天南；

政治经济系主任：林同济；

社会系主任：吴文藻。

理学院院长：熊庆来（兼）；

数学系主任：柯召；

数学系代理主任：王士魁；

理化系主任：赵雁来；

生物系主任：严楚江。

工学院院长：杨克嵘；

土木工程系主任：李炽昌；

矿冶工程系代理主任：蒋导江。

医学院院长：范秉哲；

医学院副院长：姚碧澄。

农学院院长：汤惠荪（兼）；

农艺系主任：汤惠荪；

森林系主任：张福延；

出纳组主任：陈鸿藻；

庶务组主任：宋瑞贤。

校、院、系及行政机构人事任免

聘吴泽霖为本校文法学院院长兼社会系教授

兹聘吴泽霖先生为本校文法学院院长兼社会系教授并订定聘约如左：

——薪金每月国币四百六十元，按月致送。

——每周授课自六小时至九小时。

——应聘期自民国三十一年二月起至三十一年七月底止。

——其他事项依照教职员待遇服务章程办理。

校长熊庆来
民国三十一年二月三日

改聘姜寅清为教授兼文法学院院长

　　兹改聘姜寅清（字亮夫）先生为本校教授兼文法学院院长，月薪改为国币四百六十元，津贴补助照送，总务处查照。

民国三十一年三月十八日

改聘张福延为训导长

　　改聘张福延先生为训导长，待遇仍旧，自三月起薪，应即发聘书，即希总务处查照。

民国三十一年四月十四日

聘柳锦堂为总务长

　　奉校长条谕，聘柳锦堂先生为总务长，月薪国币四百四十元，自三月起薪，应即通知有关各部系。

民国三十一年四月十六日

聘教授方国瑜兼西南文化研究室主任

　　本校即成立西南文化研究室，聘教授方国瑜先生兼主任，月薪四百元，研究补助费照加，均分由校经费及西南文化研究室经费平均担负，自四月起至七月止。应改致聘书，通知总务处查照。

民国三十一年四月三十日

聘杨春洲为本校附中主任

　　聘杨春洲先生为本校附中主任，月薪三百六十元，应即发聘书，总务处查照。

民国三十一年八月五日

聘陶云逵为社会系代理主任兼教授

　　聘陶云逵先生为社会系代理主任兼教授，月薪三百八十元，总务处查照。

民国三十一年九月三日

云南大学布告熊庆来校长暂代工学院院长①

查本校工学院院长杨季岩先生三十一年度奉教育部令，准休假进修。除工学院院长职务暂由本校长兼代外，合行公布，仰本校学生一体知照为要。

此布

郑万钧应聘书

兹应国立云南大学之聘为森林系教授兼主任，并订定并同意如左规约：

——薪金每月国币五百元，按月支领。

——每周授课自六小时至九小时。

——应聘期自民国三十二年八月起至三十三年七月底止。

——其他事项依照教职员待遇服务规程办理。

应聘人　郑万钧

民国三十二年八月

徐嘉瑞应聘书

兹应国立云南大学之聘为文法学院文史系主任兼教授，并订定并同意如左规约：

——薪金每月国币五百元，按月支领。

——每周授课自六小时至九小时。

——应聘期自民国三十二年八月起至三十三年七月底止。

——其他事项依照教职员待遇服务规程办理。

应聘人　徐嘉瑞

民国三十二年八月

聘赵雁来为马坊分校先修班主任

聘赵雁来先生为马坊分校先修班主任，月薪照旧致送。

此致

总务处

民国三十二年八月二十日

何衍璿应聘书

兹应国立云南大学之聘为教务长兼教授，并订定并同意如左规约：

——薪金每月国币六百元，按月支领。

校、院、系及行政机构人事任免

---

① 本条日期不详。

——每周授课自六小时至九小时。

——应聘期自民国三十二年八月起至三十三年七月底止。

——其他事项依照教职员待遇服务规程办理。

应聘人　何衍璿

民国三十二年八月三十日

范锜应聘书

兹应国立云南大学之聘为训导长兼教授，并订定并同意如左规约：

——薪金每月国币五百二十元，按月支领。

——每周授课自六小时至九小时。

——应聘期自民国三十二年八月起至三十三年七月底止。

——其他事项依照教职员待遇服务规程办理。

应聘人　范锜

民国三十二年八月三十日

彭元士应聘书

兹应国立云南大学之聘为图书馆主任，并订定并同意如左规约：

——薪金每月国币三百二十元，按月支领。

——每周授课自九小时至十二小时。

——应聘期自民国三十二年八月起至三十三年七月底止。

——其他事项依照教职员待遇服务规程办理。

应聘人　彭元士

民国三十二年八月三十日

费孝通应聘书

兹应国立云南大学之聘为社会系主任兼教授，并订定并同意如左规约：

——薪金每月国币四百六十元，按月支领。

——每周授课自六小时至九小时。

——应聘期自民国三十二年八月起至三十三年七月底止。

——其他事项依照教职员待遇服务规程办理。

应聘人　费孝通

民国三十二年八月三十日

许烺光应聘书

兹应国立云南大学之聘为社会系研究室主任，并订定并同意如左规约：

——薪金每月国币四百六十元，按月支领。
——每周授课自六小时至九小时。
——应聘期自民国三十二年八月起至三十三年七月底止。
——其他事项依照教职员待遇服务规程办理。

应聘人　许烺光

民国三十二年八月三十日

崔之兰应聘书

兹应国立云南大学之聘为生物学系主任兼教授，并订定并同意如左规约：
——薪金每月国币　　，按月支领。（原档案缺）
——每周授课自六小时至九小时。
——应聘期自民国三十二年八月起至三十三年七月底止。
——其他事项依照教职员待遇服务规程办理。

应聘人　崔之兰

民国三十二年八月三十日

汪子瑞应聘书

兹应国立云南大学之聘为农学院农林场主任兼森林系教授，并订定并同意如左规约：
——薪金每月国币三百八十元，按月支领。
——每周授课自六小时至九小时。
——应聘期自民国三十二年八月起至三十三年七月底止。
——其他事项依照教职员待遇服务规程办理。

应聘人　汪子瑞

民国三十二年八月三十日

姜寅清应聘书

兹应国立云南大学之聘为文法学院院长任兼教授，并订定并同意如左规约：
——薪金每月国币五百七十元，按月支领。
——龙氏讲座每月均送研究津贴国币一千元。
——每周授课自六小时至九小时。
——应聘期自民国三十二年八月起至三十三年七月底止。
——其他事项依照教职员待遇服务规程办理。

应聘人　姜寅清

民国三十二年八月三十日

林成耀应聘书

兹应国立云南大学之聘为农艺系教授兼系主任，并订定并同意如左规约：

——薪金每月国币四百八十元，按月支领。

——每周授课自六小时至九小时。

——应聘期自民国三十二年八月起至三十三年七月底止。

——其他事项依照教职员待遇服务规程办理。

应聘人　林成耀

民国三十二年九月

聘姚碧澄兼任医学院副院长

顷奉校长条谕：聘姚碧澄先生兼任医学院副院长，不送特别办公费，自九月份起等因。奉此相应通知，即希查照办理为荷。

此致会计室

国立云南大学总务处

民国三十二年九月十三日

杨家凤应聘书

兹应国立云南大学之聘为教授兼代总务长，并订定并同意如左规约：

——薪金每月国币五百七十元，研究补助费二百八十元，按月支领。

——每周授课自六小时至九小时。

——应聘期自民国三十二年十一月起至三十三年七月底止。

——其他事项依照教职员待遇服务规程办理。

应聘人　杨家凤

民国三十二年十一月一日

聘柳灿坤为工学院教授兼铁道管理系主任

顷奉校长条谕：柳灿坤先生辞总务长职，自本月起至三十三年七月底止，改聘为工学院教授兼铁道管理系主任，待遇除特别办公费应照规定改为三百元外，余照旧致送。等因，奉此，相应通知，即希查照办理为荷。

此致会计室

国立云南大学总务处

民国三十二年十一月九日

赵明德应聘书

兹应国立云南大学之聘为本校附属医院院长，并订定并同意如左规定：

云南大学史料丛书·教职员卷

——每月致送特别办公费国币五百五十元正。

——应聘期自民国三十三年一月起至同年七月底止。

应聘人 赵明德

民国三十三年一月一日

云南大学准本校附中杨春洲校长请辞

为杨校长请辞慰布告知照由

为布告事杨校长春洲，主为精神衰弱，难任繁钜，请准予辞职等情，查杨校长负责六载，成绩卓著，际兹时艰更深倚重，所请辞职一节应予慰留，至称身体不适，暂准予给假一周，以资修养，在假期中校务着苏主任滋禄，沈主任传良，马主任龙图，共同维持，除分别通知外，令行布告，仰校学生一体知照。

此布

国立云南大学校长熊

民国三十三年三月二日

教育部为核定国立云南大学训导长、总务长指令

呈一件为呈荐训导长、总务长请核定由

呈件均悉，兹核定准聘杨家凤为该校训导长，并核定蒋惠荪为总务长，但杨家凤仍应依法检具去履书、证件送审，仰即遵照，聘任件存。

此令

部长陈立夫

民国三十三年九月十二日

教育部训令

民国三十四年度，教育部部长朱家骅同意云大推荐全云寰为云南大学会计主任。

聘于振鹏代理法律系主任

王伯琦先生因准告假一学期，法律系主任兹聘于振鹏先生代理，应即公布并通知（十一月份起）。

总务处查照

民国三十四年八月二十六日

赵雁来辞兼理学院院长，缺职由校长兼任等布告全校

案查本校教授兼理学院院长赵雁来，因补假请辞兼院长职已准，理学院院长一职由

本校长兼任，在本人赴渝出席教育会议期间，暂由何教务长衍璋兼代，令行布告，仰本校学生一体知照。

　　此布

校长熊

民国三十四年九月十七日

聘孙洪芬为理学院院长兼化学系教授

　　兹聘孙洪芬先生为理学院院长兼化学系教授，月薪六百元（每月加送龙氏讲座费二千元），余照送，自八月起至三十五年七月止，即发聘书附函寄往。

　　总务处查照

民国三十四年十月十八日

布　告

　　云南大学布告各生校长熊庆来因公赴渝期间由何衍璋教务长行拆等因仰知照由

　　查本校长现有要公须赴渝商办，在本人离校期间，校务请何教务长暂代行拆，合行布告，仰本校学生一体遵照。

　　此布

校长熊庆来

民国三十四年

聘孟宪民为矿冶系教授兼工学院院长

　　兹聘孟宪民先生为本校矿冶系教授兼工学院院长，月薪陆百元，其他待遇照例，自本年二月起至三十六年七月底止，即发聘书。

　　总务处查照

民国三十五年一月七日

聘程文熙为铁道管理系教授兼主任

　　聘程文熙先生为本校铁道管理系教授兼主任，月薪五百五十元，其余津贴照送，自二月份起至七月止，即发聘书交柳铮津先生转致。

　　总务处查照

民国三十五年二月十一日

聘马光辰为机械工程学院教授兼主任

　　兹聘马光辰先生为本校机械工程学院教授兼主任并订定聘约如左：

——薪金每月国币五百八十元，按月致送。

——每周授课自六小时至九小时。

——应聘期自民国三十五年八月起至三十六年七月底止。

——其他事项依照教职员待遇服务章程办理。

校长熊庆来

民国三十五年八月一日

聘杜棻为医学院教授兼院长

兹聘杜棻先生为本校医学院教授兼院长，并订定聘约如左：

——薪金每月国币五百八十元，按月致送。

——每周授课自六小时至九小时。

——应聘期自民国三十五年八月起至三十六年七月底止。

——其他事项依照教职员待遇服务章程办理。

校长熊庆来

民国三十五年八月一日

聘黄士辉为化学系教授兼主任

聘黄士辉先生为化学系教授兼主任，月薪五百四十元。

此致总务处

民国三十五年九月二十二日

聘张文渊兼物理系主任

聘张文渊先生兼物理系主任，希即致聘，并自八月份起致送特别办公费。

总务处查照

民国三十五年十二月九日

改聘张瑞纶兼化学系主任

兹改聘张瑞纶教授正式兼化学系主任，自十二月起至卅七年七月止，即发致聘书（医学院副院长职照旧）。

此致总务处查照

民国三十六年二月六日

聘秦仁昌代理农学院院长

曾勉先生告假，农学院院长职务在张院长福延未回校前，兹聘秦仁昌教授代理，即发聘函。

　　此致总务处查照

民国三十六年二月二十五日

聘物理系主任张其濬兼任理学院院长

　　兹聘物理系主任张其濬先生兼任理学院院长，自本年五月一日起至卅七年七月止，即希加致聘书。

　　总务处查照

民国三十六年五月二十二日

段永嘉兼代农艺系主任

　　段永嘉先生兼代农艺系主任，自三月份起系主任特别办公费应致送段先生领取。

　　总务处查照

民国三十六年五月三十日

聘蒋同庆为农学院教授兼蚕桑专修科主任

　　兹聘蒋同庆先生为本校农学院教授兼蚕桑专修科主任并订定聘约如左：
——薪金每月国币伍百陆拾元，按月致送。
——每周授课自六小时至九小时。
——应聘期自民国三十六年八月起至三十七年七月底止。
——其他事项依照教职员待遇服务章程办理。

校长熊庆来
民国三十六年八月一日

聘梅远谋兼代社会系主任

　　聘梅院长远谋兼代社会系主任，应加送聘函，即希备致。

　　此致总务处查照

民国三十六年八月十八日

聘饶重庆为法律系主任

　　兹聘饶重庆先生为法律系主任，即发聘书（自十二月起至三十七年七月底止，聘书交由梅院长特致）。

云南大学史料丛书·教职员卷

此致总务处查照

民国三十六年十二月六日

聘杨怡士为社会系代理主任

兹聘杨怡士先生为社会系代理主任，兹八月起至卅七年一月止，应加发聘书。
总务处查照

民国三十六年十二月九日

聘许烺光为社会系教授兼主任

兹聘许烺光先生为社会系教授兼主任，月薪五百八十元，自三十七年二月起至七月止，即发聘书。

此致总务处查照

民国三十六年十二月九日

聘王绍曾兼任航空工程系主任

本校柳灿坤教授力辞航空工程系主任兼职，姑予照准，用节贤劳。兹改聘王绍曾教授兼任航空工程系主任，薪津仍旧。办公费自二月份起照定例致送。即希总务处查照办理。

民国三十七年元月二十一日

续聘杨怡士为社会系代理主任

社会系主任仍敦聘杨怡士先生代理，即续发聘书，自二月起至七月止。
此致总务处查照

民国三十七年二月三日

聘安字明兼任附属中学校长

兹聘大学副教授安字明先生兼任附属中学校长，致送聘书，薪津暂旧由大学致送。另自二月份起送特别办公费，此致总务处查照并希布告。

民国三十七年三月一日

聘赵明德为医学院附设医院院长

兹聘赵明德先生为本校医学院附设医院院长，并订定聘约如左：
——薪金每月国币　　元，按月致送。（原文缺）

——特别办公费照教部规定按月致送。

——每周授课自六小时至九小时。

——应聘期自民国三十七年八月起至三十八年七月底止。

——其他事项依照教职员待遇服务章程办理。

校长熊庆来

民国三十七年七月

聘李德家为政治系教授兼主任

兹聘李德家先生为本校政治学系教授兼主任，并订定聘约如左：

——薪金每月国币陆百元，按月致送。

——特别办公费每月国币叁拾陆万元，按月致送。

——每周授课自六小时至九小时。

——应聘期自民国三十七年八月起至三十八年七月底止。

——其他事项依照教职员待遇服务章程办理。

校长熊庆来

民国三十七年七月

聘丘勤宝为国立云南大学教授兼土木工程系主任

兹聘丘勤宝先生为本校教授兼土木工程学系主任，并订定聘约如左：

——薪金每月国币　　元，按月致送。

——特别办公费每月国币叁拾万元按月致送。

——每周授课自六小时至九小时。

——应聘期自民国三十七年八月起至三十八年七月底止。

——其他事项依照教职员待遇服务章程办理。

校长熊庆来

民国三十七年七月

聘方国瑜为文史系主任

聘方国瑜先生为文史系主任，希即照发聘书。

此致总务处

民国三十七年八月二日

聘熊廷柱为农学院教授兼校长室秘书

兹聘熊廷柱先生为农学院教授兼校长室秘书，并订定聘约如左：

——薪金每月国币伍佰贰拾元，按月致送。

——特别办公费每月照规矩致送。

——每周授课自六小时至九小时。

——应聘期自民国三十七年八月起至三十八年七月底止。

——其他事项依照教职员待遇服务章程办理。

校长熊庆来

民国三十七年八月

聘王士魁、黄国瀛、李秉瑶分别任教务长、训导长、总务长事由

本校教务长职务原由何衍璿先生担任。上年何先生休假，由张院长兼任。今张院长以农学院职务繁重不肯继续兼任，何先生亦因欲专心于著作不肯复任教务长职；又丘训导长勤宝，蒋总务长惠荪因负行政责任已久，有碍治学，分别坚辞训导长、总务长职务，一再恳留，未获。应允。兹照部定办法另拟候补人员名单呈部，圈定并先行聘王士魁先生担任教务长，黄国瀛先生担任训导长，李秉瑶先生担任总务长，即填致聘书，自九月起至卅八年七月止，又张教务长、丘训导长、蒋总务长应照旧待遇致送，薪津特别办公费至八月底止，总务处查照。

民国三十七年八月三十日

聘丘勤宝为工学院院长

兹聘丘勤宝先生为本校工学院院长，自八月起至三十八年七月止，即加发聘书。

此致总务处查照

校长熊庆来

民国三十七年八月三十日

森林系主任变动

秦仁昌先生愿专任生物学系主任，力辞森林学系主任，职应勉予同意。兹改聘蒋蕙荪先生为森林学系主任，自八月起至卅八年七月止，即发聘书。

总务处查照

民国三十七年八月三十日

附设医院院长由医学院杜院长棻兼任

附设医院赵院长明德本年休假，该院院长职务由医学院杜院长棻兼任，希即发聘。

此致总务处查照

民国三十七年八月三十一日

李秉瑶兼任总务长

李秉瑶先生兼任总务长，自九月份起准增薪为陆百元。

此致总务处

民国三十七年九月二日

梅院长兼代政治系主任

兼政治系主任李德家先生坚辞兼职，暂由梅院长兼代。即照发聘书。

此致

民国三十七年九月八日

改聘王源璋为总务长

李秉瑶先生因故未能就总务长之聘，兹改聘王源璋先生为总务长。在王先生未到任前，聘诸宝楚先生暂时代理。此致总务处查照

民国三十七年九月二十二日

聘宋玉生代理法律系主任

查法律系教授兼主任王伯琦先生已辞聘系务，由法律系教授宋玉生先生代理，系主任特别办公费即自八月份起，由宋先生支领，即希查照办理为荷。

此致

民国三十七年十月二十九日

聘诸宝楚兼任总务长

敦聘诸宝楚教授兼任总务长，月薪增为陆佰元，自十月起至三十八年七月止，即加发聘书并照致特别办公费。

此致

民国三十七年十二月十二日

民国三十七年十月二日临时行政会议记录

蒋总务长坚决请辞，新聘总务长王源璋先生不就，现届开学上课时间，总务机关重要，应如何办理，请公决案决议：由本会议推派黄国瀛、王士魁两先生代表前往请蒋总务长再坚持两周，以免总务停顿，影响开学时期，一面电请，赶日聘定新总务长接替。

聘秦仁昌代理农学院院长

农学院院长职务聘秦仁昌教授代理，请即查照。

此致

民国三十八年二月二十六日

聘王志民为机械系主任

聘王志民先生为机械系主任，自二月起至七月止，即发聘书并照送办公费。

此致

民国三十八年二月二十七日

关于行政会议议决案的校长条谕通知

奉校长条谕："按行政会议议决案本校子弟学校设主任一人，主持该校一切事务，兹聘张友铭先生兼该校主任，自二月份起至七月止，暂为名义职，但每月由福利金项下致送车马津贴壹千元"等因，相应通知，即希查照办理为荷。

此致

民国三十八年三月五日

聘张瑞纶兼任附属医院副院长

校长条谕：聘张瑞纶教授兼任附属医院副院长，特别办公费由该院直接负担等因。相应通知，请即查照办理为荷。

此致

民国三十八年三月十日

李达才代理森林系主任

校长条谕：李达才先生自卅五年八月起至本年二月份止，代理森林系主任职务，应支领主任特别办公费即补发等因，相应通知，请即查照办理为荷。

此致

民国三十八年三月三十一日

段永嘉兼代农艺系主任

校长条谕：段永嘉先生兼代农艺系主任，自三月份起系主任特别办公费应致送段先生领取等因，相应通知，请即查照办理为荷。

校、院、系及行政机构人事任免

此致

民国三十八年五月三十日

聘秦瓒为文法学院院长兼经济系主任

兹聘秦瓒先生为文法学院院长兼经济系主任，自六月一日起至七月止，即发聘书。

此致

民国三十八年六月二十七日

改聘柳灿坤为教授兼校长室秘书

改聘柳灿坤先生为教授兼校长室秘书，薪暂仍旧（因载陆佰元以上须教部核准增加后再改定），缮聘书即希注意照改。

此致

民国三十八年七月二十一日

聘李莘农为农学院蚕桑学系实习蚕桑厂主任

兹聘李莘农先生为本校农学院蚕桑学系实习蚕桑厂主任，并订定聘约如左：

——薪金每月国币　　元，按月致送。（原文缺）

——每周授课自九小时至十二小时。

——应聘期自民国三十八年八月起至三十九年七月底止。

——其他事项依照教职员待遇服务章程办理。

校长熊庆来
民国三十八年八月

校长条谕

奉校长条谕："附设医院赵院长明德本年休假，该院院长职务由医学院杜院长梦兼任。"又奉谕："附设医院张副院长瑞伦本年度专任化学系主任职务，副院长职勿庸兼任"等因，相应通知，即希查照办理为荷。

此致出纳组

国立云南大学总务处
民国三十八年九月二日

胡宗璞兼任实习工厂主任等校长条谕

校长条谕：胡宗璞先生兼任实习工厂主任，应照致特别办公费；陈乃隆先生兼任实

云南大学史料丛书·教职员卷

30

习导师，应致送津贴每月陆万元；屈惟德先生兼实习指导员，每月津贴五万元等因，奉此，相应通知。即请查照办理为荷。

此致 民国三十八年九月三十日

国立云南大学科长以上职员名册

校长，熊庆来；秘书，熊廷柱；教授兼主任，凌达扬；

教授兼主任，陈复光；教授兼主任，李德家；院长兼主任，张其瑞；

教授兼主任，王士魁；教授兼院长，丘勤宝；教授兼院长，张福延；

教授兼主任，蒋惠苏；教授兼主任，杨元坤（体育卫生组主任）；

讲师兼主任，周耀（训导处课外活动组主任）；教授兼主任，朱肇熙；

教授兼主任，黄国瀛；教授兼主任，李吟秋；教授兼主任，马光辰（机械系主任）；

注册组主任，张友铭；图书馆主任，彭元士；文书组主任，王绳尧；

出纳组主任，张家谟；庶务组主任，李怀；工务组主任，张用一；

会计组主任，全云寰。

民国三十八年

校、院、系及行政机构人事任免

三、各种委员会

（一）省立云南大学时期

聘杨季岩等为建筑委员会委员

迳照此本校现拟于至公堂西侧，建筑学生宿舍，事关重要，自应组织宿舍建筑委员会，共策进展。兹特聘杨季岩先生、何奎垣先生、李颂鲁先生、王正恒先生、包仰亭先生为建筑委员会委员，并请杨季岩先生负责召集，除分函外，相应函请查照，组织成立勿任感荷。

此致杨季岩先生、何奎垣先生、李颂鲁先生、王正恒先生、包仰亭先生

民国二十六年八月九日

聘杨季岩等为防空委员会委员

组织本校防空委员会，函聘杨季岩、赵雁来、杨子深、王正恒、秦稚藩、聂雨南、军事教官为委员。五月二日添聘伍纯武、蓝思德、杨元坤三人为防空委员会委员。

民国二十六年九月二日

添聘顾晴洲、张有龄两先生为建筑委员会委员

决添聘顾晴洲、张有龄两先生，为建筑委员会委员，须即致送聘函。

秘书处

民国二十七年一月十八日

聘顾晴洲、张有龄为建筑委员会委员

兹聘台端为本校建筑委员会委员，希即俞允担任是荷！
此致顾晴洲先生、张有龄先生

校长熊

民国二十七年一月十九日

聘杨季岩等为省立云南大学校址迁移委员会委员

径启者，兹聘杨季岩、李颂鲁、何奎垣、张正平、熊迪之诸先生为本校校址迁移委员会委员，并由熊先生迪之召集。除分函外，相应函请查照为荷。

此致熊迪之先生、何奎垣先生、杨季岩先生、李颂鲁先生、张正平先生

民国二十七年七月十二日

聘李季伟等为用水设计委员会委员

径启者，兹以本校用水至关重要，特组织用水设计委员会，聘李季伟、顾宜孙、张用之三先生为该用水设计委员会委员，由李季伟先生召集。相应函请查照俯允为荷。

此致顾宜孙先生、张用之先生、李季伟先生

民国二十七年七月十二日

（二）国立云南大学时期

云南大学社会教育推行委员会委员名单

李季伟先生、萧叔玉先生、熊迪之先生、杨季岩先生、范秉哲先生、闻在宥先生、罗仲浦先生、林同济先生、吴文藻先生、严楚江先生、赵雁来先生、李颂鲁先生、张正平先生、伍健一先生。

民国二十八年

函聘萧叔玉等为导师纲要审查委员会委员

兹特聘台端及萧叔玉、伍健一、闻在宥三先生为导师纲要审查委员会委员，并由萧叔玉负责召集，专此函达，敬希查照为荷。

此致伍健一先生、萧叔玉先生、闻在宥先生。

校章启
民国二十八年一月二十日

函聘萧叔玉、汤惠荪、吴文藻为农村社会经济研究委员会委员

兹聘组织农村社会经济委员会，设委员三人，聘萧叔玉先生、汤惠荪先生、吴文藻先生担任，并请萧叔玉先生负责召集，应即发聘函。

秘书处文书课
民国二十八年四月十五日

聘张海秋、陶振誉、涂奇密为校产清查委员会委员

查本校校产亟待清理，兹由校组织校产清查委员会，特聘台端及陶振誉、涂奇密两先生为该会委员。除分别通知外，敬希允诺，并请召集进行，为荷。

此致张海秋先生

校长熊
民国二十八年八月

函聘陈养材、邵可侣、赵明德为校景委员会委员

径启者，查本校为培植校景，以增美观起见，特组织校景委员会，兹特敦聘台端及邵可侣、赵明德两先生为校景委员会委员，并由陈养材先生负责召集。相应函达，敬希查照为荷。

此致陈养材、邵可侣、赵明德先生

民国二十八年十二月一日

函聘吴文藻等为一览编辑委员会委员

径启者，现拟编辑一览，特组织云南大学一览编辑委员会，敦聘台端为本校一览编辑委员会委员，并请胡小石先生负责召集，相应检送委员名单，函请查照办理为荷。此致吴文藻先生、陈养材先生、楚图南先生、胡小石先生、赵诏熊先生

校长熊
民国二十九年一月九日

函聘楚图南等为西南史地研究室委员

查本校拟设西南史地研究室，兹特聘台端为筹备委员会委员，并请方国瑜先生召集开会，除请台端定期召集开会以资筹备外，相应函达，请烦查照，敬希台端为荷。

此致楚图南、王以忠、向觉民、陶云逵、白寿彝、陈定民、方国瑜先生

校长熊
民国三十年三月二十八日

国立云南大学民国三十年度教授、副教授名单

文法学院

文史系：楚图南　瞿同祖　赵诏熊　陈　逵　王玉章　徐嘉瑞
　　　　方国瑜　袁　昌　白寿彝　姚薇元

政经系：林同济　伍纯斌　王赣愚　朱驭欧　沈来秋　曾炳钧　齐祖誩

云南大学史料丛书·教职员卷

法律系：王伯琦　饶重庆　何襄明　蒋因节　吴传颐
社会系：陶云逵　费孝通　林耀华
医学院：范秉哲　姚碧澄　朱肇熙　赵明德　李　枢　杜　棻
　　　　沈福彭　戴练江　刘学敏　陈一雄
农学院：汤惠荪
森林系：张福延　陈　植　郑卫钧　鲁昭祎
农艺系：徐李吾　杜修昌　钟兴正
蚕桑科：常宗会　陆星垣　胡鸿钧
理学院：何衍璿
数学系：王士魁　庄圻泰　陆子芬
生物系：崔之兰　徐　仁
理化系：赵雁来　沙玉彦　王树勋　黄士辉
工学院
矿冶系：杨克嵘　石　充　蒋导江　王炳章　张耀曾　张文奇
　　　　柳灿坤　夏少飞
木土系：丘勤宝　高　鋗　张景丰

聘《云南大学学报》编委和编辑主任

　　兹特聘台端为本校《云南大学学报》（第一种）编辑委员会编辑主任，并请姜亮夫、楚图南、方国瑜、白寿彝诸先生担任编辑委员，相应出达，敬希台端，并请定期召集，从事编辑为荷。

　　此致徐梦麟先生

校长熊

民国三十一年三月二十日

聘范秉哲、姚碧澄为医学教育策进委员会主任、副主任

　　兹敦聘台端为本校医学教育学术策进委员会主任、副主任委员，希俞允为荷。

　　此致范秉哲、姚碧澄先生

校长熊

民国三十三年八月二十九日

函聘张福延、李达才等为学业竞试监试委员

　　兹函聘台端为本校学业竞试监试委员，相应检同监试地点及时间表函达，即希查照，惠允担任为荷。

　　此致张福延先生

　　附监试地点及时间表一份

校长熊庆来
民国三十四年五月二十八日

民国三十五年度校务会议委员名单

校长，熊庆来；教务长，何衍璿；训导长，丘勤宝；总务长，蒋蕙荪；
文法学院院长，梅远谋；医学院院长，杜棻；农学院院长，张福延；
附属医院院长，赵明德；物理系主任，张其濬；
生物系主任，崔之兰；矿冶系主任，黄国瀛；铁管系主任，李吟秋；
航空系主任，王绍曾；机械系主任，马光辰；电专科主任，周荫阿；
生物化学及药理系主任，朱肇熙；病理学主任，刘学敏；
外科主任，刘崇智；附中校长，杨春洲；文史系主任，方国瑜；
外语系主任，吴富恒；政治系主任，朱驭欧；法律系主任，于振鹏；
社会系主任，徐雍舜；数学系主任，王士魁；化学系主任，黄士辉；
生理实验室主任，朱锡候；蚕专科主任，蒋同庆；会计主任，全云寰；
农艺系主任，段永嘉；教授，饶季善、凌达扬、黄万杰、秦仁昌、李达才。

民国三十五年度聘任审查委员会委员名单

校长，熊庆来；教务长，何衍璿；训导长，丘勤宝；总务长，蒋蕙荪；
文法学院院长，梅远谋；医学院院长，杜棻；农学院院长，张福延；
生物系主任，崔之兰；矿冶系主任，黄国瀛；铁管系主任，李吟秋；
教授，刘叔雅、汤蕙荪、柳锦滢、范秉哲、凌达扬。

民国三十五年度图书委员会委员名单

教务长，何衍璿；教授，刘文典、曾勉、李达才、张文渊；
文法学院院长，梅远谋；外语系主任，吴富恒；文史系主任，方国瑜；
政治系主任，朱驭欧；法律系主任，于振鹏；生物系主任，崔之兰；
化学系主任，黄士辉；训导长，丘勤宝；
矿冶系主任，黄国瀛；机械系主任，马光辰；航空系主任，王绍曾；
铁管系主任，李吟秋；医学院院长，杜棻；总务长，蒋蕙荪；
图书馆主任，彭元士；外科主任，刘崇智。

训育委员会委员名单

当然委员：
校长，熊庆来；教务长，何衍璿；训导长，丘勤宝；总务长，蒋蕙荪。
委员：

文史系主任，方国瑜；文法学院院长，梅远谋；医学院院长，杜棻；

农学院院长，张福延；法律系主任，于振鹏；物理系主任，张其濬；

化学系主任，秦仁昌；生物系主任，崔之兰；航空系主任，王绍曾；

机械系主任，马光辰；矿业系主任，黄国瀛；铁道系主任，李吟秋；

附属医院院长，赵明德；教授，蒋同庆、秦仁昌、李达才、王志民、杨堃、凌达扬、王士魁、段永嘉、钱穆、柳灿坤。

校产清理委员会委员名单

法律系主任，于振鹏；教授，饶季善、李清泉；讲师，蔡克善；

庶务组主任，李怀。

民国三十五年度建筑委员会委员名单

校长，熊庆来；总务长，蒋蕙荪；训导长，丘勤宝；农学院院长，张福延；

公务组主任，张用一；教授，杨克嵘、王景贤；会计主任，全云寰。

校景委员会委员名单

训导长，丘勤宝；总务长，蒋蕙荪；生物系主任，崔之兰；教授，李达才、范秉哲、曾勉；讲师，蔡克善。

民国三十五年度公费生审查委员会委员名单

当然委员：

校长，熊庆来；教务长，何衍璿；训导长，丘勤宝。

委员：

教授，柳灿坤、司徒尹衡；医学院院长，杜棻；总务长，蒋蕙荪；会计主任，全云寰；农学院院长，张福延；航空系主任，王绍曾；数学系主任，王士魁。

学生体格检查委员会委员名单

训导长，丘勤宝；附属医院院长，赵明德；教授，程一雄；外科主任，刘崇智；体育组主任，杨元坤。

民国三十五年度第二学期毕业考试委员名单

校内部分：熊校长、何衍璿、刘文典、梅远谋、丘勤宝、柳灿坤、张福延、杜棻；

校外部分：严济慈、查良钊、孙希衍。

民国三十五年度第二学期毕业成绩审查委员名单

教授，柳灿坤；训导长，丘勤宝；农学院院长，张福延；生物系主任，崔之兰；法律系主任，于振鹏；附属医院院长，赵明德。

民国三十五年度一览编辑委员会委员名单

政治系主任，朱驭欧；教授，李达才、陶光；副教授，董公最；航空系主任，王绍曾；外科主任，刘崇智；注册组主任，张友铭；文史系主任，方国瑜；矿冶系主任，黄国瀛；附中校长，杨春洲。

民国三十六年度校务会议委员名单

校长，熊庆来；训导长，黄国瀛；教务长，王士魁；总务长，蒋蕙苏；
文法学院院长，梅远谋；理学院院长，张其濬；工学院院长，丘勤宝；
医学院院长，杜棻；附属医院院长，杜棻；矿冶系主任，黄国瀛；
铁管系主任，李吟秋；航空系主任，王绍曾；机械系主任，马光辰；
电专科主任，周荫阿；生物化学及药理系主任，朱肇熙；
病理学主任，刘学敏；外科主任，刘崇智；生理实验室主任，朱锡候；
文史系主任，方国瑜；外语系主任，凌达扬；政治系主任，李德家；
法律系主任，宋玉生；社会系主任，杨堃；数学系主任，王士魁；
化学系主任，张瑞纶；生物系主任，秦仁昌；内科主任，石毓澍；
解剖学主任，蓝瑚；农艺系主任，段永嘉；森林系主任，秦仁昌；
蚕专科主任，蒋同庆；会计主任，全云寰；土木工程系主任，丘勤宝。

民国三十六年度第一次招生委员会委员名单

教务长，何衍璿；训导长，丘勤宝；总务长，蒋蕙苏；森林系主任，秦仁昌；
文法学院院长，梅远谋；教授，柳灿坤；医学院院长，杜棻；
文史系主任，方国瑜；外语系主任，凌达扬；数学系主任，王士魁；
化学系主任，黄士辉；生物系主任，崔之兰；矿冶系主任，黄国瀛；
注册组主任，张友铭。

民国三十六年度第二次招生委员会委员名单

教务长，张福延；总务长，蒋蕙苏；出版组主任，杨桂宫；
文法学院院长，梅远谋；文史系主任，方国瑜；数学系主任，王士魁；

化学系主任，黄士辉；矿冶系主任，黄国瀛；铁管系主任，李吟秋；
附属医院院长，赵明德；森林系主任，秦仁昌。

民国三十六年度经费稽核委员会委员名单

当然委员：
校长，熊庆来；总务长，蒋蕙荪；
委员：
法律系主任，饶重庆；生理化学及药理学主任，朱肇熙；森林系主任，秦仁昌；
教务长，张福延；铁管系主任，李吟秋；
候补委员：
文法学院院长，梅远谋；政治系主任，朱驭欧；数学系主任，王士魁；
列席：
会计主任，全云寰。

民国三十六年度福利基金委员名单

总务长，蒋蕙荪；文法学院院长，梅远谋；医学院院长，杜棻；教务长，张海秋；
训导长，丘勤宝；铁管系主任，李吟秋；会计主任，全云寰。

民国三十六年度公费生审查委员会委员名单

校长，熊庆来；教务长，张福延；训导长，丘勤宝；总务长，蒋蕙荪；
会计主任，全云寰；医学院院长，杜棻；文法学院院长，梅远谋；
教授，张文渊；航空系主任，王绍曾；数学系主任，王士魁；
生物化学及病理学主任，朱肇熙。

民国三十六年度校刊编辑委员名单

教授：柳灿坤、陈复光、马奉琛、王景贤、萧子风、原颂周、诸宝楚、熊延柱、由振群。
副教授：张燮、杨桂宫、蔡克善。
铁管系主任，李吟秋；航空系主任，王绍曾；生理实验主任，朱锡候；
生物化学及药理学主任，朱肇熙；注册组主任，张友铭；课外活动组主任，邹景荣；
讲师，白世俊；文书组主任，王绳尧；文法学院副教授，周光倬。

民国三十六年度校舍计划支配委员会委员名单

矿冶系主任，黄国瀛；政治系主任，朱驭欧；化学系主任，张瑞纶；

出版组主任，杨桂宫；森林系主任，秦仁昌；教务处，训导处，总务处。

民国三十六年度第二学期毕业考试委员名单

校内：熊校长、张福延、蒋蕙荪、梅远谋、张文渊、张瑞纶、凌达扬、丘勤宝、柳灿坤、秦仁昌、杜棻、王绍曾。

校外：查良钊、杨武之。

函聘方国瑜等为编辑委员

云南大学函聘方国瑜、黄国瀛、杨春洲为云南大学一览编辑委员，并通知熊锡元、段惠仙协助编辑。

加聘方国瑜、黄国瀛、杨春洲三先生为大学一览编辑委员会委员，即希函聘。

民国三十六年三月八日

本校大学一览，应积极编纂，除成立委员会负责召集外，并请助教熊锡元、段惠仙二员协助编纂。即希知照，总务处查照。

民国三十六年三月八日

为加聘方国瑜等三先生为大学一览编辑委员，并请熊锡元、段惠仙两君协助编辑，分别通知，查照由：

兹敦聘台端为本校一览编辑委员会委员，即希查照，惠允担任为荷。

此致方国瑜、黄国瀛、杨春洲先生

校长

民国三十六年三月十二日

民国三十七年度学校校务委员会名单

教务长，王士魁；训导长，丘勤宝；总务长，诸宝楚；生物系主任，秦仁昌；
理学院院长，张文渊；数学系主任，王士魁；化学系主任，张瑞纶；
医学院院长，杜棻；医学院教授，朱锡候；文史系主任，方国瑜；
铁管系主任，李吟秋；外文系主任，凌达扬；法律系主任，宋玉生；
出版组主任，杨桂宫；注册组主任，张友铭；航空系主任，王绍曾。

民国三十七年度聘任审查委员会委员名单

教务长，王士魁；农学院院长，张福延；训导长，黄国瀛；总务长，诸宝楚；
文法学院院长，方国瑜；理学院院长，张文渊；医学院院长，杜棻；
工学院院长，丘勤宝、何衍璇；教授兼秘书，刘灿坤；文史系主任，方国瑜；

云南大学史料丛书·教职员卷

外文系主任，凌达扬；森林系主任，秦仁昌；铁道管理系主任，李吟秋；
生理实验室主任，朱锡候、蒋蕙荪、李德家。

民国三十七年度行政会议委员名单

校长，熊庆来；教务长，王士魁；训导长，黄国瀛；总务长，诸宝楚；
文法学院院长，方国瑜；理学院院长，张文渊；农学院院长，张海秋；
医学院院长，杜棻；会计主任，全云寰；工学院院长，丘勤宝。

民国三十七年度训育委员会委员名单

校长，张海秋（代）；教务长，王士魁；训导长，黄国瀛；总务长，诸宝楚；
文法学院院长，方国瑜；理学院院长，张文渊；工学院院长，丘勤宝；
医学院院长，杜棻；农学院院长，张海秋；文史学系主任，方国瑜；
外语系主任，凌达扬；经济系主任，秦瓒；法律系主任，宋玉生；
政治系主任，李德家；社会系主任，杨堃；数学系主任，王士魁；
化学系主任，张瑞纶；物理学系主任，张其濬；生物学系主任，秦子农；
土木工程学系主任，丘勤宝；矿冶工程系主任，黄国瀛；
铁道管理工程学系主任，李吟秋；航空工程系主任，王绍曾；
机械工程学系主任，马光辰；电讯专修科主任，周荫阿；
森林学系主任，蒋菊屏；蚕桑专修科主任，蒋同庆；
医学院生理实验室主任，朱锡候；医学院生物化学及药理学主任，朱肇熙。

民国三十七年度校务会议出席委员名单

校长，熊庆来；教务长，王士魁；训导长，黄国瀛；总务长，诸宝楚；
文法学院院长，方国瑜；理学院院长，张其濬；工学院院长，丘勤宝；
医学院院长，杜棻；农学院院长，张福延；文史学系主任，方国瑜；
经济学系主任，秦瓒；法律系学主任，宋玉生；外语学系主任，凌达扬；
政治学系主任，李德家；社会学系主任，杨堃；数学系主任，王士魁；
化学系主任，张瑞纶；物理学系主任，张其濬；生物学系主任，秦仁昌；
机械学系主任，马光辰；航空学系主任，王绍曾；矿冶学系主任，黄国瀛；
铁道管理系主任，李吟秋；电讯专修科主任，周荫阿；医学院内科主任，石毓澍；
病理科主任，刘学敏；生理科主任，朱锡候；生物化学药物学主任，朱肇熙；
解剖学科主任，蓝瑚；农艺学系主任，段永嘉；蚕桑专修科主任，蒋同庆；
会计室主任，全云寰；文法学院教授代表，纳忠、陆忠义；经济学系教授代表，萧子风；法律学系教授代表，赵崇汉；社会学系教授代表，金琼英；数学系教授代表，何衍璇；物理学系教授代表，顾建中；化学教授代表，王树勋；工学院教授代表，马耀光、郭佩珊；土木系教授代表，王景贤；机械系教授代表，胡宗璞；航空系教授代表，陈乃隆；矿冶系教授代表，李光博；铁道管理系教授代表，安自明；医学院教授代表，李丹、叶日葵；生物化学药物学教授代表，郭文明；外科教授代表，魏劼沉；解剖教授代表，李枢；病理学教授代表，杨景庭；生理科教授代表，李念秀；内科教授代表，秦教中；农学院教授代表，诸宝楚、晷维廉；农艺系教授代表，原颂周；蚕桑专修科教授代表、李莘农；电讯专修科教授代表，冯竞；训导处教授代表，杨元坤、叔援会；列席：职员会，工警会，系及代表。

民国三十七年度电务整理设计委员名单

总务长，诸宝楚；工学院院长，丘勤宝；理学院院长，张其濬；工学院教授，刘光悌、潘志英、胡宗璞。

民国三十七年度教授会议常务委员名单

秦仁昌、原颂周、李德家、张正林、张瑞纶、蒋蕙荪、李吟秋、朱肇熙、朱锡候、方国瑜、杨堃。

函聘陈复光等为校刊编辑委员

兹组织校刊编辑委员会聘陈复光、马奉琛、李吟秋、王景贤、王绍曾、朱锡候、萧子风、原颂周、诸宝楚、朱肇熙、张爕、杨桂宫、蔡克华、张友铭、邹景荣、白世俊、王绳尧诸先生为委员，并请陈复光先生召集，即希寄致聘函。

此致总务处查照

民国三十七年二月二日

函聘梅远谋为奖学金委员会委员

兹敦聘台端为本校奖学金委员会委员，即请查照，惠允担任为荷。

此致梅远谋先生

校长熊庆来

民国三十七年十二月十七日

民国三十八年度经费稽核委员会委员名单

当然委员：
校长，熊庆来；总务长，诸宝楚。
委员：
理学院，王树勋；医学院，朱肇熙；会计主任，全云寰；文法学院，杨宜春；工学院，唐永权；农学院，段永嘉。

民国三十八年度各种奖学金委员会委员名单

黄白学、赵述完、丘天巍、萧敬业、刘存忠、段萧堂、刘仰堂、张海秋、范铸、杨家凤、黄国瀛、徐佩瑛、何衍璿、柳灿坤、何元良、杨镜涵、王希尧、王绍曾。

委托姜寅清代行政职务

主任委员会条列论开"云大整理委员会事务主席因病不能兼顾，兹委托姜委员寅清代行政职务，在新校长未到校交接以前，整理委员会代管校务，即由姜委员以代行名义全权处置"等因，奉此除分别通知外，相应通知，即希查照为荷。

此致经济系

国立云南大学整理委员会

民国三十八年十一月二十六日

云南大学整理委员会函电

成都行政院教育部部长杭钧鉴：

窃本会卢主任委员因病不能兼顾，委托姜委员寅清代行职务，在新校长未到校交接以前，本会代管校务即由姜委员以代行名义全权处理，理合电请，鉴核备查。

国立云南大学整理委员会主任卢、副主任委员任戍世印

民国三十八年十二月二日

名　　录

一、教职员名录

（一）私立东陆大学教职员名录

民国十二年至十四年私立东陆大学教职员一览表

姓　名	字　号	籍　贯	职　别
董　泽	雨苍	云南云龙	校长
袁嘉谷	树五	云南石屏	国文教授
谢无量	大澄	四川乐至	国文教授
卢锡荣	晋侯	云南陆良	副校长、大学编辑部部长
陶鸿寿	继鲁	云南昭通	秘书长
杨维浚	子深	云南昆明	庶务长
周　恕	子如	云南大理	会计长兼测量实习讲师
萧扬勋	敬业	云南昆明	预科主任
华　振	倩朔	江苏无锡	秘书兼国文讲师
赵家通	述完	云南通海	预科副主任兼算术讲师
张邦翰	西林	云南镇雄	建筑事务所工程师、法文讲师
毕近斗	仲垣	云南呈贡	算术讲师
杨克嵘	季岩	云南洱源	建筑事务所总理兼物理讲师
严继光	佐兴	云南大理	英文讲师
柏　励	西文	广东	英文讲师
葛尔田		法国	法文讲师
柳希权	法唐	云南蒙化	几何讲师
杨汝觉	雄欧	云南宜良	英语讲师
余名钰	秀生	浙江镇海	英文讲师兼理化部主任
龚自知	仲钧	云南大关	国文讲师
胡昭及	学如	安徽绩溪	军事训练教师兼学监
刘　钰	润卿	云南昆明	体育教师

续 表

姓 名	字 号	籍 贯	职 别
李士贤	俊生	云南鹤庆	学监
李耀商	东明	云南丽江	校刊编辑兼图书管理
黄学勤		广东	英文教授
袁丕佑	霭耕	云南石屏	国文讲师
华秀升	时杰	云南通海	英文、政治讲师

民国十五年私立东陆大学教职员一览表

姓 名	字 号	籍 贯	职 别
董泽	雨苍	云南云龙	校长
卢锡荣	晋侯	云南陆良	副校长
周恕	子如	云南大理	会计长、测量教授
杨维浚	子深	云南昆明	庶务长
邵润	滋伯	云南昆明	秘书
缪云台	汉英	云南昆明	经济部主任
杨克嵘	季岩	云南洱源	实习工厂主任、机械制图教授、几何教授
华秀升	时杰	云南通海	文科主任、英文教授
萧扬勋	敬业	云南昆明	工科主任
赵家通	述完	云南通海	预科主任、物理教授
余名钰	秀生	浙江镇海	理化部主任、化学教授
刘钰	润卿	云南昆明	学监、体操教师
胡昭及	学如	安徽绩溪	学监、体操教师
王承才	绍辛	云南	西校医
袁嘉谷	树五	云南石屏	国文教授
袁丕佑	霭耕	云南石屏	国文教授
洪锡麒	启文	安徽婺源	政治教授
程道隆	懋泉	湖北黄梅	经济教育教授
范师武	晋丞	云南大理	经济教授、英文教授
周锡夔	栗斋	云南剑川	教育教授

云南大学史料丛书·教职员卷

续 表

姓 名	字 号	籍 贯	职 别
何 瑶	元良	云南石屏	微积分教授
李炽昌	颂鲁	云南昆明	数学教授
段 纬	辅堂	云南蒙化	测量教授
龚自知	仲钧	云南大关	国文教师
柏 励	西文	广东	英文教师
李国清	静华	云南大关	英文教师
严继光	佐兴	云南大理	英文教师
李耀商	东明	云南丽江	政治经济教师
毕近斗	仲垣	云南呈贡	数学教授
聂长庆	赓余	云南墨江	化学教师
萧寿民		云南昭通	编辑主任
李致中	子和	云南大理	林场管理
洪济轩		云南昆明	中校医
聂体仁	雨南	云南墨江	英文教师
缪嘉铭	云台		经济部主任
黄学勤		广东	英文教授

民国十六年私立东陆大学教职员一览表

姓 名	字 号	籍 贯	职 别
董 泽	雨苍	云南云龙	校长
卢锡荣	晋侯	云南陆良	副校长
何 瑶	元良	云南石屏	会计长
杨维浚	子深	云南昆明	庶务长
邵 润	滋伯	云南昆明	秘书
黄 晃	日光	广东	农林试验场主任兼生物学教授
杨克嵘	季岩	云南洱源	工科实习工厂主任
华秀升	时杰	云南通海	文科主任

续 表

姓 名	字 号	籍 贯	职 别
萧扬勋	敬业	云南昆明	实习工厂主任
赵家遹	述完	云南通海	预科主任
余名钰	秀生	浙江镇海	理化部主任
胡昭及	学如	安徽绩溪	学监
聂体仁	雨南	云南墨江	东陆大学附中主任
王承才	绍辛	云南昆明	西校医
陈松岩			林场管理
刘 钰	润卿	云南昆明	学监

民国十七年私立东陆大学教职员一览表

姓 名	字 号	籍 贯	职 别
袁嘉谷	树五	云南石屏	国文教授
袁丕佑	霭耕	云南石屏	国文教授
华秀升	时杰	云南通海	英文政治教授
柏励	西文	广东	英文教授
黄晃	日光	广东	生物学教授
浦薛凤	逖生	江苏	政治教授
周锡夔	栗斋	云南剑川	教育教授
邓鸿藩	屏洲	云南盐津	政治教授
段纬	辅堂	云南蒙化	建筑学教授
余名钰	秀生	浙江镇海	理化教授
赵家遹	述完	云南通海	解析几何教授
杨克嵘	季岩	云南洱源	机械制图教授
鲁晓仙			公文程式讲师
刘 钰	润卿	云南昆明	体育教员
何瑶	元良	云南石屏	机械学教授
李炽昌	颂鲁	云南昆明	测量实习教授

东陆大学预科教职员一览表

姓　名	字　号	籍　贯	职　别
袁丕佑	霭耕	云南石屏	国文教授
龚自知	仲钧	云南大关	国文讲师
柏励	西文	广东	英文教授
段宗承	继之	云南墨江	经济教师
刘嘉镕	铁菴	云南蒙自	国文教师
商娀生	子玉	云南姚安	英文教师
杨克嵘	季岩	云南洱源	几何教师
毕近斗	仲垣	云南呈贡	数学教师
赵家通	述完	云南通海	三角物理教师
张鲁川			国文教师
聂长庆	赓余	云南通海	理化教师
李国清	静华	云南大关	教育历史教师
段纬	黼堂	云南蒙化	代数教师
刘钰	润卿	云南昆明	体育教师
胡昭及	学如	安徽绩溪	体操教师

东陆大学附属中学教职员一览表

姓　名	字　号	籍　贯	职　别
董泽	雨苍	云南云龙	校长
聂体仁	雨南	云南墨江	主任
陈启华	春圃	云南晋宁	学监
王承才	绍辛	云南昆明	校医
宋邦俊	彦若	云南石屏	公民教员
张炳翼	鲁川	云南宾川	国民教员
邵润	滋伯	云南昆明	国文教员
邓学韩	词伯	云南昆明	英文教员
聂长庆	赓余	云南通海	英文教员
刘桂盛	耀秋	云南楚雄	算术教员

名　录

续 表

姓 名	字 号	籍 贯	职 别
刘晖瑜	璞生	云南昆明	算术教员
黄 晃	日光	广东	博物教员
施俊霖	兰轩	云南鹤庆	历史教员
李 浚	浚庵	云南邓川	地理教员
王肇歧	启周	云南晋宁	体操教员
张 育	育斋	云南曲溪	音乐教员
李廷英	子俊	云南晋宁	图画教员
尚 烈	伟臣	云南昆明	手工教员
刘 钰	润卿	云南昆明	体操教员

私立东陆大学教职员表

姓 名	籍 贯	职 别	任职时间（民国）
董 泽	云南云龙	校长	十一～十九年
卢锡荣	云南陆良	副校长	十五～二十年
华秀升	云南通海	文科主任	十四～十九年
		副校长	十九年
萧扬勋	云南昆明	预料主任	十一～十三年
		工科主任	十四～十六年
		实习工厂主任	十六年
杨克嵘	云南洱源	图书部主任	十四年
		工科主任	十六～十九年
赵家通	云南通海	预科副主任	十一～十三年
		实习工厂主任	十四～十五年
		预科主任	十四～十七年
邓鸿藩	云南盐津	预科主任	十八～十九年
聂体仁	云南墨江	附中主任	十六～十九年
周 恕	云南大理	会计长	十一～十五年
何 瑶	云南石屏	会计长	十五～十九年

续　表

姓　名	籍　贯	职　别	任职时间（民国）
杨维浚	云南昆明	庶务长	十一～十九年
缪嘉铭	云南昆明	经济部主任	十三年
卢锡荣	云南陆良	编辑部主任	十二～十四年
萧寿民	云南昭通	编辑部主任	十四～十九年
袁丕佑	云南石屏	图书部主任	十五～十九年
佘名钰	浙江镇海	理化部主任	十一年
李致中	云南大理	林场管理员	十三～十五年
陈立干	云南镇南	林场管理员	十六年
范师武	云南大理	训育主任	十八年
胡昭及	安徽绩溪	学监	十一～十四年
刘　钰	云南昆明	学监	十五～十七年
彭元槐	云南永北	学监	十八年
赵换钊	云南弥勒	学监	十八年
朱寿昌	云南富民	附中学监	
陈启华	云南晋宁	附中学监	
王承才	云南昆明	校医	

（二）省立东陆大学教职员名录

民国二十一年省立东陆大学教职员一览表

姓　名	籍　贯	年　龄	性　别	职　别	任职时间（民国）
华秀升	云南通海	37	男	校　长	十九年九月
邓鸿藩	云南盐津	34	男	文学院院长	二十年一月三十日
何　瑶	云南石屏	35	男	工学院院长	二十年一月三十日
赵家通	云南通海	36	男	理学院院长	二十年一月三十日
杨维浚	云南昆明	40	男	事务主任	二十年一月三十日
严继光	云南大理		男	图书室主任	二十年八月二十四日
张元养	云南保山	35	男	训育部主任	二十年八月二十日

名

录

续 表

姓 名	籍 贯	年 龄	性 别	职 别	任职时间（民国）
王秉章	云南鹤庆	40	男	训育部主任	二十年八月二十日
陈复光	云南大理	35	男	校刊编辑委员长	二十年九月七日
姚继唐	云南个旧	36	男	体育部主任	二十年六月十二日
邵 润	云南昆明	34	男	秘书主任	二十年一月三十一日
范师武	云南大理	37	男	校刊编辑委员	二十年九月十八日
陶贞元	云南昆明	28	男	校刊编辑委员	二十年九月十八日
李乾元	云南晋宁	34	男	图书室主任	二十年九月十八日
陈玉科	云南靖边	31	男	委员	二十年九月十八日
邓鸿焘	云南盐津	28	男	委员	二十年九月十八日
毕近斗	云南呈贡	39	男		二十年九月十八日
罗为垣	云南顺宁	38	男		二十年九月十八日
徐君武	云南蒙化	27	男		二十年九月十八日
李国清	云南大关	33	男		二十年九月十八日
倪隆德	云南会泽	66	男		二十年九月十八日
朱寿昌	云南富民	32	男		二十年九月十八日
安汝智	美国	41	男		二十年九月十八日
何 非	云南沾益	27	男		二十年九月十八日
高玉麟	云南邓川	27	男		二十年九月十八日
陈秉仁	云南盐津	46	男		二十年九月十八日
商娀生	云南姚安	27	女		二十年九月十八日
萧扬铭	云南昆明	30	男	事务员	二十年十月三日
缪安成	云南昆明	29	男	军医	二十年十一月一日
王宪章	云南鹤庆	28	男	军事训练员	二十年十一月一日
舒目钧				管理员	
华 浪	法国	40	男	校医	
裴文贵	安南	45	男	校医	
王承徐	云南昆明		男	军事训练员	
王怀仁					

续 表

姓 名	籍 贯	年 龄	性 别	职 别	任职时间（民国）
萧扬勋	云南昆明	39	男	委员	二十年九月十八日
刘元中	云南曲靖	28	男	学监	二十年二月二日
梁恒洲	云南沾益	30	男	学监	二十年二月二日
李毗	云南昆明	27	男	斋务股长	二十年二月二日
沈燊	云南曲靖	30	男	注册股长	二十年十月十九日
包崇仁	云南蒙自	25	男	庶务股长	二十年十一月十日
张恩寿	云南通海	48	男	会计股长	二十年二月二日
丁文炳	云南会泽	48	男	秘书员	二十年九月一日
袁嘉谷	云南石屏	60	男		
袁丕佑	云南石屏	36	男	图书室主任	
彭禄炳	广东中山	41	男		
聂体仁	云南墨江	30	男		
聂长庆	云南墨江	30	男	理化室主任	
黄晃	广东	38	男		
周锡夔	云南剑川	35	男		
杨克嵘	云南洱源	36	男		
李永清	云南昆明	40	男	教育学院院长	二十一年
杨楷	云南昆明	30	男	教育学院院长	二十三年
杨维浚	云南昆明	53	男	事务主任	十九年
方际熙	云南昆明	47	男	会计股长	二十二年
张元养	云南保山			训育部主任	二十年
梁芷乡	云南沾益			学监	十九年
王云五	云南鹤庆			军事训练员	二十年
徐谦	云南昆明	20	男	军事训练员	二十二年
苏树德	云南晋宁	26	男	校医	二十一年

名 录

省立东陆大学教职员一览表

姓　名	籍　贯	职　别	在校时间（民国）
华秀升	云南通海	校长	十九～二十一年
何瑶	云南石屏	工学院院长	十九～二十三年
		校长	二十一～二十三年
邓鸿藩	云南盐津	文理学院院长	十九～二十三年
李永清	云南昆明	教育学院院长	二十一～二十二年
杨楷	云南昆明	教育学院院长	二十三年
邵润	云南昆明	秘书主任	十九～二十三年
杨维浚	云南昆明	事务主任	十九～二十三年
包崇仁	云南蒙自	庶务股长	十九～二十三年
张恩寿	云南通海	会计股长	十九～二十一年
方际熙	云南昆明	会计股长	二十二～二十三年
李焜	云南昆明	斋务股长	二十～二十一年
沈燊	云南曲靖	注册股长	二十一～二十三年
袁丕佑	云南石屏	图书室主任	十九～二十年
严继光	云南大理	图书室主任	二十～二十一年
李乾元	云南晋宁	图书室主任	二十二～二十三年
赵家通	云南通海	理化室主任	十九～二十一年
聂长庆	云南墨江	理化室主任	二十一～二十三年
王秉章	云南鹤庆	训育部主任	十九～二十年
张元养	云南保山	训育部主任	二十～二十三年
刘元中	云南曲靖	学监	十九～二十三年
梁芷乡	云南沾益	学监	十九～二十三年
姚继唐	云南个旧	体育部主任	二十一～二十三年
王承徐	云南昆明	军事训练员	十九～二十三年
王云五	云南鹤庆	军事训练员	二十年
徐谦	云南昆明	军事训练员	二十二～二十三年
缪安成	云南昆明	校医	二十一～二十三年
苏树德	云南晋宁	校医	二十一～二十三年

云南大学史料丛书·教职员卷

民国二十一年省立东陆大学雇员姓名职务一览表

姓 名	字 号	职 别	服务地点
张正富	宝注	事务员	专司保管物件及照料校内一切事务
陈鼎甲	小山	事务员	专司登记出入账务及分送各部应用物品
赵之鹏	云波	采买司事	专司采买
刘汝峰	峻山	会计处书记	缮写账务及预算书
方继祖	克纯	图书助理员	管理图书室书报杂志
谢沅	濂溪	理化管理员	管理理化室器械药品
萧鉁	益齐	教务处书记	专办校务处一切事件
袁继亮		英文打字员	专打英文讲义
陈煊		收发兼书记长	管理文卷缮写文件讲义及写石印文件收发文件监印等事
杨茂之	兴臣	书记	专司缮写
许镇奥	乾山	书记	专司缮写
张钟祺	炳文	书记	专司缮写
张隐民	耐夫	石印员	专司石印并装订书表
谢云轩	人民	油印员	专司油印
杨国铨	子衡	书记	专司缮写
王嗣武	光文	稽查	稽查大门出入一切事项
李国义	伯庚	校警长	专司校内警卫及管理校工
唐绍元	松泉	副校警长	专司校内警卫及管理校工

民国二十一年省立东陆大学校工服务地点、职务一览表

姓 名	服务地点或职务
刘进臣	会泽院
陈鸿清	会泽院
刘勋	事务部
文绍童	事务部
赵子孝	理化室

续　表

姓　名	服务地点或职务
田应桢	学生宿舍
易福兴	茶房
周旺兴	挑水
郑从顺	俱乐部
张　华	沐浴室
陈　洪	厨工
陈华堂	快足
徐　清	清洁
丁　阳	清洁书记室
杨炳权	花工
杨文秀	俱乐部
王嘉宾	校警
华灿庚	校警
胡德昌	校警

（三）省立云南大学教职员名录

民国二十四年省立云南大学教职员一览表

姓　名	字号	性别	年龄	籍　贯	职　别	到校年月（民国）
何　瑶	元良	男	41	云南石屏	校长兼理工学院院长	二十一年九月
邓鸿藩	屏洲	男	38	云南盐津	文法学院院长	十六年三月一日
邓鸿涛	巨源	男	34	云南盐津	文法学院专任教授、法律学系主任	十九年八月
范师武	晋丞	男	43	云南大理	文法学院专任教授、政治经济系主任	十三年十一月一日
徐继祖	述先	男	40	云南弥渡	文法学院专任教授、教育系主任	二十五年二月十日
毕近斗	仲垣	男	42	云南呈贡	土木工程系主任	十二年

续 表

姓 名	字号	性别	年龄	籍 贯	职 别	到校年月（民国）
王 玮	正恒	男	40	贵州贵阳	理工学院专任教授 兼土木工程系主任	二十五年六月二十日
秦光弘	穋蕃	男	32	云南呈贡	医学专修科主任兼教授	二十三年八月一日
李永清	子廉	男	39	云南昆明	秘书科主任	二十年一月
沈 燊	济之	男	35	云南曲靖	注册课副主任	二十年十月十日
姚继唐		男	39	云南个旧	体育课主任	二十年五月十日
杨维浚	子深	男	45	云南昆明	庶务课主任	十一年九月
方际熙	介福	男	46	云南昆明	会计课副主任	二十一年十一月一日
张启贤	启贤	男	31	云南通海	图书馆主任	二十二年十月
彭元士	恺丞	男	47	江苏	图书馆主任	二十五年七月
聂长庆	赓余	男	35	云南墨江	科学馆主任 兼理工学院专任教授	十四年三月
傅铭彝	民一	男	46	云南镇雄	训导委员会主任	二十四年五月三日
刘元中	伯庸	男	33	云南曲靖	训导委员会副主任	十九年三月
梁恒洲	芷乡	男	33	云南沾益	训导委员会副主任	十九年九月
包崇仁	仰亭	男	29	云南蒙自	编辑委员会副主任委员	十九年八月
徐 谦	受益	男	20	云南昆明	军事教官 兼训导委员会委员	二十二年十月一日
邓世瑛	淮南	男	32	云南华宁	军事训练助教	二十四年五月
王 锟		男	23	云南建水	注册课课员	二十五年二月
萧扬铭	予新	男	33	云南昆明	注册课管理员	二十年十月
白 浪	青萍	男	28	云南石屏	军事教官	二十五年十月
李师同	仲纯	男	30	云南永善	体育指导	二十五年九月
施莉侠		女	25	云南会泽	外国文秘书	二十五年九月
张天玉	瑜珍	女	24	云南大理	会计课会计员	二十三年五月一日
萧福祥	绥之	男	26	云南宁洱	图书馆管理员	二十四年七月十日
施果毅	卓卿	男	39	云南昆明	图书馆管理员	二十二年一月

名 录

续 表

姓名	字号	性别	年龄	籍　贯	职　别	到校年月（民国）
张鸿书		男	25	云南顺宁	图书馆编目主任	二十五年十一月
李群杰	杰甫	男	24	云南丽江	编辑委员会编辑	二十五年九月
刘乾义	和斋	男	59	云南元江	秘书课秘书	二十四年七月
彭元士	恺丞	男	47	安徽吴县	秘书课秘书	二十四年七月
周保康		男	42	云南石屏	秘书课文书员	二十五年三月十五日
何思恭	钦君	男	26	云南晋宁	校长室文书员	二十五年二月
苏树德	达先	男	30	云南晋宁	校医	二十五年二月
李良训		男	31	山东潍县	理工学院专任教授	二十五年九月
杨体仁	克成	男	27	云南大理	理工学院兼任教授文法学院讲师	二十五年八月
马琛		男	46	澳洲	专任教授	二十五年九月
计阳曦		男	37	安徽庐江	理工学院专任教授	二十五年三月十四日
陈芳照		男	24	广东	理工学院专任讲师	二十五年九月一日
何非	去非	男	31	云南沾益	理工学院讲师	二十年六月
杨鲁曾	哲夫	男	26	云南思茅	助教	二十四年九月
杨文辉		男	26	美国	理工学院专任讲师	二十五年八月二十八日
何有贵		男	25	美国	地质学讲师	二十五年八月二十八日
苗天宝		男	31	云南江川	教授	二十二年九月
阮荫槐	植三	男	28	云南禄劝	文法学院助教	二十五年九月
方国瑜	瑞丞	男	32	云南丽江	文法学院专任教授	二十五年九月
周锡夔	栗斋	男	42	云南剑川	文法学院教授	十四年六月
李立藩	君范	男	37	云南昭通	文法学院生物学教授	二十五年二月
熊光玠		男	29	云南昆明	文法学院法律系讲师	二十五年二月
徐君武	筱权	男	31	云南蒙化	文法学院讲师	二十四年八月
杨近仁	用之	男	36	云南元江	实习指导员	二十四年九月
袁嘉谷	树五	男	60	云南石屏	文法学院教授	十二年
白之瀚	小松	男	45	山西介休	文法学院教授	二十三年二月

续 表

姓 名	字号	性别	年龄	籍 贯	职 别	到校年月（民国）
孙德崇	义巷	男	33	云南墨江	文法学院教授	二十四年二月
杨振兴	宏举	男	39	云南大理	文法学院教授	二十二年八月一日
陶贞元	子固	男	33	云南昆明	文法学院专任教授	二十年二月一日
聂体仁	雨南	男	35	云南墨江	文法学院教授	十七年三月
李乾元	季立	男	38	云南晋宁	文法学院专任教授	十七年四月一日
朱寿昌	宇平	男	36	云南富民	文法学院教授	十九年二月一日
张嘉栋	季材	男	30	云南石屏	文法学院教授	
尹希先	慕农	男	46	云南昆明	庶务课事务员	十一年十月
马幼卿		男	44	云南昆明	庶务课事务员	二十二年一月
陈鼎甲	筱山	男	41	云南昆明	庶务课事务员	十六年七月
胡肖先	云初	男	36	云南蒙化	庶务课事务员	二十五年三月
苏蓁	抚樵	男	42	云南石屏	会计科事务员	二十一年
张开仕	理廷	男	39	云南昆明	会计科事务员	二十四年十月
谢沅		男	26	云南楚雄	理化室管理员	十八年
刘甫	裕初	男	38	云南楚雄	书记长	二十四年二月一日
溥永祥	云卿	男	41	云南通海	副书记长	二十四年二月十四日
宋睢	硕夫	男	38	云南昆明	外收发	二十三年九月
邵康		男	26	云南镇雄	卫兵长	二十四年六月六日
沈金山	子鸿	男	46	云南通海	卫兵长	二十五年一月七日
董发源	槐三	男	26	云南昆明	讲义管理员	二十四年二月一日
王光文	嗣武	男	41	云南昆明	书记长	十九年十月一日
杨茂之	实斋	男	42	云南昆明		十八年三月十日
张懋祥	树奇	男	25	云南贵阳		二十五年三月一日
曾以厚	积之	男	22	云南昆明		二十四年十月一日
段维屏	崇周	男	19	云南昆明		二十五年二月五日
杨培炎	诚斋	男	35	云南昆明		二十五年三月一日
李荣春	济苍	男	19	云南会泽		二十五年三月二十八日

续 表

姓 名	字号	性别	年龄	籍 贯	职 别	到校年月（民国）
梁启昆	文华	男	29	云南昆明		二十五年三月十六日
谢云轩	瑞廷	男	63	云南昆明	油印书记	八年二月三日
周志强	绍武	男	28	云南昆明	石印书记	二十三年二月一日
李尚培	美益	男	20	云南晋宁	图书馆书记	二十四年

民国二十五年省立云南大学教职员一览表

姓 名	字 号	年 龄	籍 贯	职 别
何 瑶	元良	42	云南石屏	校长兼工学院院长
邓鸿藩	屏洲	37	云南盐津	文法学院院长
邓鸿涛	巨源	29	云南盐津	法律系主任
范师武	晋丞	43	云南大理	政治经济系主任
徐继祖	述先	40	云南弥渡	教育系主任
秦光弘	稚藩	32	云南呈贡	医学专修科主任
李永清	子廉	35	云南昆明	秘书课主任
沈 桑	济之	35	云南曲靖	注册课副主任
姚继唐		38	云南个旧	体育课主任
杨维浚	子深	43	云南昆明	庶务课主任
方际熙	介福	45	云南昆明	会计科主任
彭元士	恺丞	50	江苏吴县	图书馆主任
聂长庆	赓余	33	云南墨江	科学馆主任
付铭彝	民一	45	云南镇雄	训导委员会主任
刘元中	伯庸	32	云南曲靖	训导委员会副主任
梁恒洲	芷乡	33	云南沾益	训导委员会副主任
包崇仁	仰亭	28	云南蒙自	编辑委员会主任委员
毕近斗	仲垣	42	昆明呈贡	土木工程系主任
王 锟		23	云南建水	注册课课员
萧杨铭	予新	33	云南昆明	注册课课员

续　表

姓　名	字　号	年　龄	籍　贯	职　别
李师同	仲纯	30	云南永善	体育指导员
施莉侠		25	云南会泽	秘书员
徐　谦	受益	31	云南昆明	军事教官
刘乾义	和齐	57	云南元江	秘书课秘书
苏树德	达先	28	昆明晋宁	校医
邓世瑛	淮南	32	云南华宁	军事训练助教
白　浪	青萍	28	云南石屏	军事教官
张天玉	瑜贞	24	云南大理	会计员
施果毅	卓乡	39	云南昆明	图书馆管理员
萧福祥	绥之	24	云南宁洱	图书馆管理员
张鸿书		25	云南顺宁	
李群杰		24	云南丽江	编辑员
王　伟	正恒	40	贵州贵阳	专任教授
李良训		30	山东潍县	专任教授
李乾元	季立	38	云南晋宁	专任教员
范师武	晋丞	44	云南大理	教授
马　琛		45	澳洲	专任教授
计阳曦		37	安徽	专任教授
徐　光	子明	48	江苏宜兴	教授
秦光弘	稚藩	32	云南呈贡	专任教授
陶贞元	子固	32	云南昆明	专任教授
邓鸿涛	巨源	29	云南盐津	专任教授
聂长庆	庚余	33	云南墨江	专任教授
王承才	绍辛	45	云南昆明	教授
白之瀚	小松	44	山西介休	教授
后长德	晋修	31	云南思茅	教授
朱寿昌	宇平	34	云南富民	教授
安汝智		43	美国	教授

名

录

续 表

姓　名	字　号	年　龄	籍　贯	职　别
何 昌	光周	41	云南禄丰	教授
李永清	子廉	39	云南昆明	教授
李立藩	君范	37	云南昭通	教授
李丕章		45	浙江鄞县	教授
李国清	静华	36	云南大关	教授
王齐兴		34	江苏镇江	讲师
沈种芩		37	云南大理	教授
周 伟	伯雄	30	云南大理	教授
周锡夔	栗斋	41	云南剑川	教授
易文焜	崇皋	51	贵州绥阳	教授
姚寻源		38	河北涞源	教授
徐彪南	益寿	33	江苏宜兴	教授
徐继祖	述先	40	云南弥渡	教授
方国瑜	瑞丞	32	云南丽江	教授
孙德崇	义菴	31	云南墨江	教授
马嘉德		48	法国巴黎	教授
袁嘉谷	屏山居士	65	云南石屏	教授
苗天宝		31	云南江川	教授
张嘉栋	季材	29	云南石屏	教授
杨家凤	端五	38	云南鹤庆	教授
杨振兴	宏举	36	云南大理	教授
邓鸿藩	屏洲	38	云南盐津	教授
薛受益	子谦	51	河北大兴	教授
环建一	理昌	46	云南弥渡	教授
聂体仁	雨南	34	云南墨江	教授
饶重庆	季华	52	云南蒙化	教授
何 非	去非	31	云南沾益	讲师
何有贵		25	美国	讲师

续 表

姓 名	字 号	年 龄	籍 贯	职 别
徐君武	筱权	31	云南蒙化	讲师
许端庆	季象	26	云南昆明	讲师
陈芳照		25	广东	讲师
彭禄炳		42	广东中山	教授
杨楷	履端	32	云南昆明	教授
杨克嵘	季岩	40	云南洱源	教授
杨文辉		25	美国	讲师
杨体仁	克成	26	云南大理	讲师
魏述征		28	云南华宁	讲师
阮荫槐	植三	38	云南禄劝	助教
杨鲁曾	哲夫	27	云南思茅	助教
熊光玠		29	云南昆明	讲师
樊弥德		29	美国	教授
蓝思德		45	英国	教授
杨近仁	用之	36	云南元江	实习指导员
杨毓华		25	云南腾冲	助理

民国二十五年云南大学附属中学教职员一览表

姓 名	字 号	年 龄	籍 贯	职 别
徐继祖	叙先	40	云南弥渡	主任
沈燊	济之	35	云南曲靖	公民教员
周耀		24	云南玉溪	体育教员
徐谦	受益	30	云南昆明	军训教官
陈少铭		27	云南弥渡	国文教员
王锟		23	云南建水	英文教员
王志符		21	云南昆明	数学教员
杨瑞勋		23	云南开远	生物教员
庄永华	实若	34	云南昆明	音乐教员

名 录

续 表

姓　名	字　号	年　龄	籍　贯	职　别
张儒翰		27	云南石屏	地理教员
吴　钧		27	云南昆明	历史教员
王志导		25	云南昆明	数学教员
苏树德	达先	30	云南晋宁	校医
林伯园		35	云南蒙化	校务员
胡云礽		36	云南蒙化	事务员
杨玉生	荣珊	27	云南顺宁	史地教员
窦重先		26	云南昆明	图书教员
许秉乾		24	云南弥渡	校务员
赵象乾		25	云南鹤庆	体育教员

民国二十六年省立云南大学教职员一览表

职　别	姓　名	字　号	年　龄	籍　贯	到校年月（民国）
校长	熊庆来	迪之	45	云南弥勒	二十六年八月
教务长	何　鲁	奎垣	44	四川广安	二十六年八月
代理教务长	程　璟	仰秋	40	江西南昌	二十六年九月
秘书长	郑崇贤	荣庐	50	云南石屏	二十六年八月
文法学院院长	林同济		32	福建闽侯	二十六年九月
代理学院院长	何　鲁	奎垣	44	四川广安	二十六年八月
工学院院长	杨克嵘	季岩	44	云南洱源	十一年九月
医学院院长	范秉哲		33	河北任丘	二十六年八月
医学专修科主任	秦光弘	稚藩	34	云南呈贡	二十三年七月
文法学院					
文学系					
教授兼主任	闻　宥	在宥		江苏松江	二十七年一月
名誉教授	袁嘉谷	屏山	66	云南石屏	十二年
教授	吴　晗	辰伯	29	浙江义乌	二十六年八月
讲导	陶　音	振誉	28	安徽天长	二十六年八月

续 表

职 别	姓 名	字 号	年 龄	籍 贯	到校年月（民国）
讲导	方国瑜	瑞丞	33	云南丽江	二十五年九月
讲师	徐嘉瑞	梦麟	42	云南昆明	二十六年一月
讲师	白之瀚	小松	46	山西介休	二十一年一月
讲师	马嘉德		51	法国	十七年
讲师	李乾元	季立	39	云南晋宁	十七年四月
讲师	李国清	静华	38	云南大关	十三年九月
讲师	蓝思德		47	英国伦敦	二十五年八月
教员	施蛰存		33	江苏松江	二十六年八月
教员	李长之	长植	27	山东利津	二十六年八月
教员	周呆	光宇	29	云南丽江	二十六年八月
教员	由道	少熙	30	云南姚安	二十六年九月
前任讲师	杨振兴	宏举	39	云南大理	二十六年十月在校
教育系					
教授兼主任	曾作忠	恕存	40	广西桂林	二十六年八月
教授	程璟	仰秋	40	江西南昌	二十六年九月
讲师	周锡夔	栗斋	44	云南剑川	十四年五月
讲师	李永清	子廉	40	云南昆明	二十一年
实习指导	罗志英	伟如	37	云南昆明	二十六年十一月
前教育系主任	徐继祖	述先	41	云南弥渡	二十六年十月在校
政治经济系					
教授兼主任	林同济		32	福建闽侯	二十六年九月
教授	范师武	晋丞	45	云南大理	十四年一月
教授	朱驭欧	沛西	32	湖南零陵	二十六年九月
教授	王赣愚	贡予	31	福建闽侯	二十六年十月
讲师	李肇义		30	广东汕头	二十六年二月
讲师	高仁夫		33	云南思茅	二十二年八月
讲师	杨体仁	克成	27	云南大理	二十五年八月
讲师	高直青		32	云南石屏	二十五年九月

名 录

续 表

职 别	姓 名	字 号	年 龄	籍 贯	到校年月（民国）
教员	马季唐		31	云南蒙自	二十六年九月
助教	阮荫槐	植三	29	云南禄劝	二十五年四月
法律系					
教授兼主任	罗仲甫		46	四川威远	二十六年八月
教授	邓鸿藩	屏洲	39	云南盐津	十六年三月
教授	饶重庆	季华	53	云南蒙化	二十二年九月
教授	张永宽	和笙	46	四川合川	二十六年八月
讲师	易文煃	崇皋	51	贵州绥阳	二十五年九月
理学院					
算学系					
教授兼主任	何 鲁	奎垣	44	四川广安	二十六年八月
教授	熊庆来	迪之	45	云南弥勒	二十六年八月
讲师	王士魁		34	广东	二十六年十二月
助教	张福华		24	云南昆明	二十六年八月
助教	王志符		22	云南昆明	二十六年十一月
理化系					
教授兼主任	赵雁来	信之	36	河北蠡县	二十六年八月
教授	李季伟	子蔚	38	四川彭县	二十六年八月
教授	赵忠尧		35	浙江诸暨	二十六年十一月
讲师	李清泉		31	河北完县	二十六年九月
讲师	刘宝煊		29	云南建水	二十六年十月
教员	彭桓武		22	湖北麻城	二十六年八月
教员	顾建中		24	贵州贵阳	二十六年九月
助教	高国寿	仲裔	25	四川华阳	二十六年八月
助理	谢 沅	濂溪	28	云南楚雄	
助教	杨鲁曾	哲夫	27	云南思茅	二十五年二月
植物系					
教授兼主任	严楚江	君白	37	江苏崇明	二十六年八月

续 表

职 别	姓 名	字 号	年 龄	籍 贯	到校年月（民国）
助教	陈梅生		30	广东梅县	二十六年八月
土木工程系					
教授兼主任	李炽昌	颂鲁	45	云南昆明	二十六年八月
教授	顾宜孙	晴洲	41	江苏南汇	二十六年十二月
讲师	张有龄				二十七年一月
讲师	张 伟	子俊	45	云南昆明	二十六年八月
讲师	赵凌寒		39	福建闽侯	二十六年八月
讲师	夏昌槐		31	四川简阳	二十六年八月
教员	张家宁	以安	28	云南昆明	二十六年八月
助教	赵炳金				
助理	马锡荃			云南蒙自	
测量器械管理	陈鸿仁		45	云南昆明	
前土木工程系讲导	王 伟	正恒	41	贵州贵阳	二十六年十一月离校
前土木系教员	赵 聪				
采矿冶金系					
教授兼主任	张正平		39	江苏江宁	二十六年十月
教授	吴大暲	端甫	41	四川荣县	二十六年九月
教授	蒋导江			湖北沙市	二十六年十二月
讲师	庐焕云		34	河北易县	二十七年一月
实验员	林少华	文波	48	云南昆明	二十六年八月
矿山实习经理	于耀廷		45	云南昆明	
前采冶系讲师	马希融				二十六年十一月离校
医学院					
院长兼教授	范秉哲		33	河北任丘	二十六年八月
讲师	李 枢		33	河北蠡县	二十六年八月
绘图员	赵竹筠			云南弥勒	二十六年九月
其他教职员					
党义讲师	张 禄	服真	39	云南昆明	二十六年十月

二

名

录

二

续 表

职 别	姓 名	字 号	年 龄	籍 贯	到校年月（民国）
代理体育主任	杨元坤	健南	27	云南宁洱	二十六年九月
看护训练指导	徐彪南				二十六年十二月
筑城交通教官	帅崇兴	燮卿	47	云南昆明	二十五年九月
兵器教官	杨笙伯		41	云南昆明	二十六年十月
战术教官	牛协坤	和卿	43	云南陆良	二十六年十月
军事主任教官	白 浪	青萍	29	云南石屏	二十五年十月
军事教官	邓大观	浩然	29	云南镇雄	二十六年十一月
训育员	武臣奭	咏棠	42	云南思茅	二十六年九月
卫兵长	李立夫		23	云南大理	
班长	王吉甫		30	云南昆明	
前术科教官	崔峻峰				二十六年十一月离校
教务处					
秘书	车华庆		32	云南墨江	二十六年十一月
注册课					
主任	甘师禹	襄廷	36	云南盐丰	二十六年八月
课员	萧扬铭	予新	32	云南昆明	十九年
课员	刘忆萱		25	湖南湘潭	二十六年八月
书记	赵伯雅		19	云南大理	二十六年十月
出版课					
主任	王武科	伟烈	30	云南禄丰	二十六年十一月
课员	姜锡龄	纯嘏	32	云南弥勒	二十六年八月
书记	王光文	嗣武	37	云南昆明	十九年九月
书记	陈庆五		25	四川西昌	二十六年七月
书记	永裕祥		38	云南建水	二十四年一月
书记	鲁咸若		32	云南安宁	二十六年七月
书记	张懋祥	树奇	25	贵州贵阳	二十四年十月
书记	杨明德		26	云南云龙	二十六年三月
书记	杨茂之		43	云南昆明	十八年四月

续　表

职　别	姓　名	字　号	年　龄	籍　贯	到校年月（民国）
书记	曾俊安		25	云南昆明	二十六年九月
书记	尹子材		26	云南昆明	二十六年八月
书记	王寿山		23	云南昆明	二十六年十月
书记	徐绍卿		45	云南昆明	二十六年二月
石印	周志强		32	云南昆明	二十三年二月
石印	詹成祖		25	云南昆明	二十四年一月
前印刷股主任	包崇仁	仰亭	30	云南蒙自	二十六年十一月离校
图书馆					
主任	彭元士	恺丞	48	江苏吴县	二十四年七月
中文编目	张鸿书		26	云南顺宁	二十五年十一月
西文编目	李继光		32	浙江绍兴	二十六年十一月
管理员	周玉麟	艺玲	24	云南石屏	二十六年三月
管理员	余锡鸿		27	广东台山	二十六年八月
书记	曾以厚		24	云南昆明	二十四年九月
书记	段维屏		21	云南昆明	二十四年九月
书记	何祝铭		25	云南石屏	二十五年七月
秘书处					
文书课					
秘书长兼主任	郑崇贤	荣庐	50	云南石屏	二十六年八月
文书员	刘嘉镕	铁庵	40	云南蒙自	二十六年八月
课员	周保康		43	云南石屏	二十四年二月
书记	刘甫		38	云南楚雄	二十二年二月
书记	高成		31	云南广通	
书记	陈文华		24	云南昆明	
书记	杨大儒		28	云南弥勒	
会计课					
主任	方际熙	介福	50	云南昆明	二十一年十一月
课员	张天玉	瑜贞	25	云南保山	二十二年五月

名

录

续 表

职 别	姓 名	字 号	年 龄	籍 贯	到校年月（民国）
事务员	张理廷		41	云南昆明	
事务员	苏蓁		40	云南石屏	
庶务课					
主任	唐永权	子衡	35	云南昭通	二十六年十月
课员	张友兰		40	云南弥勒	二十六年九月
试用课员	陈天民		24	云南昆明	二十六年十一月
事务员	马幼卿		44	云南昆明	二十三年二月
事务员	陈鼎甲		37	云南昆明	十八年三月
事务员	尹希先		47	云南昆明	二十三年二月
事务员	袁同铢		36	云南石屏	二十四年五月
事务员	施维馨		49	云南曲靖	二十五年六月
事务员	杨家骐		24	云南昭通	二十六年八月
稽查	宋暐		37	云南昆明	二十二年九月

民国二十六年云南大学附属中学教职员一览表

职 别	姓 名	字 号	年 龄	籍 贯	到校年月（民国）
主任	杨春洲		34	云南石屏	二十六年九月
文史教员	冯素涛		31	云南盐兴	二十六年九月
英文教员	由道	少熙	29	云南姚安	二十六年九月
数学兼任教员	张福华		24	云南昆明	二十六年九月
公民伦理学兼任教员	马鹤苓		35	河北天津	二十六年九月
军事教官兼事务主任	徐谦	受益	31	云南昆明	二十六年九月
教导员兼国文教员	陈少铭		29	云南弥渡	二十五年二月
数学兼任教员	王志导		26	云南昆明	二十五年七月
历史兼任教员	吴钧	子衡	28	云南昆明	二十五年二月
地理兼任教员	龚芷荪	自修	30	湖南石门	二十六年九月
图画兼任教员	柏荣光		47	云南峨山	二十六年九月
音乐兼任教员	丁素秋		30	云南昆明	二十六年九月

云南大学史料丛书·教职员卷

续　表

职　别	姓　名	字　号	年　龄	籍　贯	到校年月（民国）
英文兼任教员	蓝思德			英国伦敦	二十五年二月
生物兼任教员	陈梅生		30	广东梅县	二十六年九月
体育教员	周耀		25	云南玉溪	二十六年九月
会计员	袁芷芬		26	云南石屏	二十六年九月
庶务员	丁声远		24	云南昆明	二十六年九月
事务员	罗耀华		22	云南昆明	二十六年九月
图书员	余为相		22	云南石屏	二十六年九月
书记	郭树勋		30	云南蒙化	二十六年九月
前事务员	胡肖先				二十六年十一月离校
前文书	杨国荣				二十六年十一月离校
前体育主任教员	杨学元				二十六年十一月离校
前数学教员	彭桓武				二十六年十一月离校
前公民教员	孙德崇				二十六年十一月离校
前生物教员	姚蓬心				二十六年十一月离校

（四）国立云南大学教职员名录

民国二十七年国立云南大学教职员一览表

职　别	姓　名	字　号	年　龄	籍　贯	到校年月（民国）
校长	熊庆来	迪之	47	云南弥勒	二十六年八月
校长室秘书	徐嘉瑞	梦麟	44	云南昆明	二十六年一月
校长室佐理秘书	张孝机		27	云南昭通	二十七年九月
教务处					
教务长	何鲁	奎垣	46	四川广安	二十六年八月
代理教务长	李季伟	子蔚	40	四川彭县	二十六年九月
书记	张国光		38	云南呈贡	二十七年九月

续 表

职 别	姓 名	字 号	年 龄	籍 贯	到校年月（民国）
注册部					
兼主任	李季伟	子蔚	40	四川彭县	二十六年九月
干事	张森	伯刚	28	云南昆明	二十七年四月
课员	苏珉	若璧	26	云南凤仪	二十八年二月
课员	张树英	建华	29	云南西畴	二十八年三月
试用课员	朱淑贞		23	广东	二十八年五月
书记	孙荣光		26	云南昆明	二十八年四月
讲义室助理员	陈庆五	世丰	26	西康西昌	二十六年七月
讲义室管理员	李敬臣		25	云南安宁	二十七年二月
书记	杨茂之		45	云南昆明	二十年四月
讲义室书记	永裕祥	寿益	40	云南建水	二十四年一月
讲义室书记	李光廷	光廷	28	云南昆明	二十七年十二月
讲义室书记	张正坤	云山	24	云南昆明	二十八年二月
讲义室书记	陈家骅		18	云南昆明	二十八年二月
讲义室书记	徐耀堂		48	云南弥渡	二十八年三月
讲义室书记	杨文彩		27	云南弥渡	二十八年三月
讲义室油印员	徐绍卿	德森	48	云南昆明	二十五年八月
讲义室油印员	王泽		35	云南昆明	二十八年一月
体育部					
主任	涂文	奇峦	41	湖南	二十七年九月
教员	杨元坤	健南	27	云南洱宁	二十四年四月
教员	沈芳夏				二十七年十月
书记	杨大儒		30	云南弥勒	二十六年
军训部					
代理军事主任教官	张在实		30	云南盐兴	二十五年五月
教官	林有光		34	云南华宁	二十八年三月
助教	李振华	玉港	30	福建	二十八年四月
助教	金汉武		25	云南路南	二十八年四月

续 表

职 别	姓 名	字 号	年 龄	籍 贯	到校年月（民国）
书记	杨茂之				二十年四月
图书馆					
主任	彭元士	恺丞	50	江苏吴县	二十四年七月
中文编目	张鸿书	雁洲	28	云南顺宁	二十五年十一月
西文编目	李继先		32	浙江绍兴	二十六年十一月
馆员	周玉麟	艺玲	26	云南石屏	二十六年三月
馆员	陈荣恩		31	浙江绍兴	二十七年十一月
馆员	马树柏	节高	26	云南通海	二十七年二月
助理	段维屏	崇周	21	云南晋宁	二十四年五月
助理	曾以厚	积之	26	云南昆明	二十四年九月
助理	何祝铭	玉衡	23	云南石屏	二十五年十月
书记	姜启明		21	云南昆明	二十八年四月
秘书处					
教授兼秘书长	徐绳祖	茂先	37	云南弥渡	二十七年十月
西文秘书	施来福		31	瑞士	二十七年十月
助理秘书	姜锡龄	纯嘏	34	云南弥勒	二十六年八月
文书课					
主任	徐嘉瑞	梦麟	43	云南邓川	二十六年一月
干事	虞唐	问陶	30	安徽合肥	二十八年六月
课员	王汝训	幼谷	35	云南邓川	二十七年四月
课员	周保康		45	云南石屏	二十四年二月
书记	宋为藩	南屏	38	云南石屏	二十八年二月
书记	高荫堂		35	云南盐兴	二十八年四月
书记	杨汝振		26	云南鹤庆	二十八年四月
出纳课					
主任	陈鸿藻	逸群	27	云南昆明	二十七年十月
干事	王廉	子隅	32	云南昆明	二十八年一月
试用课员	苏蓁	抚樵	43	云南石屏	二十一年

名
录

续 表

职 别	姓 名	字 号	年 龄	籍 贯	到校年月（民国）
助理员	张开仕	理廷	40	云南昆明	二十四年十月
助理员	郭嘉宾		23	云南蒙化	二十八年三月
庶务课					
主任	张用之		49	云南弥勒	二十七年五月
课员	张希栻		23	云南弥勒	二十八年三月
课员	潘延柯		23	广东	二十八年四月
监工员	杨允图		38	云南弥勒	二十八年三月
助理员	尹希先		39	云南昆明	二十三年二月
助理员	莫文灿	耀南	21	云南盐兴	二十七年十月
助理员	王以忠	直勤	28	云南弥勒	二十八年一月
司事	周定元		28	云南通海	二十八年三月
训导处					
主任导师	伍纯武	健一	33	云南平彝	二十七年三月
训导员	甘师禹	襄廷	37	云南盐兴	二十六年八月
训导员	武臣奭	咏棠	44	云南思茅	二十六年八月
训导员	王浩兰	泽轩	28	云南易门	二十七年十二月
书记	刘麟铭		28	云南巧家	二十七年十二月
会计室					
主任	路 钧	祖焘	31	江苏宜兴	二十七年十二月
佐理员	何树铎	如沅	25	浙江瑞安	二十七年十二月
佐理员	承正元	镇元	23	江苏武进	二十七年十二月
助理员	张天玉	瑜贞	26	云南保山	二十三年五月
助理员	王 蓉	鹤轩	34	江苏	二十八年六月
统计室					
主任	赵 铸	晚屏	27	浙江杭县	二十七年二月
助理	高荫棠		35	云南盐兴	二十六年
文法学院					
院长	萧 蘧	叔玉	42	江西太和	二十七年二月

云南大学史料丛书·教职员卷

续　表

职　别	姓　名	字　号	年　龄	籍　贯	到校年月（民国）
文学系					
教授兼主任	闻　宥	在宥	39	江苏松江	二十七年二月
教授	吴　晗	辰伯	30	浙江义乌	二十六年九月
教授	顾颉刚	铭坚	46	江苏吴县	二十七年六月
教授	赵诏熊		34	江苏武进	二十七年四月
教授	邵可侣			法国	二十八年三月
副教授	方国瑜	瑞丞	34	云南丽江	二十五年九月
副教授	徐嘉瑞	梦麟	43	云南邓川	二十六年一月
副教授	陶　音	振誉	29	安徽天长	二十六年八月
副教授	施蛰存		34	江苏松江	二十六年九月
副教授	楚图南		39	云南文山	二十七年二月
副教授	吕　湘	叔湘	36	江苏丹阳	二十七年十月
名誉讲师	罗　庸	庸中	39	江苏江都	二十七年九月
讲师	李国清	静华	39	云南大关	十三年九月
讲师	马嘉德		52	法国	十七年
讲师	赵　聪	子骏	30	云南呈贡	
讲师	施来福		31	瑞士	二十七年十月
讲师	王　烈	休光	32	云南祥云	二十七年十一月
讲师	李崇年				二十七年
讲师	朱　洪	汇臣	45	浙江	二十八年二月
讲师	张　易	晃初	32	云南	二十八年二月
讲师	沙国珍				二十八年一月
教员	由　道	少熙	32	云南姚安	二十六年九月
教员	牟宗三			山东	二十八年四月
研究助教	周泳先		29	云南大理	二十七年十月
书记	陈家骅		18	云南昆明	二十八年二月
法律系					
教授兼代主任	罗世齐	仲甫	48	四川威远	二十六年八月
教授	饶重庆	季华	54	云南蒙化	二十二年九月
教授	张永宽	和笙	48	四川合川	二十六年八月

续　表

职　别	姓　名	字　号	年　龄	籍　贯	到校年月（民国）
教授	陶天南		34	江苏	二十七年八月
教授	费青	仲南	33	江苏吴江	二十七年十二月
讲师	朱绍曾	衡夫	50	云南文山	二十七年二月
讲师	杨振兴	宏举	39	云南大理	二十七年十月
政治经济系					
教授兼主任	林同济		34	福建闽侯	二十六年九月
教授	范师武	晋丞	46	云南大理	十四年
教授	朱驭欧	沛西	34	湖南零陵	二十六年九月
教授	王赣愚	贡予	32	福建闽侯	二十六年十月
教授	朱炳南		32	广东	二十八年
教授	萧蘧				
教授	伍纯武		33	云南富源	
副教授	赵铸				
讲师	高直青		35	云南石屏	二十五年九月
其他教员					
社会学教授	王政	子政	33		二十七年三月
社会学教授	吴文藻		38	江苏江阴	二十七年十一月
社会学副教授	费孝通		28	江苏吴江	二十七年十一月
党义教员	方国定	一之	37	云南保山	二十八年一月
理学院					
兼院长、教授	熊庆来	迪之	46	云南弥勒	二十六年八月
算学系					
教授兼主任	何鲁	奎垣	45	四川方安	二十六年八月
教授	熊庆来				
教授	王士魁		36	广东	二十六年十二月
专任讲师	陆子芬		32	南京	二十七年二月
讲师	陈省身		27	浙江嘉兴	二十七年四月
讲师	华罗庚		28	江苏金坛	二十七年十一月

续 表

职 别	姓 名	字 号	年 龄	籍 贯	到校年月（民国）
讲师	姜立夫		48	浙江平阳	二十八年三月
专任讲师	戴良谟	远猷	36	江西	二十八年三月
助教	张福华		26	云南昆明	二十六年八月
助教	张孝机				
助教	尚学仁		25	云南嵩明	二十七年十二月
助教	徐修贤				二十八年三月
理化系					
教授兼主任	赵雁来	信之	38	河北蠡县	二十六年八月
教授	李季伟	子蔚			
副教授	沙玉彦	仲英	37	江苏江阴	二十七年八月
副教授	田渠		37	湖南麻阳	二十七年九月
讲师	张汉良	明孝	37	四川内江	二十七年十一月
讲师	严济慈	慕光	37	浙江东阳	
讲师	丁孚远		41	云南昆明	二十七年十二月
讲师	黄士辉		35	广东惠阳	二十八年二月
讲师	刘为涛	洪波	40	四川古宋	二十八年三月
讲师	童致远		34	江苏	二十八年三月
助教	顾建中		26	贵州贵阳	二十六年九月
助教	冯新德		23	江苏吴江	二十七年一月
助教	李如琚	亚璇	28	云南文山	二十七年十月
助教	斯允一		24	浙江诸暨	二十七年十二月
助教	张德荃	浦溪	26	河北	二十八年三月
图书管理员	韩芷芬		22	山东安邱	二十七年十二月
生物系					
教授兼主任	严楚江	君白	40	江苏崇明	二十六年八月
教授	崔之兰	友松	35	安徽太平	二十七年十月
教授	汪发缵	奕武	38	安徽祁门	二十七年十月
讲师	孙云铸	铁仙	38	江苏	二十八年三月

名

录

续 表

职 别	姓 名	字 号	年 龄	籍 贯	到校年月（民国）
教员	陈梅生		32	广东梅县	二十六年八月
助教	陈阅增		24	河南灵宝	二十七年八月
助教	彭承植		28	湖南长沙	二十七年八月
助理	潘清华		23	江苏宜兴	二十七年六月
工学院					
院长	杨克嵘	季岩	45	云南洱源	十一年九月
土木工程系					
教授兼主任	李炽昌	颂鲁	45	云南昆明	二十六年八月
教授	杨克嵘	季岩	45	云南洱源	
教授	顾宜孙	晴洲	42	江苏南汇	二十六年十二月
教授	邹恩泳	荫诗	42	江西余江	二十七年四月
教授	丘勤宝	天巍	32	广东梅县	二十七年十二月
讲师	赵凌寒		41	福建闽侯	二十六年八月
教员	张家宁	以安	30	云南昆明	二十六年八月
教员	周传典	钦尧	36	云南石屏	二十七年十一月
管理员	陈元龄		28	云南昆明	二十七年十二月
助理员	张隐民		35	云南昆明	二十八年一月
采矿冶金系					
教授兼主任	张正平		41	江苏江宁	二十六年七月
教授	蒋导江		36	湖北石首	二十七年二月
教授	朱熙人	中和	36	江苏靖江	二十七年七月
教授	叶家垣	少藩	44	广东南海	二十八年三月
副教授	陶逸钟		27	上海	二十七年九月
教员	袁见齐	省衷	37	江苏奉贤	
助教	熊秉信		26	云南弥勒	二十七年十一月
助教	程绍祺		24	广东中山	二十七年十二月
助教	王锡爵		26	山东昌邑	二十八年四月
图书管理员	沈缙绅		35	安徽休宁	二十六年一月

续表

职别	姓名	字号	年龄	籍贯	到校年月（民国）
绘图员	顾正家		25	江苏嘉定	二十八年一月
书记	王静农		28	云南邓川	二十八年四月
医学院					
院长兼教授	范秉哲		34	河北任丘	二十六年八月
教授	经利彬	燧初	44	浙江上虞	二十七年十一月
教授	杜棻		30	河北涿县	二十六年九月
讲师	李枢		35	河北蠡县	二十六年九月
校医兼讲师	王承才	绍辛	46		二十七年十一月
讲师	张玺	玺玉	42	河北平乡	二十七年十一月
讲师	郎嘉纳维			法国	二十八年一月
讲师	朱肇熙				二十八年
讲师	黄伟蕙				二十八年三月
教员	戴芳沂		31	湖北江陵	二十七年九月
助教	刘玉素	雨俗	28	河北定县	二十七年十一月
助教	李登榜	时敏	29	河北新河	二十七年十一月
绘图员	赵竹筠		32	云南弥勒	二十六年九月
试用助理	张棣华				二十年八月
农学院					
教授兼筹备主任	汤惠荪	锡福	39	江苏崇明	二十八年三月
农场技士	丁振麟		29	浙江杭县	二十八年三月
采矿专修科					
主任	张正平				
教授	徐象数		42	江苏吴江	二十八年三月
讲师	顾建中				
讲师	涂文				
讲师	吕湘				
讲师	熊秉信				
讲师	斯允一				

续 表

职 别	姓 名	字 号	年 龄	籍 贯	到校年月（民国）
讲师	陆子芬				
讲师	童致诚				
讲师	张德荃				
讲师	钱临照				二十八年三月
讲师	周泳先				
讲师	刘惠之		33	云南易门	二十八年三月
讲师	王锡爵				
先修班					
主任	陶音				
教师	赵雁来				
教师	严楚江				
教师	林同济				
教师	王士魁				
教师	戴良谟				
教师	沙玉彦				
教师	张孝机				
教师	涂文				
教师	崔之兰				
教师	徐芳	舟生		江苏无锡	二十八年一月
教师	冯素陶	穆岩	32	云南盐兴	二十八年一月
教师	赵景松		28	浙江杭县	二十八年一月
教师	朱吴文嘉		30	江西宜兴	二十八年一月
教师	孙毓棠		30	江苏	二十八年一月
云南大学附属中学					
主任	杨春洲		36	云南石屏	二十六年九月
教导主任	杨一波		37	云南路南	二十七年二月
军事教官兼事务主任	徐谦	受益	33	云南昆明	二十六年九月
校医	王苏宁		50	南京	二十八年三月

续 表

职 别	姓 名	字 号	年 龄	籍 贯	到校年月（民国）
英文专任教员	蓝思德		49	英国伦敦	二十六年九月
数理专任教员	杨桂官		30	河北	二十七年十月
英文专任教员	辛毓庄		28	河北	二十七年十一月
数学专任教员	朱德祥		26	江苏南通	二十七年八月
国文专任教员	张应汉		25	河南洛阳	二十七年十月
国文专任教员	杨梦九		37	河北	二十八年三月
公民历史专任教员	迟习儒		28	河北	
化学专任教员	顾吉度		32	江苏南通	
生物教员	王天祚		22	南京	二十八年三月
数学教员	杨兴楷		23	吉林	二十八年三月
数学专任教员	张福华		25	云南昆明	二十六年九月
国文专任教员	沙 鸥		37	河北天津	二十七年十月
英文专任教员	李田意		24	河南洛阳	二十七年六月
生物专任教员	鲁鸿瑾		28	河南	二十七年六月
历史专任教员	栗独华		25	河南	二十七年四月
数学兼任教员	德伍贞		23	北平市	二十六年三月
国文教员兼文牍	马彭源		24	辽宁海城	二十六年九月
教务员	王益寿		22	云南昆明	二十六年九月
会计员	赵润卿		37	云南昆明	二十七年四月
号兵	张秉荣		27	云南昆明	
衙兵长	曾明清		40	云南昆明	
校衙	王存才		36	云南昆明	
校衙	王 亮		38	云南昆明	
校工	何 昆		25	云南玉溪	
校工	萧庆龄		33	云南呈贡	
校工	赵子祥		34	云南呈贡	
校工	袁学义		34	云南晋宁	
校工	陈世才		36	云南路南	

职　别	姓　名	字　号	年　龄	籍　贯	到校年月（民国）
校工	李松彩		48	云南路南	
校工	徐朝宗		27	云南路南	
校工	杨逢科		50	云南路南	
校工	孙文忠		37	云南路南	
校工	陈文炳		45	云南路南	
音乐教员	丁素秋		30	云南昆明	二十六年九月
体育专任教员	赵晓东		32	辽宁	二十七年十二月
文书兼校长刊物编辑	李乔		31	云南石屏	二十八年三月
会计	周幼云		38	云南昆明	二十八年三月
庶务	杨敦厚		25	云南石屏	二十七年一月
会计助理员	莫福昌		24	云南昆明	二十七年十一月
事务员	赵以恭		22	云南昆明	二十七年十月
教务员	王益寿		22	云南昆明	二十六年九月
图书仪器管理员	李玉侬		20	云南路南	二十七年十月
书记	张兆彭		20	云南路南	二十七年十月
中英庚款协助科学研究人员					
地质	丁道衡		39	贵州织金	
历史	张维华		34	山东寿光	
艺术史	岑家梧		26	广东澄迈	
人类及民俗	费孝通		28	江苏吴江	
人类及民俗	江应樑		29	云南	
历史	白寿彝		29	河南开封	
算学	单粹民		35	河南开封	
物理	宓贤璋				
法律	田雨农		25	云南凤仪	
物理	谢毓寿		22	江苏吴县	
算学	陈元龄		29	云南昆明	

民国二十八年国立云南大学各院系教授及重要职员一览表

职　别	姓　名	担任课程
校长	熊庆来	
教务长兼理化系教授	李季伟	
训导长兼政治经济系教授	伍纯武	
总务长兼政治经济系教授	徐绳祖	
文法学院		
教授兼院长	胡光炜	杜诗、楚辞
文史系		
文史系主任兼教授	闻宥	语言学、文字学
教授	吴晗	宋史、中国通史、中国近世史
教授	赵诏熊	英文散文选读、英文
教授	邵可侣	法国文学、法文
副教授	陶音	西洋通史、西洋近世史、中国近世史
副教授	徐嘉瑞	中国文学史
副教授	吕湘	中国语文法研究、英文
副教授	楚图南	国文、历代文选
副教授	施蛰存	国文、各体文习作、历代诗选
副教授	方国瑜	目录学、云南文献
副教授	陈定民	语音学原理、法文
名誉副教授	翁猖健	史学方法
专任讲师	白寿彝	中国上古史、中外交通史
专任讲师	朱进之	哲学概论、伦理学、中国哲学史
专任讲师	由道	英文
专任讲师	周泳先	国文
专任讲师	王烈	英文
法律系		
教授兼代理主任	陶天南	法学导论、宪法、法理学
教授	饶重庆	商事学、民法概要

名录

续　表

职　别	姓　名	担任课程
教授	王伯琦	刑法总则、刑法分则、民法续编
教授	何襄明	民法总则、国际公法、民法物权
专任讲师	瞿同祖	中国经济史
政治经济系		
教授兼主任	林同济	政治学、西洋政治思想史、中国政治思想史
教授	范师武	西洋经济思想史、国际贸易与金融、农业经济
教授	朱炳南	财政学、经济学、货币与银行
教授	朱驭欧	行政学、市场学、国际公法
教授	王赣愚	各国政府、中国政府、国际政治
教授兼总务长	徐绳祖	
教授兼训导长	伍纯武	西洋经济史、经济地理
副教授	周覃袚	会计学、工商组织与管理
副教授	赵镈	统计学、社会学
专任讲师	瞿同祖	中国经济史
社会系		
主任兼教授	吴文藻	社会学概论、家族社会学
教授	王政	
副教授	费孝通	经济社会学
专任讲师	李有义	
专任讲师	瞿同祖	中国经济史
理学院		
院长兼教授	熊庆来	高等分析
数学系		
教授兼主任	柯召	
教授	王士魁	微积分甲组、高等解析几何、天文学
副教授	庄圻泰	

云南大学史料丛书·教职员卷

86

续　表

职　　别	姓　　名	担任课程
专任讲师	陆子芬	微分方程、近世代数
理化系		
教授兼主任	赵雁来	普通化学及实验、有机化学及实验
教授	张瑞纶	普通化学及实验、定量分析及实验、定性分析及实验
教授	沙玉彦	力学、热学
教授兼教务长	李季伟	工业化学及实验
副教授	田　渠	普通物理、电磁学、光学及实验
副教授	王树勋	
生物系		
教授兼主任	严楚江	植物及实验、植物形态及实验、植物生理及实验
教授	崔之兰	普通生物学及实验、普通动物及实验
专任讲师	徐　仁	植物生理及实验、植物制片及实验
专任讲师	俞德浚	树木学及实验
专任讲师	陈梅生	
工学院		
院长兼教授	杨克嵘	应用力学、热机学
土木工程系		
教授兼主任	李炽昌	道路工程、土石结构及基础
教授	邹恩泳	材料力学、工程材料、都市给水
教授	丘勤宝	水力学、铁道测量及土方、铁道管理
教授	王敬立	钢结构计划、结构学、钢筋混凝土计划
专任讲师	张家宁	土地测量、图解几何
矿冶工程系		
兼代主任	熊庆来	采矿工程学
教授	蒋导江	普通冶金学、非铁冶金学
教授	朱熙人	普通地质学、矿学及实验

二

名

录

二

续表

职 别	姓 名	担任课程
教授	叶家垣	机械学、电机学、测量学及实验
教授	石 充	选矿学
副教授	陶逸钟	材料力学、测量学及实验、土木工程概要
采矿专修科教授	徐象数	采矿工程、测量学及实验
专任讲师	袁见齐	岩石学及实验
医学院		
院长兼教授	范秉哲	外科学
副院长兼教授	姚碧澄	内科学、寄生虫学
教授	经利彬	生理学、组织学
教授	杜 棻	解剖学及实验、神经解剖学、细菌学
专任讲师	戴芳沂	生物学及实验
农学院		
院长兼教授	汤惠荪	农学概论
森林系		
教授兼主任	张海秋	
教授	陈 植	
农艺系		
教授兼主任	汪厥民	
教授	蔡邦华	
教授	冯言安	
专任讲师	杜修昌	
其他教员		
体育教授	涂 文	
党义讲师	方国定	党义、战时法令

民国二十九年国立云南大学教职员一览表

职　别	姓　名	字号	性别	年　龄	籍　贯	专或兼	到校年月（民国）
校长	熊庆来	迪之	男	48	云南弥勒		二十六年八月
教务长	李季伟	子蔚	男	42	四川彭县		二十六年九月
训导长	伍纯武	健一	男	35	云南平彝		二十七年三月
总务长	张福延	海秋	男	49	云南剑川		二十八年八月
文法学院院长	胡光炜	小石	男	53	浙江嘉兴		二十八年十月
理学院院长	何衍璿		男		广东		二十九年八月
工学院院长	杨克嵘	季岩	男	47	云南洱源		十一年九月
医学院院长	范秉哲		男	36	河北任丘		二十六年八月
医学院副院长	姚碧澄		男	38	广东平远		二十八年七月
农学院院长	汤惠荪	锡福	男	42	江苏崇明		二十八年三月
文史系主任	胡光炜					兼	
政治经济系主任	林同济		男	36	福建闽侯	兼	二十六年九月
法律系主任	陶天南		男	36	江苏	兼	二十七年八月
社会系主任	吴文藻		男	40	江苏	兼	二十七年十一月
数学系主任	王士魁		男	37	广东	兼	二十六年十二月
理化系主任	赵雁来	信之	男	40	河北蠡县	兼	
理化系管理员	韩芷芬		女	24	山东安丘		二十七年十二月
生物系主任	严楚江	君白	男	41	江苏崇明	兼	二十六年八月
生物系主任	崔之兰	友松	女	37	安徽太平	兼	
生物系试用助理	吴绍良			20	江苏吴县		二十九年四月
土木工程系主任	丘勤宝	天巍	男	34	广东	兼	二十七年十二月
土木工程系技术员	顾华林	儒耕	男	23	江苏上海		二十九年八月

续　表

职　别	姓　名	字　号	性别	年　龄	籍　贯	专或兼	到校年月（民国）
矿冶工程系主任	冯景兰	淮西	男	43	河南唐河	兼	二十九年九月
矿冶工程系管理员	沈缙绅		男	37	安徽休宁		二十六年一月
医学院解剖学技术员	姚仰文		男	27	广东平远		二十六年九月
医学院管理员	童颂年		男	33	湖南长沙		二十九年一月
医学院绘图员	赵竹筠			33	云南弥勒		二十六年九月
农艺系技工	丁振麟		男	31	浙江杭县		二十八年三月
农场助理	杨嘉泰	美声		25	云南姚安		二十八年七月
农场助理	方斗灵			31	四川泸县		二十九年一月
森林系主任	张福延	海秋	男			兼	
森林系助理	严庆春	绵苍		29	云南昆明		二十八年九月
蚕桑专修科主任	常宗会			42	安徽	兼	
先修班甲组主任	杨春洲		男	38	云南石屏	兼	二十六年九月
先修班甲组会计	余玉燕		男	30	云南石屏	兼	二十九年八月
先修班甲组教务员	杨本立	道生	男	30	云南弥勒	专	二十六年八月
先修班甲组书记	杨树图	霁南		32	云南呈贡	专	二十九年八月
校长室秘书	徐嘉瑞	梦麟	男	46	云南昆明		二十六年一月
校长室事务员	张恕	如心	男	22	云南剑川		二十九年九月
教务处干事	姜锡龄	纯嘏	男	36	云南弥勒		二十六年八月
注册组主任	张友铭	铸生	男	30	河北献县		二十九年八月

续　表

职　别	姓　名	字号	性别	年　龄	籍　贯	专或兼	到校年月（民国）
注册组干事	萧扬铭	予新	男	36	云南昆明		十九年六月
注册组组员	张国光		男	38	云南呈贡		二十七年九月
注册组助理员	王治国		男	21	云南昆明		二十八年九月
注册组组员	梁宝慈			21	广东顺德		二十九年八月
注册组书记	严春泽		男	19	浙江鄞县		二十九年八月
注册组书记	李丽文		女	21	云南盐兴		二十九年七月
注册组书记	郑玉达		女	20	广东环山		十九年十月
出版组主任	张森	伯刚	男	30	云南昆明		二十七年四月
出版组组员	李敬臣		男	27	云南安宁		二十七年二月
出版组组员	李光廷		男	30	云南昆明		二十七年九月
出版组助理员	永裕祥	寿益	男	42	云南建水		二十四年一月
出版组助理员	王泽	沛霖	男	37	云南昆明		二十八年一月
出版组书记	杨茂之		男	47	云南昆明		二十年四月
出版组书记	徐耀堂		男	50	云南弥渡		二十八年三月
出版组书记	吴栋臣		男	30	云南楚雄		二十八年十月
出版组油印员	徐绍仰	德森	男	50	云南昆明		二十五年八月
出版组石印员	梁德祥	兴之	男	23	云南昆明		二十七年六月
图书馆主任	彭元士	恺丞	男	52	江苏吴县		二十四年七月
图书馆西文编目	李继先		男	34	浙江绍兴		二十六年十一月
图书馆馆员	曾以厚		男	28	云南昆明		二十四年九月
图书馆馆员	方如兰	畹芬	女	26	云南昆明		二十八年十月
图书馆馆员	伍慰熙		女	22			二十八年十月
图书馆助理员	何祝铭	玉衡	男	25	云南石屏		二十五年十月
图书馆助理员	陈佩瑜		女	21	云南蒙化		二十八年十一月
图书馆助理员	刘溪鹊		女	23	云南昆明		二十九年二月
图书馆助理员	段宝珍		女	23	云南昆明		二十九年二月

续　表

职　别	姓　名	字号	性别	年　龄	籍　贯	专或兼	到校年月（民国）
图书馆助理员	杨静华		女	21	云南曲靖		十九年十月
训导处训导员	武臣爽	咏棠	男	45	云南思茅		二十六年八月
训导处训导员	王浩兰	泽轩	女	30	云南易门		二十七年十二月
训导处书记	李荫嵩	用中	男	24	云南易门		二十八年十二月
生活指导组助理	苏　湖		男	24	云南邓川		二十九年四月
体育卫生组主任	涂　文	奇峦	男	43	湖南长沙		二十七年九月
校医	王苏宇		男	52	南京市		二十九年九月
体育卫生组助理	周廷璨		男	21	云南弥勒		二十八年七月
校医护士	张淑明						二十九年九月
军事管理组主任	赵鸿勋	翼侯	男	29	云南剑川		二十八年四月
军事教官	魏　巍	天行	男	38	江苏非宁		二十九年八月
军事助理	杜俊仰		男	27	云南保山		二十九年十月
总务处干事	戴世佺		女	26	湖北武昌		二十九年四月
总务处助理	赵裕康		女	20	云南剑川		二十九年八月
文书组主任	虞　唐	问陶	男	33	安徽合肥		二十八年六月
文书组干事	施来福		男	33	瑞士		二十七年十月
文书组员	周保康		男	47	云南石屏		二十四年二月
文书组员	刘惟聪	哲夫	男	30	云南昆明		
文书组员	陈远模		男	28	云南华坪		二十八年八月
文书组员	霍家驹	维宝	男	37	云南昆明		二十九年四月
文书组助理	宋为藩	南屏	男	41	云南石屏		二十八年二月
文书组助理	刘骏名	成之	男	27	云南昆明		二十九年四月
文书组书记	李永诊	子彭	男	38	云南宜良		二十八年十月

续　表

职　别	姓　名	字号	性别	年　龄	籍　贯	专或兼	到校年月（民国）
出纳组主任	陈鸿藻	逸群	男	29	云南昆明		二十七年十月
出纳组组员	苏蓁	抚樵	男	45	云南石屏		二十一年
出纳组组员	冯洸	绍武	男	29	云南昆明		二十九年九月
出纳组试用组员	郭嘉宝		女	25	云南蒙化		二十八年三月
出纳组助理	张理廷		男	43	云南昆明		二十四年十月
出纳组助理	邱淑贞		女	20	云南昆明		二十八年十二月
庶务组主任	沈秉彝	遂初	男	27	浙江嘉兴		二十九年九月
庶务组干事	李怀	公策	男	31	云南昆明		二十八年八月
庶务组组员	壬以忠	直勤	男	30	云南弥勒		二十六年一月
庶务组组员	张希栻		男	25	云南弥勒		二十八年三月
庶务组组员	莫文璨	耀南	男	24	云南盐兴		二十七年九月
庶务组组员	萧善良	选齐	男	22	云南剑川		二十九年九月
庶务组组员	邱燮堂		男		云南会泽		二十九年十月
庶务组助理员	白世模		男	30	云南祥云		二十八年十月
庶务组助理员	张立诚	定一	男	37	云南弥渡		二十八年十一月
庶务组试用助理员	李文鹏	蔼青		22	云南昆明		二十九年十月
庶务组试用助理员	孙傅斌	调候	男	30	上海市		二十九年十月
庶务组书记	杨琴英	富华	女	21	云南剑川		二十九年十月
工务组主任	刘治中	华甫	男	40	云南会泽		二十八年一月
工务组干事	白世俊	时英	男	27	云南祥云		二十八年八月
工务组组员	全文瀚		男	24	云南昆明		二十九年二月
工务组组员	邵明书		男	37	云南昆明		二十九年四月
会计室主任	路祖焘		男	34	江苏宜兴		二十七年十二月
会计室助理员	承正元		男	26	江苏武进		二十七年十二月

续 表

职 别	姓 名	字号	性别	年 龄	籍 贯	专或兼	到校年月（民国）
会计室助理员	王鹤轩		女	36	江苏宜兴		二十八年六月
会计室事务员	张天玉	瑜贞	女	28	云南保山		二十三年五月
会计室事务员	吴文璋		男	24	安徽合肥		二十九年九月
会计室事务员	罗舟造		男	34	江苏宜兴		二十九年九月
会计室书记	张国华		男	20	云南富民		二十九年九月
附属中学主任	杨春洲		男		云南石屏		
附中教导主任	杨一波		男		云南路南		
附中军事教官事务主任	徐谦	受益	男	35	云南昆明		二十六年九月
初中部主任	辛毓庄		男	29	河北盐山		二十七年十一月
附中军事教官事务主任	李秉厚		男	36	云南缅宁		二十九年六月
附中校医	王天祚		男	31	南京市		二十九年九月
附中教务员	王益寿		男	22	云南昆明		二十六年九月
附中庶务员	杨敦厚		男	26	云南石屏		二十七年一月
附中图书管理员	于琳		女	21	河北		二十九年二月
附中书记	李德忠	子员	男	37	云南路南		二十八年三月
附中护士	孙剑华		女	26	河北保定		二十九年八月
附中办事员	周济平		男	37	湖南长沙		二十九年二月
附中办事员	李树品		男	38	云南路南		二十八年七月

民国二十九年国立云南大学附属中学教职员一览表

职 别	姓 名	字号	性别	年 龄	籍 贯	到校年月（民国）
主任	杨春洲		男	38	云南石屏	二十六年九月
教导主任	杨一波		男	38	云南路南	二十七年二月

云南大学史料丛书·教职员卷

续　表

职　别	姓　名	字号	性别	年　龄	籍　贯	到校年月（民国）
军事教官 兼事务主任	徐　谦	受益	男	35	云南昆明	二十六年九月
初中部主任 兼国文公民教员	辛毓庄		男	29	河北盐山	二十九年八月
军事教官	李秉厚		男	36	云南缅宁	二十九年六月
校医	王天祚		男	31	南京市	二十八年三月
体育教员	魏徐年		男	35	江苏兴化	二十八年八月
文史专任教员	李咏林		男	30	河南息县	二十八年八月
英文专任教员	魏华灼		男	35	湖南宝庆	二十八年九月
物理专任教员	于克三		男	27	河北房山	二十九年八月
化学数学专任教员	苏滋禄		男	29	浙江黄岩	二十九年八月
英文专任教员	萧燕甫	博林	男	27	湖南邵阳	二十九年八月
国文专任教员	蔡超尘		男	34	山东高密	二十九年八月
国文地理专任教员	陈登亿	晋年	男	26	山东博山	二十九年八月
数学专任教员	颜道岸	步文	男	26	山东藤县	二十九年八月
英文专任教员	张景苍		男	29	河南郊县	二十九年八月
数学专任教员	任景安	语资	男	30	河南温县	二十九年八月
音乐专任教员	丁素秋		女	33	云南昆明	二十六年九月
会计	余玉燕	翼斋	男	30	云南石屏	二十九年八月
教务员	王益寿		男	22	云南昆明	二十六年九月
教务员	杨本立	道生	男	30	云南弥勒	二十八年八月
庶务员	杨敦厚		男	26	云南石屏	二十七年一月
图书管理员	于　琳		女	21	河北临榆	二十九年二月
书记	李德忠	子贡	男	37	云南路南	二十六年三月
护士	孙剑华		女	26	河北保定	二十九年八月
书记	杨树图	震南	男	23	云南呈贡	二十九年六月
驻省办事员	周济平		男	37		二十九年二月
狗街联络站办事员	李树品		男	38	云南路南	二十八年七月

民国二十九年国立云南大学先修班教职员一览表

职　别	姓　名	字号	性别	年　龄	籍　贯	到校年月（民国）
兼主任	杨春洲		男	38	云南石屏	二十六年九月
公民教员	杨一波		男	38	云南路南	二十七年二月
国文教员	蔡超尘		男	34	山东高密	二十九年八月
英文教员	魏华灼		男	34	湖南宝庆	二十八年九月
数学教员	颜道岸	步文	男	26	山东藤县	二十九年八月
历史教员	李咏林		男	30	河南息县	二十八年八月
数学教员	任培资		男	30	河南温县	二十九年八月
地理教员	陈登亿	晋年	男	26	山东博山	二十九年八月
物理教员	于克三		男	27	河北房山	二十九年八月
化学教员	苏滋禄		男	29	浙江黄岩	二十九年八月
生物教员	王天祚		男	31	南京市	二十八年三月
体育教员	魏徐年		男	35	江苏兴化	二十八年八月
会计	余玉燕	翼斋	男	30	云南石屏	二十九年八月
教务员	杨本立	道生	男	30	云南弥勒	二十八年八月
书记	杨树图	震南	男	23	云南呈贡	二十九年八月

民国三十年国立云南大学教职员一览表

职　别	姓　名	字　号	年　龄	籍　贯	到校年月（民国）
文史系教授兼代系主任	楚图南		41	云南文山	二十七年二月
教授	赵诏熊		36	江苏武进	二十七年四月
教授	陈逑	弼猷	38	湖南	二十九年十月
教授	王玉章		42	江苏无锡	二十九年八月
教授	方国瑜	瑞丞	36	云南丽江	二十五年九月
教授	袁昌	鸿寿	31	江苏吴江	二十九年八月

续 表

职 别	姓 名	字 号	年 龄	籍 贯	到校年月（民国）
教授兼校办秘书	徐嘉瑞	梦麟	46	云南昆明	二十六年一月
副教授	瞿同祖	天况	31	湖南长沙	二十八年八月
副教授	白寿彝		31	河南开封	二十八年八月
专任讲师	赵蘿蕤	景松	30	浙江杭州	二十八年一月
专任讲师	刘 汉				
政经系教授兼系主任	林同济		36	福建闽侯	三十六年九月
教授	伍纯武		35	云南平彝	二十七年三月
教授	朱驭欧	沛西	36	湖南零陵	二十六年九月
教授	王赣愚	贡予	34	福建闽侯	二十六年十月
教授	曾炳钧				
教授	沈来秋				
副教授	齐 祖				
专任讲师	陆忠义				
讲师	戴世光		32	湖北	二十九年一月
讲师	伍启元				
兼任讲师	路祖焘				
法律系教授兼代系主任	王伯琦			江苏	二十八年九月
教授	饶重庆	季华	56	云南蒙化	二十二年九月
教授	何襄明			广东	
教授	蒋固节				
副教授	吴传颐			江苏吴县	二十九年八月
讲师	张企泰				
讲师	郭锦尧				
讲师	朱 觏		43	江苏	二十九年五月
社会系教授兼代主任	陶云逵		34	江苏武进	二十七年十二月
教授	费孝通		30		
教授	林耀华				
讲师	李树青				

续 表

职 别	姓 名	字 号	年 龄	籍 贯	到校年月（民国）
专任讲师	李有义		30	山西太原	二十六年九月
助教	张之毅		28	湖南醴陵	二十八年八月
助教	史国衡			湖北	
助教	田汝康			云南昆明	
医学院院长兼教授	范秉哲		36	河北任丘	二十六年八月
副教授	姚碧澄		38	广东平远	二十八年七月
教授	朱肇熙		37	江西南康	二十八年
教授	赵明德				
教授	李枢		37	河北涿县	二十六年九月
教授	杜棻		33	河北涿县	二十七年十一月
教授	沈福彭		30	江苏吴县	二十九年四月
教授兼实习医院院长	戴练江				
教授	程一雄		27	江苏宜兴	
副教授	刘学敏				
专任讲师	戴方沂		33	湖北江陵	二十七年九月
专任讲师	刘玉素	雨俗	30	河北完县	二十七年十一月
助教	庄豪			广东梅县	二十九年九月
助教	凌云骏		25	广东钦县	二十九年九月
农学院长兼教授	汤惠荪		42	江苏崇明	二十八年三月
森林系主任兼教授	张福延	海秋	49	云南剑川	二十八年八月
教授	陈植	养材	42	江苏崇明	
教授	郑万钧		39	江苏铜山	
副教授	鲁昭禅				
专任讲师	秦秉中	仲虔	35	云南呈贡	三十年四月
助教	袁同功		30	江苏兴化	二十九年十月
助教	徐永椿		31	江西龙南	二十八年八月
农艺系兼任主任兼教授	徐季吾				
教授	钟兴正				

云南大学史料丛书·教职员卷

续　表

职　别	姓　名	字　号	年　龄	籍　贯	到校年月（民国）
教授	黄昆仑				
副教授	杜修昌		34	浙江东阳	
专任讲师兼技士	丁振麟		31	浙江杭县	
助教	王光正		25	安徽桐城	二十九年八月
助教	王松玉	砚青		浙江义乌	三十年六月
助教	黄邻宝				
助教	蔡克华	迺荣		江苏	三十年四月
桑蚕专修科主任兼教授	常宗会		42	安徽全椒	二十九年十一月
副教授	陆星垣		36	江苏江阴	二十九年十二月
副教授	胡鸿钧				
助教	黄庆慈				
理学院院长兼教授	何衍璿			广东	
专任讲师	殷炎麟				
理化系主任兼教授	赵雁来		40	河北蠡县	二十六年八月
教授	沙玉彦	仲英	39	江苏江阴	二十七年八月
教授	王树动		29	河北高阳	二十九年三月
教授	黄士辉				
专任讲师	顾建中		28	贵州贵阳	二十六年九月
专任讲师	李如琚	亚璇	30	云南文山	二十七年十月
助教	周孝谦	学谦	25	安徽歙县	二十八年七月
助教	杨桂官				
助教	丘明机			广东	二十九年二月
助教	赵建中				
助教	张　华				
数学系教授兼代理主任	王士魁		37	广东	二十六年十二月
教授	庄圻泰		32	山东	二十八年十一月
副教授	陆子芬		34	南京市	二十七年十二月
专任讲师	张善继	迺承	44	河北香河	二十七年十二月

续 表

职 别	姓 名	字 号	年 龄	籍 贯	到校年月（民国）
专任讲师	张福华		38	云南昆明	二十六年八月
专任讲师	朱德祥		28	江苏南通	二十七年八月
助教	尚学仁		27	云南嵩明	
助教	饶婉宜				
生物系教授兼代理主任	崔之兰		37	安徽太平	二十七年十月
副教授	徐 仁	本仁	31	安徽	二十八年八月
助教	潘清华		25	江苏宜兴	二十七年六月
助教	董愚得		25	河南南阳	二十九年七月
助教	杨貌仙				
助教	沈月槎				
生物系兼蚕桑专修科教授	李 溪	洁民		河南	
工学院院长兼教授	杨克嵘	季岩	47	云南洱源	
总务长兼工学院教授	柳燦坤				
专任讲师	何淑梨			江西进贤	二十八年八月
土木工程系主任兼教授	丘勤宝		34	广东	二十七年二月
专任讲师	揭曾祐				
助教	孙守哲		27	辽宁	二十九年八月
助教	李榆仙				
助教	杨祖海				
矿冶工程系主任兼教授	石 充	占熊	38	湖北南海	二十八年八月
教授	蒋导江		38	湖北石首	二十七年二月
教授	王炳章		41	河北深泽	
任教授	张耀曾		32	河北临榆	二十九年四月
教授	夏少飞				
副教授	张文奇		26	河南	二十九年三月
专任讲师	熊先珪			江西南昌	二十八年八月
助教	钱翠麟		26	浙江上虞	二十八年八月

续　表

职别	姓名	字　号	年　龄	籍　贯	到校年月（民国）
助教	于秀蓉				
助教	王肇伦				
兼任导师	胡禅同				
助教兼总干事	白世俊		27	云南祥云	二十八年八月
兼任讲师	洪彝铭				
兼教授	屠密				
体育教授兼体育 卫生组主任	涂　文	奇恋	43	湖南	二十七年九月
体育专任讲师	杨元坤	健南	29	云南宁洱	二十六年九月
体育教员	张汝汉				
体育教员	王瑞蒂				

民国三十一年国立云南大学教职员一览表

职　别	姓　名	字号	性别	年龄	籍　贯	到校年月 （民国）
文法学院院长兼 文史系教授	姜寅清	亮夫	男	41	云南昭通	三十一年一月
文史系教授兼主任	楚图南		男	42	云南文山	二十七年二月
教授兼西南文化 研究室主任	方国瑜	瑞丞	男	37	云南丽江	二十五年九月
教授兼西南文化 研究室主任	方树梅					
教授	徐嘉瑞	梦麟	男	48	云南昆明	二十六年一月
教授兼训导长	范锜	捷云	男	42	广东大埔	三十一年九月
教授	吴富恒	赋恒	男	31	河北滦县	三十一年二月
副教授	陶光		男	30	北平市	
兼副教授	萧涤非		男	36	江西临川	三十一年十月

续 表

职 别	姓 名	字号	性别	年龄	籍 贯	到校年月（民国）
专任讲师	鲍志一		男	27		三十一年八月
专任讲师	林筠因		女	29	福建闽侯	二十九年一月
专任讲师	段喆人		男	42	河北蠡县	三十一年八月至三十二年七
英文专任讲师	苏冰心		女	54	美国	三十一年八月至三十二年七月
专任讲师	王 逊		男	37	山东莱阳	三十年九月
专任讲师	丁则良		男	27	福建福州	三十一年八月
专任讲师	尚健庵		男	39	河南	
讲师兼西南研究室编辑	陶秋英		女	32	江苏吴江	三十一年一月
专任讲师	陆钦墀		男	30	江苏吴县	三十一年八月
讲师	赵诏熊		男	38	江苏武进	二十七年四月
助教	刘桂五		男	24	河北	三十一年八月至三十二年七月
助教兼研究室助理	缪鸾和	子邕	男	28	云南宣威	三十一年八月至三十二年七月
助教兼研究室助理	李俊昌	巂农	男	28	贵州黔西	三十一年八月至三十二年七月
助教	李淑贞		女	24	云南保山	三十一年八月至三十二年七月
讲师	水天同		男	34	甘肃榆中	三十一年九月
专任讲师	张宗和		男	29		三十一年八月
兼任讲师	袁家骅					三十二年二月
文史系兼任讲师	陈定民		男		浙江	二十八年九月
兼任讲师	黄公尚		男			三十一年十二月
兼任讲师	凌达扬					三十二年三月

续 表

职 别	姓 名	字号	性别	年龄	籍 贯	到校年月（民国）
本校西南文化研究室编辑员	张静华					三十二年二月一日
法律系教授兼主任	王伯奇		男	35	江苏	二十八年九月
教授	饶重庆	季华	男	50	云南蒙化	二十二年九月
教授	蒋固节		男	37		三十一年二月
教授	于振鹏		男	35	河北大兴	三十一年八月
教授	周新民				皖	三十二年二月
兼任教授	朱观	近吾	男	45	江苏泰县	二十九年五月
兼任教授	陈廪				粤	三十二年二月
讲师	芮沐		男			三十一年九月
兼任讲师	范承枢		男	32	云南建水	三十一年九月
政治系教授兼主任	朱驭欧	沛西	男	37	湖南零陵	二十六年九月
教授	司徒尹衡		男	35	粤	三十一年一月
教授	潘大逵	达九	男	41	四川	三十一年八月
专任讲师	吕恩来					三十一年八月
特约教授	李德家		男	36	云南盐兴	三十一年十月
兼任教授	王赣愚		男		闽	
助教	熊锡元		男	25	江西	
经济系兼主任	鲁冀参				湖北	
兼任教授	伍纯武	健一	男	37	云南平彝	二十七年三月
教授	齐祖謇	致和	男	38	吉林	
教授	刘大公		男	33		三十一年八月
兼任教授	鲍觉民					三十二年二月
专任讲师	陆忠义		男	30	苏	三十年八月
兼任教授	伍启元		男	31	广东	二十九年九月
讲师	戴世光		男			三十年九月
兼任讲师	路祖焘		男		苏	二十七年十二月

名 录

103

续 表

职别	姓名	字号	性别	年龄	籍贯	到校年月（民国）
兼任讲师	姚嘉椿		男	33	浙江	三十一年九月
兼任教授	秦瓒		男	45	河南固始	三十一年九月
助教	杨嘉禾	遂生	男	29		三十一年九月
社会系教授兼代主任	费孝通		男	33	江苏吴江	二十七年十一月
教授	许烺光		男	32	辽宁庄河	三十一年八月
副教授	瞿同祖	天况	男	33	湖南长沙	二十八年八月
副教授	李有义		男	31	山西太原	二十八年九月
专任讲师	史国衡		男	28	湖南隋县	
专任讲师	张之毅	子毅	男	29	湖南醴陵	二十八年八月
助教	田汝康		男	26	云南昆明	二十八年八月
研究助理	谷苞		男	27		三十年十月
助教	游凌霄		女			三十二年一月
兼任讲师	李树青		男			三十一年九月
兼任讲师	倪中方		男			三十二年二月
一年级兼任教授	赵澍		男		滇	三十一年九月
理化系主任兼教授兼理学院院长	赵雁来	信之	男	42	河北蠡县	二十六年八月
理学院教授兼教务长	何衍璿		男	43	广东高要	二十九年八月
教授	姜震中			39	河南	
教授	王树勋		男	31	河北高阳	二十九年三月
专任讲师	罗建业		男	34	广东顺德	三十一年十月
专任讲师	顾建中		男	29	贵阳	二十六年九月
专任讲师	杨桂官		男	28	河北	二十七年十月
助教	陈阅聪		男	26		三十年九月
助教	陈四箴		男	28	浙江温岭	三十一年一月
助教	杨鹏魁		男	26	广东大埔	三十一年八月
助教	徐德基		男	26	浙江桐乡	三十一年八月

续 表

职　别	姓　名	字号	性别	年龄	籍　贯	到校年月（民国）
理化系兼任讲师	张青莲		男	34	江苏常熟	三十一年九月
专任讲师	张文渊		男			三十一年九月
兼任讲师	白金传		男			三十一年九月
专任讲师	张瑞纶				河北	三十二年一月
数学系教授兼主任	王士魁		男	39	广东	二十六年十二月
教授	庄圻泰		男	37	山东莒县	二十八年十一月
兼教授	何衍璿					
专任讲师	张福华		男	29	云南昆明	二十六年八月
专任讲师	朱德祥		男	31	江苏南通	二十七年八月
助教	严志达		男	26	江苏南通	三十一年八月
兼任讲师	华罗庚		男			二十七年十一月
兼任讲师	陈省身		男	31	浙江嘉兴	二十七年四月
生物系教授兼主任	崔之兰		女	39	安徽太平	二十七年十月
教授	刘慎谔		男	46		三十一年八月
副教授	徐　仁	本仁	男	32	安徽	二十八年八月
兼任教授	经利彬	燧初	男	46	浙江上虞	
兼任教授	沈　同	子异	男	31	江苏吴江	三十一年九月
兼任教授	沈嘉瑞		男	41	浙江嘉兴	三十一年九月
兼任教授	殷宏章		男	35	贵州	三十一年九月
助教	潘清华		男	28	河南南阳	二十七年六月
助教	刘德仪		男	25	湖南益阳	三十一年八月
助教	李仲璆		男	25	河南平江	三十一年八月
助教	马振汉		男	28		三十一年八月
工学院教授兼总务长	柳灿坤	锦堂	男	55	云南宁洱	三十年二月
土木工程系教授兼主任	丘勤宝		男	36	广东梅县	二十七年十二月
教授	李家琛	献甫	男	42		三十一年八月
教授	钱令希		男	31		三十一年八月

名 录

续 表

职　别	姓　名	字号	性别	年龄	籍　贯	到校年月（民国）
副教授	姚　瞻	克刚	男	34	广东平远	三十一年八月
教授	高　錤	去非	男	27	江苏金山	三十一年九月
兼任教授	陶葆楷					三十二年三月
助教	杨应昆		男	27	广东东阳	三十一年八月
助教	朱家骏		男	26	江苏无锡	三十一年八月一日
助教	钱同福		男	26	江苏松江	三十一年八月
助教	吴持恭				浙	三十一年八月
专任讲师	郭定远					三十二年四月
助教	吴　匡					三十二年三月
助教	金鸿畴					三十二年四月
特约教授	唐　英	雄伯		43		三十一年十二月
兼任讲师	马希融					三十一年十二月
兼任讲师	蒋泰熙		男	29	江苏常熟	三十一年十二月
兼任教授	冯景兰	淮西	男	44	河南唐河	三十二年二月
矿冶工程系主任兼教授	石　充	占熊	男	40	湖北	二十八年八月
教授	蒋导江		男	39	湖北石首	二十七年二月
教授	王炳章	斐犴	男	43	河北深潭	三十年九月
教授	王　度	英度	男	45	湖北	
教授	孟宪民		男		江苏	
教授	夏少飞		男	32		
副教授	吴迪似	式谷	男	37	江苏南通	三十一年八月
助教兼总务干事	白世俊	时英	男	27	云南祥云	二十八年八月
副教授	张文奇		男	28	河南	二十九年三月
副教授	王钦仁		男	35		
助教	黄劭显		男	28		三十年八月
助教	王肇伦		男	26		

续 表

职　别	姓　名	字号	性别	年龄	籍　贯	到校年月（民国）
助教	陈迪武		男	27	福建长乐	
助教	徐祖耀		男	26		
助教	杨德森		男	27	云南蒙自	三十一年八月
兼任教授	刘尧民		男			三十一年十月
英文兼任讲师	宋成章					三十二年二月
铁道管理系教授兼主任	许靖	达生	男	41	湖北云梦	三十年八月
教授	沈来秋		男	47		三十二年二月
兼教授	柳灿坤				滇	
助教	于秀蓉		女			
助教	王肇伦		男			
助教	陈迪武		男			
助教	徐祖耀		男			
副教授	许杰					三十一年十月
医学院院长兼教授	范秉哲		男	40	河北任丘	二十六年八月
副院长兼教授	姚碧澄		男	39	广东平远	二十八年七月
教授	杜棻		男	34	河北涿县	
教授	戴练江			52		三十年四月
教授	李枢		男	38	河北涿县	二十六年九月
教授	朱肇熙	皋民	男	37	江西南康	二十八年
教授	赵明德		男	33	河北迁安	二十八年九月
教授	沈福彭		男	32	江苏吴县	二十九年四月
教授	程一雄		男	30	江苏宜兴	二十九年八月
教授	邵可侣				法国	
副教授	李慰慈		女	35	广东	三十一年八月
副教授	刘学敏		女	27	河北	三十年八月
副教授	徐肇彤		男	34	浙江	三十一年十月
兼教授	缪安成		男		滇	三十一年二月

续　表

职　别	姓　名	字号	性别	年龄	籍　贯	到校年月（民国）
兼任教授	黄万杰	立天	男	39	浙江乐清	三十一年十月
兼任教授	郑华炽					三十二年二月
专任讲师	刘玉素	雨俗	女	32	河北完县	二十七年十一月
专任讲师	叶桂燧	毅生	男	30	广东	三十年十一月
专任讲师	周孝谦				安徽	
农学院院长兼教授	汤惠荪		男	44	江苏崇明	二十八年三月
教授	郭文明		男	34		三十二年二月
教授	齐雅堂	凝之	男	41	河北蠡县	三十一年八月
讲师	陈克功			31	浙江诸暨	三十一年十月
兼教授	邹枋		男			三十一年九月
兼任教授	金肇源		男	36		三十一年九月
兼任教授	李宪之				河北	三十二年二月
兼任副教授	瞿明宙	平直	男	39		三十一年十月
助教兼农场技术员	金孟月		男	30	浙江诸暨	三十一年四月
森林系主任兼教授	张福延	海秋	男	50	云南剑川	二十八年八月
教授	郑万钧	伯衡	男	39	江苏铜山	二十八年十二月
教授	汪子瑞		男	34	江西金溪	三十一年六月
兼任教授	饶茂林					三十二年四月
专任讲师	秦秉中	仲虞	男	37	云南呈贡	三十年四月
专任讲师	朱峙雄		男	32	广东	三十一年九月
助教	袁同功	莲生	男	31	江苏兴化	二十九年十月
助教	徐永椿	介清	男	32	江西龙南	二十八年八月
助教	张君亮		男	31	云南石屏	三十一年十月
教授	黄昆仑		男	36	广东	三十年九月
改聘主任兼教授	王世中			31	福建闽侯	三十年六月
副教授	杜修昌			35	浙江东阳	
兼任教授	金肇源					三十二年二月

续　表

职　别	姓　名	字号	性别	年龄	籍　贯	到校年月（民国）
兼任教授	陈立干	松岩	男	56	云南镇南	三十一年十一月
专任讲师兼技士	丁振麟		男	31	浙江杭县	二十八年三月
助教	王光正		男	27	安徽桐城	二十九年八月
助教	黄邻宾		男	35	江苏	
助教	曹诚一		女	25	湖南长沙	三十一年二月
助教	赵畯田		男	25	安徽凤阳	三十一年六月
助教	伍兆台		男	29		三十一年一月
助教兼院长办公室主任	蔡克华	乃荣	男	33	江苏	二十九年二月
助教	余树勋		男	25		三十一年三月
兼任教授	刘温克				湘	三十二年三月一日
森林系学生助理	李荣化		男			
蚕桑专修科主任兼教授	常宗会		男	43	安徽全椒	二十九年十月
副主任兼副教授	陆星垣		男	38	江苏江阴	二十九年十二月
教授	蒋同庆					三十二年二月
兼教授	朱新予	学锄	男	41	浙江萧山	三十年一月
兼教授	何尚平	伊渠	男	56	福建闽侯	
兼任教授	葛运成		男	52	浙江嘉兴	
助教	李良康		男	26	贵州贵阳	三十二年二月
副教授	胡鸿钧		男	33	江苏无锡	三十年一月
副教授	张勤奋		男	37	江苏江阴	
兼任蚕业经济	杜修昌		男			三十一年九月
兼生物统计学	黄邻宾		男			三十一年九月
实习工厂监察	柳灿坤		男			
先修班昆明组主任	何衍璿		男			
英文讲师	林筠因		女		福建闽侯	二十九年一月
兼国文讲师	张友铭		男			

续 表

职 别	姓 名	字号	性别	年龄	籍 贯	到校年月（民国）
兼中国历史讲师	张宗和		男			三十一年九月
兼外国历史讲师	陆钦墀		男			三十一年九月
兼任教师	王乃樑	以奥	男	27	福建闽侯	三十一年十月
兼军训教师	杨文杰		男			三十一年九月
兼代数助教	严志达		男			三十一年九月
兼生物讲师	刘玉素		女			兼职自三十一年九月起至三十二年三月止
兼历史教师	陆钦墀		男			兼职自三十一年九月起至三十二年三月止
兼体育讲师	邵子博		男			兼职自三十一年九月起至三十二年三月止
兼公民讲师	司徒尹衡		男			兼职自三十一年九月起至三十二年三月止
体育教授兼体育组主任	涂 文	奇峦	男	45	湖南	二十七年九月
体育专任讲师	杨元坤	健南	男	32	云南宁洱	二十四年四月
体育组副教授兼代主任	邵子博		男	35	江苏武进	三十一年八月
体育专任教员	胡宝善		男	28	江苏宜兴	三十一年八月
体育专任教员	朱影波		男	36	河南洛阳	三十一年八月
女生指导兼体育教员	方 备	尔求	女	30	湖南长沙	三十一年八月
兼附属医院内科主任	姚碧澄		男			
军事训练组主任	杨文杰		男	34		三十一年十一月三日

续　表

职　别	姓　名	字号	性别	年龄	籍　贯	到校年月（民国）
军训教官	鲍哲谋		男	36	江苏宝山	三十一年六月
助教	高继宗		男	27		三十一年九月四日
助教	练　超		男	24		三十一年九月四日
马坊分校军训教官	张　廉		男	30		三十一年十一月四日
职　别	姓　名	字号	性别	年龄	籍　贯	到校年月（民国）
助教	王级兴		男	27	四川	三十一年九月四日
助教	宋义龙	证炳	男	31		三十一年九月四日
军训兼任讲师	罗义广		男			三十二年三月
矿冶工程系兼任军训教官	赵　诚		男			三十二年四月

民国三十二年国立云南大学教职员一览表

职　别	姓　名	字号	性别	年龄	籍　贯	到校年月（民国）
校长	熊庆来	迪之	男	52	云南弥勒	二十六年八月
教务长兼教授	何衍璿		男	45	广东高要	二十九年八月
训导长兼教授	范　锜	捷云	男	44	广东大埔	三十一年九月
总务长兼教授	杨家凤	瑞五	男	45	云南鹤庆	三十二年十一月
文法学院院长兼教授	姜寅清	亮夫	男	42	云南昭通	二十七年二月
理学院院长兼教授	赵雁来	信之	男	43	河北蠡县	二十六年八月

续　表

职　别	姓　名	字号	性别	年龄	籍　贯	到校年月（民国）
工学院院长兼教授	冯景兰	淮西	男	46	河南唐河	三十二年四月
医学院院长兼教授	范秉哲		男	41	河北任丘	二十六年八月
附属医院院长兼教授	姚碧澄		男	40	广东平远	二十八年七月
农学院院长兼教授	张福延	海秋	男	51	云南剑川	二十八年八月
文史系主任兼教授	徐嘉瑞	梦麟	男	50	云南昆明	二十六年一月
文史系教授	胡光炜	小石	男	57	浙江嘉兴	二十八年十月
文史系教授	刘文典	叔雅	男	55	安徽合肥	三十二年八月
文史系教授	楚图南		男	44	云南文山	二十七年二月
文史系教授兼文学外国语文组主任	吴富恒	赋恒	男	33	河北滦县	三十一年二月
文史系教授	方国瑜		男	41	云南丽江	二十五年九月
文史系教授	凌达扬		男	51	广东宝安	三十二年三月
文史系教授	刘尧民		男	46	云南会泽	三十二年八月
文史系副教授	陶　光		男	32	北平市	三十年
文史系副教授	蒋硕真		女	29	湖北应城	三十二年八月
文史系副教授	尤　桐		男	47	河北保定	三十二年九月
教授	白寿彝				河南	三十三年二月
教授	范　锜				广东	三十一年九月
讲师	钱国英					三十三年八月
文史系讲师	丁则良		男	29	福建福州	三十一年一月
文史系讲师	陶秋英		女	33	江苏吴江	三十一年一月
文史系讲师	林筠因		女	31	福建闽侯	二十九年一月
文史系讲师	陆钦墀		男	23	江苏吴县	三十一年八月
文史系讲师	李　埏	幼舟	男	30	云南	三十一年八月
文史系讲师	鲍志一		男	29	江苏	三十一年八月
文史系讲师	徐孝道		男	30		三十二年九月
助教	缪鸾和	子邕	男	30	云南宣威	三十一年八月

续 表

职　别	姓　名	字号	性别	年龄	籍　贯	到校年月（民国）
助教	段惠仙		女	24	云南腾冲	三十二年八月
助教	李俊昌	隽农	男	30	贵州黔西	三十一年八月
助教	萨本栋	孺心	男	27		三十二年八月
助教	李淑贞		女	26	云南保山	三十一年八月
助教	张苏生		男	29	江苏江都	三十二年八月
政治系教授兼主任	朱驭欧	沛西	男	39	湖南零陵	二十六年九月
教授	司徒尹衡		男	37	广东	三十一年八月
教授	潘大逵	达九	男	41		三十一年八月
副教授	赵康节		男	36	云南大理	三十一年三月
助教	熊锡元		男	27	江西	三十一年八月
经济系代理主任兼教授	鲁冀参		男	37	湖北监利	三十一年八月
经济系专任教授	齐祖谞	致和	男	40	吉林	二十九年十一月
经济系专任教授	伍纯武	健一	男	39	云南平彝	二十七年三月
经济系专任教授	郑独步		男	45	湖北石首	三十二年七月
经济系及铁道管理系专任讲师	安字明				湖北	三十二年六月
经济系专任讲师	陆忠义		男	32	江苏	三十年八月
经济系专任讲师	杨嘉禾	遂生	男	31		三十一年九月
经济系专任讲师	陈世忠	洛夫	男		云南华宁	三十二年八月
法律系主任兼教授	王伯琦		男	37	江苏	二十八年九月
法律系专任教授	饶重庆	季华	男	60	云南蒙化	二十二年九月
法律系专任教授	蒋固节		男	39	江苏	三十一年六月
法律系专任教授	于振鹏		男	37	河北大兴	三十一年八月
法律系专任教授	周新民		男	48	安徽	三十二年二月
法律系专任助教	杨宪颐		男	27	安徽泗县	三十二年八月
社会系主任兼教授	费孝通		男	35	江苏吴县	二十七年十一月
社会系专任教授	许烺光		男	34	辽宁庄河	三十一年八月

续 表

职　别	姓　名	字号	性别	年龄	籍　贯	到校年月（民国）
教授	徐维新		男			三十三年八月
社会系专任副教授	瞿同祖	天况	男	35	湖南长沙	二十八年八月
社会系专任副教授	李有义		男	33	山西太原	二十八年九月
社会系专任讲师	史国衡		男	30	湖南隋县	二十八年八月
社会系专任讲师	张之毅		男	31	湖南醴陵	二十八年八月
社会系专任助教	田汝康		男	28	云南昆明	二十八年八月
社会系专任助教	谷苞	望溪	男	37	兰州市	三十年十月
数学系主任兼教授	王士魁		男	40	广东琼山	二十六年十二月
数学系专任教授	庄圻泰		男	39	山东莒县	二十八年一月
教授	何衍璿		男			
数学系专任讲师	朱德祥		男	33	江苏南通	二十七年八月
数学系专任讲师	张福华		男	31	云南昆明	二十六年八月
数学系专任助教	严志达		男	28	江苏南通	三十一年九月
助教	钱春深		男			
教授	王树勋		男	33	河北高阳	二十九年三月
教授	姜震中		男	41	河南太康	三十一年二月
教授	冯式权		男	47	浙江桐乡	三十二年九月
副教授	陈美觉		男	34	湖北鄂城	三十二年八月
讲师	杨桂宫		男			
助教	杨鹏魁		男	28	广东大埔	三十一年八月
助教	温春融					三十三年七月一日
生物系主任兼教授	崔之兰		女	41	安徽太平	二十七年十月
教授	沈嘉瑞		男	42	浙江嘉兴	三十一年九月
副教授	周家炽		男	34	江苏苏州	三十二年八月
副教授	徐仁		男	36	安徽太平	二十八年八月
讲师	吴醒夫		男	32	湖北汉川	三十二年六月

云南大学史料丛书·教职员卷

续 表

职 别	姓 名	字号	性别	年龄	籍 贯	到校年月（民国）
助教	潘清华		男	29	江苏宜兴	二十七年六月
助教	刘德仪		男	27	湖南益阳	三十一年八月
助教	李仲缪		男	27	湖南平江	三十一年八月
助教	戴玉贞		女	27	贵州贵阳	三十二年八月
助教	李整理			27	浙江东阳	三十二年八月
助教	朱宁生		男	27	浙江	三十二年八月
马坊分校教员	顾建中		男	32	贵阳	二十六年九月
文史讲师	林少侯		男	38	浙江金华	三十二年八月
文史讲师	尚健庵		男	41	河南罗山	三十年八月
文史讲师	王金钟	念慈	男	31	河北望都	三十三年二月
英文讲师	段喆人		男	44	河北蠡县	三十一年八月
专任英文讲师	俞铭传		男	31	安徽南陵	三十三年二月
英文讲师	王玉川		男	48	河北	三十二年九月
文史系助教	郑侨	叔夏	男	29	福建闽侯	三十二年八月
数学系助教	苗华殿		男	27	山东威海卫	三十二年八月
数学系助教	简恩泽		男	27	云南昆明	三十二年十月
数学系助教	何炳昌		男	26	浙江金华	三十二年十二月
军训教官	周华		男	26	云南西畴	三十一年三月
助教	胡维菁		男	30		三十一年九月
助教	龙文池		男	37	云南西畴	三十二年八月
土木工程系主任兼教授	丘勤宝		男	38	广东梅县	二十七年十二月
教授	高鋆	去非	男	29	江苏金山	三十一年九月
教授	殷之澜		男	34	安徽	三十一年八月
教授	陶逸钟		男	32	南京市	二十七年九月
教授	李家琛		男	44		三十一年八月
副教授	姚瞻		男	36	广东平远	三十一年八月
教授	李吟秋		男	45	河北任丘	

名

录

二

续　表

职　别	姓　名	字号	性别	年龄	籍　贯	到校年月（民国）
助教	钱同福		男	28	江苏松江	三十一年八月
助教	朱家骏		男	28	江苏无锡	三十一年八月
助教	吴持恭		男	27	浙江东阳	三十一年八月
助教	何丕承		男	27	云南盐兴	三十二年九月
助教	吴匡		男	28	浙江象山	三十二年四月
助教	张正林		男	27		三十二年八月
铁道管理系主任兼教授	柳灿坤		男	57	云南宁洱	三十年二月
教授	杨克嵘		男	51	云南洱源	十一年九月
矿冶系采专合聘教授	魏海寿		男			三十三年二月
副教授	张文奇		男	31	河南	二十九年三月
讲师	杨心湛		男	32	昆明	
讲师	周孝谦		男	29	安徽歙县	二十八年七月
助教	白世俊		男	29	云南祥云	二十八年四月
助教	陈迪武		男	29	福建长乐	三十一年八月
助教	杨德森		男	39	云南蒙自	三十一年八月
助教	殷之文		男	27	江苏吴县	三十二年十月
助教	李璞		男	30	山东文登	三十二年八月
医学院院长	范秉哲		男			
教授	李枢		男	40	河北涿县	二十六年九月
教授	杜棻		男	36	河北涿县	二十六年九月
教授	戴练江		男	45		三十年四月
教授	朱肇熙		男	39	江西南康	二十八年
教授	赵明德	青云	男	35	河北迁安	二十八年九月
教授	沈福彭		男	34	江苏吴县	二十九年四月
教授	程一雄		男	32	江苏宜兴	二十九年八月
教授	刘学敏	志逊	女	37	河北	三十年八月
教授	邵可侣		男	50	法国	二十八年三月

续 表

职 别	姓 名	字号	性别	年龄	籍 贯	到校年月（民国）
副教授	徐肇彤		男	36	浙江	三十一年十月
副教授	刘玉素		女	34	河北定县	二十七年十一月
副教授	张申		女	33		三十二年八月
讲师	叶桂燧		男	32	广东	三十一年十一月
讲师	沙鸥	白浮	男	33	北平市	三十二年七月
助教	饶娴宜		女	31	云南蒙化	三十二年八月
助教	高善娟		男		江苏	三十三年五月一日
农学院院长	张福延		男			
农艺系主任兼教授	林成耀		男	34	福建闽侯	三十二年八月
教授	王世中		男	33	福建闽侯	三十年六月
教授	黄昆仑		男	38	广东	三十年九月
教授	曾勉	之勉	男	46	浙江瑞安	三十二年八月
教授	方叔度		男	34	广东开平	三十二年八月
教授兼院医	农味莘		男		广西	三十三年一月
讲师	丁振麟		男	34	江苏	二十八年三月
讲师	黄邻宾		男	37	江苏溧阳	三十年八月
讲师兼技士	蔡克华		男	35	江苏	二十九年二月
讲师兼总务干事	关岷如		男	34	吉林永吉	三十二年九月
助教兼技士	戴矫松		男		江苏	三十三年七月一日
助教	余树勋		男	27		三十一年三月
助教	叶树藩		男	30	江苏宜兴	三十二年七月
助教	伍兆诒		男	31		三十一年一月
助教	赵畯田		男	27	安徽凤阳	三十一年六月
助教	曹诚一		男	27	湖南长沙	三十一年六月
助教	蔡淑莲					三十三年二月

名 录

续 表

职 别	姓 名	字号	性别	年龄	籍 贯	到校年月（民国）
助教	费家骅					三十三年二月
体育教授	詹俊初		男	35		
助教	王鸿福				云南	三十三年八月一日
农学院助教兼会计员	梅杜长					三十三年八月
森林系主任兼教授	郑万钧	伯衡	男	41	江苏铜山	二十八年十二月
教授	陈植		男	41	江苏崇明	二十八年六月
教授	蒋蕙苏		男	45	江苏	三十二年八月
讲师	秦秉中	仲霓	男	39	云南呈贡	三十年四月
讲师	袁同功	莲生	男	33	江苏兴化	二十九年八月
讲师	徐永椿	介清	男	34	江西龙南	二十八年八月
讲师	陈克功		男	23	浙江诸暨	
助教	胡秀荃				湘	三十三年八月一日
蚕桑专修科主任兼教授	陆星垣		男	40	江苏江阴	二十九年十二月
教授	蒋同庆		男	37	江苏涟水	三十二年二月
教授	刘温元		男	44	浙南邵阳	三十二年三月
教授	胡鸿钧		男	35	江苏无锡	三十年一月
讲师	李莘农		男	38	江苏	三十二年八月
助教	徐韵芬		女	27	云南路南	三十二年十一月
助教	李良康		男	28	贵州贵阳	三十二年二月
体育卫生组主任	章辑五					
体育副教授	杨元坤		男	33	云南宁洱	二十四年四月
教员	朱影波		男	38	河南洛阳	三十一年八月
教员	胡宝善		男	30	江苏宜兴	三十一年八月
教员	苏桐凤		男	35	山西	三十二年八月
校医	王素宇		男	54	江苏南京	二十九年八月

云南大学史料丛书·教职员卷

续 表

职 别	姓 名	字号	性别	年龄	籍 贯	到校年月（民国）
助理	姜正纪		男	33	云南安宁	三十二年八月
司事	杨 芳		男	22	云南昆明	二十八年二月
军训组主任教官	杨文杰	志刚	男	36	云南昆明	三十一年八月
教官	鲍哲谋		男	37	江苏宝山	三十二年三月
教官	张 廉		男	23	湖北	三十一年十一月
教官	吕秀章		男	36	辽宁	三十二年八月
助教	练 超		男	26		
助教	王级兴		男	29	四川泸县	三十一年九月
文法学院经济系兼任教授	姚嘉椿					三十二年九月
兼任教授	鲍觉民					三十二年九月
兼任教授	唐庆永					三十二年九月
兼任副教授	路祖焘				苏	二十七年十二月
文史系兼任教授	游国恩					三十三年二月
讲师兼任教授	吴 宓					三十二年九月
讲师兼任教授	袁家骅					三十二年九月
兼任教授	张友铭				河北	三十二年九月
兼任教授	水天同				甘肃	三十二年九月
兼任法律系教授	范承枢					三十三年九月
兼任社会系教授	倪中方					三十三年九月
兼任社会系教授	陶云逵					三十三年九月
兼任社会系教授	李树青					三十三年九月
兼任社会系教授	潘光旦					三十三年九月
兼任政治系教授	王赣愚				闽	二十六年十月
兼任理学院生物系教授	沈 同					三十三年九月
兼任理学院生物系教授	殷宏季					三十三年九月
兼任理化系讲师	孙承谔					三十三年九月

名 录

119

续 表

职别	姓名	字号	性别	年龄	籍贯	到校年月 （民国）
兼任农学院教授	瞿明宙					三十三年二月
兼任农学院教授	金肇源					三十三年九月
兼任农学院教授	葛敬中					三十三年九月
兼任农学院教授	沈嘉瑞				浙	三十三年九月
兼任农学院教授	何尚平					三十三年九月
兼任农学院教授	常宗会					三十三年九月
兼任副教授	张勤奋				苏	三十三年九月
兼任讲师	洪谦					三十三年九月
兼任医学院教授	缪安成				滇	三十三年九月
兼任医学院教授	郎萨拉维					三十二年八月
兼任医学院教授	经利彬					三十二年八月
兼任医学院教授	黄万杰				浙	三十二年九月
兼任医学院教授	张玺				河北	二十七年十一月
兼任副教授	崔荣第					三十三年八月
兼任讲师	秦开业					三十三年八月
兼任工学院矿冶工程系教授	王遵明					三十三年九月
兼任工学院矿冶工程系教授	杨尚灼					三十三年二月
兼任工学院矿冶工程系教授	谭振雄					三十二年九月
兼任工学院矿冶工程系教授	王之玺					三十二年九月
兼任工学院矿冶工程系教授	阮鸿仪					三十二年九月
兼任工学院矿冶工程系教授	郝诒纯					三十二年十月

续　表

职　别	姓　名	字号	性别	年龄	籍　贯	到校年月（民国）
兼任工学院矿冶工程系教授	高崇熙				河北	三十二年十月
兼任工学院矿冶工程系教授	王霖之					三十二年十月
兼任工学院矿冶工程系教授	张泽熙					三十二年十月
兼任工学院矿冶工程系教授	张席禄					三十二年二月
兼任工学院矿冶工程系教授	吴学蔺					三十二年二月
兼任讲师	李宪之				河北	三十三年六月
矿冶工程系教授	罗紫台					三十三年八月
实习班主任	白世俊					
英文教员	林筠因					
英文教员	张福华					
干事	张友铭					

二

名

录

二

民国三十二年国立云南大学校本部校工、校警一览表

服务地点	职别	姓名
校本部	校工	赵坤、潘中林、杨坤、胡才、赵品、唐春甫、李如祥、双荣生、陈玉清、易福兴、方泽民、梁乃子、王学信、张德昌、樊毓正、宋文标、马荣昌、唐守信、苟培益、杜杨氏、刘振章、杨希国、田项氏、汤顺、杨家诰、杨克义、杨诚、邓学、韩国林、张鸿基、赵家祥、李永睦、杨履中、杨诚之、杨金科、黄如金、张景权、杨荣
	水夫	梁文臣、韩家起、段纷、李莲清、张兴仁、戴荣昭、李品、李植之、苏元章、夏平华、罗惠、张福增、廖际先、蔡元荣
	厨工	张崇安、朱兰英、徐正德、徐国亮、陈明文、张李氏、李王氏、王仁杰、佘氏、李正发、段甘氏、任李氏、李氏
	木工	张光明
	花匠	王樵、李兴梁
	校警军需士	孙贵福、吴崇孜、刘贵安
	校警	吴崇敬、刘贵安、庐焯然、陈春轩、高永云、马从义、章国泉、杨士闾、倪知权、渠芳荣、唐顺、刘新汉、段振家、莫成、杨体成、张学顺、王树、马麟

民国三十二年国立云南大学会泽分校校工、校警一览表

服务地点	职别	姓名
会泽分校（工学院）	校工	邱利昌、许文彬、王高樑、唐守信、张发贵、管绍忠
	水夫	包其林、苟培安
	厨工	普永宾、樊开有、苟文明、宫存珍
	校警	罗文兴、袁少之、邓文荣、梁光泰、刘盛钧

云南大学史料丛书·教职员卷

民国三十二年国立云南大学呈贡分校校工、校警一览表

服务地点	职别	姓　名
呈贡分校（农学院）	校工	李植芝、杨茂森、郭有守、赵贵昌、李广、张自强、陶富、赵家璧、陈之祥、吴良生、胡汝昌、马正义、徐桂英、尤光明、李彰
呈贡农林场	长工	李长金、李国泰、李富、赵彩、鲁世杰、尹启贤、李纯、李亚香、杨开业、张清、祁光荣、达希凯、郭有、陈有福、杨志
昆明农林场	长工	孙耀、蔡长元、吴亮、刘宝、李兴祥、李如莲、张学礼、何文炳、房云、刘正兴、梁阳珍、王永全、颜星义、孔樊民、达凤鸣
呈贡	校警	李光中、李玉光、蔺正清、杨思植、杨绍清、魏大胜、周德标、王绍武、张培德、李国玺、张成、金尚炳、张有昌、李漳、张兴

民国三十二年国立云南大学马坊分校校工、校警一览表

服务地点	职别	姓　名
马坊分校（理学院）	校工	徐礼忠、李彬、宋连唐、杜老柱、张兴、李谓、蔡茂春、曹家彦
	水夫	恭询珍、曹学富
	厨工	刘兴周、曹家祐、把葛氏、左正富
	机工	李开金
	校警	秦肇云、杨嵩、董义昌、李国兴、刘兴国

名　录

民国三十三年国立云南大学教职员一览表

职 别	姓 名	性 别	年 龄	籍 贯	到职年月（民国）
校长兼工学院院长	熊庆来	男	52	云南弥勒	二十六年八月
教授兼教务长	何衍璿	男	45	广东高安	二十九年八月
教授兼训导长	杨家凤	男	46	云南鹤庆	三十二年十一月
教授兼总务长	蒋惠荪	男	40	江苏	三十二年八月
教授兼文法学院院长	姜寅清	男	42	云南昭通	二十七年二月
教授兼理学院院长	赵雁来	男	43	河北蠡县	二十六年八月
教授兼医学院院长	杜棻	男	36	河北涿县	二十六年九月
教授兼附属医院院长	赵明德	男	35	河北迁安	二十八年九月
教授兼农学院院长	张福延	男	52	云南剑川	二十八年九月
教授兼文史系主任	徐嘉瑞	男	50	云南昆明	二十六年一月
教授	胡光炜	男	57	浙江嘉兴	二十八年十月
教授	刘文典	男	55	安徽合肥	三十二年八月
教授	范锜	男	44	广东大埔	三十一年九月
教授	楚图南	男	44	云南文山	二十七年二月
教授	方国瑜	男	41	云南丽江	二十五年九月
教授	白寿彝	男	36	河南开封	三十二年二月
教授	刘尧民	男	45	云南文山	三十二年八月
讲师	尚健庵	男	41	河北罗山	三十年八月
讲师	陆钦墀	男	33	江苏吴孙	三十二年八月
讲师	陶秋英	女	31	江苏吴县	三十一年一月
讲师	丁则良	男	31	福建福州	三十一年八月
讲师	殷焕光	男	31	江苏六舍	三十三年八月
讲师	李埏	男	30	云南路南	三十二年八月
讲师	钱国英	女	32	江苏	三十三年八月
讲师	林少侯	男	39	浙江金华	三十二年八月
助教	程应镠	男	29	江西	三十三年八月
助教	郑侨	男	29	福建闽侯	三十二年八月

云南大学史料丛书·教职员卷

续表

职 别	姓 名	性 别	年 龄	籍 贯	到职年月（民国）
助教	李俊昌	男	30	贵州	三十一年八月
助教	缪鸾和	男	30	云南宣威	三十一年八月
助教	李淑贞	女	26		三十一年八月
教授	吴富恒	男	34	河北滦县	三十一年二月
教授	凌达杨	男	51	广东保安	三十二年三月
教授	费孝通	男	37	江苏吴县	三十三年八月
副教授	龙 桐	男	47	河北保定	三十二年九月
副教授	蒋硕真	女	29	河北应城	三十二年八月
讲师	王金钟	男	31	河北保定	三十三年二月
讲师	林筠因	女	31	福建闽侯	二十九年一月
讲师	鲍志一	男	29		三十一年八月
讲师	贝麦雅美	女	41	英国	三十三年八月
讲师	俞铭传	男	31	安徽	三十三年二月
助教	张苏生	女	29	江苏江都	三十二年八月
助教	段蕙仙	女	24	云南腾冲	三十二年八月
助教	朱树飏	男	26		三十三年九月
教授	朱驭欧	男	39	湖南陵零	二十六年九月
教授	潘大逵	男	43	四川	三十一年八月
教授	王贡予	男	37		三十三年八月
教授	司徒尹衡	男	37		三十一年一月
助教	熊锡元	男	27	江西	三十一年八月
教授	鲁冀参	男	37	河北监利	三十一年八月
教授	伍纯武	男	39	云南平彝	三十一年一月
教授	齐祖辑	男	40	吉林	二十九年十月
教授	郑独步	男	43	湖北	三十二年七月
副教授	陈忠羲	男	33		三十一年八月
助教	陈世忠	男	27	云南蒙化	三十二年八月
助教	罗锦江	女	26	广东南海	三十三年八月

续 表

职 别	姓 名	性 别	年 龄	籍 贯	到职年月（民国）
教授	王伯琦	男	37	江苏	二十八年九月
教授	饶重庆	男	60	云南蒙化	二十二年九月
教授	周新民	男	48	安徽卢江	二十二年二月
教授	蒋固节	男	39	湖南	三十一年一月
教授	于振鹏	男	37	河北大兴	三十一年八月
助教	杨宪颐	男	27	安徽泗水	三十二年八月
教授	费孝通	男	35	江苏吴江	二十七年十一月
教授	许烺光	男	34	辽宁庄河	三十一年八月
教授	瞿同祖	男	35	湖南长沙	二十八年八月
讲师	史国衡	男	30	湖南隋县	二十八年八月
讲师	张之毅	男	31	湖南醴陵	二十八年八月
助教	田汝康	男	28	云南昆明	二十八年八月
助教	谷苞	男	29	甘肃兰州	三十一年十月
教授	王士魁	男	40	广东琼山	二十六年十二月
教授	庄圻泰	男	39	山东昆县	二十八年十一月
讲师	张福华	男	31	云南昆明	二十六年八月
讲师	朱德祥	男	33	江苏南通	二十七年八月
助教	严志达	男	28	江苏南通	三十一年九月
助教	白世俊	男	29	云南	二十八年四月
助教	苗华殿	男	27	山东威海卫	三十二年八月
助教	简恩泽	男	27	云南昆明	三十二年八月
助教	钱春深	男	32	云南昆明	三十二年八月
教授	王树勋	男	32	河北高阳	二十九年三月
教授	姜震中	男	41	河南大东	三十一年二月
教授	冯式权	男	42		三十二年九月
讲师	周孝谦	男	29	安徽	二十八年七月
讲师	朱亚杰	男	31	江苏	三十三年八月
讲师	顾建中	男	32	贵州	三十一年三月

续 表

职 别	姓 名	性 别	年 龄	籍 贯	到职年月（民国）
讲师	杨桂宫	男	32	河北振宁	三十二年九月
讲师	陈四箴	男	32		三十一年八月
助教	胡维菁	男	30	浙江绍兴	三十一年九月
助教	杨鹏魁	男	28	广东大埔	三十一年一月
助教	温春融	男	33	吉林	三十三年七月
助教	龙文池	男	29	云南西畴	三十二年八月
助教	程力方	男	27		三十二年八月
助教	何炳昌	男	32	浙江	三十二年十二月
助教	吴家华	男	27		
教授	崔之兰	女	41	安徽	二十七年十月
副教授	周家炽	男	34	江苏	三十二年八月
讲师	吴醒夫	男	32	湖北	三十二年六月
助教	潘清华	男	29	江苏	二十七年六月
助教	李仲璆	男	27	湖南	三十一年八月
助教	刘德仪	男	27	湖南	三十一年八月
助教	戴玉贞	女	27	贵州贵阳	三十二年八月
助教	朱宁生	男	27	浙江	三十二年八月
助教	李整理	男	27	浙江东阳	三十二年八月
教授	丘勤宝	男	38	广东梅县	二十七年十二月
教授	杨克嵘	男	51	云南洱源	十一年九月
教授	李吟秋	男	45	河北迁安	三十三年三月
教授	殷之澜	男	43	安徽	三十一年八月
教授	高鍈	男	28	江苏金山	三十一年九月
教授	陶逸钟	男	32	南京市	三十二年九月
副教授	姚瞻	男	36	广东	三十一年四月
助教	何丕承	男	27	云南?兴	三十二年九月
助教	吴持恭	男	27	浙江东阳	三十一年八月
助教	张正林	男	27		三十二年八月

名 录

续　表

职　别	姓　名	性　别	年　龄	籍　贯	到职年月（民国）
助教	陈宝泉	男	27	广东	三十三年八月
助教	陈叔香	男	27	江苏	三十三年八月
教授	卢焕云	男	41	河北	三十三年八月
教授	黄国瀛	男	50		三十三年八月
教授	罗紫台	男	48	云南	三十三年八月
教授	董钟林	男			三十三年八月
教授	李清泉	男	39		三十三年八月
助教	陈延武	男	29	福建	三十一年八月
助教	杨德森	男	29	云南	三十一年八月
教授	柳灿坤	男	57	云南洱源	三十一年二月
讲师	安宇明	男	32	湖北	三十三年六月
教授	姚碧澄	男	51	广东平达	二十八年七月
教授	范秉哲	男	41	河北任丘	二十六年八月
教授	李枢	男	40	河北	二十六年九月
教授	沈福彭	男	34	江苏吴县	二十九年四月
教授	朱肇熙	男	39	江西南康	二十八年八月
教授	邵可侣	男	50	法国	三十一年三月
教授	程一雄	男	32	江苏宜兴	二十九年八月
教授	刘学敏	女	29	河北任丘	三十一年四月
教授	陈廪	男	39	广东	三十三年八月
教授	徐肇彤	男	36	浙江	三十一年十月
副教授	张蓬羽	男	38	四川	三十三年八月
副教授	张曲	女	33	四川	三十二年八月
副教授	刘玉素	女	34	河北	二十七年十二月
教授	黄绮文			广东番禺	三十三年十月
助教	高善娟	女	26	浙江	三十三年五月
助教	周润琮	男	28	云南	三十三年八月
教授	林成耀	男	34	福建	三十二年八月

云南大学史料丛书·教职员卷

续表

职别	姓名	性别	年龄	籍贯	到职年月（民国）
教授	汪厥明	男	48	浙江	三十三年八月
教授	曾勉	男	46	浙江	三十二年十月
教授	孙逢吉	男	40	浙江	三十三年八月
教授	方叔度	男	34	广东开平	三十二年八月
教授	王世中	男	33	福建	三十年六月
教授	段永嘉	男	40	辽宁	三十三年八月
教授	黄昆仑	男	36	广东	三十三年九月
教授	农味荸	男	44	广西	三十三年一月
教授	丁振麟	男	33	浙江	三十一年二月
讲师	黄邻宝	男	37	江苏	三十一年八月
讲师	蔡克华	男	35	江苏	二十九年二月
讲师	陈克功	男	33	浙江	三十二年八月
助教	曹诚一	男	27	湖南	三十一年六月
助教	何玉贞	女	32	江西	三十二年九月
助教	伍兆诒	男	31	广东	三十一年一月
助教	叶树藩	男	30	江苏宜兴	三十二年七月
助教	梅社长	男	28	广东	三十三年八月
助教	戴矫松	男	32	江苏	三十三年七月
助教	王鸿福	男	30		三十三年八月
助教	张文邦	男	26	浙江衢县	三十三年八月
教授	李达才	男	42	江西	三十三年八月
教授	陈植	男	41	江苏	二十八年八月
副教授	秦秉中	男	39	云南呈贡	三十一年四月
讲师	袁同功	男	33	江苏	二十九年十月
讲师	徐永椿	男	34	江西	三十一年八月
助教	蔡淑莲	女	31	湖南	三十三年二月
助教	费家骅	男	27	江苏	三十三年二月
助教	胡秀荃	男	31	湖南	三十三年八月

二

名

录

二

续　表

职　别	姓　名	性　别	年　龄	籍　贯	到职年月（民国）
助教	潭沛祥	男	26	广东	三十二年七月
助教	何弘德	男	40	江苏	
教授	陆星垣	男	40	江苏	二十九年十二月
教授	蒋同庆	男	37	江苏涟水	三十二年二月
教授	胡鸿钧	男	38	江苏	三十一年一月
讲师	李莘农	男	38		三十二年八月
助教	陆裕淳	男	31	江苏	三十三年八月
助教	徐韻芬	女	27	云南路南	三十二年十一月
讲师	詹复初	男	32		三十二年十二月
教官	杨文杰	男	36	云南昆明	三十二年八月
教官	张　廉	男	32	湖北	三十一年十一月
教官	吕秀章	男	36	辽宁	三十二年八月
助教	王级兴	男	39	四川	三十一年九月
教授	章辑五	男	54	河北	三十二年八月
副教授	杨元坤	男	33	云南宁洱	三十一年八月
讲师	胡宝善	男	30	江苏	三十一年八月
讲师	朱影波	男	38	湖南	三十一年八月
讲师	张淑娣	女	37	江苏	三十三年八月
兼任教员	水天同				三十三年九月
兼任教员	张友铭				三十三年八月
兼任教员	芮　沐				三十三年九月
兼任教员	范承枢				三十三年九月
兼任教员	潘光旦				三十三年九月
兼任教员	李树青				三十三年九月
兼任教员	陈复光				三十三年九月
兼任教员	路祖焘				三十三年九月
兼任教员	姚嘉椿				三十三年九月
兼任教员	马芳若				三十三年九月

云南大学史料丛书·教职员卷

续 表

职 别	姓 名	性 别	年 龄	籍 贯	到职年月（民国）
兼任教员	王 逊				三十三年九月
兼任教员	白 英				三十三年九月
兼任教员	华罗庚	男			三十三年九月
兼任教员	陈阅增				三十三年九月
兼任教员	陈美觉				三十三年八月
兼任教员	钟开来				三十三年九月
兼任教员	朱德祥				三十三年九月
兼任教员	郭克悌				三十三年九月
兼任教员	赵公望				三十三年九月
兼任教员	黄子卿				三十三年十月
兼任教员	冯景兰	男		河南唐河	三十三年八月
兼任教员	郎萨拉维				三十三年八月
兼任教员	缪安成				三十三年八月
兼任教员	黄万杰				三十三年九月
兼任教员	经利彬				三十三年九月
兼任教员	张 玺				三十三年九月
兼任教员	钱临照				三十三年九月
兼任教员	葛敬中				三十三年八月
兼任教员	何尚平				三十三年八月
兼任教员	常宗会				三十三年八月
兼任教员	洪 谦				三十三年九月
兼任教员	沈嘉瑞				三十三年九月
兼任教员	秦 赞				三十三年八月
兼任教员	高崇熙				三十三年九月
兼任教员	沈 同				三十三年十月
兼任教员	吴徽镒				三十三年十月
兼任教员	方 于				三十三年十一月
兼任教员	韩裕文				三十三年十二月

续 表

职 别	姓 名	性 别	年 龄	籍 贯	到职年月（民国）
先修班教员	何衍璩				
先修班教员	杨桂官				
先修班教员	司徒尹衡				
先修班教员	朱影波				
先修班教员	缪鸾和				
先修班教员	李俊昌				
先修班教员	程应镠				
先修班教员	司徒穗卿				
先修班教员	张苏生				
先修班教员	段蕙仙				
先修班教员	温春融				
先修班教员	钱春深				
先修班教员	简恩泽				
先修班教员	苗华殿				
先修班教员	林成耀				
先修班教员	陈 植				
先修班教员	王世中				
先修班教员	胡维菁				
先修班教员	何玉贞				
特别加班生教员	杨桂官				
先修班教员	陈四箴				
先修班教员	严志达				
先修班教员	简恩泽				
先修班教员	苗华殿				
教授兼秘书	章辑五	男	55	河北天津	三十二年八月
助教兼干事	白世俊	男	29	云南祥云	二十六年四月
事务员兼工厂技术员	王 爵	男	27	江苏全檀	三十一年十一月
司事	李 桂	男	41	云南澄江	二十九年二月

续 表

职 别	姓 名	性 别	年 龄	籍 贯	到职年月（民国）
代理主任	王鹤轩	女	39	江苏宜兴	二十八年六月
代理佐理	马振奇	男	33	云南昆明	三十二年十月
佐理员	宋承震	男	31	江苏	三十三年九月
大理佐理员	陈旭人	男	31		三十三年十月
事务员	包坤铎	男	27	江苏宜兴	三十一年九月
试用事务员	姚凤仙	女	38	江苏	三十三年九月
试用事务员	钱伯耕	男	26	江苏	三十三年十月
试用事务员	李静如	女	28	云南昆明	三十三年一月
教授兼训导长	杨家凤	男	46	云南	三十二年十一月
副教授兼生活管理组主任	姚瞻	男			三十三年八月
助教兼训导员	何丕承	男			三十三年八月
教官兼训导员	张庶	男			三十三年八月
佐理秘书兼训导员	冯嘉葆	男	51	湖南	三十一年十月
训导员	吴汉英	女	35	云南易门	三十二年二月
训导员	李蕙卿	女	30	云南祥云	三十一年十一月
助理员	褚白高	男	27		三十二年二月
讲师兼课外活动组主任	顾建中	男			三十三年八月
助教兼训导员	张正林	男			三十三年八月
卫生组校医	王苏宇	男	56	江苏南京	二十九年八月
护士兼卫生组组员	王逸秋	女	35	河北	三十三年八月
校警队长	郭锦文	男	43	云南	三十一年三月
司事	杨本忠	男	32	云南昆明	三十三年六月
教授兼教务长	何衍璿	男	45	广东高安	二十九年八月
教务处助理员	王政	男	31	云南剑川	三十三年二月
讲师兼注册组主任	张友铭	男	34	河北	二十九年八月
组员	王少钦	男	35	云南呈贡	三十二年十一月
试用组员	张伯如	男	31		三十二年一月

名 录

二

二

续 表

职 别	姓 名	性 别	年 龄	籍 贯	到职年月（民国）
助理员	申景云	男	26	山东蒲台	三十三年一月
助理员	李秀琴	女	31	北平市	三十二年三月
书记	金蕙芬	女	23	云南昆明	三十一年一月
讲师兼主任	杨桂官	男	31	河北	三十二年八月
组员	王贤爱	女	43	广东	三十一年九月
助理	杨立三	男	31	云南昆明	三十三年一月
助理	熊勋武	男	34		三十一年二月
助理	柳立功	男	31	浙江	三十三年七月
书记	徐绍卿	男	55	云南昆明	二十五年八月
石印员	王怀仁	男	37	云南昆明	三十一年九月
石印员	宋涛	男	39	云南昆明	三十一年九月
石印员	秦兴	男	34	云南昆明	三十一年九月
组员	王茜萍	男	20	江西九江	三十三年三月
图书馆主任	彭元士	男	53	江苏	二十四年七月
编目员	顾汉光	男	32	江苏	三十二年十二月
馆员	曹以厚	男	30	云南昆明	二十四年九月
馆员	何祝铭	女	26	云南石屏	二十五年七月
馆员	段宝珍	女	25	云南昆明	二十九年二月
馆员	周淑轩	女	28	云南蒙自	三十一年十一月
馆员	袁俊春	女	27	贵州贵阳	三十一年八月
司事	何正荣	男	39	云南永仁	二十九年
练习生	刘守先	男	31	云南弥勒	
农学院教授兼总务长	蒋蕙孙	男	46	江苏涟水	三十二年八月
助教兼办人事	钱春深	男	32	贵州	三十二年八月
司事	蔡力生	男	31	云南晋宁	三十三年六月
助理	王祖德	男	57	云南会泽	三十三年八月
文书组主任	王纯尧	男	37	云南弥勒	三十一年三月
组员	宋为藩	男	45	云南石屏	二十六年二月

云南大学史料丛书·教职员卷

续 表

职 别	姓 名	性 别	年 龄	籍 贯	到职年月（民国）
组员	李震南	男	33	云南昆明	三十一年四月
试用组员	沈鸿范	男	31	江苏崇明	三十三年八月
助理	李永龄	男	46	云南宜良	二十八年十月
助理	杨德铭	男	33	云南昆明	三十一年八月
助理	刘琨祥	男	31	云南路南	三十三年二月
助理	张延枢	男	31	云南弥勒	三十三年一月
出纳组主任	苏秦	男	48	云南石屏	三十一年二月
组员	张雨润	男	33	云南崇明	三十二年十一月
组员	刘宝琼	女	25	云南玉溪	二十九年十一月
试用助理	伍雪芳	女	32	云南建水	三十二年十一月
助理员	姜正纪	男	34	云南安宁	三十三年八月
助理员	杨华芬	男	35	云南弥勒	三十一年二月
试用组员	钱树敏	男	32	浙江	三十三年九月
试用助理员	苏淑芬	女	33	云南昆明	三十二年十二月
	余嘉谷	男	35	云南昆明	三十三年三月
	吴占元	男	32	云南昆明	三十三年一月
总务组主任	李怀	男	33	云南昆明	二十八年六月
干事	冯光	男	33	云南昆明	二十九年九月
组员	张立诚	男	39	云南弥勒	二十八年十一月
组员	严宗云	男	33	云南宣威	三十二年四月
组员	徐振芳	男	33	云南昆明	三十二年十一月
组员	董佩金	女	30	云南昆明	三十一年三月
试用组员	孟梅孙	男	31	江苏	三十三年八月
助理员	章诚宗	男	34	安徽合肥	三十一年二月
助理员	张恒	男	27	云南弥勒	三十二年九月
试用助理员	刘蕙芳	女	38	云南禄西	三十三年一月
助理员	朵应景	男	35	云南弥勒	三十二年九月
司事	李国兴	男	32	云南弥勒	三十三年一月

名 录

二

二

续 表

职 别	姓 名	性 别	年 龄	籍 贯	到职年月（民国）
电匠	余树清	男	49	云南会泽	二十六年十月
	王以忠	男	33	云南	二十八年一月
工务祖干事	张用一	男	48	云南昆明	三十二年七月
组员	窦乃晖	男	39	云南昆明	三十二年十二月
教授兼合作社经理	朱驭欧	男			
司事	张德麟	男	31	湖南	三十三年七月
理化系司事	沈家敬	男	33	云南昆明	二十九年三月
生物系采集员	杨绍光	男	23	云南	三十一年六月
生物系仪器受理员	杨永寿	男	22	云南	三十一年六月
	姚仰文	男	30	广东	二十八年九月
医学院绘图员	赵竹筠	女	32	云南弥勒	二十六年九月
医学院事务员	袁恒昌	男	27	云南会泽	三十三年八月
助理员	李为志	女	32	河北	三十二年十月
练习生	余馨	男	56	云南	二十九年七月
工学院事务员	邱燮堂	男	66	云南会泽	二十九年十一月
试用助理	萧粹彰	男	25	云南广通	三十一年二月
试用助理	杨绩延	男	26	云南剑川	三十二年九月
事务员	欧阳容	男	29	云南剑川	三十二年三月
技术员	孙日棠	男	26	安徽	三十二年十月
农林总场主任	周咏曾	男	35	江苏	三十三年六月
管理员	严发秀	男	31	云南昆明	三十二年三月
事务员	蒋式骐	男	44		三十二年三月
助理员	赵上珍	男	32	云南剑川	三十二年十月
助理员	王应中	男	32	云南剑川	三十一年三月
农林总场技士	彭善卓	男	31	湖南	三十三年六月
司事	饶秀明	男	31	贵州	三十三年十月
农学院事务员	施应钦	男	33	云南巍山	三十三年九月
司事	杨敬先	男	32	云南剑川	三十三年六月

续　表

职　别	姓　名	性　别	年　龄	籍　贯	到职年月（民国）
试用助理	马开鸿	男	33	云南剑川	三十二年四月
试用助理	黄　昆	男	32	江苏	三十二年十二月
教授兼实习工主任	李清泉				
助理	何　坤	男	35	广东	三十三年八月

民国三十三年国立云南大学附属中学教职员一览表

职　别	姓　名	性别	年龄	籍　贯	到职年月（民国）	备注
校长	杨春洲	男	41	云南石屏	二十六年九月	专任
教务主任	苏滋禄	男	33	浙江黄岩	二十八年八月	专任
训导主任	沈传良	男	33	江苏嘉定	三十一年八月	专任
总务主任	朱维藩	男	34	云南盐兴	三十二年八月	专任
公民教员	黄世晔	男	32	江苏宜兴	三十三年八月	专任
体育主任兼体育教员	张汝汉	男	32	河北霸县	三十一年八月	专任
体育动物教员	温自强	男	32	湖北孝威	三十二年二月	专任
军训主任教官	徐　谦	男	42	云南昆明	二十六年九月	专任
军训教官	金吉甫	男	32	安徽庐江	三十三年二月	专任
童训教官兼初中部主任	魏徐年	男	39	江苏兴化	二十八年八月	专任
国文教员	王彦秀	男	33	河北北平	三十二年八月	专任
国文教员	王贯之	男	33	陕西三平	三十三年八月	专任
国文教员	程素乐	男	32	浙江杭县	三十三年八月	专任
国文教员	黄静之	男	36	河北清苑	三十三年八月	专任
文史教员	魏　然	男	34	湖南长沙	三十一年八月	专任
英文教员	周基堃	男	33	湖北宣思	三十二年八月	专任
英文教员	刘子英	男	34	湖南长沙	三十一年一月	专任
英文教员	吴惟诚	男	32	吉林化敦	三十三年二月	专任

续　表

职　别	姓　名	性别	年龄	籍　贯	到职年月（民国）	备注
英文教员	庐福庠	男	34	江苏吴江	三十三年八月	专任
英文教员	蔡显理	男	44	浙江三门	三十三年八月	专任
数学教员兼图书馆主任	陈志元	男	41	安徽桐城	三十二年八月	专任
数学教员	王　唐	男	34	广东琼州	三十二年八月	专任
数学教员	路渤峰	男	37	河北清苑	三十二年八月	专任
数学教员	萧庆穆	男	32	江西泰安	三十三年八月	专任
数学教员	陈篔谷	男	52	河北丰润	三十一年八月	专任
物理教员兼理化室主任	唐立镤	男	31	江苏阜县	二十八年八月	专任
数理教员	朱竹林	男	33	江苏南京	三十三年八月	专任
化学教员	张学元	男	32	江苏武进	三十三年二月	专任
生物教员	余树勋	男	32	河北北平	三十三年八月	专任
英文历史教员	张世彝	男	32	江苏高邮	三十三年二月	专任
国文地理教员	刘北汜	男	32	吉林延吉	三十三年二月	专任
地理教员	李华庭	男	37	河北业县	三十二年八月	专任
历史地理教员	程泰基	男	35	江苏江阴	三十三年二月	专任
音乐教员	李梦熊	男	31	浙江杭县	三十三年	专任
图书教员	赵　麟	男	36	云南大理	三十三年八月	专任
女生指导	钱云鲜	女	38	江苏金坛	三十三年八月	专任
会计主任	张　恕	男	33	云南剑川	三十三年一月	专任
出纳组长	杨敦厚	男	33	云南石屏	二十七年一月	专任
文书组长	虞仲英	男	46	安徽合肥	三十一年三月	专任
注册组长	石　淙	男	33	广东鹤山	三十三年八月	专任
庶务组长	田一庵	男	38	云南昆明	三十三年八月	专任
校医	马龙图	男	32	河北天津	三十年八月	专任

云南大学史料丛书・教职员卷

续 表

职 别	姓 名	性别	年龄	籍 贯	到职年月（民国）	备注
训导干事	纳静波	男	32	云南昆明	三十二年四月	专任
教务干事	杨克强	男	33	云南易门	三十二年九月	专任
教务干事	周铭功	男	35	云南昆明	三十三年八月	专任
庶务干事	李 鉴	男	34	云南呈贡	三十二年九月	专任
庶务干事	范维龙	男	33	云南大姚	三十三年二月	专任
图管理员	陈哲维	女	36	浙江海宁	三十二年八月	专任
护士	李 英	女	34	云南路南	三十二年五月	专任
书记	许运煊	男	32	云南易门	三十三年八月	专任
出纳干事	蒋裕光	男	32	云南建水	三十三年八月	专任
会计干事	冯选之	男	32	云南盐兴	三十三年一月	专任
理化室管理员	杨诚一	男	32	云南昆明	三十三年八月	专任
书记	张振纲	男	32	浙江温州	三十三年八月	专任

民国三十三年国立云南大学兼任教员一览表

职 别	姓 名	周课时
外语组教授	水天同	三小时
外语组教授	白 英	三小时
政治系教授	陈复光	三小时
政治系教授	王贡予	四小时
法律系教授	范承枢	二小时
法律系教授	芮 沐	二小时
社会系教授	潘光旦	三小时
社会系教授	李树青	三小时
经济系教授	姚嘉椿	三小时
经济系讲座教授	秦 瓒	四小时
副教授	路祖涛	三小时

名 录

续　表

职　　别	姓　　名	周课时
文史系讲师	王　迩	二小时
文史系讲师	马芳若	三小时
文史系党义教授	赵公望	二小时
讲师	韩裕文	二小时
数学系讲座教授	华罗庚	三小时
讲师	钟开莱	三小时
讲师	朱德祥	四小时
化学系副教授	陈美觉	四小时
生物系教授	沈　同	三小时
讲师	陈阅增	三小时
讲师	吴征镒	二小时
矿冶工程系教授	郭克悌	三小时
矿冶工程系教授	高崇熙	四小时
矿冶工程系教授	冯景兰	四小时
矿冶工程系教授	黄子卿	四小时
医学院教授	缪安成	四小时
医学院教授	黄万杰	四小时
医学院教授	张　玺	二小时
医学院教授	钱临照	四小时
农学院教授	洪　谦	一小时
教员	王国屏	三小时
教员	司徒穗卿	三小时
医学院教授	郎萨拉维	三小时
农学院教授	葛敬中	三小时
农学院教授	何尚平	三小时
农学院教授	常宗会	三小时

民国三十四年国立云南大学教职员一览表

职 别	姓 名	性 别	年 龄	籍 贯
教务处				
教授兼教务长	何衍璿	男	47	广东高安
干事	单理康	男	31	广东增城
助理	王烈祖	男	33	云南剑川
注册组				
讲师兼主任	张友铭	男	36	河北
干事	王少钦	男	37	云南呈贡
组员	杨蕙芳	女	37	浙江
组员	施达汉	男	33	江苏
组员	张伯为	男		
助理	李秀琴	女	33	北平市
助理	韩瑛	女	28	广东
书记	潘文娟	女	23	江苏
出版组				
讲师兼主任	杨桂宫	男		
组员	熊勋武	男		云南昆明
组员	王茜萍	男		江西九江
油印员	徐绍卿	男		云南昆明
石印员	王怀仁	男		云南昆明
试用石印员	宋涛	男		云南昆明
试用石印员	秦兴	男		云南昆明
试用助理	褚衡	男		江苏宜兴
试用助理	徐培昌			
试用助理	熊履绥	男		
试用助理	燕勋庚	男		
试用助理	唐梅水	女		江苏金坛
图书馆				

名

录

二

续 表

职 别	姓 名	性 别	年 龄	籍 贯
主任	彭元士	男		江苏
编目员	顾汉光	男		江苏
馆员	曾以厚	男		云南昆明
馆员	何祝铭	男		云南石屏
馆员	马树柏	男		云南通海
馆员	段宝珍	女		云南昆明
馆员	袁俊春	女		贵州贵阳
干事	何友涞	男		福建
助理	周淑轩	女		云南通海
司事	何正荣	男		云南永仁
练习生	刘守先	男		云南弥勒
训导处				
训导长	丘勤宝	男		
生活管理组				
训导员	冯嘉葆	男		
干事	桂长生	男		江西
组员	李蕙卿	男		云南祥云
主任	邹景荣	男		广东
助理	褚伯高	男		云南泸西
训导员兼女生指导员	丁月秋	女		云南昆明
课外活动组				
讲师兼主任	顾建中	男		
体育组	芮浩然	男		
体育组	魏丕栋	男		
卫生组				
校医	王森宇	男		南京
教师兼事务员	王瑞莆	男		江苏
护士兼卫生组组员	王欣隶	女		浙江

续 表

职　别	姓　名	性　别	年　龄	籍　贯
讲师	魏丕栋	男		云南华宁
代主任	杨元坤	男		云南宁洱
讲师	胡宝善	男		江苏
讲师	朱影波	男		河南洛阳
总务处				
总务长	蒋惠荪	男		江苏涟水
助教协办人事	钱春深	男		贵州麻江
助理	王俊英			
组员	孙重珠	男		河南
组员	蔡力生	男		
干事	李国宪	男		浙江
文书组				
主任	王绳尧	男		云南弥勒
组员	宋为藩	男		云南石屏
试用组员	沈鸿范	男		江苏崇明
助理	李永龄	男		云南宜良
助理	杨德铭	男		云南昆明
组员	林治华	男		云南昆明
组员	周庭灿	男		
出纳组				
代理主任	张家模	男		云南弥勒
组员	张雨润	男		云南嵩明
试用助理	杨华芬	男		云南弥勒
试用助理	伍雪芳	女		云南建水
试用助理	苏淑芬	女		云南石屏
试用组员	何心齐			云南石屏
试用助理	于世芳			
组员	杨荣	男		云南昆明

续　表

职　别	姓　名	性　别	年　龄	籍　贯
试用助理	周居安	男		广西
庶务组				
主　任	李　怀	男		云南昆明
干事	冯　洸	男		云南昆明
组员	张立诚	男		云南弥勒
组员	严宗云	男		云南宣威
组员	徐振芳	男		云南昆明
组员	董佩金	女		云南昆明
试用组员	章诚宗	男		安徽合肥
助理	乃应景	男		云南泸西
助理	王秉章	男		云南昆明
助理	孙重珠	男		
司事	李国兴	男		云南弥勒
电匠	余树清	男		云南会泽
人事室主任	柳　纯	男		云南宁洱
工务组				
代主任	张用一	男		云南昆明
司事	杨本忠	男		云南昆明
统计室统计员	苏　蓁	男		云南石屏
会计室				
主　任	全振寰	女		云南昆明
佐理员	郭先兴	男		江西
代佐理	王清泉	男		
代佐理	陈允杰	男		贵州贵阳
代佐理	张天玉	女		云南保山
代佐理	马振奇	男		云南昆明
事务员	包坤铎	女		浙江
事务员	姚凤仙	女		江苏宜兴

云南大学史料丛书·教职员卷

续　表

职　别	姓　名	性　别	年　龄	籍　贯
事务员	全竞寰	女		云南昆明
练习生	杨家诰			
练习生	张新秋			
实习工厂				
教授兼主任	李清泉	男		
助理	李昌勋			河北
消费合作社				
经理	朱驭欧	男		
司事	余湘泉	男		湖南宁陵
文法学院				
院长	姜寅清	男		云南昭通
文学系中国文学组				
教授兼主任	徐嘉瑞	男		云南昆明
教授	胡光炜	男		浙江嘉兴
教授	刘文典	男		安徽合肥
教授	范琦	男		广东大埔
教授	楚图南	男		云南文山
教授	方国瑜	男		云南丽江
教授	白寿彝	男		河南
教授	刘尧民	男		
教授	杨家凤	男		云南鹤庆
教授	汤用彤			
教授	唐兰			
教授	傅懋勉			
教授	冯宝麟	男		
教授	马奉琛	男		河北
教授	吴乾就	男		
教授	朱锡候	男		

续　表

职　别	姓　名	性　别	年　龄	籍　贯
教授	翁同文	男		
讲师	陆钦墀	男		江苏吴县
讲师	尚健庵	男		河北罗山
讲师	陶秋英	女		江苏吴县
讲师	林少侯	男		浙江金华
讲师	李埏	男		云南路南
讲师	殷焕先	男		江苏六合
讲师	罗膺中	男		
讲师	刘崇鋐	男		
讲师	姚从吾	男		
助教	程应镠	男		江西新建
助教	郑侨	男		福建闽侯
助教	李俊昌	男		贵州
助教	缪鸾和	男		云南宣威
助教	李淑贞	女		云南保山
助教	张印堂			
助教	余冠英			
助教	闻家驷			
文学系外国语文组				
教授兼主任	吴富恒	男		河北
教授	凌达扬	男		广东保安
教授	费令宜	女		江苏吴县
教授	李立德	男		
教授	陈定民	男		
教授	高朗节			
副教授	尤桐	男		河北保定
副教授	蒋硕真	女		湖北应城
副教授	翁同文	男		

续表

职　别	姓　名	性　别	年　龄	籍　贯
副教授	刘寿民	男		
讲师	鲍志一	男		江苏宝山
讲师	贝麦雅美	女		英国
讲师	王金钟	男		河北保定
讲师	俞铭傅	男		安徽
讲师	林筠因	女		福建闽侯
讲师	宗傅训	男		河北任丘
讲师	李埏			
讲师	吴薇生			
讲师	孙重民			
助教	张苏生	女		江苏江都
助教	段惠仙	女		云南腾冲
助教	朱树扬	男		江苏江阴
助教	桂灿昆	男		云南昆明
助教	许逸超			
助教	于泽丞			
助教	李敦白			
政治系				
教授兼主任	朱驭欧	男		湖南零陵
教授	潘大逵	男		四川
教授	司徒尹衡	男		广东
教授	罗应荣			
教授	王贡予			
助教	熊锡元	男		江西
经济系				
教授兼主任	鲁冀参	男		湖北监利
教授	伍纯武	男		云南平彝
教授	齐祖谞	男		湖北平林

名

录

续　表

职　别	姓　名	性　别	年　龄	籍　贯
教授	郑独步			湖北安徽
教授	汪耀三			
教授	秦瓒			
副教授	陆忠义	男		江苏吴县
副教授	路祖焘			
副教授	张家驹			
助教	陈世忠	男		云南蒙化
助教	张锦江	女		广东南海
助教	陈曼石			
助教	杨叔进			
助教	许逸超			
法律系				
教授	饶重庆	男		云南蒙化
教授	周新民	男		安徽属江
主任	于振鹏	男		河北大兴
助教	袁家潢	男		
助教	费青	男		
助教	吕树滋	男		江苏
助教	饶祀			
助教	金世鼎			
助教	赵宗汉			
社会系				
教授兼主任	费孝通	男		江苏吴县
教授	瞿同祖	男		湖南长沙
教授	倪中方			
副教授	柳无忌			
副教授	汤定宇	男		
副教授	萧嘉魁	男		

续　表

职　别	姓　名	性　别	年　龄	籍　贯
副教授	陈叔进			
讲师	史国衡	男		湖南睢县
讲师	张之毅	男		湖南醴陵
讲师	游国恩			
讲师	唐立庵			
助教	田汝康	男		云南昆明
助教	王　康			湖北黄冈
助教	胡庆钧			
助教	王志诚			
助教	符愫斐			
助理	李　德	男		云南呈贡
理学院				
院长	赵雁来	男		河北蠡县
教授兼主任	王士魁	男		山东昆县
数学系				
教授	庄圻泰	男		广东瑶县
教授	周鸿经			
讲师	张福华	男		云南昆明
讲师	朱德祥			
助教	严志达	男		江苏南通
助教	苗华殿	男		山东威海卫
助教协办人事	钱春深	男		贵州麻江
助教兼校长室干事	白世俊	男		云南祥云
助教	简恩泽	男		云南昆明
理化系				
教授兼主任	王树勋	男		河北
教授	姜震中	男		河南太康
教授	冯式权			

续 表

职　别	姓　名	性　别	年　龄	籍　贯
教授	陈美觉			
讲师	顾建中	男		贵州
讲师兼出版组主任	杨桂宫	男		河北振宁
讲师	周孝谦	男		安徽
讲师	朱亚杰	男		江苏兴化
讲师	陈四箴	男		浙江温岭
讲师	杨葆昌	男		
讲师	张瑞纶	男		
物理系助教	周维箐	男		浙江绍兴
物理系助教	龙文池	男		云南西畴
物理系助教	杨鹏魁	男		广东大埔
物理系助教	温春融	男		吉林延吉
物理系助教	程力方	男		上海市
物理系助教	何炳昌	男		浙江
物理系助教	吴家华	男		浙江崇德
物理系助教	李宝祥	男		广东
农学院	汪志华	男		
农学院	徐绍龄	男		浙江
农学院	黄锦焕	男		广东
助理	何其贤	男		云南沾益
物理系	何炳昌			
生物系				
教授兼主任	崔之兰	女		安徽
教授	吴素萱			
教授	徐仁			
教授	朱树屏			
副教授	周家炽	男		江苏苏州
讲师	吴醒夫	男		湖北

云南大学史料丛书·教职员卷

续 表

职 别	姓 名	性 别	年 龄	籍 贯
助教	郝锡宏	女		江苏
助教	杜继彦	女		湖北
助教	潘清华	男		江苏
助教	李仲璆	男		湖南
助教	戴玉贞	女		贵州
助教兼校景技术员	刘德仪	男		湖南益阳
助教	朱宁生	男		浙江
助教	李整理	男		浙江迁阳
助教	张文渊	男		
助教	殷汝棠			辽宁
采集员	杨明辉	男		云南易门
管仪员	杨绍珠	男		云南楚雄
绘图员	周东志			
工学院				
院长	熊庆来			
土木工程系				
教授兼主任	丘勤宝	男		广东
教授	杨克嵘	男		云南洱源
教授	殷之澜	男		安徽
教授	李吟秋			河北迁安
教授	高鋆			江苏金江
教授	陶逸钟	男		江苏
教授	杨铭鼎	男		浙江
副教授	姚瞻	男		广东平远
助教	何丕承	男		云南
助教	吴持恭	男		浙江东阳
助教	张正林	男		
助教	黄宝泉	男		广东中山

续　表

职　别	姓　名	性　别	年　龄	籍　贯
助教	陈叔香	男		江苏崇明
助教	吴绍真	女		福建
矿冶工程系				
教授兼主任	黄国瀛	男		湖南长沙
教授	卢焕云	男		河北易县
教授	罗紫台	男		云南
教授	周则岳			
教授兼实习工厂主任	李清泉			
教授	王源璋	男		安徽
教授	许　杰			安徽
教授	杨文典			江西
副教授	张文奇	男		河南南阳
助教	缪以渊	男		云南罗平
助教	杨德森	男		
助教	张行煜	男		天津
助教	陈茹玉	女		福建闽侯
助教	王　云	男		湖北
助教	刘清云	男		天津
助教	汪家鼎			
助教	高崇熙			
铁道管理系				
教授兼主任	程文熙	男		江苏
教授	毛达庸			
讲师	安宇明	男		湖北武昌
助教	徐大德	男		山东博山
采冶专修科				
兼主任	黄国瀛	男		
助教	李尚贤	男		

续 表

职 别	姓 名	性 别	年 龄	籍 贯
助教	刘邦瑞	男		
航空工程系				
教授兼主任	柳灿坤	男		
教授	杨克嵘			
助教	谭秀群			
助教	陈尚文			
试用助理员	萧梓彰			
事务员	邱燮堂			
助理员	林道高			
司事	荀培益			
司事	郑景贤			
医学院				
院长	杜棻	男		河北涿县
附属医院院长	赵明德	男		河北迁安
教授兼内科主任	姚碧澄	男		广东平远
教授	范秉哲	男		河北任丘
教授	秦教中	男		云南呈贡
教授	李枢	男		河北
教授兼解剖主任	沈福彭	男		江苏吴县
教授兼生物化学及药理学主任	朱肇熙	男		江西南康
教授	邵可侣	男		法国
教授	张瑞纶	男		河北宛平
教授	程一雄	男		江苏宜兴
教授兼病理学主任	刘学敏	女		河北任丘
教授	黄绮文	女		广东番禺
教授	黄万杰	男		浙江
教授	刘崇智	男		河北任丘
教授	朱锡侯	男		浙江

职　别	姓　名	性　别	年　龄	籍　贯
教授	梁家椿	男		广东
副教授	张蓬羽	男		四川
讲师	沈淑敏			
生理实验室助理	陆光延	男		云南昆明
生理实验室助理	周润宗	男		云南邓川
生理实验室助理	陈留馀	男		云南昆明
生理实验室助理	高善娟	女		浙江镇远
教授文牍	陈瘭	男		
总务干事	陈云浦			
绘图员	赵竹筠	女		云南弥勒
事务员	袁恒昌	男		云南会泽
事务员	夏培信	男		云南会泽
助理	李为忠	女		河北
助理	刘鸿璧	女		贵州
助理	易淑懿	女		河南
练习生	余馨	男		云南昆明
练习生	李如祥	男		云南昆明
农学院				
院长	张福延	男		云南剑川
农艺系				
教授兼主任	孙逢吉	男		浙江杭县
教授	汪厥明	男		浙江金华
教授	曾勉	男		浙江金华
教授	于景讓	男		江苏
教授	林成耀	男		福建
教授	王世中	男		
教授	段永嘉	男		辽宁
教授	李文庵	男		河北

续　表

职　别	姓　名	性　别	年　龄	籍　贯
教授	金善宝	男		浙江
教授	黄昆仑			广东
教授	方叔度	男		
教授	李宪之	男		
教授	陈协三	男		
教授兼院医	农味莘	男		广东南宁
教授兼院医	沈用康			
副教授	丁振麟	男		浙江杭县
讲师兼经济农场主任	蔡克华	男		江苏
讲师	陈克功	男		浙江诸暨
讲师	黄邻宾	男		江苏溧阳
助教兼女生指导员	曹诚一	女		湖南长沙
助教	何玉贞	女		江西九江
助教	伍兆话	男		广东
助教	叶树藩	男		江苏宜兴
助教兼技士	戴娇松	男		江苏宜兴
助教兼会计	梅社长	男		台山
助教	王鸿福	男		云南澄江
助教	张文邦	男		
助教	熊秉明	男		云南弥勒
助教兼事务员	陆师义			
森林系				
教授兼主任	李达才	男		江西安福
教授	陈植	男		江苏
教授	林孔湘			
教授	段理惠			
教授	秦仁昌	男		江苏
副教授	秦秉中	男		云南呈贡

二

名

录

二

155

续 表

职 别	姓 名	性 别	年 龄	籍 贯
讲师	袁同功	男		江苏兴化
讲师	徐永椿	男		
讲师	聂 鑫			
助教	谭沛祥	男		广东
助教	费家骅	男		江苏吴江
助教	胡秀荃	男		湖南
助教	钱惠田			浙江
助教	李良康			贵州贵阳
蚕桑专修科				
教授兼主任	陆星垣	男		江苏江汉
教授	胡鸿钧	男		江苏
教授	董载衡	男		广东
助教	李存礼			浙江之江
助教	郑智绵			广东
副教授	韩惠卿	女		浙江萧山
讲师兼干事	李莘农	男		江苏武进
助理	萧善良			
助理	任运祥			云南马关
助理	陆裕淳	男		江苏宿迁
助理	徐韵芬	女		路南
技术员	聂 鑫			
兼会计	张性荣			广西
农林总场技士	彭善卓	男		湖南衡山
农林总场主任	周咏曾	男		江苏怀安
图书管理员	陶芳辰	女		浙江绍兴
农场管理员	严发秀	男		云南昆明
事务员	蒋式骐	男		云南剑川
事务员	刘宝贵			

续 表

职　别	姓　名	性　别	年　龄	籍　贯
事务员	张致力			广东
事务员	萧善良			云南剑川
助理员	李玉瑞	男		云南弥渡
助理员	王应中			云南剑川
助理员	赵上珍			云南剑川
助理员	倪应龙			云南永仁
助理员	张兴志			云南弥勒
助理员	萧粹彰			
助理员	杨敬先			云南大理
助理员	李慕轩			云南昆明
体育卫生组				
教授兼代主任	李仲三	男		河北
副教授	杨元坤	男		云南宁洱
学生生活指导员	钟玉麟	男		河南
讲师	胡宝善	男		江苏
讲师	朱影波	男		湖南
讲师兼组员	张淑娣	女		漂水
组员	窦乃晔	男		云南昆明
教员	苗华殿			
农学院先修班				
讲师	沈家瑞			
讲师	林成耀			
讲师	陈养材			
讲师	王世忠			
讲师	胡维菁			
加班生讲师	陈四箴			
加班生讲师	杨桂官			
加班生讲师	严志达			

续 表

职 别	姓 名	性 别	年 龄	籍 贯
法律系	浦 莱			
生物系	徐公泽			
兼任教员				
文法学院外语组教授	白 英			
政治系教授	陈复光			
政治系教授	王贡予			
社会系教授	潘光旦			
社会系教授	李树青			
法律系教授	范承枢			
法律系教授	芮 沐			
经济系教授	姚家椿			
讲座教授	秦 瓒			
讲座教授	贺 仰			
副教授	路祖焘			
文史系讲师	王 逊			
文史系讲师	马芳若			
党义教授	赵公望			
讲师	韩裕文			
数学系讲座教授	华罗庚			
讲师	朱德祥			
化学系副教授	陈美觉			
生物系教授	沈 同			
讲师	陈阅增			
讲师	吴增镒			
讲师	高崇熙			
讲师	冯景兰			
讲师	黄国瀛			

续 表

职 别	姓 名	性 别	年 龄	籍 贯
讲师	黄子卿			
医学院教授	缪安成			
医学院教授	张 玺			
医学院教授	钱临照			
农学院教授	洪 谦			
农学院教授	沈家瑞			
农学院教授	林光灿			
农学院教授	何尚平			
农学院教授	常宗会			
农学院教授	朱新予			
农学院教授	葛敬中			
医学院教授	郎应拉维			
医学院教授	王式成			
先修班主任	何衍璿			
讲师	杨桂宫			
讲师	司徒尹衡			
讲师	朱影波			
教员	王国屏			
教员	缪鸾和			
教员	李俊昌			
教员	程应镠			
教员	司徒穗卿			
教员	张苏生			
教员	段惠仙			
教员	温春融			
教员	钱春深			
教员	简恩泽			
教员	苗华殿			

名 录

民国三十四年国立云南大学附属中学教职员一览表

姓　名	年　龄	性　别	籍　贯	专任或兼任	到职年月（民国）	备　注
杨春洲	42	男	云南石屏	专任	二十六年九月	校长
苏滋禄	34	男	浙江黄岩	专任	二十八年八月	兼教务主任
沈傅良	34	男	江苏嘉定	专任	三十一年八月	兼训导主任
徐　谦	43	男	云南昆明	专任	二十六年九月	兼总务主任
张汝汉	33	男	河北霸县	专任	三十一年八月	兼体育主任
唐立鏁	32	男	江苏阜县	专任	三十年八月	兼理化主任
陈志元	43	男	安徽桐城	专任	三十二年八月	兼图主任
魏　然	35	男	湖南长沙	专任	三十一年八月	兼高中部主任
朱维藩	35	男	云南盐兴	专任	三十二年八月	兼初中部主任
董祚楷	34	男	安徽繁昌	专任	三十四年八月	
张　恕	34	男	云南剑川	专任	三十三年十一月	
许之乔	31	男	广西桂林	专任	三十四年五月	
季正怀	32	男	江苏淮安	专任	三十四年八月	
陆永俊	32	男	山东文登	专任	三十四年八月	
蔡显理	45	男	浙江三门	专任	三十三年八月	
张宣三	32	男	湖南溆浦	专任	三十四年六月	
张　涛	32	男	江苏萧县	专任	三十四年八月	
陈祖文	31	男	河北洋县	专任	三十四年八月	
华世芳	31	女	云南呈贡	专任	三十四年八月	兼女生指导员
陈箕谷	53	男	河北丰润	专任	三十一年八月	
路涔峰	38	男	河北清宛	专任	三十二年八月	
王　唐	35	男	广东瑶州	专任	三十二年八月	
马联义	40	男	天津市	专任	三十四年二月	
刘北汜	33	男	吉林延吉	专任	三十三年二月	
程泰基	36	男	江苏江阴	专任	三十三年二月	
阎昌麟	31	男	辽宁金县	专任	三十四年八月	
钱　闻	32	男	江苏武进	专任	三十四年八月	

云南大学史料丛书·教职员卷

续　表

姓　名	年　龄	性　别	籍　贯	专任或兼任	到职年月（民国）	备　注
王辉植	33	男	广东平远	专任	三十四年二月	
余树勋	33	男	北平市	专任	三十三年八月	
张学元	33	男	江苏武进	专任	三十三年八月	
林守恭	33	男	湖北汉阳	专任	三十四年二月	
张书田	31	男	河南内黄	专任	三十四年八月	兼训导员
吴大年	31	女	江苏嘉定	专任	三十四年八月	兼女生指导员
魏志平	32	男	福建思明	专任	三十四年二月	
温自强	33	男	湖北孝感	专任	三十三年二月	
张光辅	37	男	云南通海	专任	三十四年四月	
马龙图	37	男	天津市	专任	三十年八月	兼校医
杨敦厚	32	男	云南石屏	专任	二十七年一月	出纳组长
虞仲英	37	男	安徽合肥	专任	三十一年三月	文书组长
石淙	33	男	广东鹤山	专任	三十三年八月	注册组长
范维龙	34	男	云南大姚	专任	三十三年二月	庶务组长
蒋裕光	33	男	云南建水	专任	三十三年八月	会计佐理员
纳静波	33	男	云南昆明	专任	三十二年四月	训导干事
杨克强	34	男	云南易门	专任	三十二年九月	教务干事
许运煊	33	男	云南易门	专任	三十三年八月	教务干事
马经	29	男	西康会理	专任	三十四年八月	出纳干事
李镒	35	男	云南呈贡	专任	三十二年九月	庶务干事
杨德荣	35	男	云南石屏	专任	三十四年八月	庶务干事
陈哲维	37	女	浙江海宁	专任	三十二年八月	图书管理员
杨诚一	32	男	云南昆明	专任	三十三年八月	理化室管理员
李英	34	女	云南路南	专任	三十二年五月	看护干事
徐耀祖	28	男	云南石屏	专任	三十四年四月	书记
孙文忠	26	男	云南昆明	专任	三十四年四月	书记
段光裕	27	男	云南个旧	专任	三十四年八月	书记

名　录

二

二

民国三十五年国立云南大学教职员一览表

职　别	姓　名	字　号	性　别	年　龄	籍　贯	到校年月（民国）
校长	熊庆来	迪之	男	54	云南弥勒	二十六年八月
教务长	何衍璿		男	47	广东高要	二十九年八月
训导长	丘勤宝		男	40	广东	二十七年十月
总务长	蒋蕙荪		男	42	江苏涟水	三十二年八月
秘书	柳灿坤	锦澄	男	59	云南宁洱	三十二年
文法学院院长	姜寅清	亮夫	男	45	云南昭通	二十七年二月
兼理学院院长	熊庆来	迪之	男	54	云南弥勒	二十六年八月
工学院院长	孟宪民	应鳌	男	47	江苏武进	三十五年二月
医学院院长	杜棻		男	38	河北涿县	二十六年九月
农学院院长	张福延	海秋	男	54	云南剑川	二十八年八月
附属医院院长	赵明德	青云	男	37	河北迁安	二十八年九月
附属中学校长	杨春洲		男	43	云南石屏	二十六年九月
文法学院						
文史系						
教授兼主任	徐嘉瑞	萝麟	男	52	云南昆明	二十六年一月
教授	刘文典	雅叔	男	57	安徽合肥	三十二年八月
教授	姜寅清	亮夫	男	45	云南昭通	二十七年二月
教授	范锜	捷云	男	46	广东大埔	三十一年九月
教授	楚图南		男	46	云南文山	二十五年九月
教授	方国瑜	瑞丞	男	43	云南丽江	二十五年九月
教授	白寿彝		男	38	河南开封	三十三年二月
教授	杨家凤	瑞五	男	48	云南鹤庆	三十二年十一月
教授	刘尧民		男	47	云南会泽	三十二年八月
教授	马奉琛		男	40	河北静海	三十四年八月
伊斯兰文讲座兼教授	马坚	子实	男	41	云南蒙自	三十四年八月
兼任教授	郑天挺					

云南大学史料丛书·教职员卷

续　表

职　别	姓　名	字　号	性　别	年　龄	籍　贯	到校年月（民国）
兼任教授	姚从吾					
兼任教授	刘崇鋐	寿民	男	49	福建闽侯	三十五年二月
兼任教授	张印堂	荫棠	男	45	山东	三十四年九月
兼任教授	刘寿民					
兼任教授	汤用彤					
兼任教授	游国恩					
兼任教授	罗膺中					
兼任教授	唐立庵					
兼任教授	闻家驷					
兼任教授	余冠英					
副教授	尚健庵		男	43	河南罗山	三十年八月
副教授	吴乾就	惕若	男	34	广东新会	三十四年九月
讲师	陶秋英		女	35	江苏吴县	三十一年一月
讲师	陆钦墀		男	34	江苏吴县	三十一年八月
讲师	张友铚	铸生	男	36	河北献县	二十九年八月
讲师	林少侯		男	41	浙江金华	三十二年八月
讲师	殷焕光	孟非	男	34	江苏六合	三十三年八月
讲师	李埏	幼舟	男	32	云南路南	三十二年八月
讲师	翁同文		男	32	浙江	三十四年八月
讲师	冯宝麟		男	32	浙江诸暨	三十四年八月
讲师	李为衡		男	32	云南宁洱	三十四年八月
兼任讲师	马芳若	雍	男		浙江鄞县	三十三年二月
讲师	缪鸾和		男	32	云南宣威	三十一年八月
助教	程应镠	流金	男	31	江西新建	三十三年八月
助教	李俊昌		男	32	贵州黔西	三十一年八月
助教	李淑贞		女	28	云南保山	三十一年八月

续 表

职 别	姓 名	字 号	性 别	年 龄	籍 贯	到校年月（民国）
外国语文学系						
教授兼主任	吴富恒	赋恒	男	36	河北滦县	三十一年二月
教授	凌达扬	庭显	男	53	广东宝安	三十二年三月
兼任教授	陈定民		男	36	浙江绍兴	三十三年八月
兼任教授	袁家骅		男			
兼任教授	高朗节		男		法国	
副教授	鲍志一		男	31	江苏宝山	三十一年八月
副教授	林筠因		女	33	福建闽侯	二十九年一月
讲师	王金锺	念兹	男	33	河北	三十三年二月
讲师	俞铭传		男	33	安徽南陵	三十四年二月
讲师	宋传训		男	35	河北任丘	三十四年二月
讲师	李敦白				美国	三十五年二月
助教	段惠仙		女	26	云南腾冲	三十二年八月
助教	朱树飏		男	28	江苏江阴	三十三年九月
助教	桂灿昆		男	29	云南昆明	三十四年二月
助教	陆 凡		女	25	浙江绍兴	三十四年八月
法律系						
教授兼主任	于振鹏		男	39	河北大兴	三十一年八月
教授	饶重庆	季华	男	62	云南蒙化	二十二年九月
教授	周新民		男	50	安徽庐江	三十二年二月
教授	赵崇汉		男	38	河南淮阳	三十四年八月
兼任教授	费 青	图南	男	41	江苏吴江	三十四年九月
兼任教授	冯 浩	蓬章	男	53	湖北蒲圻	
讲师兼法庭实习指导	孙重民					
助教	饶祀		男	28	云南蒙化	三十四年八月

云南大学史料丛书·教职员卷

续 表

职 别	姓 名	字 号	性 别	年 龄	籍 贯	到校年月（民国）
政治系						
教授兼主任	朱驭欧		男	41	湖南零陵	二十六年九月
教授	潘大达	达九	男	45	四川	三十一年八月
教授	司徒尹衡		男	39	广东	三十一年一月
兼任教授	王贡予		男		福建	
讲师	罗应荣		男	29	广东兴宁	三十四年八月
助教	熊锡元		男	29	江西	三十一年八月
经济系						
教授兼主任	鲁冀参	晓山	男	39	湖北监利	三十一年八月
教授	伍纯武	健一	男	41	云南平彝	三十一年一月
教授	齐祖誩	致和	男	42	吉林	二十九年十一月
教授	杨怡士		男	42	安徽六安	三十五年二月
兼任教授	秦瓒		男	49	河南	三十四年八月
兼任教授	许逸超		男			三十五年二月
副教授	陆忠义		男	35	江苏吴县	三十八年
兼任副教授	路祖焘		男	39	江苏宜兴	二十八年八月
兼任讲师	杨叔进		男	30	辽宁	三十五年二月
兼任讲师	萧嘉魁					
助教	陈世忠		男	29	云南蒙化	三十二年八月
助教	陈曼石		男	31	云南昭通	三十四年九月
助教	张家驹		男	25	云南昆明	三十五年二月
社会系						
教授兼主任	费孝通		男	37	江苏吴县	二十七年十一月
兼任教授	潘光旦	仲昂	男	47	江苏	三十四年二月
兼任教授	倪中方		男	43	云南永仁	三十四年九月
副教授	张之毅	子毅	男	23	湖南醴陵	二十八年八月
讲师	胡庆钧		男	33	湖南宁乡	三十四年八月

名

录

二

续　表

职　别	姓　名	字　号	性　别	年　龄	籍　贯	到校年月（民国）
讲师	史国衡		男	32	湖南随县	二十八年八月
助教	王　康	子寿	男	27	湖北黄冈	三十四年一月
助教	王志诚		男	28	河北苏县	三十四年八月
理学院						
数学系						
教授	王士魁		男	42	广东凉山	二十六年十二月
教授	何衍璿					
教授	荘圻泰		男	41	山东品县	二十八年十一月
讲师	张福华		男	33	云南昆明	二十六年八月
兼任讲师	朱德祥		男		江苏南通	三十四年九月
助教	白世俊	时英	男	31	云南祥云	二十八年七月
助教	严志达		男	30	江苏南通	三十一年九月
助教	苗华殿		男	29	山东威海卫	三十二年八月
助教	简恩泽		男	29	云南昆明	三十二年八月
助教	钱春深		男	34	贵州麻江	三十二年八月
物理系						
教授兼主任	锺盛标		男	40	广东梅县	三十四年八月
教授	张其濬	文渊	男	46	安徽太和	三十四年八月
讲师	杨桂宫		男	32	河北抚宁	三十二年八月
讲师	顾建中		男	34	贵州贵阳	二十六年九月
讲师	胡维菁		男	32	浙江绍兴	三十一年九月
讲师	何炳昌		男	34	浙江	三十二年十二月
助教	锺景文		男	31	广东肇庆	三十四年八月
化学系						
教授兼主任	王树勋		男	33	河北高阳	二十九年三月
教授	赵雁来	信之	男	45	河北蠡县	二十六年八月
教授	冯式权	立仲	男	43	浙江桐乡	三十二年九月

云南大学史料丛书·教职员卷

续　表

职　别	姓　名	字　号	性　别	年　龄	籍　贯	到校年月 （民国）
教授	姜震中		男	43	河南太康	三十年二月
兼任副教授	陈美觉		男	35	湖北鄂城	三十三年八月
讲师	朱亚杰		男	33	江苏兴化	三十三年八月
讲师	陈四箴		男	34	浙江	三十一年八月
助教	杨鹏魁		男	30	广东大埔	三十一年八月
助教	温春融		男	35	吉林	三十三年七月
助教	程力方		男	29	上海市	三十二年八月
助教	黄锦焕		男	26	广东紫金	三十五年三月
助教	徐绍龄		男	27	浙江定海	三十四年八月
生物系						
教授兼主任	崔之兰		女	43	安徽太平	二十七年十月
教授	朱树屏		男	37	山东	三十四年五月
兼任教授	吴素萱		女	37	山东	三十五年二月
副教授	周家炽		男	36	江苏吴县	三十二年八月
讲师	潘清华		男	31	江苏	二十七年六月
助教	李整理		男	29	浙江	三十二年八月
助教	殷汝棠		男	29	辽宁营口	三十四年八月
助教	郝锡宏		女	27	江苏淮安	三十四年八月
助教	杜继彦		女	24	湖北黄陂	三十五年二月
工学院						
土木工程系						
教授兼主任	丘勤宝		男		广东	
教授	李吟秋					
教授	殷之澜		男	36	安徽	三十一年八月
教授	杨锒鼎		男	45	浙江上虞	三十四年十月
教授	高镇	去非	男	30	江苏金山	三十一年九月
副教授	姚瞻		男	38	广东平远	三十一年四月

二

名

录

二

167

续 表

职 别	姓 名	字 号	性 别	年 龄	籍 贯	到校年月（民国）
助教	何丕承		男	29	云南盐兴	三十二年九月
助教	吴持恭		男	29	浙江东阳	三十一年八月
助教	黄宝泉		男	29	广东中山	三十三年八月
助教	吴绍真		女	27	福建闽侯	三十四年八月
助教	陈叔香		男	39	江苏崇明	三十二年八月
助教	章辘		男	29	江苏宜兴	三十四年八月
矿冶工程系						
教授兼主任	黄国瀛	正学	男	52	湖南长沙	三十三年八月
教授	孟宪民					
教授	卢焕云	倬章	男	43	河北易县	三十三年八月
教授	马光辰	仲枢	男	42	江苏无锡	三十四年十二月
教授	李清泉		男	41	河北	三十三年十月
教授	许杰	兴吾	男	46	安徽广德	三十四年二月
兼任教授	高崇熙	仲明	男	46	河北	三十四年八月
兼任教授	冯景兰	淮西	男	48	河南	三十二年二月
兼任教授	汪家鼎		男	28	四川重庆	三十五年三月
副教授	张文奇		男	32	河南南阳	三十三年十月
助教	缪以渊		男	29	云南罗平	三十三年九月
助教	杨德森		男	31	云南蒙自	三十一年八月
助教	张行煜		男	28	河北	三十年九月
助教	陈如玉		女	28	福建闽侯	三十三年九月
助教	王云		男	31	湖北江陵	三十四年十月
航空工程系						
教授兼主任	王绍曾		男	34	河北高阳	三十四年八月
教授	柳灿坤					
教授	杨克嵘		男	53	云南洱源	十一年九月
助教	陈尚文		男	32	湖南长沙	三十五年二月

云南大学史料丛书·教职员卷

续　表

职　别	姓　名	字　号	性别	年　龄	籍　贯	到校年月（民国）
助教	谭秀群		女	31	广东开平	三十五年二月
铁道管理系						
教授兼主任	孟宪民					
教授	程文熙	俟度	男	58	江苏无锡	三十五年二月
教授	毛达庸		男	40	云南个旧	三十四年十月
讲师	安字明		男	34	湖北武昌	三十三年六月
兼任讲师	刘维勤		男	31	江苏吴县	三十五年三月
助教	徐大德		男	32	山东博山	三十四年二月
采矿专修科						
教授兼主任	黄国瀛					
助教	刘邦瑞		男	29	湖北沔阳	三十四年八月
附属工厂						
兼主任	李清泉		男	41	河北	
助理	林道高		男	32	广东揭阳	三十三年十一月
医学院						
教授	杜棻		男	37	河北涿县	
教授	范秉哲		男	43	河北任丘	二十六年八月
教授	秦教中	防五	男	54	云南呈贡	三十四年三月
教授兼内科主任	姚碧澄		男	43	广东平远	二十八年七月
教授	赵明德	青云	男	36	河北迁安	
教授	李枢		男	42	河北涿县	二十六年八月
教授兼解剖室主任	沈福彭		男	36	江苏吴县	二十九年四月
教授兼生物化学药理学主任	朱肇熙		男	41	江西南康	二十八年八月
教授	邵可侣		男	52	法国	三十年三月
教授	张瑞纶	季三	男	41	河北宛平	三十三年十一月
教授	梁家椿		男	36	广东番禺	三十五年二月

名　录

续　表

职　别	姓　名	字　号	性　别	年　龄	籍　贯	到校年月（民国）
教授	程一雄		男	34	江苏宜兴	二十九年八月
教授兼病理学主任	刘学敏		女	31	河北	三十一年四月
教授	朱锡候		男	33	浙江绍兴	三十四年八月
教授	刘崇智		男	32	河北任丘	三十四年八月
教授	黄绮文		女	41	广东番禺	三十三年十月
教授	陈廪	仓亚	男	41	广东	三十三年八月
教授	黄万杰	立天	男	44	浙江乐清	三十四年二月
兼任教授	缪安成	静生	男	41	云南昆明	三十四年九月
兼任教授	张玺		男	51	河北平乡	三十四年九月
名誉教授	白莱特		男	40	法国	三十五年二月
副教授	张蓬羽		男	40	四川江安	三十三年八月
讲师	沈淑敏		女	32	江苏	三十四年二月
助教	陆光廷		男	35	云南	三十三年十一月
助教	刘鸿璧		女	31	贵州	三十四年八月
助教	陈留馀		男	28	云南昆明	三十三年十月
助教	周润琮		男	30	云南邓州	三十三年八月
助教	易淑懿		女	27	河南商城	三十四年八月
附属医院						
兼院长	赵明德					
兼医务主任	程一雄					
兼内科主任医师	赵明德					
兼内科临床教授	姚碧澄					
兼外科主任医师	刘崇智					
兼妇产科主任医师及临床教授	杜棻					
兼眼耳鼻喉科主任医师	李枢					

续　表

职　　别	姓　　名	字　号	性　别	年　　龄	籍　贯	到校年月（民国）
兼泌尿科及皮肤花柳科主任医师	程一雄					
兼小儿科主任医师	刘学敏					
兼 X 光室主任医师	张蓬羽					
兼牙科主任医师	梁家椿					
兼外科临床教授	范秉哲					
兼外科医师	周润琮					
兼内科医师	刘鸿壁					
产科驻院医师	何艾田		女	27	河北	
内科助理驻院医师	马利铭		女	24	广东	
外科助理驻院医师	王和荣		女	23	云南洱源	
检验师	汪金焕		女	26	云南昆明	
调剂师	廖子宜		男	24	云南昆明	三十一年八月
调剂师	杨锡美		男	27		三十二年七月
护士室主任兼护士长	王惠敏		女	33	浙江永嘉	三十四年十一月
领班护士	杨瑞华		女	28	云南会泽	三十四年二月
护士	康丽华		女	25	云南富民	三十四年六月
护士	罗瑞琳		女	22	云南富民	三十五年三月
护士	程静珊		女	23	云南峨山	三十四年八月
助理护士	胡少英		女	19	湖北应山	三十三年三月
助理护士	汪筠仙		女	19	湖北孝感	三十三年三月
练习护士	杜永炽		男	19	云南	三十三年三月
兼事务主任	陈云浦	逸侬	男	50	江苏宿迁	三十三年七月
事务员	陈震	运华	男	32	江苏	
事务员	刘建中		男	50	河北沧县	
会计员	陈素华		女	26	江苏宿迁	三十三年三月

名

录

续　表

职　别	姓　名	字　号	性　别	年　龄	籍　贯	到校年月（民国）
出纳员	孙传珍		女	27	云南昆明	三十二年七月
保管员	寸琼辉		女	22	云南永仁	三十三年五月
兼文书员	袁恒昌	子久	男	28	云南会泽	
农学院						
农艺系						
教授兼主任	孙蓬吉	龙吟	男	42	浙江杭县	三十三年八月
讲座教授	汪厥明		男	49	浙江金华	三十四年八月
教授	金善宝		男	52	浙江诸暨	三十四年八月
教授	曾勉	勉之	男	48	浙江金华	三十二年十月
教授	林成耀	空鹤	男	36	福建闽侯	三十二年八月
教授	王世中		男	35	福建闽侯	三十年六月
教授	段永嘉		男	39	辽宁	三十三年八月
教授	于景让		男	36	江苏崑山	
教授	李文庵		男	36	河北高阳	三十四年八月
教授	农味莘		男	46	广西南宁	三十三年一月
兼任教授	熊廷柱	怡琴	男	47	云南腾冲	
教授	诸宝楚		男	36	江苏无锡	三十五年二月
副教授	丁振麟		男	35	浙江杭州	二十八年三月
讲师	蔡克华		男	37	江苏	二十九年八月
讲师	黄邻宾		男	39	江苏溧阳	三十年八月
兼任讲师	段里惠		女	35	辽宁	三十五年三月
助教	曹诚一		女	29	湖南长沙	三十一年六月
助教	叶树潘		男	32	江苏宜兴	三十二年七月
助教	费家骅		男	29	江苏吴江	三十三年二月
助教	王鸿福		男	32	云南澄江	三十三年八月
助教	陆师义		男	27	江苏海门	三十四年三月
助教	熊秉明		男	24	云南弥勒	三十五年三月

云南大学史料丛书·教职员卷

续　表

职　别	姓　名	字　号	性　别	年　龄	籍　贯	到校年月（民国）
助教	张文邦		男	28	浙江衢县	三十三年八月
森林系						
教数兼主任	郑万钧		男	43	江苏铜山	三十四年五月
教授	张福延	海秋	男	54	云南剑川	
教授	蒋蕙荪		男	43	江苏涟水	
教授	秦仁昌		男	46	江苏常州	三十四年十二月
教授	李达才		男	44	江西安福	三十三年八月
兼任教授	沈家瑞		男	47	浙江嘉兴	三十四年九月
兼任教授	李宪之		男	41		三十四年八月
副教授	秦秉中	仲虔	男	41	云南呈贡	三十年四月
讲师	袁同功		男	35	江苏兴化	二十九年十月
讲师	徐永椿		男	29	江西龙南	三十一年四月
兼任讲师	沈用康		男	47	浙江	三十四年九月
助教	汪志华		男	30	安徽休宁	三十四年二月
助教	胡秀荃	熏吾	男	32	湖南晃县	三十三年八月
助教	郑智绵		男	27	广东琼山	三十八年四月
蚕桑专修科						
教授兼主任	胡鸿钧		男	37	江苏无锡	三十年一月
教授	蒋同庆		男	38	江苏涟水	三十二年二月
教授	陆星垣		男	42	江苏江阴	二十九年十二月
副教授	韩惠卿		女	38	浙江萧山	三十三年十一月
讲师	李莘农	字行	男	40	江苏武进	三十二年八月
讲师	李国宪	显青	男	36	浙江萧山	三十五年一月八日
讲师	董载衡		男	35	广东化县	三十五年四月
助教	陆裕淳		男	33	江苏宿迁	三十四年八月
助教	任运祥		男	29	云南马关	三十四年八月
助教	戴娇松		男	34	江苏宜兴	三十三年七月

名　录

续　表

职　别	姓　名	字　号	性　别	年　龄	籍　贯	到校年月（民国）
助教	李良康		男	32	贵州贵阳	三十四年八月
助教	钱惠田		女	28	浙江海宁	三十四年八月
助教	李存礼		男	27	云南元江	三十四年八月
附属实习农林场						
兼呈贡总场主任	张福延	海秋	男	54	云南剑川	
兼呈贡总场管理员	任运祥		男	29	云南马关	
呈贡总场技术员	钱立民	伯洋	男		江苏涟水	三十五年三月
呈贡总场助理	赵上珍		男	34	云南剑川	三十二年十月
呈贡总场司事	杨敬先		男	34	云南大理	三十三年六月
兼昆明分场主任	蔡克华		男	37	江苏	
昆明分场管理员	严发春		男	33	云南昆明	二十八年九月
昆明分场助理	刘宝贵		男	28	云南玉溪	三十五年三月
昆明分场助理	李兴春		男	25	云南河西	三十四年二月
弥勒分场兼技师	戴娇松		男	34	江苏宜兴	
弥勒分场助理	张兴志		男	34	云南	三十三年八月
先修班						
兼主任	何衍璿		男	47	广东高要	
兼任教授	沈用康		男	47	浙江	
副教授	朱杰勤		男	33	广东顺德	三十四年八月
讲师	张书桂		男	36	山东昌邑	三十四年八月
助教	叶其汉		男	28	广东梅县	三十四年八月
兼任教员	司徒穗卿		男	30	广东开平	三十四年八月
兼任教员	司徒尹衡		男	39	广东	
兼任教员	温春融		男	35	吉林	
兼任教员	李整理		男	28	浙江	
兼任教员	白世俊		男	32	云南祥云	
兼任教员	钱春深		男	32	贵州麻江	

续 表

职 别	姓 名	字 号	性 别	年 龄	籍 贯	到校年月（民国）
兼任教员	钟景文		男	32		
校长室						
兼秘书	柳灿坤	锦滢	男	59	云南宁洱	
兼英文秘书	李敦白		男		美国	
兼佐理秘书	白世俊		男	32	云南祥云	
干事	郑幼三		男	53	湖南长沙	三十四年十一月
司事	李柱		男	43	云南澄江	二十九年二月
教务处						
兼教务长	何衍璿		男	47	广东高要	
干事	单理康	柏林	男	30	广东增城	三十五年一月
助理	王烈祖		男	33	云南剑川	三十二年十月
注册组						
主任	张友铭	铸三	男	36	河北献县	
干事	王少钦		男	37	云南呈贡	三十二年十一月
组员	杨蕙芳		女	37	浙江吴兴	三十四年一月
组员	施达汉		男	33	江苏海门	三十四年七月
组员	范小梵		女	32	北平市	三十四年十一月
助理	李秀琴		女	33	北平市	三十二年三月
助理	韩瑛		女	28	广东澄海	三十四年二月
书记	潘文娟		女	23	江苏宜兴	三十四年三月
图书馆						
主任	彭元士	恺丞	男	55	江苏吴县	三十四年七月
编目员	顾汉光		男	34	江苏吴县	三十一年十二月
干事	何友沫		男	27	福建闽侯	三十四年八月
馆员	曾以厚	积之	男	32	云南昆明	二十四年九月
馆员	何祝铭	玉衡	男	28	云南石屏	二十五年九月
馆员	马树柏	节高	男	34	云南通海	三十三年九月

续 表

职 别	姓 名	字 号	性 别	年 龄	籍 贯	到校年月（民国）
馆员	段宝珍		女	27	云南昆明	二十九年二月
馆员	袁俊春		女	32	贵州贵阳	三十一年八月
助理	周淑轩		女	30	云南通海	三十一年十一月
司事	何正荣		男	41	云南永仁	二十九年十月
练习生	刘守先		男	33	云南弥勒	三十三年八月
出版组						
兼主任	杨桂官		男	32	河北抚宁	
组员	熊勋武		男	36	云南昆明	三十一年二月
组员	熊履绥		男	26	云南昆明	三十四年十一月
助理	唐梅冰		女	27	安徽巢县	三十四年六月
助理	罗祥生		男	37	云南蒙自	三十五年四月
油印员	徐绍卿		男	59	云南昆明	二十五年八月
石印员	王怀仁		男	39	云南昆明	三十一年九月
石印员	宋 涛		男	41	云南昆明	三十一年九月
石印员	燕勋赓		男	33	云南昆明	三十四年五月
检排员	徐培昌		男	33	江苏武进	三十四年五月
训导处						
兼训导长	丘勤宝		男		广东	
生活管理组						
主任	邹景荣		男	35	广东龙川	三十四年八月
训导员	冯嘉葆		男	53	湖南湘乡	三十年十月
训导员兼女生指导	丁月秋		女	45	云南昆明	三十四年九月
训导员	李惠卿		女	32	云南祥云	三十年十一月
干事	桂长生		男	28	江西临川	三十四年六月
兼组员	章 辘		男	29	江苏宜兴	三十四年八月
农学院训导员	张致力		男	32	广东饶平	三十四年八月
助理	褚伯高		男	29	云南泸西	三十二年六月

续 表

职 别	姓 名	字 号	性 别	年 龄	籍 贯	到校年月 （民国）
体育卫生组						
副教授兼代主任	杨元坤		男	35	云南宁洱	三十年八月
校医	王苏宇		男	58	江苏南京	二十九年八月
体育讲师	魏丕栋		男	37	云南华宁	三十五年二月
体育讲师	胡宝善		男	32	江苏宜兴	三十年八月
体育讲师	朱影波		男	40	河南洛阳	三十一年八月
体育讲师	王瑞莆		男	33	江苏铜山	三十四年十一月
体育教员	钟玉麟		男	32	湖北全椒	三十四年八月
护士兼组员	王欣棣		女	33	浙江瑞安	三十四年十一月
课外活动组						
兼主任	顾建中		男	34	贵州贵阳	
音乐指导	戴卓生					
总务处						
兼总务长	蒋惠荪		男	42	江苏涟水	
兼干事	李国宪		男	38	浙江萧山	
组员	孙重珠		男	30	安徽怀远	三十四年十月
助理	王俊英		女	27	云南盐丰	三十四年五月
助理	蔡元章		男	21	云南晋宁	三十四年六月
文书组						
主任	王纯尧		男	39	云南弥勒	三十一年三月
组员	宋为潘	南屏	男	47	云南石屏	二十八年二月
组员	沈鸿范		男	33	江苏崇明	三十三年八月
组员	林治华		男	31	云南昆明	三十四年二月
助理	李永龄	子彭	男	48	云南宜良	二十八年十月
助理	杨德铭		男	35	云南昆明	三十一年八月
助理	周廷灿		男	31	云南弥勒	三十五年四月
司事	杨如俊		男	21	云南邓川	三十五年一月

续　表

职　别	姓　名	字　号	性　别	年　龄	籍　贯	到校年月（民国）
庶务组						
主任	李　怀	公策	男	35	云南昆明	二十八年六月
干事	冯　洸	绍武	男	35	云南昆明	二十九年九月
组员	张立诚	定一	男	41	云南弥渡	二十八年十一月
组员	严宗云	华峰	男	35	云南宣威	三十二年四月
组员	徐振芳		男	35	云南昆明	三十二年十一月
组员	董佩金		女	21	云南昆明	三十一年三月
助理	章诚宗		男	36	安徽合肥	三十年二月
助理	王秉章	焕之	男	42	云南昆明	三十四年三月
助理	朵应景		男	37	云南禄劝	三十二年九月
司事	李国兴		男	34	云南弥勒	三十三年一月
电匠	余树清		男	51	云南会泽	二十六年十月
出纳组						
主任	张家谟		男	32	云南弥勒	三十五年二月
组员	张雨润	禹润	男	35	云南嵩明	三十二年十二月
组员	杨　荣		男	28	云南弥勒	三十五年三月
试用组员	何心齐		男	43	云南石屏	三十四年五月
助理	伍雪芳		女	34	云南建水	三十二年十一月
助理	苏淑芬		女	34	云南昆明	三十二年十二月
助理	于世芬		女	32	云南嵩明	三十四年六月
试用助理	周居安		男	33	广西武鸣	三十四年八月
试用助理	杨华芬		男	36	云南弥勒	三十年二月
工务组						
代理主任	张用一		男	47	云南昆明	三十二年七月
试用助理	杨尚书	文衡	男	28	云南昆明	三十四年四月
司事	杨本忠		男	33	云南昆明	三十三年六月

续 表

职 别	姓 名	字 号	性 别	年 龄	籍 贯	到校年月（民国）
会计室						
主任	全云寰		女	38	云南昆明	三十四年一月
佐理员	郭先兴		男	35	江西	三十四年九月
佐理员	马振奇		男	35	云南昆明	三十二年十月
代理佐理员	陈允杰		男	32	江西吉安	三十四年八月
事务员	包坤铎		女	29	浙江吴兴	三十一年九月
事务员	张天玉		女	35	云南保山	三十四年九月
事务员	张鹤群		男	32	上海市	三十五年三月
事务员	全竞寰		女	29	云南昆明	三十四年二月
试用事务员	张新秋		女	29	云南昆明	三十四年六月
试用事务员	宋凤娇		女	33	云南晋宁	三十四年十二月
司事	杨家诰		男	25	云南弥勒	三十二年
统计室						
统计员	苏蓁		男	50	云南石屏	二十一年二月
人事室						
主任	柳纯	敬轩	男	34	云南宁洱	三十五年四月
各院系职员						
生物系绘图员	周东志		男	34	江苏无锡	三十四年五月
生物系采集员	杨明辉		男	30	云南易门	三十三年十一月
生物系仪管员	杨绍珠		男	29	云南易门	三十四年七月
化学系助理	何其贤		男	28	云南沾益	三十二年十二月
工学院助理	李昌勋		男	33	河北	
矿冶系试用助理	萧粹彰		男	26	云南广通	三十一年二月
矿冶系事务员	邱燮堂		男	68	云南会泽	三十一年二月
医学院总务干事	陈云浦		男	51	江苏宿迁	
兼医学院文牍	陈廪	仓亚	男	42	广东	
医学院绘图员	赵竹筠		女	39	云南弥勒	二十六年九月

续　表

职　别	姓　名	字　号	性　别	年　龄	籍　贯	到校年月（民国）
医学院事务员	袁恒昌		男	29	云南会泽	三十三年八月
医学院练习生	余　馨		男	58	云南昆明	二十九年七月
医学院练习生	李如祥		男	33	云南昆明	三十四年一月
兼农学院院医	农味莘		男	46	广西南宁	
兼农学院干事	李莘农		男	40	江苏武进	
农学院图书管理员	陶芳辰		女	34	浙江绍兴	三十三年九月
农学院实习助理兼会计	张性荣	文庵	男	31	广西桂林	三十四年十一月
兼农院医务员	张致力		男	32	广东饶平	
兼农院生活指导员	钟玉麟		男	32	湖北全椒	
云南大学事务员	陆裕淳					
农学院事务员	萧善梁		男	33	云南剑川	三十四年十一月
农学院助理	李玉瑞		男	32	云南弥渡	三十三年一月
农学院兼助理	赵上珍		男	34	云南剑川	三十二年十月
农学院文书员	杨建勋		男	40	云南剑川	三十五年三月
农学院图书助理	谢苍禄		男	29	云南剑川	三十五年三月
附属中学						
校长	杨春洲		男	43	云南石屏	
教务主任	苏滋禄	君宝	男	35	浙江黄岩	二十八年八月
训导主任	程鸿渚		男	39	江苏宜兴	三十五年二月
军训主任兼总务主任	徐　谦	受益	男	44	云南昆明	二十六年九月
体育主任兼教员	张汝汉	楚江	男	34	河北霸县	三十一年八月
理化室主任兼教员	唐立镖		男	33	江苏阜宁	三十年八月
图书馆主任兼教员	陈志元		男	41	安徽桐城	三十二年八月
国文教员兼高中部主任	魏　然	孟克	男	36	湖南长沙	三十一年八月

续 表

职 别	姓 名	字 号	性 别	年 龄	籍 贯	到校年月（民国）
化学教员兼初中部主任	张学元		男	34	江苏武进	三十三年八月
公民教员	郑伯华	登材	男	31	福建厦门	三十五年二月
国文教员	杨为松		男	34	云南河西	三十五年上半年
国文教员	许之乔	彦高	男	32	广西桂林	三十四年五月
国文教员	季正怀	来之	男	33	江苏淮安	三十四年八月
国文教员	陆永俊		男	33	山东文登	三十四年八月
英文教员	蔡显理		男	46	浙江三门	三十三年八月
英文教员	江新苇		男	32	湖南衡阳	三十五年二月
英文教员	张涛		男	33	江苏萧县	三十四年八月
英文教员	汤基		男	31	湖南华容	三十五年三月
英文教员	华世芳		女	32	云南呈贡	三十四年八月
数学教员	陈筼谷		男	54	河北丰润	三十一年八月
数学教员	路浡峰		男	39	河北清苑	三十三年八月
数学教员	张东祺		男	31	吉林依兰	三十五年二月
数学教员	马联义		男	41	天津市	三十四年二月
数学教员	刘雨苏		男	29	辽宁沈阳	三十四年八月
史地教员	林彦群	乃祥	男	32	福建金才	二十五年二月
史地教员	程泰基		男	37	江苏江阴	三十三年二月
地理教员	阎昌麟		男	32	辽宁金县	三十四年八月
文史教员	钱闻		男	33	江苏武进	三十四年八月
物理教员	王辉植		男	34	广东平远	三十四年二月
生物教员	余树勋		男	34	北平市	三十三年八月
音乐教员	李嘉文		男	33	北平市	三十四年十一月
图书教员兼训导员	张书田		男	32	河南内黄	三十四年八月
女生指导兼教员	汪季昆		女	32	湖南长沙	三十五年二月
博物教员	薛锡全		男	32	云南昆明	三十五年二月

名 录

续　表

职　别	姓　名	字　号	性　别	年　龄	籍　贯	到校年月（民国）
童军兼体育教员	魏志平		男	33	福建思明	三十四年二月
体育教员	温自强		男	34	湖北孝感	三十三年二月
军训教官	张光辅	靖民	男	38	云南通海	三十四年四月
校医	马龙图		男	35	天津市	三十年八月
出纳组长	杨敦厚		男	33	云南石屏	二十七年一月
文书组长	虞仲英		男	48	安徽合肥	三十一年三月
注册组长	石淙		男	34	广东鹤山	三十三年八月
庶务组长	范维龙		男	35	云南大姚	三十三年八月
会计佐理员	蒋裕光	子文	男	34	云南建水	三十三年八月
教务干事	杨克强		男	35	云南易门	三十二年九月
教务干事	许运暄		男	34	云南易门	三十三年八月
训导干事	纳静波		男	34	云南昆明	三十二年四月
出纳干事	马经		男	30	西康会理	三十四年八月
庶务干事	李鉴	子衡	男	36	云南呈贡	二十二年九月
庶务干事	杨德荣		男	31	云南石屏	三十四年八月
图书管理员	陈哲维		女	38	浙江海宁	三十二年八月
理化室管理员	杨诚一		男	33	云南昆明	三十三年八月
护士	李月英		女	35	云南路南	三十五年二月
书记	徐耀祖		男	29	云南石屏	三十四年四月
书记	吴嘉兴		男	30	云南昆明	三十五年二月
书记	段光裕		男	28	云南个旧	三十四年八月

民国三十六年国立云南大学教职员一览表

职 别	姓 名	性 别	年 龄	籍 贯	到校年月 （民国）
校长	熊庆来	男	55	云南弥勒	二十六年八月
教务长	何衍璿	男	48	广东高要	
代教务长	张福延	男	55	云南剑川	二十八年八月
训导长	丘勤宝	男	41	广东梅县	二十七年一月
总务长	蒋蕙荪	男	43	江苏涟水	三十二年八月
文法学院院长	梅远谋	男	50	湖北黄梅	三十五年八月
理学院院长	张其濬	男	47	安徽太和	
兼代工学院院长	熊庆来				
医学院院长	杜棻	男	42	河北	二十六年九月
农学院院长	张福延				
文法学院					
文史系					
教授兼主任	方国瑜	男	44	云南丽江	二十五年九月
教授	刘文典	男	58	安徽合肥	三十二年八月
教授	钱穆	男	54	江苏无锡	三十五年八月
教授	徐嘉瑞	男	54	云南昆明	二十六年一月
教授	范锜	男	52	广东大埔	三十一年九月
教授	杨家凤	男	52	云南鹤庆	三十二年十一月
教授	袁丕佑	男	51	云南石屏	三十五年八月
教授	诸祖耿	男	49	江苏无锡	三十六年八月
教授	徐知良	男	44	河北遵化	三十六年八月
教授	马丰琛	男	42	河北静海	三十四年八月
教授	李源澄	男	39	四川犍为	三十六年八月
教授	纳忠	男	38	云南河西	三十六年八月
教授	朱杰勤	男	30	广东顺德	三十四年八月
兼任教授	罗膺中	男			三十四年九月
副教授	姚奠中	男	34	山西稷山	三十六年六月

续　表

职　别	姓　名	性　别	年　龄	籍　贯	到校年月（民国）
兼任副教授	吴乾就	男	35	广东新会	三十五年八月
讲师	张友铭	男	37	河北献县	二十九年八月
讲师	傅懋勉	男	34	山东聊城	三十五年八月
讲师	傅平骧	男	38	四川绵竹	三十六年八月
讲师	马　曜	男	37	云南洱源	三十六年八月
讲师	全振寰	女	34	云南昆明	三十五年八月
讲师	李　埏	男	32	云南路南	三十二年
讲师	李为衡	男	29	云南宁洱	三十四年八月
讲师	缪鸾和	男	33	云南宣威	三十一年八月
兼任讲师	田鸣鹤	男	35	河北	
兼任讲师	周　均	男	33	云南蒙自	三十五年九月
兼任讲师	方龄贵	男	29	吉林	三十六年九月
教员	王宏道	男	34	云南盐丰	三十六年八月
教员	王　岫	男	33	云南邓川	三十六年八月
助教	马开梁	男	31	云南宣威	三十五年八月
助教	吴世荣	男	30	云南澄江	三十六年八月
助教	马忠民	男	25	云南昭通	三十六年八月
助教	杨允中	男	25	云南丽江	三十六年八月
外国语文学系					
教授兼主任	凌达扬	男	54	广东	三十一年八月
教授	柳灿坤	男	60	云南宁洱	三十二年
教授	孙永龄				
副教授	董公勖	男	42	河北宛平	三十五年八月
讲师	吴文嘉	女	39	北平市	三十五年八月
讲师	王森堂	男	33	河北	三十五年八月
讲师	江汉章	男	36	广东	三十六年八月
讲师	邱道生	男	68	广东	三十六年八月

续 表

职 别	姓 名	性 别	年 龄	籍 贯	到校年月（民国）
助教	段惠仙	女	27	云南腾冲	三十二年八月
助教	叶其汉	男	30	广东梅县	三十五年八月
助教	杨邦顺	男	26	南京市	三十六年八月
助教	魏兆南	男	25	广东澄海	三十六年八月
助教	仲跻鹏	男			三十六年八月
法律系					
教授兼主任	于振鹏	男	40	河北大兴	三十一年八月
教授	饶重庆	男	63	云南蒙化	二十二年九月
教授	赵崇汉	男	40	河南淮阳	三十四年八月
教授	宋玉生	男	45	江苏盐城	三十五年八月
教授	徐 靖	男	40	北平市	三十五年八月
教授	魏登临	男	35	北平市	三十六年八月
副教授	彭望雍	男	38	江苏	三十五年八月
兼任教授	冯 浩	男	55	湖北蒲圻	三十五年九月
兼任教授	阮曾佑	男	54	湖北阳新	三十六年九月
兼任教授	孙希衍	男	52	江苏南通	三十六年九月
兼任教授	吴薇生	男	49	浙江东阳	三十四年九月
助教	饶骥	男	26	云南蒙化	三十四年八月
政治系					
教授兼主任	朱驭欧	男	43	湖南零陵	二十六年九月
教授	陈复光	男	50	云南大理	三十六年八月
教授	邹邦梁	男	41	江西高安	三十六年八月
副教授	陈人龙	男	37	江苏常熟	三十六年八月
助教	熊锡元	男	30	江西安义	三十二年八月
助教	张时俊	男	31	湖北随县	三十六年二月
经济系					
教授兼主任	梅远谋				

二

名

录

二

续 表

职 别	姓 名	性 别	年 龄	籍 贯	到校年月（民国）
教授	秦缜略	男	50	河南固始	三十六年八月
教授	萧子风	男	44	湖南湘乡	三十六年八月
教授	赵公望	男	44	云南保山	三十六年八月
教授	杨克成	男	38	云南大理	三十五年九月
教授	韩及宇	男	35	山东栖霞	三十六年八月
教授	钱德富	男	34	浙江鄞县	三十六年十月
兼任教授	瞿明宙	男	45	江苏靖江	三十六年十一月
副教授	陆忠义	男	34	江苏吴县	三十年八月
兼任副教授	周光倬	男	50	云南昆明	
讲师	陈东凯	男	39	广东	三十六年三月
兼任讲师	张骢祥	男	35	江苏镇江	三十六年二月
助教	张家驹	男	26	云南昆明	三十三年八月
助教	李绍武	男	24	云南晋宁	三十五年八月
助教	冉俊彦	女	22	河北清苑	三十六年八月
		社会系			
兼代主任	梅远谋				
教授	金琼英	女	35	广东南海	三十六年八月
教授	杨怡士	男		安徽六安	三十四年八月
兼任教授	王 政	男			三十六年九月
助教	陈年榜	男	24	广东澄海	三十六年八月
助教	刘尧汉	男	26	云南镇海	三十六年八月
		理学院			
		数学系			
教授兼主任	王士魁	男	43	广东凉山	二十六年十二月
教授	何衍璿	男	48	广东高要	二十九年八月
副教授	张福华	男	34	云南昆明	三十六年八月
副教授	张燮	男	29	江西南昌	三十六年十月

续　表

职　别	姓　名	性　别	年　龄	籍　贯	到校年月（民国）
讲师	陈蕡谷	男	54	河北丰润	三十六年八月
讲师	徐天祥	男		云南	
助教	白世俊	男	32	云南祥云	二十八年七月
助教	钱春深	男	34	贵州麻江	三十二年八月
助教	简恩泽	男	29	云南昆明	
助教	饶婉宜	女	29	云南蒙化	三十六年八月
物理系					
教授兼主任	张其濬				
教授	彭桓武	男		吉林长春	
教授	王明贞	女			三十六年二月
副教授	杨桂官	男	35	河北抚宁	三十二年八月
副教授	顾建中	男	35	贵州贵阳	二十六年九月
讲师	胡维菁	男	32	浙江绍兴	三十一年九月
助教	郑智绵	男	28	广东琼山	三十四年八月
助教	王光诚	男	30	江苏	三十五年五月
化学系					
教授兼代主任	张瑞论	男	40	河北宛平	三十七年八月
教授	赵雁来	男	44	河北保定	三十六年八月
教授	王树勋	男	36	河北	二十九年二月
教授	李秉瑶	男	38	河北	三十五年八月
讲师	杨鹏魁	男	30	广东大埔	三十一年八月
讲师	刘维勤	男	32	江苏吴县	三十五年八月
助教	徐绍龄	男	27	浙江定海	三十五年七月
助教	黄锦焕	男	28	广东紫金	三十五年二月
助教	李　楷	男	26	云南石屏	三十五年八月
助教	田宝籍	男	25	云南昆明	三十五年八月
助教	赵树年	男	26	云南鹤庆	三十五年八月

名　录

续　表

职　别	姓　名	性　别	年　龄	籍　贯	到校年月（民国）
助教	吴佑礼	男	24	广东湖安	三十六年八月
生物系					
教授兼主任	崔之兰	女	42	安徽太平	二十七年十月
教授	朱彦丞	男	36	河北清苑	
副教授	萧承宪	男	38	江西	三十五年八月
讲师	潘清华	男	32	江苏宜兴	
助教	杨貌仙	女	29	云南昆明	三十四年
助教	郝锡宏	女	26	江苏	三十三年
助教	徐文宣	男	31	云南宣威	三十六年九月
工学院					
土木工程系					
教授兼主任	丘勤宝	男		广东梅县	
教授	王景贤	男	56	天津市	三十五年
教授	姚瞻	男	39	广东	二十九年九月
教授	高镇	男	32	江苏	二十九年
副教授	马耀先	男	47		三十五年
副教授	张正林	男	29	南京市	三十六年三月
讲师	吴持恭	男	29	浙江	
兼任讲师	杜彦耿	男	53	上海市	三十六年九月
助教	杨祖海	男	30	云南	三十六年一月
助教	何丕承	男	29	云南	三十三年
助教	吴劭真	女	26	福建	三十四年八月
助教	李榆仙	女	27	云南	三十五年九月
助教	徐家宝	男	29	江苏	三十六年
机械工程系					
教授兼主任	马光辰	男	43	江苏无锡	三十四年十一月
教授	杨克嵘	男	55	云南洱源	十一年七月

续　表

职　别	姓　名	性　别	年　龄	籍　贯	到校年月（民国）
教授	张经	男	39	河北宛平	三十六年二月
教授	王志民	男	38	北平市	三十六年十月
讲师	屈维德	男	31	广东顺德	三十五年八月
助教	袁建坤	男	37	上海市	三十六年三月
助教	李家宝	男	23	云南晋宁	三十六年八月
航空工程系					
教授兼主任	王绍曾	男	35	河北	三十五年八月
教授	赵重哲	男	39	广东	三十五年十月
副教授	郭佩珊	男	35	河北	三十五年二月
副教授兼实习工厂导师	陈乃隆	男	28	福建闽侯	
兼任副教授	凌云骏	女	32	广东钦县	三十六年九月
讲师	凌云沛	男	28	广东钦县	三十六年八月
助教	谭秀群	女	28	广东开平	三十五年二月
助教	郭景纯	男	26	云南昆明	三十五年八月
矿冶工程系					
教授兼主任	黄国瀛	男	53	湖南长沙	三十三年八月
教授	靳树矩	男	48	河北徐水	三十五年八月
教授	王源璋	男	38	山东黄县	三十五年二月
教授	李清泉	男	42	河北安县	三十三年八月
兼任教授	谭寿田	男	52	河北吴桥	三十五年九月
副教授	张文奇	男	33	河南南洋	三十三年十月
副教授	李光溥	男	30	云南	三十六年五月
讲师	杨德森	男	30	云南蒙自	三十一年八月
兼任讲师	邓经邦	男	31	云南盐津	三十六年二月
助教	缪以渊	男	30	云南罗平	三十三年九月
助教	陆景云	男	31	云南广南	三十六年四月

续 表

职 别	姓 名	性 别	年 龄	籍 贯	到校年月 （民国）
助教	杨朝梁	男	23	云南昆明	三十五年八月
助教	潘和平	男	26	福建林森	三十五年八月
助教	张宝昌	男	24	云南通海	三十六年八月
助教	李志鹄	男	24	上海市	三十六年八月
铁道管理系					
教授兼主任	李吟秋	男	47	河北迁安	
教授	林炳钟	男	33	广东中山	三十六年十月
副教授	唐永权	男	45	云南昭通	三十五年八月
副教授	贾荣轩	男	49	河北盐山	三十六年三月
讲师	安字明	男	32	湖北武昌	
助教	冉邦彦	女	24	河北清苑	三十六年六月
助教	倪富林	男	29	云南腾冲	三十六年八月
医学院					
教授兼院长	杜棻				
教授	赵明德	男	39	河北迁安	二十八年八月
教授	范秉哲	男	44	河北	二十六年八月
教授	李枢	男	44	河北	二十六年八月
教授兼主任	朱肇熙	男	43	江西南康	二十八年八月
教授	张瑞论	男	40	河北宛平	二十七年八月
教授兼主任	刘学敏	女	35	河北任丘	三十一年四月
教授	缪安成	男	42	云南昆明	三十一年一月
教授	黄万杰	男	45	浙江乐清	三十一年九月
教授	张蓬羽	男	40	四川江安	三十三年八月
教授	朱锡侯	男	34	浙江绍兴	三十四年八月
教授	刘崇智	男	33	河北任丘	三十四年八月
教授	秦教中	男	55	云南呈贡	三十四年二月
教授	郭文明	男	34	河北宛平	三十五年八月

续 表

职 别	姓 名	性 别	年 龄	籍 贯	到校年月（民国）
教授兼主任	蓝 瑚	男	33	河北昌平	三十六年八月
教授	李念秀	女	33	河北澡县	三十六年八月
教授	叶日葵	男	34	广东文昌	三十六年八月
教授	石毓澍	男	30	河北天津	三十六年八月
助教	周润琮	男	30	云南邓川	三十三年八月
助教	刘鸿璧	女	29	贵州平越	三十四年八月
助教	陈留馀	男	28	云南昆明	三十三年十月
助教	姚金芝	女	29	安徽桐城	三十六年一月
助教	李荫屏	女	25	云南宣威	三十六年八月
助教	易淑懿	女	26	河北	
农学院					
农艺系					
教授兼主任	段永嘉	男	39	辽北四平	三十二年十月
教授	曾勉	男	41	浙江温州	三十二年八月
教授	原颂周	男		广东	三十六年八月
教授	王仲彦	男		辽宁沈阳	三十六年二月
教授	石坚白	男			三十六年八月
教授	诸宝楚	男	38	江苏无锡	二十九年九月
教授	昝维康	男	35	北平市	三十六年八月
教授	徐天骝	男	47	云南昆明	三十五年八月
副教授	刘致清	男	34	广东三水	三十六年九月
副教授	黄邻宾	男	39	江苏溧阳	二十九年二月
副教授	蔡克华	男	38	江苏武进	二十九年二月
讲师	曹诚一	女	32	湖南长沙	三十一年二月
讲师	张励辉	男		广东	三十六年八月
兼任讲师	段理惠	女	35	辽北四平	三十三年一月
兼任讲师	孙 方	男	30	江苏	三十六年八月

名 录

续　表

职　别	姓　名	性　别	年　龄	籍　贯	到校年月（民国）
助教	余树勋	男	29	北平市	三十一年六月
助教	阮兴业	男	28	云南弥渡	三十五年八月
助教	胡以仁	男	27	云南昆明	三十六年六月
助教	陈　钊	男	30	云南平彝	三十五年八月
助教	杨培榖	女	24	江苏无锡	三十五年八月
助教	黄础平	男	24	广东广州	三十六年八月
助教	纳信真	男	23	云南开远	三十六年八月
森林系					
教授兼主任	秦仁昌	男	49	江苏武进	三十四年十二月
副教授	秦秉中	男	42	云南呈贡	三十四年
讲师	袁同功	男	36	江苏央化	二十九年十月
讲师	徐永椿	男	30	江西龙南	三十一年四月
助教	胡秀荃	男	34	湖北晃县	三十三年八月
助教	唐绍平	男	25	云南会泽	三十五年八月
电讯专修科					
教授兼主任	周荫阿	男	44	河北安国	三十五年八月
兼任教员	刘赓声	男	29	湖北汉口	三十五年八月
教员	梁家佑	男	26	广东番禺	三十五年八月
助教	李祖淦	男	23	浙江杭州	三十五年八月
蚕桑专修科					
教授兼主任	蒋同庆	男	40	江苏涟水	
教授	陆星垣	男	44	江苏江阴	二十九年十二月
副教授	李莘农	男	40	江苏武进	三十二年八月
副教授	韩惠卿	女	40	浙江萧山	
讲师	董载衡	男	37	广东化县	三十五年四月
兼任讲师	锺家显	男	34	广东	三十五年三月
助教	钱惠田	女	30	浙江海宁	三十四年七月

云南大学史料丛书·教职员卷

续　表

职　别	姓　名	性　别	年　龄	籍　贯	到校年月（民国）
助教	李存礼	男	26	云南元江	三十四年八月
助教	徐文奎	男	23	云南宣威	三十六年八月
先修班助教	俞志宸	男	27	浙江杭州	
先修班助教	李隽	女	26	粤台山县	三十六年八月
校长室					
校长	熊庆来	男			
英文秘书	董公勖	男			
干事	郑幼三	男	58	湖南长沙	三十五年八月
助理员	陈黛珍	女	32	浙江	三十五年十一月
教务处					
代教务长	张福延				
助理	王烈祖	男	34	云南剑川	三十二年十月
注册组					
主任	张友铭	男	37	河北献县	二十九年八月
干事	王少钦	男	38	云南呈贡	三十二年十一月
组员	张伯如	男	36	河北	三十二年二月
组员	曾云鹏	女	28	云南昆明	三十五年九月
组员	戎青松	女	28	河北隆平	三十六年八月
组员	赵谦	男	27	云南宜良	三十六年八月
组员	陈凤英	女	32	江苏南京	三十五年七月
组员	陈丽卿	女	30	广东潮安	三十五年六月
助理员	姜一鹤	男	36	云南昆明	三十五年七月
助理员	刘诗芬	女	22	云南会泽	三十五年十二月
图书馆					
主任	彭元士	男	57	江苏吴县	二十四年七月
干事	尹华中	男	24	云南腾冲	三十六年七月
馆员	何祝鋹	男	33	云南石屏	二十五年十月

续　表

职　别	姓　名	性　别	年　龄	籍　贯	到校年月（民国）
馆员	曾以厚	男	34	云南昆明	二十四年九月
馆员	段宝珍	女	31	云南昆明	二十九年二月
馆员	徐若梅	女	34	江苏宜兴	三十五年九月
馆员	张性聪	女	36	广西桂林	三十五年十一月
馆员	陈震宇	女	29	江苏吴县	三十六年九月
馆员	袁俊春	女	32	贵州息烽	三十年八月
管理员	马树柏	男	35	云南通海	三十三年九月
助理	刘守先	男	34	云南弥勒	三十三年八月
助理	周淑轩	女	31	云南通海	三十一年十一月
出版组					
主任	杨桂官	男			
干事	王德谦	男	49	云南剑川	三十五年十月
组员	熊勋武	男	38	云南昆明	三十一年二月
助理	唐梅冰	女	29	安徽巢县	三十四年六月
助理	熊履绥	男	28	云南昆明	三十四年十一月
助理	罗祥生	男	37	云南蒙自	三十五年四月
油印员	徐绍卿	男	60	云南昆明	二十五年八月
检排员	徐培昌	男	33	江苏武进	三十四年十月
铅印员	燕勋赓	男	33	云南昆明	三十四年五月
石印员	楚世锟	男	35	云南昆明	三十五年四月
训导处					
训导长	丘勤宝	男		广东梅县	
讲师兼课外活动组主任	邹景荣	男	36	广东	三十四年八月
讲师兼生活管理组主任	周耀	男	29	云南	三十五年八月
训导员	周鸿业	男	40	江苏铜山	三十五年八月

云南大学史料丛书·教职员卷

续　表

职　别	姓　名	性　别	年　龄	籍　贯	到校年月（民国）
训导员	李蕙卿	女	32	云南祥云	
训导员	冯嘉葆	男	54	湖南湘乡	三十年十月
训导员	李榆林	女	28	云南大理	
体育卫生组					
教授兼主任	杨元坤	男	38	云南宁洱	二十四年四月
讲师	魏丕栋	男	38	云南华宁	三十五年二月
讲师	王瑞蒂	男	32	江苏	
讲师	丁仲英	男	38	山东临清	三十五年八月
讲师	郭秉道	男	34	广东	
助教	赵瑞林	男	31	河北	三十六年八月
助教	李毓华	男	29	云南顺宁	三十五年八月
校医室					
校医	王天祚	男	38	江苏江宁	三十六年八月
护士	高瑶	女	30	江苏江阴	
总务处					
总务长	蒋蕙荪	男			
组员	王俊英	女	21	云南盐丰	三十四年五月
组员	刘培之	男	35	河北衡水	三十五年六月
组员	王以忠	男	37	云南弥勒	三十六年六月
干事	黄锦龄	男			三十六年四月
会计室					
主任	全云寰	女	39	云南昆明	三十四年一月
佐理	王清泉	男	26	云南盐津	三十五年八月
佐理	马振奇	男	29	云南昆明	三十一年二月
佐理	郭先兴	男	30	江西新建	二十四年九月
佐理	王树槐	男	24	四川	三十五年八月
佐理	张天玉	女	36	云南保山	二十六年

名

录

二

二

续　表

职　别	姓　名	性　别	年　龄	籍　贯	到校年月（民国）
事务员	宋凤娇	女	32	云南昆明	三十四年十二月
事务员	萧颖	男	23	云南昆明	三十六年四月
事务员	张新秋	女	30	云南昆明	三十四年七月
事务员	全竞寰	女	25	云南昆明	三十四年二月
统计室					
统计员	苏蓁	男	51	云南石屏	
文书组					
主任	王绳尧	男	40	云南弥勒	
组员	宋为藩	男	49	云南石屏	二十八年二月
组员	沈鸿范	男	34	江苏崇明	三十三年八月
组员	雷光汉	男	33	西康会理	三十四年七月
组员	林治华	男	32	云南昆明	三十四年二月
助理员	李永龄	男	48	云南宜良	二十八年十月
助理员	杨德鋹	男	37	云南昆明	三十一年八月
事务员	陈慰群	男	52	湖北黄梅	三十六年八月
出纳组					
主任	张家谟	男	33	云南弥勒	二十五年八月
组员	萧善梁	男	33	云南剑川	二十九年九月
组员	张雨润	男	36	云南嵩明	三十二年十二月
助理员	苏淑芬	女	21	云南昆明	三十二年十二月
助理员	于世芬	女	21	云南嵩明	三十三年二月
助理员	罗祉仲	女	27	湖南湘潭	三十六年九月
助理员	周廷灿	男	37	云南弥勒	
试用组员	杨华芬	男	37	云南弥勒	三十年二月
工务组					
主任	张用一	男	48	云南弥勒	三十二年七月
助理员	朵应景	男	38	云南禄劝	

云南大学史料丛书·教职员卷

续　表

职　别	姓　名	性　别	年　龄	籍　贯	到校年月（民国）
助理员	王学哲	男	27	云南弥勒	三十六年八月
试用助理员	杨尚书	男	31	云南弥勒	三十四年四月
试用助理员	陈天培	男	20	云南昆明	三十六年六月
庶务组					
主任	李怀	男	38	云南昆明	
干事	冯洸	男	38	云南昆明	二十九年八月
组员	张立诚	男	46	云南弥渡	二十八年十月
组员	徐振芳	男	34	云南昆明	三十二年十一月
组员	董佩金	女	23	云南昆明	三十一年三月
组员	严宗云	男	28	云南宣威	三十二年四月
助理员	章诚忠	男	37	安徽合肥	三十年二月
助理员	李国兴	男	35	云南弥勒	三十三年一月
助理员兼驾驶汽车	丁兴华	男	33	河南商丘	三十五年一月
各院系职员					
医学院总务干事	陈云浦	男	52	江苏宿迁	三十四年七月
医学院绘图员	赵竹筠	女	41	云南弥勒	二十七年七月
医学院事务员	袁恒昌	男	33	云南会泽	三十三年八月
医学院练习生	戴鑫泉	男	22	云南弥勒	三十一年三月
医学院练习生	李如祥				
医学院练习生	余馨				
生物系仪器管理员	杨绍珠	男	29	云南易门	三十四年七月
生物系采集员	杨明辉	男	31	云南易门	三十二年四月
生物系练习生	谢保清	男	26	江苏常州	
经济农场技士	严发春	男	34	云南昆明	二十八年九月
经济农场技士	张志	男	33	云南昆明	三十六年三月
经济农场助理员	刘宝贵	男	29	云南玉溪	三十三年五月
农场司事	杨敬先	男	20	云南剑川	三十三年八月

名　录

二

197

续 表

职 别	姓 名	性 别	年 龄	籍 贯	到校年月（民国）
农学院事务员	李玉瑞	男	29	云南弥勒	三十三年十月
农学院绘图员	李敏斋	男	51	云南广南	三十五年十月
事务员	赵上珍	男	32	云南剑川	三十二年十月
农学院图书管理员	谢苍禄	男	28	云南剑川	三十六年八月
农艺系助理员	祁景良	男	25	云南呈贡	
农学院助理员	李兴春	男	27	云南河西	三十四年二月
森林系助理	谢瑶英				
物理系助理	何缵荣				
物理系助理	赵法源	男	23	云南开远	三十六年一月
化学系助理	何其贤	男	29	云南沾益	三十三年十二月
机械系技术员	汤季彬	男	36	南京市	二十四年八月
图书馆司事	何正荣	男	38	云南永仁	二十二年八月
图书馆练习生	金宗佑	男	20	云南鹤庆	三十六年六月
电专事务员	吴守箴	女	36	云南石屏	三十五年八月
电专助理	林槐	男	52	云南昆明	三十五年九月
蚕专技术员	钱立民	男	47	江苏涟水	
实习工厂助理	林道高				
棉场技术员	聂鑫				
文书组司事	杨如峻	男	23	云南邓川	三十二年十月
庶务组电匠	余树清				
校长室司事	李柱	男	44	云南澄江	二十九年二月
补 遗					
理学院化学教授	杨春洲	男	44	云南石屏	三十六年八月
医学院副教授	杨景庭	男	38	河北迁安	三十六年二月
文法学院讲师	章煜然	男			
训导处助理	褚伯高	男	29	云南泸西	三十二年六月

民国三十七年国立云南大学教职员一览表

校长室	
校长	熊庆来
秘书	熊廷柱
干事	郑幼三
事务员	王云珍
事务员	苏 蓁
教务处	
教务长	王士魁
事务员	王烈祖
雇员	张文辉
训导处	
训导长	黄国瀛
训导员	冯嘉宝
事务员	施有寿
事务员	刘 谦
生活组	
主任	周 耀
事务员	周鸿业
事务员	杨天菜
课外组	
主任	邹景荣
事务员	李蕙卿
会计室	
主任	全云寰
佐理员	马振奇
佐理员	郭先兴
佐理员	张天玉
佐理员	宋凤蛟
佐理员	王清泉

事务员	全竞寰
事务员	张新秋
事务员	蒋裕光
事务员	李 玺
雇员	杨家诰
总务处	
总务长	诸宝楚
事务员	王俊英
事务员	王以忠
文书组	
主任	王纯尧
组员	林治华
组员	沈鸿范
组员	宋为藩
组员	李永龄
组员	杨德铭
雇员	杨如峻
出纳组	
主任	张家谟
组员	张雨润
组员	杨华芬
组员	周庭灿
事务员	苏淑芬
事务员	干世芳
事务员	姜佩琼
事务员	罗祉仲
庶务组	
主任	李 坯
干事	冯 洸

名 录 二 二

续 表

组员	张立诚	图书馆	
组员	严宗云	主任	彭元士
组员	徐振芬	馆员	顾汉光
组员	董佩金	馆员	曾以厚
事务员	章诚宗	馆员	何祝铭
事务员	李国兴	馆员	马树柏
事务员	王秉章	馆员	段宝珍
事务员	王建勋	馆员	袁俊春
雇员	余树清	馆员	何有涞
雇员	张 志	馆员	何正荣
工务组		馆员	刘守光
主任	张用一	出版组	
事务员	朵应景	主任	周光倬
事务员	杨尚书	组员	熊勋武
事务员	赵法源	组员	王德谦
事务员	陈天培	组员	徐绍卿
事务员	王学哲	组员	徐培昌
雇员	杨本忠	组员	熊履绥
注册组		组员	燕勋赓
主任	张友铭	组员	唐梅冰
干事	王少钦	文法学院	
组员	曾云鹏	院长	梅远谋
组员	赵 谦	文史系	
组员	陈丽卿	主任	方国瑜
组员	戎青松	教授	范 锜
事务员	熊秉智	教授	杨家凤
事务员	刘诗芬	教授	马奉琛
事务员	张伯如	教授	纳 忠
事务员	姜一鹤	教授	叶德均

续 表

教授	张为骐		助教	马开樑
教授	白之翰		助教	马忠民
教授	孙海波		助教	杨允中
教授	刘文典		助教	吴世荣
教授	谢国桢		**外语系**	
教授	孙海波		主任	凌达扬
教授	张为骐		教授	田洪都
教授	罗 庸		教授	胡 毅
教授	方龄贵		教授	贾光涛
教授	周惺甫		副教授	狄霭克
教授	赵春谷		副教授	周叔怀
教授	吴乾就		副教授	邱道生
教授	袁丕佑		讲师	吴文嘉
教授	田光烈		讲师	王森堂
教授	钱 穆		讲师	周叔怀
教授	朱杰勤		讲师	黄 澄
副教授	姚莫中		助教	俞志震
副教授	张德光		助教	魏兆南
副教授	傅懋勉		助教	段惠仙
副教授	徐知良		助教	杨邦顺
副教授	李 埏		助教	王云珍
副教授	李为衡		助教	叶其汉
副教授	马 曜		**经济系**	
副教授	石介高		主任	梅一略
副教授	和克强		教授	萧子风
讲师	缪鸾和		教授	钱德富
讲师	全振寰		教授	陆忠义
讲师	周 均		教授	韩及宇
讲师	张天如		教授	秦 瓒

名 录

续　表

副教授	杨宜春		教授	孙文明
副教授	杨克诚		副教授	张孝忱
副教授	刘文藻		副教授	范承枢
副教授	张骙祥		副教授	张佶和
副教授	赵　澍		副教授	吴薇生
副教授	戴自培		副教授	冯逢章
副教授	朱应庚		副教授	冯　浩
讲师	王治柱		副教授	陈　书
助教	李绍武		副教授	乔文华
助教	张家驹		助教	饶　祀
助教	冉俊彦		助教	张熙仁
助教	董孟雄		**社会系**	
政治系			主任	杨　堃
主任	李德家		教授	金琼英
教授	陈复元		教授	杨怡士
教授	朱驭欧		教授	江应樑
教授	邹邦樑		讲师	刘德曾
教授	由振群		讲师	李慰祖
副教授	张　警		助教	陈年榜
助教	熊锡元		助教	刘尧汉
助教	张时俊		助教	张征东
法律系			**理学院**	
主任	宋玉生		院长	张文渊
教授	饶重庆		**物理系**	
教授	彭望雍		兼主任	张文渊
教授	徐　靖		教授	张永立
教授	赵崇汉		教授	彭桓武
教授	徐溥泽		教授	王明贞
教授	陶天南		副教授	杨桂官

续 表

副教授	顾建中		教授	俞德俊
讲师	王仲永		教授	顾光中
讲师	胡维菁		副教授	萧承宪
助教	郑智绵		副教授	俞德浚
助教	王光诚		讲师	潘清华
助教	何瓒荣		助教	吴天生
化学系			助教	朱碧玉
主任	张瑞纶		助教	杨貌仙
教授	潘正涛		助教	徐从宣
教授	杨春洲		采集	杨昭辉
教授	薛纪如		管仪	杨绍珠
教授	赵雁来		**数学系**	
教授	李秉瑶		主任	王士魁
教授	王树勋		教授	卫念祖
讲师	杨鹏魁		讲师	徐天祥
讲师	张继龄		讲师	陈箕谷
讲师	韩春元		讲师	白世俊
讲师	徐绍龄		讲师	简恩泽
助教	赵树年		讲师	钱春深
助教	李 楷		副教授	张福华
助教	田宝箱		副教授	张 燮
助教	吴佑礼		助教	饶婉宜
助教	徐德祥		**工学院**	
助教	华世锜		院长	丘勤宝
生物系			教授	王景贤
主任	秦仁昌		教授	姚 瞻
教授	崔之兰		教授	潘志英
教授	朱彦丞		教授	刘光悌
教授	朱彦承		副教授	张正林

续 表

副教授	马耀光
副教授	杜彦耿
副教授	张振西
讲师	杨祖海
讲师	何丕承
助教	李榆仙
助教	徐嘉葆
助教	翁大馨
铁管系	
主任	李吟秋
教授	唐永权
教授	程文熙
副教授	张言森
副教授	吴融清
副教授	周宝珧
副教授	安字明
副教授	林炳钟
助教	倪富林
助教	冉邦彦
助教	黄永刚
航空系	
主任	王绍曾
教授	赵重哲
教授	靳式根
副教授	陈乃隆
副教授	凌云沛
助教	谭秀群
助教	王卓凡
助教	董宝臧

机械系	
主任	马光辰
教授	杨克嵘
教授	王志民
教授	胡宗璞
教授	张 经
讲师	屈维德
助教	袁建坤
助教	李家宝
助教	袁绩奇
技术员	汤季彬
电讯专修科	
主任	周荫阿
副教授	冯 竞
教员	梁家佑
助教	李祖金
事务员	吴守箴
事务员	林 槐
实习工厂 车工技术员	张 寿
钳工技术员	林松泉
铸工技术员	姜雪桐
事务员	段德元
事务员	陈慰群
雇员	郑景贤
雇员	苟培安
医学院	
院长	杜 棽
教授	赵明德

续表

教授	朱肇熙		绘图员	赵竹筠
教授	刘学敏		事务员	袁恒昌
教授	刘崇智		雇员	余 馨
教授	朱锡候		雇员	李如祥
教授	石毓澍		雇员	戴鑫泉
教授	蓝 瑚		**农学院**	
教授	秦教中		院长	张海秋
教授	范秉哲		教授	徐天骝
教授	李 枢		教授	曾 勉
教授	梁家椿		副教授	全文晟
教授	郭文明		讲师	余树勋
教授	李 丹		技士	张 志
教授	张蓬羽		技士	严发春
教授	缪安成		技士	唐韫瑶
教授	叶 葵		技术员	聂 鑫
教授	孙慧筠		事务员	李玉瑞
教授	魏劼沉		事务员	杨绩彦
教授	秦作梁		事务员	刘宝贵
教授	沈鼎鸿		事务员	祈景良
副教授	杨景庭		事务员	谢苍禄
讲师	李岱学		事务员	李兴春
助教	陈留馀		事务员	杨敬先
助教	易淑懿		绘图员	李敏斋
助教	李荫屏		**农艺系**	
助教	骆 毅		主任	段永嘉
助教	何艾田		教授	原颂周
助教	姚金芝		教授	昝维廉
助教	周绮楼		教授	诸宝楚
组员	陈云浦		副教授	刘致清

名 录

续　表

副教授	蔡克华
副教授	萧常裴
讲师	曹诚一
助教	阮兴业
助教	杨培谷
助教	陈　钊
助教	胡以仁
助教	黄础平
助教	纳信真
助教	孙奎钺
助教	连　钝
助教	马庆华
森林系	
教授	李荫贞
副教授	秦秉中
副教授	徐永椿

副教授	任　伟
助教	胡秀荃
助教	汪　璞
助教	董荣灿
事务员	谢琼英
蚕桑专修科	
主任	蒋同庆
副教授	李莘农
讲师	董载衡
助教	钱惠田
助教	李存光
助教	徐文奎
技术员	钱立民
先修班	
	张天如

民国三十八年国立云南大学教职员一览表

职　别	姓　名	籍　贯	年　龄	性　别	到职年月（民国）
校长	熊庆来	云南弥勒	57	男	二十六年八月
教务长	王士魁	海南岛	45	男	三十七年八月
训导长	黄国瀛	湖南长沙	55	男	三十七年八月
总务长	诸宝楚	江苏无锡	40	男	三十七年十月
文法学院院长	方国瑜	云南丽江	46	男	三十八年六月
理学院院长	张其俊	安徽太和	49	男	三十四年八月
工学院院长	丘勤宝	广东梅县	43	男	三十七年八月
医学院院长	杜棻	河北	44	男	二十六年九月
农学院院长	张福延	云南剑川	57	男	二十八年八月
秘书	柳灿坤	云南宁洱	62	男	三十年二月
校长室					
校长	熊庆来	云南弥勒	57	男	二十六年八月
工学院教授兼秘书	柳灿坤	云南宁洱	62	男	三十年二月
组员	郑幼三	湖南长沙	60	男	三十四年一月
试用事务员	李柱	云南澄江	46	男	二十九年二月
教务处					
兼教务长	王士魁	海南岛	45	男	三十七年八月
事务员	王烈祖	云南剑川	36	男	三十五年十二月
事务员	张志承	云南鹤庆	22	男	三十七年十月
注册组					
副教授兼主任	张友铭	河北献县	39	男	二十九年八月
组员	王少钦	云南呈贡	40	男	三十二年十一月
组员	张伯如	河北	38	男	三十五年四月
组员	曾云鹏	云南昆明	30	女	三十五年九月
组员	赵谦	云南宜良	29	男	三十六年八月
组员	戎青松	河北隆平	30	女	三十六年八月
组员	任锦媛	江苏江都	26	女	三十七年十一月
事务员	陈凤英	南京市	34	女	三十五年八月

续 表

职 别	姓 名	籍 贯	年 龄	性 别	到职年月（民国）
事务员	刘诗芬	云南会泽	24	女	三十六年六月
事务员	杨瑞霞	广东中山	29	女	三十八年一月
事务员	郑复善	云南祥云	25	男	三十七年九月
文书员	熊秉智	云南弥勒	32	男	三十七年十月
出版组					
副教授兼主任	周光倬	云南昆明	49	男	三十七年九月
组员	王德谦	云南剑川	51	男	三十五年十月
组员	熊勋武	云南昆明	40	男	三十一年二月
事务员	徐绍卿	云南昆明	62	男	二十五年八月
事务员	燕勋赓	云南昆明	35	男	三十四年五月
事务员	徐培昌	江苏武进	35	男	三十四年十月
事务员	熊履绥	云南昆明	30	男	三十四年十一月
事务员	罗祥生	云南蒙自	39	男	三十五年五月
事务员	唐梅冰	安徽巢县	31	女	三十四年六月
事务员	楚世錩	云南昆明	37	男	三十七年六月
事务员	方品瑞	云南晋洱	29	男	三十七年十二月
雇员	王成璘	云南昆明	27	男	三十六年八月
图书馆主任	彭元士	江苏吴县	59	男	二十四年七月
编目员	尹华中	云南腾冲	26	男	三十六年六月
馆员	曾以厚	云南昆明	36	男	二十四年九月
馆员	何祝铭	云南石屏	35	男	二十五年九月
馆员	马树柏	云南通海	37	男	三十三年九月
馆员	段宝珍	云南昆明	31	女	二十九年二月
馆员	袁俊春	贵州息烽	34	女	三十一年八月
馆员	张性聪	广西桂林	38	女	三十五年十一月
馆员	陈丽卿	广东潮安	32	女	三十五年七月
馆员	傅蕊清	北平市	35	女	三十七年一月
管理员	徐若梅	江苏宜兴	36	女	三十五年十二月

续 表

职 别	姓 名	籍 贯	年 龄	性 别	到职年月（民国）
事务员	周淑轩	云南通海	32	女	三十一年十一月
试用事务员	刘守光	云南弥勒	36	男	三十三年八月
雇员	何正荣	云南永江	40	男	二十九年十月
雇员	金宗佑	云南鹤庆	22	男	三十六年六月
兼训导长	黄国瀛	湖南长沙	55	男	三十七年八月
训导处女生指导兼外语学系讲师	杨天棻	天津市	35	女	三十七年八月
事务员	刘 谦	江苏淮阴	28	男	三十七年十一月
讲师兼主任	周 耀	云南玉溪	40	男	三十五年九月
训导员	冯嘉葆	湖南湘乡	56	男	三十年十月
训导员	徐 谦	云南昆明	44	男	三十七年九月
事务员	施有寿	云南昆明	26	男	三十七年三月
讲师兼主任	邹景荣	广东龙川	38	男	三十四年八月
训导员	李蕙卿	云南祥云	36	女	三十一年十一月
教授兼主任	杨元坤	云南宁洱	40	男	三十年八月
副教授	丁仲英	山东临清	40	男	三十五年八月
副教授	魏丕栋	云南华宁	40	男	三十五年二月
副教授	王瑞甫	江苏	34	男	三十四年十一月
讲师	钱志诚	四川彭县	33	男	三十七年一月
讲师	李毓华	云南顺宁	29	男	三十五年八月
讲师	赵瑞林	河北	32	男	三十六年八月
助教	张思义	云南昭通	28	男	三十八年八月
事务员	黄薰南	云南会泽	28	男	三十七年二月
校医	王天祚	江苏江宁	40	男	三十六年八月
护士兼组员	张清华	云南蒙化	25	女	三十七年五月
总务处					
兼总务长	诸宝楚	江苏无锡	40	男	三十七年十月
总务处组员	黄绵龄			男	三十六年四月

名 录

209

続　表

職　別	姓　名	籍　貫	年　齢	性　別	到職年月（民國）
總務處組員	王複英	雲南鹽豐	24	女	三十四年五月
總務處組員	劉培之	河北衡水	37	男	三十五年六月
事務員	陳慰群	湖北黃梅	52	男	三十六年八月
雇員	張　傅	雲南彌渡	20	男	三十七年十二月
文書組					
主任	王繩堯	雲南彌勒	42	男	三十一年三月
組員	宋為藩	雲南石屏	51	男	三十八年二月
組員	雷堯漢	西康會理	35	男	三十五年六月
組員	林治華	雲南昆明	34	男	三十四年二月
組員	沈鳴范	江蘇崇明	36	男	三十三年八月
事務員	李永齡	雲南宜良	50	男	二十八年十月
事務員	楊德銘	雲南昆明	39	男	三十年八月
雇員	楊如峻	雲南鄧川	23	男	三十五年六月
出納組					
主任	張家謨	雲南彌勒	35	男	三十五年二月
組員	張雨潤	雲南嵩明	38	男	三十二年十二月
組員	蕭善梁	雲南劍川	35	男	三十四年十一月
試用組員	楊華芬	雲南彌勒	39	男	三十年二月
事務員	蘇淑芬	雲南昆明	23	男	三十二年十二月
事務員	于世芬	雲南嵩明	24	女	三十四年六月
事務員	周廷燦	雲南彌勒	39	男	三十五年四月
事務員	姜佩瓊	雲南彌勒	28	女	三十五年十一月
事務員	羅祉祥	湖南湘潭	29	男	三十六年九月
庶務組					
主任	李　懷	雲南昆明	40	男	二十八年六月
組員	馮　洸	雲南昆明	40	男	二十九年九月
組員	張立誠	雲南彌渡	48	男	二十八年十一月
組員	嚴宗雲	雲南宣威	30	男	三十二年四月

续 表

职别	姓名	籍贯	年龄	性别	到职年月（民国）
组员	徐振芳	云南昆明	36	男	三十二年十一月
组员	董佩金	云南昆明	25	女	三十一年三月
组员	吴占元	河北宁县	30	男	三十八年七月
事务员	王秉章	云南昆明	44	男	三十四年三月
事务员	王建勋	云南弥勒	35	男	三十七年五月
司机	丁兴华	河南	36	男	三十五年十二月
电匠	余树清	云南昆明	54	男	二十六年十一月
雇员	张 志	云南弥勒	24	男	三十六年二月
工务组					
主任	张用一	云南弥勒	50	男	三十二年七月
事务员	朵应景	云南弥勒	40	男	三十二年九月
事务员	杨尚书	云南弥勒	33	男	三十四年四月
事务员	王学哲	云南弥勒	29	男	三十六年六月
事务员	李国兴	云南弥勒	37	男	三十三年一月
试用事务员	陈天培	云南昆明	23	男	三十六年六月
会计室					
主任	会云裏	云南昆明	41	女	三十四年一月
佐理员	马振奇	云南昆明	31	男	三十二年十月
佐理员	郭先兴	江西新建	32	男	三十四年九月
佐理员	王清泉	云南盐津	28	男	三十五年八月
代佐理	张天玉	云南保山	38	女	三十四年九月
代佐理	李 垚	云南昆明		男	三十七年二月
会计员	蒋裕光	云南建水	25	男	三十七年九月
事务员	全竞裏	云南昆明	27	女	三十四年二月
事务员	张新秋	云南昆明	32	女	三十四年六月
事务员	宋凤娇	云南昆明	34	女	三十四年十二月
事务员	萧 颖	云南昆明	25	男	三十六年三月
事务员	陈黛珍	浙江诸暨	33	女	三十五年十一月

续 表

职 别	姓 名	籍 贯	年 龄	性 别	到职年月（民国）
雇员	杨家诰	云南弥勒	27	男	三十一年二月
统计室					
统计员	苏蓁	云南石屏	53	男	二十一年二月
文法学院					
代理院长	方国瑜	云南丽江	46	男	三十八年六月
教授	张若名	河北清苑	48	女	三十六年十一月
教授	朱杰勤	广东	37	男	三十四年八月
副教授	周光倬	云南昆明	49	男	三十六年十二月
文史系					
教授兼主任	方国瑜	云南丽江	46	男	二十五年九月
教授	范锜	广东大埔	49	男	三十一年七月
教授	刘文典	安徽合肥	60	男	三十二年八月
教授	杨家凤	云南鹤庆	52	男	三十二年十一月
教授	纳忠	云南河西	40	男	三十六年六月
教授	孙海波	河南	40	男	三十七年五月
教授	马奉琛	河北静海	44	男	三十四年八月
教授	白之瀚	山西介休	58	男	三十七年八月
教授	邓永龄	云南永善	48	男	三十八年五月
教授	徐知良	河北运化	46	男	三十六年六月
教授	张为骐	四川达县	49	男	三十七年五月
教授	叶德均	江苏	40	男	三十七年五月
副教授	李埏	云南路南	34	男	三十二年八月
副教授	李为衡	云南宁洱	31	男	三十四年八月
副教授	张德光	湖南修县	37	男	三十七年五月
副教授	傅懋勉	山东聊城	35	男	三十五年八月
副教授	张友铭			男	
讲师	全振寰	云南昆明	36	女	三十五年八月
讲师	缪鸾和	云南宣威	33	男	三十一年八月

云南大学史料丛书·教职员卷

续 表

职 别	姓 名	籍 贯	年 龄	性 别	到职年月（民国）
讲师	马曜	云南洱源	38	男	三十六年八月
助教	马开樑	云南宣威	33	男	三十五年八月
助教	马忠民	云南昭通	27	男	三十六年八月
助教	吴世荣	云南澄江	27	男	三十六年八月
助教	杨元中	云南丽江	26	男	三十六年八月
外语系					
教授兼主任	凌达扬	广东	56	男	三十二年三月
教授	柳灿坤	云南宁洱	62	男	三十年二月
副教授	狄霭克	美国	60	女	三十六年八月
副教授	艾美仪	美国	28	女	三十八年二月
副教授	邱道生	广东	69	男	三十六年八月
副教授	王森堂	河北	36	男	三十五年八月
讲师	周叔怀	云南大理	24	男	三十七年八月
讲师	沈宝铼	山东历城	32	男	三十八年二月
讲师	段惠仙	云南腾冲	28	男	三十二年八月
助教	魏兆南	广东澄海	27	男	三十六年八月
助教	杨邦顺	江苏南京	28	男	三十六年八月
助教	俞志震	浙江	30	男	三十六年八月
助教	陈为灼	广东台山	26	男	三十八年八月
助教	沈耕云	云南昆明	28	男	三十八年八月
政治系					
教授兼主任	李德家	云南盐兴	46	男	三十七年八月
教授	陈复光	云南大理	52	男	三十六年八月
教授	赵恩钜	安徽太湖	48	男	三十八年二月
教授	汤鹤逸	湖南	48	男	三十七年十一月
教授	由振群	云南姚安	33	男	三十七年二月
副教授	张警	浙江杭县	35	男	三十七年五月
讲师	熊锡元	江西安义	32	男	三十一年八月

续 表

职 别	姓 名	籍 贯	年 龄	性 别	到职年月（民国）
讲师	张进俊	湖北隋县	33	男	三十六年二月
助教	王志坚	浙江镇海	27	男	三十八年八月
经济系					
教授兼教授	秦 瓒	河南固始	52	男	三十六年五月
教授	韩及宇	山东楼霞	38	男	三十五年十二月
教授	萧子风	湖南湘乡	46	男	三十六年五月
教授	陆忠义	江苏吴县	36	男	三十年八月
副教授	杨宜春	热河朝阳	31	男	三十七年五月
副教授	郭树人	河北乐亭	33	男	三十八年八月
讲师	王治柱	湖北黄坡	28	男	三十六年十二月
助教	张家驹	云南昆明	29	男	三十五年二月
助教	李绍武	云南晋宁	28	男	三十五年八月
助教	冉俊彦	河北清苑	24	女	三十六年八月
助教	董孟雄	云南腾冲	23	男	三十七年九月
法律系					
教授兼主任	宋玉生	江苏盐城	47	男	三十五年六月
教授	饶重庆	云南蒙化	65	男	二十二年九月
教授	徐 靖	北平市	42	男	三十五年六月
教授	徐溥泽	江苏武进	58	男	三十七年八月
教授	赵崇汉	河南淮阳	42	男	三十四年八月
教授	彭望雍	江苏	40	男	三十五年八月
讲师	饶祀	云南蒙化	27	男	三十四年八月
助教	张熙仁	云南弥勒	24	男	三十七年八月
助教	董 鑫	云南石屏	23	男	三十八年八月
社会系					
教授兼主任	杨 堃	河北大名	49	男	三十六年十一月
教授	金琼英	广东南海	37	女	三十六年六月
教授	江应樑	云南	41	男	三十七年五月

续 表

职　　别	姓　名	籍　贯	年　龄	性　别	到职年月（民国）
教授	岑 纪	江西萍乡	48	男	三十八年八月
讲师	李慰祖	广东南海	32	男	三十七年五月
讲师	石堉壬	河北滦县	36	男	三十七年十一月
助教	陈年榜	广东隆海	26	男	三十六年八月
助教	刘尧汉	云南镇南	27	男	三十六年八月
社会学研究助理	詹开龙			男	三十七年九月
理学院					
院长兼物理系主任	张其俊	安徽太和	49	男	三十四年八月
数学系					
教授兼主任	王士魁	海南岛	45	男	二十六年九月
教授	何衍璇	广东高要	50	男	二十九年八月
教授	卫念祖	四川剑阁	34	男	三十六年二月
副教授	张福华	云南昆明	36	男	二十六年八月
副教授	张 燮	江西南昌	31	男	三十六年五月
副教授	陈箕谷	河北丰润	56	男	三十六年八月
讲师	白世俊	云南祥云	34	男	二十八年九月
讲师	徐天祥	云南峨山	35	男	三十六年八月
讲师	钱春深	贵州麻江	35	男	三十二年八月
讲师	简恩泽	云南昆明	31	男	三十二年八月
助教	饶婉宜	云南蒙化	32	女	三十六年八月
化学系					
教授兼主任	张瑞纶	河北宛平	42	男	三十三年十一月
教授	赵雁来	河北	47	男	二十六年八月
教授	王树勋	河北	38	男	二十九年三月
教授	李秉瑶	河北定县	40	男	三十五年八月
讲师	杨鹏魁	广东	30	男	三十一年八月
讲师	徐绍龄	浙江	29	男	三十四年八月
助教	赵树年	云南鹤庆	28	男	三十五年八月

名　录

续 表

职 别	姓 名	籍 贯	年 龄	性 别	到职年月（民国）
助教	李 楷	云南石屏	28	男	三十五年八月
助教	田宝藉	云南昆明	27	男	三十五年八月
助教	吴佑礼	广东湖安	26	男	三十六年八月
助教	徐德祥	江苏镇江	25	男	三十七年八月
助教	华世锜	云南呈贡	27	男	三十七年八月
助教	董苍玉	河北丰润	24	男	三十八年八月
事务员	何其贤	云南沾益	31	男	三十三年十二月
物理系					
教授兼主任	张其俊	安徽太和	49	男	三十四年八月
教授	王明贞	江苏吴县		女	三十六年二月
副教授	杨桂宫	河北抚宁	37	男	三十二年九月
副教授	顾建中	贵州贵阳	37	男	二十六年九月
讲师	胡维箐	浙江绍兴	34	男	三十一年九月
讲师	王仲永	安徽桐城	36	男	三十六年五月
讲师	郑智绵	广东琼山	28	男	三十四年八月
助教	王光诚	江苏	30	男	三十五年五月
助教	何缵荣	广东	26	男	三十六年七月
助理兼理学院事务员	唐懋荧	云南昭通	27	男	三十八年二月
生物系					
兼主任	秦仁昌			男	三十七年八月
教授	朱彦丞	河北清苑	38	男	三十六年八月
教授	萧承宪	江西	40	男	三十五年八月
副教授	俞德浚	北平市	42	男	三十五年八月
副教授	潘清华	江苏宜兴	34	男	二十七年六月
讲师	杨貌仙	云南昆明	30	女	三十五年八月
助教	徐文宣	云南宣威	32	男	三十六年八月
助教	朱碧玉	湖南常德	27	女	三十七年八月
助教	吴天生	江苏涟水	26	男	三十七年八月

云南大学史料丛书·教职员卷

续　表

职　别	姓　名	籍　贯	年　龄	性　别	到职年月（民国）
助教	孙必兴	云南宣威	26	男	三十七年八月
仪管员	杨绍珠	云南易门	31	男	三十四年七月
工学院					
院长兼土木工程系主任	丘勤宝	广东梅县	43	男	三十七年八月
教授	柳灿坤	云南宁洱	62	男	三十年二月
副教授	潘志英	浙江平湖	34	男	三十七年八月
技术员	何玉山			男	三十八年一月
土木工程系					
教授兼主任	丘勤宝	广东	43	男	二十七年九月
教授	王景贤	天津	58	男	三十五年八月
教授	陶葆楷			男	三十八年五月
教授	姚瞻	广东	41	男	三十一年四月
教授	马耀先	河北东光	48	男	三十五年十月
副教授	张正林	南京市	32	男	三十六年二月
副教授	吴持恭	浙江	33	男	三十七年十二月
讲师	何丕承	云南盐兴	31	男	三十二年九月
讲师	李榆仙	云南大理	29	女	三十五年九月
助教	张振西	河北平乡	30	男	三十七年二月
助教	徐家宝	江苏江阴	27	男	三十六年八月
助教	翁大馨	江苏吴县	27	男	三十七年八月
矿冶工程系					
教授兼主任	黄国瀛	湖南长沙	55	男	三十三年八月
教授	李清泉	河北定县	44	男	三十三年八月
教授	许崇周	湖南长沙	70	男	三十五年八月
教授	王源璋	山东黄县	40	男	三十二年二月
教授	黄佑文	湖南长沙	33	男	三十七年五月
副教授	李光溥	云南玉溪	33	男	三十六年二月

名

录

=

=

续 表

职 别	姓 名	籍 贯	年 龄	性 别	到职年月（民国）
副教授	徐骏平	广东蕉岭	38	男	三十七年八月
讲师	杨德森	云南	31	男	三十一年八月
助教	杨朝樑	云南昆明	25	男	三十五年八月
助教	潘和平	福建林森	28	男	三十五年八月
助教	张宝昌	云南通海	26	男	三十六年八月
助教	李志鹄	上海市	24	男	三十六年八月
助教	魏履谦	山西	30	男	三十七年十一月
铁道管理工程系					
教授兼主任	李吟秋	河北	50	男	三十五年二月
教授	王仲曾	辽宁	49	男	三十八年八月
教授	张言森	福建林森	54	男	三十七年八月
教授	唐永权	云南昭通	47	男	三十五年八月
副教授	安字明	湖北武昌	32	男	三十三年六月
副教授	沈达宏	江西南昌	40	男	三十八年二月
助教	冉邦彦	河北	27	女	三十六年八月
助教	倪富林	云南腾冲	27	男	三十六年八月
助教	黄永刚	安徽黟县	24	男	三十七年八月
航空工程系					
教授兼主任	王绍曾	河北	37	男	三十四年八月
教授	靳式根	河北	36	男	三十八年八月
副教授	陈乃隆	福建闽侯	30	男	三十六年六月
副教授	郭佩珊	河北定县	37	男	三十五年八月
讲师	凌云沛	广东钦县	30	男	三十六年八月
讲师	蔡光俊	云南石屏	30	男	三十八年二月
讲师	谭秀群	广东	30	女	三十五年二月
助教	王卓凡	广东	24	男	三十七年八月
助教	董宝臧	江苏	29	男	三十七年八月
技术助理员	张德贵	云南昆明	28	男	三十七年十一月

续 表

职 别	姓 名	籍 贯	年 龄	性 别	到职年月（民国）
机械工程系					
教授兼主任	王志民	北平市	40	男	三十六年五月
教授	杨克嵘	云南洱源	57	男	十一年九月
教授	马光辰	江苏无锡	45	男	三十四年十二月
教授	胡宗璞	江苏无锡	46	男	三十六年六月
教授	张 经	河北宛平	40	男	三十六年二月
副教授	崔济亚	江苏	31	男	三十八年五月
副教授	屈维德	广东顺德	33	男	三十五年八月
助教	袁建坤	上海市	29	男	三十六年三月
助教	李家宝	云南晋宁	25	男	三十六年八月
助教	饶行之	湖北钟祥	25	男	三十八年八月
电讯专修科					
兼任教授兼主任	周荫阿	河北定国	46	男	三十五年八月
副教授	冯 竞	江苏江都	33	男	三十七年八月
教员	梁家佑	广东	38	男	三十五年三月
助教	李祖淦	浙江杭县	26	男	三十五年八月
助教	林作权	广东潮安	30	男	三十八年八月
助教	杜汝照	广东	25	男	三十八年八月
事务员	吴守箴	云南石屏	38	女	三十五年三月
事务员	林 槐	云南昆明	27	男	三十五年九月
实习工厂					
兼主任	郭佩珊			男	三十八年八月
兼实习导师	陈乃隆			男	三十六年八月
兼实习指导员	屈维德			男	三十六年八月
技术员	陈凤林	广东	38	男	三十八年九月
技术员	李成发	云南昆明	32	男	三十八年六月
技佐	黄松云	上海市	39	男	三十八年九月
技佐	钱 炳	江苏无锡	40	男	三十八年六月

名

录

二

219

续 表

职 别	姓 名	籍 贯	年 龄	性 别	到职年月（民国）
事务员	段德元	贵州	27	男	三十七年八月
矿冶工程系雇员	郑景贤	云南弥勒	26	男	三十七年八月
土木工程系雇员	尚培安	云南会泽	27	男	三十六年十月
医学院					
教授兼院长兼附设医院院长	杜棻	河北	44	男	二十七年九月
教授兼生物化学及药理学主任	朱肇熙	江西南京		男	二十八年八月
教授兼病理学主任	刘学敏	河北任丘	36	女	三十一年四月
教授兼外科主任	刘崇智	河北任丘	34	男	三十四年八月
教授兼生理实验室主任	朱锡候	浙江绍兴	44	男	三十四年八月
教授兼内科主任	石毓澍	天津	32	男	三十五年八月
教授兼解剖学主任	蓝瑚	河北昌平	35	男	三十六年五月
教授	赵明德	河北	40	男	二十八年九月
教授	范秉哲	河北	46	男	二十六年八月
教授	李枢	河北	44	男	二十六年九月
教授	张蓬羽	四川江安	43	男	三十三年八月
教授	郭文明	河北宛平	35	男	三十五年八月
教授	李丹	湖南湘阴	48	男	三十五年八月
教授	秦作梁	河南	52	男	三十七年八月
教授	梁家椿			男	三十五年二月
教授	李念秀	河北澡县	35	女	三十六年五月
教授	叶葵	广东文昌	36	男	三十六年五月
教授	缪安成	云南昆明	44	男	三十六年八月
教授	魏劼沉	山东	40	男	三十七年五月
副教授	杨景庭	河北迁安	40	男	三十六年三月
副教授	苏树言			男	三十八年八月

续　表

职　别	姓　名	籍　贯	年　龄	性　别	到职年月（民国）
讲师	李岱学	云南昆明	39	男	三十七年八月
讲师	易淑懿	河南商城	28	女	三十四年八月
助教	陈留馀	云南昆明	30	男	三十三年十月
助教	骆　毅	江苏	31	男	三十七年六月
助教	何艾田	河北	31	女	三十七年六月
助教	姚金芝	安徽桐城	31	女	三十六年一月
助教	周绮楼	云南个旧	27	男	三十七年八月
助教	王履信	云南昆明	26	男	三十八年八月
助教	傅增颜	云南安宁	29	男	三十八年八月
组员	陈云浦	江苏宿迁	54	男	三十四年七月
绘图员	赵竹筠	云南弥勒	43	女	二十六年九月
事务员	袁恒昌	云南会泽	35	男	三十三年八月
事务员	萧　敏	江西秦和	38	女	三十七年十一月
雇员	余　馨	云南昆明	60	男	二十九年七月
雇员	李如祥	云南昆明	33	男	三十四年一月
雇员	戴鑫泉	云南弥勒	25	男	三十六年八月
农学院					
教授兼院长	张福延	云南剑川	57	男	二十八年八月
副教授	全文晟	云南昆明	48	男	三十六年八月
讲师	余树勋	北平市	31	男	三十五年八月
事务员	杨绩彦	云南剑川	35	男	三十七年八月
绘图员	李敏斋	云南广南	53	男	三十五年十二月
农艺系					
教授兼主任	段永嘉	辽北四平	41	男	三十三年八月
教授兼作物试验场主任	诸宝楚	江苏吴县	40	男	二十九年九月
教授	原颂周	广东番禺	61	男	三十六年一月
教授	熊廷柱	云南腾冲	49	男	三十七年八月

二

名

录

二

续 表

职 别	姓 名	籍 贯	年 龄	性 别	到职年月（民国）
教授	昝维廉	河北	36	男	三十六年五月
教授	刘致清	广东三水	36	男	三十六年五月
副教授	萧常裴	湖南湘乡	33	男	三十七年五月
讲师	曹诚一	湖南长沙	33	女	三十一年六月
讲师	陈钊	云南平彝	31	男	三十五年八月
助教兼管仪器	阮兴业	云南弥渡	30	男	三十五年八月
助教	胡以仁	云南昆明	29	男	三十六年六月
助教	黄础平	广州	26	男	三十七年八月
助教	纳信真	云南开远	25	男	三十六年八月
助教	马庆华	广东潮阳	27	男	三十七年八月
技术员	祁景良	云南呈贡	27	男	三十六年八月
森林系					
教授兼主任	蒋蕙荪	江苏涟水	46	男	三十二年八月
教授	秦仁昌	江苏武进	51	男	三十四年十二月
副教授	秦秉中	云南呈贡	46	男	三十年四月
副教授	徐永椿	江西龙江	32	男	二十八年八月
副教授	任玮	江苏兴化	31	男	三十六年五月
讲师	薛纪如	河北	29	男	三十八年二月
讲师	胡秀荃	湖南晃县	36	男	三十三年八月
助教	汪璞	云南华宁	27	男	三十七年八月
助教	董荣灿	云南华宁	27	男	三十七年八月
事务员	谢琼英	云南昆明	28	女	三十六年八月
蚕桑系					
教授兼主任	蒋同庆	江苏涟水	42	男	三十二年二月
教授	易廷鉴	贵州	48	男	三十八年六月
教授	韩惠卿	浙江	43	女	三十七年十一月
副教授兼实习蚕桑场主任	李华农	江苏武进	42	男	三十二年八月

续 表

职 别	姓 名	籍 贯	年 龄	性 别	到职年月（民国）
副教授	董载衡	广东化县	39	男	三十五年二月
讲师	钱惠田	浙江海宁	30	女	三十四年七月
助教	李存礼	云南沅江	28	男	三十四年八月
助教	徐文奎	云南宣威	25	男	三十六年八月
技术员	钱立民	江苏涟水	49	男	三十五年三月
呈贡农林总场					
教授兼主任	徐天骝	云南昆明	49	男	三十五年八月
助教兼技术员	连 钝	河北易县	27	男	三十七年八月
事务员	李玉瑞	云南弥渡	31	男	三十三年十月
事务员	杨敬先	云南剑川	22	男	三十三年六月
昆明实验农场					
副教授兼主任	蔡克华	江苏武进	40	男	二十九年二月
技士	张 志	云南昆明	35	男	三十六年三月
技士	严发春	云南昆明	36	男	二十八年九月
事务员	刘宝贵	云南玉溪	31	男	三十五年三月
事务员	李兴春	云南河西	29	男	三十五年八月
昆明作物试验场					
主任	诸宝楚			男	
技士	唐韫瑶	四川岳池	30	女	三十七年六月
助教兼技术员	孙奎钺	浙江诸暨	29	男	三十七年四月
弥靳木棉场					
主任	蒋蕙荪			男	
技术员	聂 鑫	云南弥勒	25	男	三十五年五月
厂口林场					
主任	蒋蕙荪			男	
技术员	张鸿清	云南昆明	36	男	三十七年十月
呈贡实习蚕桑场					
兼主任	李华农			男	

续 表

职 别	姓 名	籍 贯	年 龄	性 别	到职年月（民国）
图书馆					
讲师兼管理员	段理惠	辽北四平	37	女	三十七年十二月
事务员	谢苍禄	云南剑川	26	男	三十六年八月
先修班					
兼主任	王士魁			男	三十八年八月
助教	吴进仁	安徽桐城	27	男	三十八年八月
西南文化研究室					
研究员	杨象乾			男	
研究员	江应樑			男	
研究员	方国瑜			男	
研究员	缪鸾和			男	

民国三十八年国立云南大学工警一览表

职 别	姓 名	姓 别	年 龄	籍 贯	到工日期（民国）	备 注
工友	和志鹏	男	21	云南丽江	三十六年十月	校长室办公室
工友	武文忠	男	22	云南易门	三十二年七月	校长室
工友	萧 才	男	20	云南晋宁	三十七年五月	教务处
工友	杨如华	女	28	云南晋宁	三十八年五月	教务长室
工友	郭肇凤	男	25	云南澄江	三十八年五月	注册组
工友	杨体成	男	25	云南禄丰	三十七年三月	出版组
工友	高文义	男	24	云南昆明	三十二年十月	训导处
工友	胡 英	男	55	湖南长沙	三十四年八月	训导长室
工友	徐永林	男	24	云南昆明	三十五年一月	生活管理组办公室
工友	张 季	男	34	云南会泽	三十八年七月	体育组
工友	赵家云	男	28	云南会泽	三十八年七月	
工友	王兴朝	男	40	云南会泽	三十八年三月	
工友	何德胜	男	25	山东	三十五年六月	校医室
工友	李王氏	女	23	云南昆明	三十六年一月	总务处

职　别	姓　名	姓　别	年　龄	籍　贯	到工日期（民国）	备　注
工友	李克俊	男	23	云南晋宁	三十二年十二月	工务组
工友	李正祥	男	22	云南晋宁	三十六年二月	
工友	赵恒丰	男	22	云南弥勒	三十五年二月	出纳组
工友	范兴华	男	19	云南玉溪	三十八年二月	庶务组
工友	杨文蔚	男	31	云南晋宁	三十六年六月	庶务组
校警	孟兴荣	男	22	云南宣威	三十八年四月	前门校警
校警	李福彩	男	25	云南昆明	三十八年八月	前门校警
校警	胡家麟	男	30	云南昆明	三十七年三月	前门校警
校警	杨春景	男	24	云南大理	三十六年十月	前门校警
校警	杜定全	男	22	云南陆良	三十五年二月	中门校警
校警	顾新珍	男	22	云南晋宁	三十八年三月	中门校警
校警	杜永禄	男	25	云南陆良	三十五年一月	中门校警
校警	汪永禄	男	24	云南安宁	三十六年三月	中门校警
校警	张树金	男	21	云南弥勒	三十六年二月	中门校警
校警	方崇明	男	30	云南晋宁	三十八年八月	中门校警
校警	李　勤	男	30	云南昆明	三十六年九月	中门校警
校警	李　方	男	25	云南安宁	三十五年二月	西后门校警
校警	王富邦	男	23	云南曲靖	三十六年三月	西后门校警
校警	王　杰	男	24	云南大理	三十八年五月	西后门校警
校警	夏承炳	男	26	云南宣威	三十五年一月	西后门校警
校警	李兴荣	男	28	云南晋宁	三十八年八月	北后门校警
校警	施　俊	男	24	云南安宁	三十七年四月	北后门校警
校警	邓祖万	男	25	云南曲靖	三十八年六月	北后门校警
校警	汤维翰	男	20	云南会泽	三十七年十一月	会泽校警
校警	武自文	男	35	云南安宁	三十八年六月	会泽校警
校警	徐家兴	男	20	云南宣威	三十八年八月	会泽校警
工友	杨　玺	男	26	云南呈贡	三十八年三月	文史系
工友	王德华	男	24	云南易门	三十八年七月	会计室

续　表

职　别	姓　名	姓　别	年　龄	籍　贯	到工日期（民国）	备　注
工友	吕数国	男	22	云南曲靖	三十四年一月	社会系
工友	倪洪忠	男	18	云南弥渡	三十四年二月	经济系
工友	谢士斌	男	27	云南弥渡	三十八年七月	数学系
工友	李小昌	男	22	云南安宁	三十四年一月	凤凰山天文台
工友	苏兆祥	男	25	云南昆明	三十八年四月	
工友	李绍文	男	22	云南曲靖	三十五年三月	化学系
工友	陈志兴	男	24	云南昆明	三十六年五月	
工友	刘正安	男	30	云南呈贡	三十二年十一月	物理系
工友	杨成亮	男	50	云南呈贡	三十八年十月	生物系
工友	李开成	男	22	云南楚雄	三十五年六月	
工友	李植之	男	35	云南呈贡	三十八年四月	
工友	李应华	男	35	云南呈贡	三十八年六月	
工友	闻朝富	男	28	云南宜良	三十八年二月	矿冶工程系
工友	梁国栋	男	28	云南昆明	三十七年十二月	
工友	蒋　德	男	24	云南建水	三十八年四月	
工友	黄元昌	男	23	云南昆明	三十二年九月	铁道管理系
工友	张发坤	男	22	云南昆阳	三十七年三月	航空工程系
工友	徐正德	男	42	云南昆明	三十三年十月	白龙潭航空研究所
工友	李汝舟	男	28	云南弥勒	三十五年七月	
工友	李和世	女	45	云南弥勒	三十八年七月	
工友	施崇贤	男	25	云南安宁	三十八年三月	机械工程系
工友	邹其学	男	19	云南玉溪	三十八年六月	电讯专修科
工友	金宝华	男	25	南京市	三十八年三月	实习工厂
工友	马运才	男	20	云南昆明	三十七年三月	机械工厂
工友	王根友	男	28	江苏	三十七年二月	
工友	黄松云	男	42	江苏	三十七年二月	
工友	向汝荣	男	27	云南宜良	三十四年八月	医学院
工友	杨　泽	男	18	云南晋宁	三十七年十月	解剖室

续 表

职 别	姓 名	姓 别	年 龄	籍 贯	到工日期（民国）	备 注
工友	杨启程	男	22	云南弥勒	三十六年四月	教员及实验室
工友	李绍成	男	42	云南玉溪	三十四年一月	邮电收发室
工友	赵汉章	男	27	云南弥勒	三十五年六月	送校内文件
工友	朱希圣	男	27	云南玉溪	三十七年十月	送校外文件
工友	张家寿	男	26	云南玉溪	三十七年十一月	
工友	王祖谦	男	27	云南玉溪	三十八年七月	教员西宿舍
工友	武庆安	男	30	云南禄丰	三十三年一月	
工友	李 铣	男	20	云南呈贡	三十五年十二月	映秋院教员宿舍
工友	季永兴	男	24	云南宜良	三十七年十月	
工友	王彝寿	男	24	云南弥勒	三十八年四月	教员休息室
工友	郑锦华	男	21	云南弥勒	三十三年三月	
工友	李世昌	男	20	云南玉溪	三十七年十二月	教员工子弟学校
工友	双荣生	男	20	云南曲靖	二十三年一月	学生东宿舍
工友	魏 泽	男	28	四川	三十八年八月	学生西宿舍
工友	管绍根	男	22	云南会泽	三十六年三月	
工友	吕焕章	男	24	云南安宁	三十六年十月	
工友	韩家梅	男	50	云南昆阳	三十二年五月	
工友	王运发	男	28	云南会泽	三十八年八月	学生北宿舍
工友	张开基	男	26	云南呈贡	三十八年一月	体育组学生宿舍
工友	方泽民	男	56	云南晋宁	三十年四月	女生宿舍
工友	王周氏	女	45	云南昭通	三十三年六月	
工友	曾李氏	女	45	云南昆阳	三十三年六月	
工友	陈 言	男	50	云南昆阳	三十四年十月	大茶房
工友	李克明	男	36	云南晋宁	三十七年十一月	
工友	韩应洪	男	20	云南宜良	三十七年一月	
工友	蒋学昌	男	22	云南昆阳	三十七年十月	
工友	缪志泉	男	22	云南呈贡	三十六年四月	
工友	陈长顺	男	25	云南昆阳	三十七年五月	东茶房

一

名

录

二

续　表

职 别	姓 名	姓 别	年 龄	籍 贯	到工日期（民国）	备　注
工友	李 荣	男	24	云南昆阳	三十八年五月	
工友	孙玉生	男	25	云南昆阳	三十八年五月	
工友	朱耀光	男	34	四川	三十四年九月	教员厨房
工友	黄 通	男	24	云南宣威	三十七年十一月	
工友	徐周氏	女	45	云南弥勒	三十三年三月	职员厨房
工友	朱兴邦	男	34	云南会泽	三十六年十一月	职员厨房水夫
工友	贺 俊	男	45	云南武定	三十四年六月	工警厨房
工友	贺 春	男	32	云南武定	三十六年一月	工警厨房
工友	杜秀英	女	22	云南昆明	三十六年二月	学生厨房
工友	胡秀英	女	22	云南昆明	三十六年二月	学生厨房
工友	徐荣发	男	25	云南安宁	三十六年二月	
工友	李张氏	女	27	云南昆明	三十六年二月	
工友	李桂芳	女	23	云南澄江	三十六年二月	
工友	李周氏	女	30	云南昆明	三十六年二月	
工友	徐文之	男	31	云南会泽	三十八年八月	学生厨房水夫
工友	党正立	男	50	云南安宁	三十六年十一月	
工友	张 平	男	25	云南玉溪	三十七年一月	
工友	戴文灿	男	32	云南昆明	三十六年八月	沐浴室
工友	李学成	男	22	云南呈贡	三十七年十二月	
工友	向有伦	男	20	云南玉溪	三十八年三月	打钟
工友	杨 坤	男	50	云南昆明	二十八年二月	杂务
工友	徐礼忠	男	62	云南嵩明	三十五年一月	
工友	杨正明	男	21	云南昆明	三十八年六月	
工友	李 秀	男	35	云南呈贡	三十八年六月	花匠
工友	魏自明	男	30	四川	三十八年八月	车夫
工友	杨 诚	男	28	云南呈贡	三十五年一月	看守鱼街子校舍
工友	徐家田	男	30	河南	三十一年九月	技工
工友	陈昌位	男	24	云南宣威	三十六年五月	清洁班

续　表

职　别	姓　名	姓别	年　龄	籍　贯	到工日期（民国）	备　注
工友	杨树有	男	22	云南宣威	三十八年八月	
工友	武蔚文	男	23	云南呈贡	三十七年十一月	
工友	王朝义	男	27	河溪	三十七年五月	
工友	郭廷富	男	24	河溪	三十七年五月	
工友	陈文位	男	22	云南宣威	三十八年八月	
工友	张崇安	男	45	云南普洱	三十二年三月	
工友	李瑞林	男	24	云南昆明	三十四年一月	福利委员会
工友	张仁邦	男	22	云南曲靖	三十八年七月	
工友	余　云	男	30	云南呈贡	三十八年七月	
工友	孙　云	男	18	云南昆明	三十八年七月	
工友	段兴华	男	23	云南昆明	三十八年七月	
工友	林春棣	男	21	云南昆明	三十八年七月	
工友	赵光明	男	25	云南晋宁	三十八年七月	
工友	刘炳丰	男	22	四川	三十八年七月	
工友	李怀林	男	30	云南呈贡	三十八年一月	
工友	李　森	男	23	云南呈贡	三十六年二月	
工友	李金祥	男	22	云南昆明	三十七年六月	
校警	和见贤	男	21	云南丽江	三十七年八月	农学院
校警	李进元	男	21	云南昆阳	三十七年十一月	
校警	候　刚	男	24	云南宣威	三十八年四月	
校警	彭　华	男	24	云南昆阳	三十八年三月	
工友	项万元	男	18	四川西康	三十五年四月	
工友	潘忠林	男	25	云南会泽	三十六年一月	
工友	和汝信	男	25	云南丽江	三十八年八月	
工友	杨绍清	男	25	云南呈贡	三十一年五月	
工友	李文正	男	23	云南嵩明	三十六年三月	
工友	李文贞	男	25	云南安宁	三十八年四月	
工友	杨必森	男	22	云南昆阳	三十八年七月	

名

录

续 表

职 别	姓 名	姓 别	年 龄	籍 贯	到工日期（民国）	备 注
工友	李志徽	女	40	云南澄江	三十一年十一月	
工友	黄淑贞	男	42	云南澄江	三十一年十一月	
工友	梁绍先	男	40	云南昆明	三十八年一月	
工友	周应光	男	32	云南平彝	三十八年四月	
工友	陈大荣	男	22	云南宣威	三十八年三月	
工友	戴文荣	男	28	云南澄江	三十八年五月	
工友	李永金	男	36	云南玉溪	三十八年二月	
工友	汪宝全	男	20	云南安宁	三十八年六月	
工友	浦绍荣	男	25	云南宣威	三十八年三月	
工友	谭万品	男	25	四川大县	三十八年四月	
工友	张 近	男	32	四川南充	三十六年三月	
工友	邱高云	男	25	云南呈贡	三十八年七月	实习桑蚕场
工友	尹高民	男	25	云南呈贡	三十八年七月	
工友	张正礼	男	25	云南澄江	三十八年八月	
工友	浦恩学	男	20	云南宣威	三十八年七月	
工友	蒋明安	男	20	云南昆明	三十七年十一月	
工友	周廷松	男	55	云南宣威	三十八年八月	
工友	刘正义	男	50	云南昆明	三十八年八月	
工友	祁 良	男	35	云南呈贡	三十六年四月	呈贡农场
工友	候六根	男	33	云南呈贡	三十六年四月	
工友	倪钧富	男	25	云南呈贡	三十六年四月	
工友	王 德	男	34	云南呈贡	三十六年四月	
工友	陈有富	男	25	云南呈贡	三十六年四月	
工友	张之良	男	30	云南呈贡	三十六年四月	
工友	郭 有	男	31	云南呈贡	三十六年四月	
工友	杨 志	男	34	云南呈贡	三十六年四月	
工友	祁光荣	男	35	云南呈贡	三十六年四月	
工友	达希凯	男	35	云南呈贡	三十六年四月	

续 表

职 别	姓 名	姓 别	年 龄	籍 贯	到工日期（民国）	备 注
工友	张 清	男	33	云南呈贡	三十六年四月	
工友	李 纯	男	28	云南呈贡	三十一年九月	
工友	李如连	男	25	云南昆明	三十一年七月	作物实验场
工友	李 芝	男	35	云南昆明	三十一年七月	
工友	可凤升	男	31	云南昆明	三十一年七月	
工友	蔺平汉	男	29	云南昆明	三十一年七月	
工友	陈绍清	男	34	云南昆明	三十一年七月	
工友	张 德	男	32	云南昆明	三十一年七月	
工友	陈佑兴	男	22	云南弥勒	三十三年七月	弥勒木棉场
工友	张兴之	男	28	云南弥勒	三十三年七月	
工友	周士忠	男	22	云南弥勒	三十三年七月	
工友	陈兆村	男	30	云南昆明	三十三年七月	
工友	陈耀轩	男	34	云南昆明	三十三年七月	
工友	郑大定	男	34	云南昆明	三十三年七月	
工友	张 富	男	32	云南昆明	三十三年七月	
工友	钱起凤	男	28	云南昆明	三十三年七月	
工友	刘明万	男	53	云南昆明	三十八年八月一日	实验农场
工友	杨学禄	男	36	河西	三十八年八月一日	
工友	王永金	男	29	云南昆明	三十八年八月一日	
工友	金光茂	男	22	云南通海	三十八年八月一日	
工友	王 葆	男	41	云南昆明	三十八年八月一日	
工友	李正鸣	男	31	云南呈贡	三十八年八月一日	
工友	李正华	男	25	云南呈贡	三十八年八月一日	
工友	贾宗荣	男	34	云南玉溪	三十八年八月一日	
工友	金有年	男	18	云南昆明	三十八年八月一日	
工友	王有照	男	32	云南玉溪	三十八年八月一日	
工友	周崇和	男	31	云南通海	三十八年八月一日	
工友	刘德廉	男	30	四川	三十八年八月一日	
工友	洪春林	男	38	云南昆明	三十八年八月一日	

二、教职员简历

（一）私立东陆大学及其附属中学教职员简历

1. 私立东陆大学职员简历

董　泽　日本同文书院毕业；美国哥伦比亚大学政治科学士，教育院毕业；云南教育司司长；现任交通司司长；本校校长。

卢锡荣　美国哥伦比亚大学哲学博士；前纽约政治丛刊总编辑；本校副校长，大学编辑部主任。

华秀升　北京清华学校毕业；美国密苏里大学政治学士；美国福乐利达大学政治硕士；本校副校长、文科主任，英文、政治教授。

何　瑶　美国普渡大学机械工程科学士；本大学会计长，微积分和机械学教授。

周　恕　美国理海大学毕业，矿工程师；美国编省煤运公司矿工程师；美国米西根铁矿公司工程师；美国格利纳锌矿公司工程师；本校会计长和测量实习教授。

杨维浚　法国都鲁斯大学毕业，化学工程师；里昂大学毕业，制革工程师；本校庶务长。

范师武　美国康奈尔大学文学士；哥伦比亚大学硕士；墨德斐士大学博士；云南锡务公司董事；云南富滇银行总行主任、稽核兼主任参事；本校训育主任，经济、英文教授。

陶鸿寿　美国密歇根矿山专门大学冶金科学士，采矿工程师；云南优级师范毕业；本校秘书长。

邵　润　教育司科员；本校秘书。

华　振　留学日本东京法科大学毕业；历充江苏高等学堂优级师范学堂教务长；北京农商部主事；江苏督军署军法科科员；云南阿陋场知事实业司科员；本校秘书兼国文讲师。

缪云台　美国米尼苏达大学采矿工程学士；前云南锡务公司总理；本校经济部主任。

张邦翰　比国黎野斯高等专门学校化学工程师；比京高等电科专门学校电学工程师；本校建筑事务所工程师和法文讲师。

杨克嵘　美国普渡大学机械工程学士；美国米尼亚坡里斯钢机工厂机械设计工程师；美国保德温车头公司制图工程师；本大学建筑事务所总理，实习工厂主任，工科主任兼物理、几何和机械制图教授；本校预科几何教师。

萧扬勋　日本东京高等工业学校毕业；美国普渡大学军用无线电专科毕业，美国马可尼无线电机公司工程师；美政考取商业一等无线电技师；本大学预科主任、工科主任、实习工厂主任。

赵家遹　美国电机工程师会会员；美国普渡大学电机工程学士；美国亚历山大学校函授商科毕业；美国岛基无线电专门学校毕业；美国伊里诺大学职业教育特别科毕业；

本大学图书部主任，预科副主任，主任兼算术、解析几何讲师、教授，物理教授；预科三角、物理教师。

袁丕佑　国立北京大学国文系学士；美国盆雪维尼亚大学教育系硕士；本校图书部主任；国文教授，预科教员。

邓鸿藩　国立北京法政大学教授；日本东京帝国大学法学士；本大学预科主任兼政治教授。

余名钰　北京大学矿科学士；美国加省大学矿硕士；湖北富润煤矿公司矿师；黑龙江关都金矿局机探部工程主任；江西乾兴煤矿公司矿师；安徽安平煤矿公司矿师；本大学理化部主任，英文讲师，理化讲师、教授，化学地质学教授，理化试验室设计及仪器筹备员。

胡昭及　保定军官学校第五期步兵科毕业；北京陆军部无线电信教练所毕业；本大学军事训练教师、体操教师及学监。

刘　钰　北京高等师范体育专修科毕业；本校学监、体育教员。

彭元槐　私立东陆大学文科毕业；本校学监。

赵换钊　私立东陆大学文科毕业；本校学监。

李士贤　北京大学史学系学士；本大学学监。

李耀商　日本京都大学法学士；本大学校刊编辑兼图书管理兼政治经济教师。

萧寿民　日本东京帝国大学经济学士；国立北京法政大学教授；本校编辑主任。

王承才　香港大学医科毕业；美国磐学维尼亚眼科专门学校毕业；云南省长公署上校军医；本大学西校医。

洪济轩　昆明县立师范毕业；经昆明市政公所第一届医士试验委员会试取、注册、给证，援入中医传染病讲习所卒业；本校中校医。

李致中　云南省立甲种农学毕业；甲种农校农场管理；本校林场管理。

黄　晃　法国巴黎农科学院农学工程师；法国农学专家会会员及国际农学会会员；前国立广东大学及中山大学教授兼农场主任；广东大学附设农工学校主任；本大学农林试验场主任兼生物学教授。

陈松岩　日本农科大学毕业；本大学林场管理。

陈立干　日本农科大学毕业；本校林场管理员。

聂体仁　上海圣约翰大学文科经济学士；本校英文教师兼本校附中主任。

2. 私立东陆大学文科教员简历

袁嘉谷　前清经济特科第一，云南省长公署参赞，云南盐运使；本校国文教授。

谢无量　文哲学者、作家；本校国文教授。

龚自知　北京大学预科毕业；本大学国文讲师，预科教员。

刘嘉镕　国立北京大学国文系毕业；本大学预科国文教师。

张鲁川　本大学预科国文教师。

严继光　北京清华学校高等班毕业；前教育部秘书；本校英文和历史教师。

洪锡麒　美国白浪大学政治经济学博士；前北京清华学校、上海复旦大学经济学教授；本大学政治教授。

浦薛凤　美国翰墨林大学政治经济学士；美国哈佛大学政治硕士；本校政治教授。

黄学勤　美国哈佛大学文学硕士；历任广东国立高等师范学校英文教授；本校英文

名录

教授。

柏　励　英语学会教务长；本校英文讲师、教授，预科教员。

杨汝觉　北京高师教育研究科学士；北京女高师附中英语科主任；北京学制会议云南代表；本校英文讲师。

李国清　香港大学文学士；本大学英文教师；预科教育、历史教师。

商娥生　省立女子师范学校毕业；英国裴德福大学毕业；本校预科英文教师。

葛尔田　法国文科学士；云南中法学校校长；本校法文讲师。

程道隆　南京金陵大学毕业；历充安徽江西等高校教员；美国艾伟大学经济、教育硕士；美国诗家谷工商报助笔；本大学经济、教育教授。

周锡夔　日本东京帝国大学文学部教育学科文学士；云南教育司第三科科长；本校教育教授。

李延□（原文不清）　日本东京同文书院毕业；日本东京高等商业学校毕业；美国印第安纳大学经济科毕业，学士；香港富汉银行营业主任；云南富滇银行参事；本大学经济教授。

段宗承　上海复旦大学商学士；预科经济教师。

鲁晓仙　财政厅参事；本大学公文程式讲师。

3. 私立东陆大学理科教员简历

毕近斗　香港大学土木工程学士；本校算术讲师、数学教授；预科数学教师。

柳希权　法京巴黎诸艺大学校毕业；本校几何讲师。

李炽昌　香港大学土木科学士；美国纽约省路政局建筑测量员；美国刚桥公司技师；云南交通司技监；本大学数学和测量实习教授。

段　纬　美国普渡大学土木工程科毕业；麻省工业大学航空科修业；德国耳楼老特飞行学校毕业；本大学测量教授、建筑学教授，预科代数教师。

聂长庆　上海沪江大学理科学士；本校化学教师；预科理化教师。

4. 私立东陆大学附中教职员简历

董　泽　日本同文书院毕业；美国哥伦比亚大学政治科学士，教育院毕业；云南教育司司长；现任交通司司长；本校附中校长。

聂体仁　上海圣约翰大学文科经济学士；本校附中主任。

朱寿昌　国立中央大学商学士；本大学附中学监。

陈启华　本校附中学监。

王承才　香港大学医科毕业；美国磐学维尼亚眼科专门学校毕业；云南省长公署上校军医；本大学附中校医。

宋邦俊　国立北京大学校毕业；本校附中公民教员。

张炳翼　国立北京大学校毕业；本校附中国民教员。

邵　浚　本校附中国文教员。

邓学韩　香港大学文科毕业；本校附中英文教员。

聂长庆　上海沪江大学理科学士；本校附中英文教员。

刘桂盛　国立成都师范大学校毕业；本校附中算术教员。

刘晖瑜　天津南开大学校毕业；本校附中算术教员。

黄日光　法国大学毕业；本校附中博物教员。

施俊霖　国立北京师范大学毕业；本校附中历史教员。

李浚　国立武昌师范大学毕业；本校附中地理教员。

王肇歧　国立东南大学毕业；本校附中体操教员。

张育　国立北京大学校音乐传习所毕业；本校附中音乐教员。

李廷英　日本高等美术学校毕业；本校附中图画教员。

尚烈　京师大学博物实习科毕业；本校附中手工教员。

刘钰　北京高等师范体育专修科毕业；本校附中体操教员。

（二）省立东陆大学及其附属中学教职员简历

1. 省立东陆大学职员、雇员简历

华秀升　北京清华学校毕业；美国密苏里大学政治学士；美国福乐利达大学政治硕士；前云南高等师范学校校长；本大学校长，英文、政治讲师。

邓鸿藩　日本东京帝国大学法学士；前国立北京法政大学教授；本大学文学院院长。

何瑶　美国普渡大学机械工程学士；云南模范工厂厂长；国民会议工界代表；本大学工学院院长。

赵家遹　美国亚历山大学函授商科毕业；美国伊里诺大学职业教育特别科毕业；美国普渡大学电机工程师；美国岛基无线电专门学校毕业；云南全省电话局局长；本大学理学院院长，理化室主任。

聂长庆　上海沪江大学理科毕业；前高等师范训育主任；省立东陆大学附中主任；省立东陆大学化学教授；本大学理化室主任，并在本大学讲授物理化学。

李永清　国立北京师范大学毕业；本大学教育学院院长。

杨楷　国立东南大学文学士；本大学教育学院院长。

杨维浚　法国都鲁斯大学化学工程师；里昂大学制革工程师；曾任云南建设厅第一科科长；云南制革厂经理；本大学事务主任。

严继光　北平清华学校毕业；美国斯丹福大学政治外交学士；加利福尼亚大学研究院肄业；前北京教育部秘书；云南省政府顾问；本大学图书室主任。

李乾元　日本东京帝国大学经济学部毕业，经济学士；前北京教育部秘书；云南富滇银行稽核及第四科科长；云南全省公路总管理处总务科长；云南省建设厅调查设计委员；本大学图书室主任兼教授财政学和经济学。

袁丕佑　国立北京大学文学系毕业；美国盆雪维尼大学毕业，教育硕士；云南省政府秘书长，代理民政厅厅长；本校的图书室主任，国文教授。

张元养　北京清华学校修业；云南讲武分校工兵科毕业；前国民革命第十三总指挥部副官长，兼代讨逆军第十路航空司令；现任第三十八军特别党部筹委会委员；云南整理军事委员会委员；本大学训育部主任。

王秉章　大理第二模范中学、湖北陆军预备军官学校、保定军官学校毕业；历任云南讲武校区队长，连、营长，混成旅部参谋副官长；第七师副师长；总指挥部教练处长兼纵队长及军士教导队长；一中及一师体操教员，体育主任；现任教导团训练主任兼东陆大学军事训练部主任。

陈复光　美国哈佛大学政治硕士；北平清华大学政治教授；三十八军政治训练部主任；本大学校刊编辑委员长。

范师武　美国康奈尔大学学士；哥伦比亚大学经济硕士；墨德斐士大学商务心理博士；曾任云南锡务公司董事；富滇银行省行经理；财政金融整理委员会委员等职；本大学校刊编辑委员。

陶贞元　美国哥伦比亚大学经济硕士；建设厅设计委员；本大学校刊编辑委员兼教授经济学。

姚继唐　上海沪江大学毕业；上海中国青年会体育专门学校毕业；上海中国青年会体育干事；上海国民大学体育教员；上海私立商科大学教员；上海招商公学航海专科学校教员；上海中国女子体育专门学校教员；本大学体育部主任。

邵　润　云南省立第一中学毕业；历任云南教育厅科员、科长、秘书；省政府单行法规编审委员会委员；省教育经费委员会委员等职；本大学秘书主任。

丁文炳　云南公立法政学校肄业；由前清刑幕，历充省公署少校科员，高等法院书记，昆明市社会局第二科科长；本大学秘书员。

萧扬铭　本校文本科肄业；曾充宜良建水县立中学教员及蒙自联合师范事务主任兼英语博物体育教员；本大学事务员。

舒目钧　本大学管理员。

缪安成　上海震旦大学医科毕业；前上海广慈医院院医，现任云南陆军军医学校教官兼云南工业学校校医；本大学军医。

苏树德　北平大学医学院；本大学校医。

华　浪　法国浦都陆军军医学校毕业；曾在俄国从军行医，历充安南东京医学专门学校 X 光电学教员，云南法国医院院长；本大学校医。

裴文贵　东京医学校毕业，巴黎热道医药专门学校毕业；曾在东京河南医院任院长二年；自宣统三年来滇，于苏共二十二年充云南法国医院副院长；本大学校医。

王宪章　黄埔军校毕业；曾充第六军军官学校校大队附丽江第三中学军事训练主任；本大学军事训练员。

王承徐　云南讲武学校 19 期毕业；中央国术馆毕业；本大学军事训练员。

王云五　云南讲武学校毕业；本大学军事训练员。

徐　谦　云南陆军讲武学校毕业；云南将校队毕业；本大学军事训练员。

张恩寿　云南省立法政学校毕业；民国十九年充昆明市政府财政局等科员，办理会计兼出纳二十年，充本校会计股长，今供斯职。

方际熙　云南第一届优级师范选科理化类毕业；本大学会计股长。

包崇仁　私立中国公学大学部毕业；曾任东大附中学监及英文教员；省立第五中学英文教员；本大学前印刷股主任，现庶务股长。

李　焜　本校文学院政治经济系毕业；本大学斋务股长。

沈　燊　云南省立东陆大学文学士；本大学注册股长。

刘元中　本校政治经济学士；历任省立第三师范学校英文教员；私立东陆大学教务长兼学监；省立第五中学教务主任兼数学教员；省立昆华中学数学教员；本大学学监。

梁芷乡　云南东陆大学第一班政治经济系毕业；本大学学监。

梁恒洲　本校毕业；曾任昆明市政府督学及中等学校国文、史地、公民教育；本大学学监。

萧扬勋　日本东京高等工业学校雷气科毕业；美国普渡大学军用无线电专科毕业；美国马可尼无线电机公司工程师；云南电政管理局局长兼无线电局局长；本大学委员。

陈玉科　南京中央党务学校毕业；现任云南省党务指导委员；本大学委员兼党义教员。

邓鸿焘　国立北平大学法科毕业；历任本校法学概论及比较宪法教授；本省民厅区长；训练所法学概论政治学教授；财厅财政人员养成所政治学教授；法政专门学校国际公法教授等职，本大学委员兼教授"法学概论"。

张正富　本大学事务员。

陈鼎甲　本大学事务员。

赵之鹏　本大学采买司事。

刘汝峰　本大学会计处书记。

方继祖　本大学图书助理员。

谢　沅　本大学理化管理员。

萧　鉁　本大学教务处书记。

袁继亮　本大学英文打字员（本校学生）。

陈　煊　本大学收发兼书记长。

杨茂之　本大学书记。

许镇舆　本大学书记。

张钟祺　本大学书记。

张隐民　本大学石印员。

谢云轩　本大学油印员。

杨国铨　本大学书记。

王嗣武　本大学稽查。

李国义　本大学校警长。

唐绍元　本大学副校警长。

刘进臣　在本大学会泽院服务。

陈鸿清　在本大学会泽院服务。

刘　勋　在本大学事务部服务。

文绍童　在本大学事务部服务。

赵子孝　在本大学理化室服务。

田应桢　本大学学生宿舍管理员。

易福兴　在本大学茶房服务。

周旺兴　本大学的挑水工。

郑从顺　在本大学俱乐部服务。

张　华　在本大学沐浴室服务。

陈　洪　本大学的厨工。

陈华堂　本大学的快足。

徐　清　在本大学做清洁工作。

丁　阳　清洁书记室。

杨炳权　本大学花工。

杨文秀　在本大学俱乐部服务。

王嘉宾　本大学校警。

华灿庚　本大学校警。

胡德昌　本大学校警。

2. 省立东陆大学文科教员简历

袁嘉谷　前清经济特科第一；浙江学政；云南省政府高等顾问；本校的国文教授。

倪隆德　己丑科举人；两级师范学堂经学、国文教习；云南法政专门学校国文教员；在本大学教授国文。

聂体仁　上海圣约翰大学文学士；前昆明市教育局局长；省立第五中学校长；在本大学教授历史和英语。

商娥生　云南女子师范学校及英国彼得佛学校毕业；曾任各中学教员，现任东陆大学英文教授。

安汝智　密苏里大学毕业；云南青年会总干事；在本大学教授英文。

李国清　香港大学文学士；曾继续在本大学任教八年，教授英文。

高玉麟　河内末法大学商学院毕业；云南建设厅设计委员会常委等；在本大学教授法语。

徐君武　法国政治经济大学毕业；在本大学教授法文。

周锡夔　日本东京帝国大学教育科毕业，文学士；前云南教育司第三科长；省立第一中学校长；省政府秘书处第一科长；东陆大学教授；现任省立昆华中学校长；在本大学教授教育学。

朱寿昌　国立中央大学商学士；历任云南公立法政学校、云南私立成德中学、高中商科、东陆大学附属中学、昆明私立职业中学、云南会计养成所、财政学、云南训政讲习所、云南盐场场长训练所、筹记学、会计学、统计财政学、地理历史等教员；前任昆明市财政局第三科科长；现任云南造币厂甲级会计主任；在本大学教授筹记学。

3. 省立东陆大学理科教员简历

彭禄炳　1919 年密苏拉省立大学工程科学士；1920 年任康奈尔大学工程师；美国南部河道工程、纽约省建筑工程、福特汽车总厂华洋义赈会道路工程；本大学铁道测量教授。

黄　晃　法国巴黎农科学院农学工程师；法国多佛热带农业学校毕业；历任国立广东大学、中山大学教授兼农场主任；前云南建设厅农林科科长；林农镰厅第二科科长；现建设厅设计委员会主任兼云南全省公路行道树保植局局长；在本大学教授法文和生物。

杨克嵘　美国普渡大学机械科毕业；美国米尼亚坡里斯钢铁厂机械器设计制图工程师；美国堡得文车头工厂机械部技师；云南陆军兵工厂技工；在本大学教授解析几何和机械制图。

何　非　省立东大土木工程学士；省立第一工校数学教员；改造昆明市南屏街工程委员；在本大学负责测量实习工作。

陈秉仁　国立中央研究院气象研究所研习毕业；历任云南中等以上各学校教员；在本大学教授三角代数。

云南大学史料丛书·教职员卷

毕近斗　香港大学土木工程科学士；云南第一工业学校校长；南华烟草公司经理；在本大学教授建筑学。

罗为垣　美国哥伦比亚大学冶金科博士；前个旧锡务公司协理；现任林农镰厅技监；在本大学教授镰物学和冶金学。

（三）省立云南大学及其附属中学教职员简历

1. 省立云南大学职员及军事教员等的简历

何　瑶　中国国民党党员；曾在北京大学预科及同济医工专门学校修业；美国普渡大学机械工程学士；曾任云南省教育经费委员会委员；全省自治筹备会委员；国民会议代表；全省模范工艺厂厂长；五金器具制造厂经理；救国会及新生活运动会执行委员；云南大学校长兼理工学院院长及教授，并在云南大学附中任职。专门著作：《飞机制造》。家庭住址：本校或石屏会馆。

熊庆来　法国孟柏里大学数学硕士；法国国家理科博士；国立东南大学算学系主任；国立清华大学算学系主任兼代理学院院长等；本大学校长，理学院算学系教授。家庭住址：本校。

何　鲁　法国里昂大学理科硕士；中国公学校长；安徽大学校长；重庆大学理学院院长；国立中央大学算学系主任等；本大学教务长，代理学院院长，算学系教授兼主任。家庭住址：本校。

程　璟　日本东京高等师范毕业；国立北平师范大学、国立广东大学、国立北平大学教授；国立四川大学教育系主任等；本大学代理教务长、教育学系教授。家庭住址：本校。

郑崇贤　云南优级师范毕业；历任建设厅秘书主任；云南省政府单行法规编审委员会委员等；本大学秘书长兼主任。家庭住址：昆明市圆通寺街 177 号。

刘嘉镕　云南教育厅第三科科长；云南省立博物馆总务主任；省立临安中学校长；中等各校及省立高等师范、公立法政专校、前本大学教员；云南大学文书课文书员。家庭住址：昆明市平安街 18 号。

周保康　云南省会中学毕业；云南方言学堂修业；石屏小学教员；前任禁烟公所收发管卷科员；宪兵司令部三等书记官；总指挥部文牍员兼云南通志馆馆员；现任云南大学秘书课课员。家庭住址：昆明市龙门桥蔡家巷 5 号。

刘乾义　前清庚子辛丑科举人丁未考取知县；历任云南宜良县、景谷县，吉林敦化县，直隶、定兴、深县、乐亭县、玉田县等各县任职；现为云南大学专任秘书。

施莉侠　日本女子医专、日本文化学院大学部本科（未卒业）；法国巴黎大学现代政治史系，1932 年巴大文学士；1934 年法国甘城大学提博士论文；现为云南大学外国文秘书。

车华庆　国立中央大学法学士；浙江省政府秘书处编辑室主任等；现在云南大学任教务处秘书。家庭住址：昆明市兴华街五号。

何思恭　国立清华大学法学院毕业；现为校长室文书员。

王汝训　云南省立大理第二完全师范毕业；历任县教育经费委员会常务委员；乡立第二两级小学校长；现在云南大学文书课任职。

邓鸿藩　中国国民党党员；日本东京帝国大学法学部法学士及同大学研究院研究员；国立法政大学教授；司法厅及外交司参事科长；昆明市社会局局长；云南训政讲习所教务长；云南大学教授兼文法学院院长。专门著作：《中国政治史大纲》《现代之文明与法律法院组织法讲义》。家庭住址：兴隆街 110 号或昆明市龚家村巷 12 号。

林同济　美国加利福尼亚大学政治学硕士、博士；美国密勒士大学讲师；南开大学教授及研究所导师等；本大学文法学院院长，政治经济系教授兼主任。家庭住址：忠烈祠西偏岫园。

邓鸿涛　中国国民党党员；国立北平大学法学院法律系毕业；云南省立法专教授；云南民政厅区长；训练所教授；财政厅财政人员养成所教授；云南大学文法学院专任教授兼法律系主任。家庭住址：如意巷 41 号。

范师武　康奈尔大学学士；美国哥伦比亚大学经济学硕士；美国墨德斐士大学商业心理学博士；云南富滇银行省行经理；整理云南财政金融委员会委员；云南大学专任教授兼政治经济系主任。著作和文章：《经济学讲演大纲》《马克思主义的批评》，其他关于云南财政金融的短篇著作。家庭住址：昆明市左家巷 15 号。

徐继祖　前国立北京高等师范学校毕业；美国米西根大学硕士；哥伦比亚大学师范学院研究员；历任前云南省立第一中学、第一师范学校校长；前云南高等师范学院教授及云南省教育厅科长等职；现任云南大学文法学院专任教授，兼教育学系主任及附属高级中学主任。著作及文章：《米西根全洲初级中学分组指导之组织及行政教育行政大纲》（系英文）、《中等校教学法》《中学教学指导》（在编著中）。家庭住址：昆明华国寺巷 12 号。

闻　宥　国立山东大学、四川大学教授；私立燕京大学教授等；本大学文学系主任及教授。

曾作忠　美国华盛顿大学哲学博士；国立暨南大学教授；省立河南大学教务长兼教育系主任等；本大学文法学院教育学系主任。家庭住址：昆明市北门大街 45 号。

罗仲甫　日本法政大学法学士；四川法政专门学校、商业专门学校、国立四川大学教授、讲师等；本大学文法学院法律系教授兼主任。家庭住址：本校。

毕近斗　中国国民党党员；香港大学土木工程科毕业；云南大学工学院教授兼土木工程系主任。

王　伟　香港大学土木工程科毕业并等荣衔；广州注册建筑工程师；民国十三年六月至二十五年六月任香港李杜露建筑工程师办事处工程师；理工学院土木工程系讲导、专任教授兼土木工程系主任。

杨克嵘　美国普渡大学机械工程专业毕业，得学士学位；美国米尼亚坡里钢铁机器厂工程师；云南兵工厂副厂长等；云南大学工学院院长及专任教授。家庭住址：昆明市青云街石印巷 3 号。

赵雁来　法国国家科学博士；法国第昂酒精厂总工程师等；本大学理学院理化系教授兼主任；教育部补助教授。家庭住址：昆明市东寺街西寺巷 7 号。

严楚江　国立东南大学农学士；美国芝加哥大学哲学博士；国立中央大学、师范大学、省立河南大学教授等；本大学理学院植物学系教授兼主任。家庭住址：本校。

李炽昌　香港大学工学士；留美研究五年，国内外技师；前本大学教授等；现本大学理学院土木工程系教授兼主任。家庭住址：昆明市小绿水河 12 号。

张正平　美国明纳索托大学工程师；威索辛大学硕士；国立东南大学地学系主任；国立中央大学、交通大学教授；本大学理学院采矿冶金系教授兼主任。中英庚款委员会补助教授。

秦光弘　国立同济大学医学院毕业，得医学士学位；曾在上海国立劳动大学、吴淞海滨医院、上海伤兵医院及国立同济大学医学院任职；浙江医药专门学校教授等；现任云南大学教授兼医学专修科主任。家庭住址：昆明大东街或护国路 234 号。

范秉哲　法国国家医学博士；法国 X 光雷电专门医师；里昂卫生医师；法国达城医院院长；昆明慈群疗养院院长等；本大学医学院院长兼教授。家庭住址：昆明市慈群疗养院。

李永清　国立北京师范大学毕业；历充省立第一师范学校校长；师范学院院长；东陆大学教育学院院长；云南大学文法学院讲师、教授兼秘书课主任及教育厅秘书。专门著作：《云南人文地理》。家庭住址：昆明市金牛寺街、北仓坡 14 号或绥靖路。

王武科　北平私立燕京大学法学士；全国经济委员会合作事业委员会罗氏基金津贴合作研究员；前实业部专员，全国经济委员会合作事业委员会技术专员；中国经济年鉴编辑等；云南大学出版课主任。家庭住址：昆明市端仕街 219 号。

姜锡龄　南京安徽公学毕业；弥勒县虹溪教育委员；简易乡村师范学校校长；云南大学出版课课员。家庭住址：昆明市弥勒会馆。

詹成祖　本大学出版课石印。

沈 燊　省立东陆大学政治经济系毕业；东陆大学注册股股长；中等学校教员；现云南大学注册课副主任，兼任校外教员。家庭住址：昆明市先生坡 3 号或云南大学校本部。

姚继唐　中国国民党党员；上海沪江大学毕业；上海中国青年会体育专门学校毕业；上海青年会体育部干事；民立中学体育教员；东亚体专教员；私立商科大学教员；招商局立航海专校体育教员等；现云南大学体育课主任及教员。家庭住址：昆明市卫家巷。

杨维浚　曾任中国国民党党员；法国都鲁斯大学毕业，化学工程师；里昂大学毕业，制革工程师；曾任本校法文教授；云南建设厅第一科科长；现兼任云南制革厂经理和工程师及云南大学庶务课主任。家庭住址：昆明市文庙街 113 号。

方际熙　中国国民党党员；云南第一届优级师范选科毕业；曾任省立第一师范学校数理教员；省立第一中学会计主任；双江县县长；现任云南大学会计课副主任、主任。家庭住址：景虹街大桑梓巷 3 号。

张天玉　中国国民党党员；云南省立云南大学政治经济系毕业；现专任云南大学秘书处会计课课员；家庭住址：昆明市土主庙巷 3 号。

张理廷　本大学秘书处会计课事务员。

苏 蓁　省立第一中学毕业；曾在造币厂服务；本大学秘书处会计课事务员。

张启贤　北平清华学校毕业；美国威斯康新大学经济学学士，政治学硕士，哲学博士；美国威斯康新大学政治学系讲师；现为云南大学图书馆主任。

聂长庆　上海沪江大学理科学士；前云南高等师范学校训育主任兼化学教授；云南大学科学馆主任兼理工学院化学教授。家庭住址：昆明市先生坡 3 号。

傅铭彝　中国国民党党员；云南陆军讲武学校步兵科毕业；云南护靖各役历任连、营团长等职；现任滇黔剿匪军总司令部少校参军；国民军事委员会兼任委员；二十五年学生集训总队学科总教官；现任云南大学训导委员会主任。家庭住址：昆明市木行街联芳巷4号。

刘元中　东陆大学政治经济系毕业；云南大学训导委员会副主任。家庭住址：昆明市威远街1号。

梁恒洲　东陆大学第一届毕业；曾任省会中等学校史地、公民、国文教员；现任云南大学训导委员会副主任，兼任昆明市政府督学。家庭住址：昆明市北门街117号。

武臣奭　国立成都师范大学毕业；省立第五中学训育主任；昆明市立中学教务主任及各校高初中教员；本大学训育员。家庭住址：昆明市青云街竹安巷4号。

包崇仁　中国国民党党员；中国公学大学部法学院政治经济系毕业；历任各中等学校英文、数学、统计教员；东陆大学附中学监；东陆大学庶务股长，编辑委员；现任云南大学编辑委员会副主任委员。家庭住址：昆明市文明新村60号。

张　森　国立北平大学毕业；津浦铁路局徐州调度所调度员；现在云南大学出版股任职。家庭住址：昆明市云津街164号。

杨达才　乡村师范毕业；现在云南大学出版股任职。

徐　谦　云南讲武学校毕业；曾任云南讲武学校区队长及广西南宁军官学校队长；广西新兵第一团第一营长；江西碉堡工程队长等职；曾在云大附中服务；曾任云南省立昆华中学主任教官；现为云南大学专任军事教官兼训导委员会委员。家庭住址：昆明市大西门正街复兴巷1号或本校。

李群杰　国立中山大学毕业，得特等第一名金牌奖章；国立中山大学员生；主办《新宇宙》半月刊；编辑中大主办《石牌生活》周刊；主编上海《研究批判》长期特约撰稿员；香港《大众日报》及《工商日报》特约撰述；广州《群声报》国际刊及《出路》周刊特约撰稿员；《大中文明之迹》季刊撰稿员；现任云南大学编辑委员会编辑。

邓世瑛　中国国民党党员；中央陆军军官学校第六期毕业；陆军工兵高级班毕业；曾充陆军五十五工兵师营、排、连长；宁镇澄淞四路要塞司令部工兵教导队队长；江西碉堡工程队长等职；现为云南大学军事训练助教。家庭住址：昆明市染布巷7号。

白　浪　中央陆军军官学校毕业；中央军校高等教员班毕业；国民军事教官训练总监部训练班毕业；曾充连营长团副等职；现为云南大学军事主任教官。

帅崇兴　云南陆军小学、日本士官学校毕业；历充讲武学堂军事教官，航空队长；黄埔军校教育主任；军训会少将委员等；本大学筑城交通教官。家庭住址：如安街升平巷4号。

杨笙伯　云南陆军小学、湖北陆军中学、保定军官学校毕业；曾充排长、连长、参谋部长、军务处长等；本大学兵器教官。

牛协坤　保定军官学校毕业；历任排、连长，参谋骑兵大队长，教练处、航空处、教导团军分校各期战术上校教官等；本大学战术教官。家庭住址：文化巷5号。

邓大观　黄埔军校第六期炮科毕业；庐山军官训练班毕业；曾充中央第一师连、营、团、副参谋等；本大学军事教官。家庭住址：蒲草田12号。

崔峻峰　本大学前术科教官。

杨元坤　国立中央大学教育学士；本大学代理体育主任。

张维鹏　中央陆军军官学校第五期步科毕业；曾任排、连、营长、副官、主任等职；

家庭住址：昆明市正义路美利印书馆。

张在实　中央军校第六期步科毕业，曾任排、连、营长、参谋等职。家庭住址：昆明市大西门文化巷 13 号。

苏树德　国立北平大学医学院毕业；昆明市立医院院长；曾在云南大学附中服务；现兼任云南大学校医。家庭住址：昆明市一丘田 20 号。

彭元士　安徽高等学堂毕业；道尹公署第三科科长；中等学校校长；曾为云南大学专任秘书，现为图书馆主任。家庭住址：昆明市大兴街或圆通街 145 号。

张鸿书　武昌文华图书科毕业；曾任上海国立同济大学图书馆主理，改编目录事务，并曾充天津河北省立工业学院图书馆编目主任；现任云南大学图书馆中文编目主任。家庭住址：昆明市绥靖路 488 号。

李继先　武昌文华图书馆学专科学校毕业；北平师范大学毕业；北平大学及清华大学图书西文编目部主任；现在云南大学图书馆西文编目。家庭住址：本校。

周玉麟　国立暨南大学毕业；现在云南大学图书馆管理员。家庭住址：昆明市华国寺巷 14 号。

余锡鸿　法国巴黎大学法科肄业；广州私立法政学校经济学讲师；现在云南大学任图书馆管理员。家庭住址：本校。

王　锟　省立云南大学政治经济系毕业；历任省会省私立高初中英语专任教员，级任教员；本校附属高中英文教员；现兼任云南大学注册课课员。家庭住址：昆明市白鹤桥 20 号。

甘师禹　国立北京大学文学士；历任陕西省立六中学教务主任；内政部警官；高等学校图书馆主任；北平《北方日报》编辑；云南财政厅马河清丈分处总务组长等职；现在云南大学任注册课主任。家庭住址：昆明市文林街 2 号。

萧扬铭　东陆大学文本科第一班肄业；曾任蒙自联合师范学校事务主任兼教员；现兼任云南大学注册课课员。家庭住址：昆明市柿花巷 4 号。

刘忆萱　湖南大学肄业；警官高等学校讲习班毕业；曾任警官高等学校课程股股员、训练总监部科员；云南省立镇南师范教员等职；现任云南大学注册课课员。家庭住址：本校。

张开仕　附属中学肄业；曾在邮政服务；会计课事务员。

尹希先　东大矿业公司事务专员；现云南大学秘书处庶务课事务员。

马幼卿　联合中学及师范学院事务员；现云南大学秘书处庶务课事务员。

陈鼎甲　中学修业；曾服务军界及本校林场助理员；现云南大学秘书处庶务课事务员。

施维馨　前任省教育会及青年会监修员；现云南大学秘书处庶务课事务员。

杨家骐　本大学秘书处庶务课事务员。

袁同鉌　本大学秘书处庶务课事务员。

胡肖先　省立第一中学及讲武十一期毕业；前任董干外汛蒙化县立中学军事训练兼图书管理员；现云南大学庶务课事务员。

宋　眭　成德中学毕业；前充军职及市府科员；现为云南大学外收发，秘书处庶务课稽查。

唐永权　国立交通大学铁道管理科学士；北宁铁路天津总站站长等；云南大学秘书

处庶务课主任。家庭住址：昆明市玉龙堆8号。

张友兰　两级师范附中毕业；志愿大队毕业；云南大学秘书处庶务课课员。家庭住址：昆明市新民巷7号。

陈天民　上海大同大学商学院商学会计系修业；中央军校昆明分校同乐会财务总干事；现云南大学秘书处庶务课试用课员。

王泝　本大学政治经济系毕业；现在云南大学庶务课任职。

萧福祥　中国国民党党员；云南省立云南大学文法学院政治经济系毕业，得学士学位；曾任云南五金器具制造厂出纳员；历任省立各中学教员；现专任云南大学图书管理员。

施果毅　云南省立第一中学毕业及省立师范二部第一班毕业；历任省立、市立各小学教员，兼校长及中学教职员前后共计20年；现专任云南大学图书管理员。

刘甫　前旧制师范毕业；历任宪兵司令部书记长；讲武学校第一期军官团书记长；金河行政公署总务科长；现为云南大学秘书处文书课书记长。

溥永祥　师范、国音两讲习所毕业；任高初级小学教员；前云南全省团务总局书记长；现为云南大学副书记长。

高成　本大学秘书处文书课书记。

陈文华　本大学秘书处文书课书记。

杨大儒　本大学秘书处文书课书记。

王光文　云南模范小学毕业；曾在高中修业，后在政界服务多年；现为云南大学出版课书记。家庭住址：昆明市北门街316号。

陈庆五　四川宁远联合中学毕业，高中修业；云南大学出版课书记。

永裕祥　县立国音、师范两讲习所毕业；历任高初两级小学教员；现为云南大学出版课书记。

王寿山　云南省立师范学校毕业；历任会计、出纳员等职；云南大学出版书记。

鲁咸若　中学毕业；历任县立小学教员；云南大学出版课书记。

杨茂之　曾在师范传习所修业；后在政界服务；现为云南大学出版课书记。

张懋祥　曾在本省省立五中毕业；曾充顺宁县署收发员；全省消费合作社办事员；奖券处助干；二十五军及四纵队服务员；平盘段办事员；现为云南大学出版课书记，讲义管理员。家庭住址：昆明市东寺街土桥南园内。

杨明德　师范毕业；云南大学出版课书记。

曾俊安　私立求实中学毕业；云南大学出版课书记。

尹子材　云南时中学校毕业；曾经历任县府收发兼管狱员；云南大学出版课书记。

徐绍卿　本大学出版课书记。

曾以厚　曾在昆华师范修业，后服务于盐运使盐务稽核所各分局办事员；现为云南大学图书馆书记。

段维屏　市立第三小学毕业；曾在盐运使署充任书记；现为云南大学图书馆书记。

何祝铭　本大学图书馆书记。

杨培炎　曾在旧制学校肄业；前充财厅总务科收发股服务；现为云南大学书记。

李荣春　省立昆华师范肄业；现为云南大学书记。

梁启昆　省立初中毕业；历充女子中学及职业学校、地方法院等处服务；现为云南大学书记。

　　谢云轩　曾在农业学校服务后归并大学供职油印书记。

　　周志强　曾在高小学校毕业；曾充富滇银行石印所；本大学出版课石印书记。

　　李尚培　昆明乡村师范毕业；曾任华宁第三区小学教员；现为云南大学图书馆书记。

　　李　钰　省立中学毕业；在昆明教育局事务员；本大学书记。

　　刘成武　市立高小毕业；历充汽车管理处售票员；本大学书记。

　　张学沅　省立师范学校毕业；历充宪兵四区队文书上士；本大学书记。

　　孔　霖　私立求实中学修业；本大学书记。

　　聂坏显　曲靖省立中学毕业；沾益县北区义教督察助理员；本大学书记。

　　吕协承　省立中学毕业；本大学书记。

　　马树德　通海高级学校毕业；本大学书记。

　　张彦君　省立第二师范五年毕业；本大学书记。

　　赵伯雅　本大学注册课书记。

　　邵　康　黔毕模范高中毕业；前服务建设厅汽车管理处及公安局军装管理员；云南大学卫兵长。

　　沈金山　秦州军官讲习所毕业；曾服务军校界，充东大公司队长；现为云南大学卫兵队长。

　　李立夫　本大学卫兵长。

　　王吉甫　本大学卫兵班长。

　　杨近仁　中国国民党党员；云南公立法政专门学校法律本科毕业；历任昆明地方法院学习员及候补检察官正任推事等职；现兼任云南大学文法学院实习指导员。

　　谢　沅　云南省立第一中学高级部毕业；历任财政厅特种消费税务局科员及稽查员；云南兵工厂机械专门学校教官；云南建设厅化验技士；昆明县立小学校长等；云南大学科学馆管理员，理学院理化系助理。

　　董发源　曾在高小毕业，服务各机关职员；现为云南大学讲义管理员。

　　李师同　日本东京早稻田大学经济科卒业；上海商业银行服务二年；现为云南大学体育指导。

2. 省立云南大学文法学院教员简历

　　袁嘉谷　前清经济特科第一；前清浙江提学使；北京学部编译图书局局长；兼任云南大学文法学院教授。家庭住址：昆明市玉龙堆 7 号。

　　白之瀚　贵州南明公学及法官养成所毕业；法政学校修业；曾任贵州时敏学校教员；都督府秘书；筹饷局长；云南将军署、督军署、联军总部秘书课长；省政府秘书长；烟酒事务局长；腾越道尹省府政治顾问；兼任云南大学文法学院文学系讲师、教授。家庭住址：昆明市一丘田 36 号或登华街 24 号。

　　徐　光　美国 Wieconin 大学毕业；德国 Heidelleig 大学毕业；北京大学教授；复旦大学教授；国立中央大学教授；云南大学教授。

　　饶重庆　日本弘文学院明治大学毕业；历充云南法政专门学校校长、教员；昆明地方审判厅厅长；云南高等检察厅检察长；最高分院监督推事等职；兼任云南大学文法学院法律学系教授。文章或著作：《关于改革检察制意见书》。家庭住址：昆明市马家巷 4 号或新民巷 17 号。

孙德崇 中国国民党党员；上海群治大学法学士；曾任云南省立法政专门学校教员及中等学校教职员；现任昆明市立中学校长及云南大学文法学院法学教授。家庭住址：昆明市立中学。

杨振兴 中国国民党预备党员；国立北平法政大学毕业；前充云南法政专门学校教员；现任昆明地方法院首席检察官并兼任云南大学文法学院法律系教授。家庭住址：昆明地方法院监察处。

陶贞元 北平清华学校毕业；美国阿利冈大学学士；哥伦比亚大学经济硕士；曾任建设厅设计委员；现任审计处审计和云南大学文法学院专任教授。家庭住址：昆明市长春坊东道巷1号。

聂体仁 上海圣约翰大学文学士；曾任云南省立第五中学校长；昆明市教育局局长等职；现兼任云南大学文法学院西洋史教授。家庭住址：昆明市省立富春中学。

李乾元 中国国民党党员；日本东京帝国大学经济学士；前北京教育部秘书；云南富滇银行稽核及第四科科长；现任云南大学文法学院文学系讲师、专任教授。文章或著作：《财政学纲要》。家庭住址：昆明市青莲街学士巷1号。

朱寿昌 中央大学商学士；昆明财政局科长；云南法政专门学校学监兼教员；云南省政府审计处审计；现兼任云南大学文法学院教授。家庭住址：昆明市祝国街26号。

马嘉德 法国大学毕业；云南省中法学校校长；云南大学文法学院文学系法文讲师、教授。家庭住址：昆明市石桥铺11号中法学校。

蓝思德 英国剑桥硕士；英国陆军CAPTANI圣公会会长；恩光小学教职员；兼任云南大学文法学院文学系英文讲师、教授。家庭住址：本校。

安汝智 美国密苏里大学毕业；曾任美国及中国青年会干事；兼任云南大学教授。

杨 楷 中国国民党党员，国立东南大学毕业；曾任联合中学、第六师范校长及本校教育学院院长；现为云南大学教授并兼任昆华女子中学校长。

张嘉栋 国立北平师范大学教育系毕业；历任高中、师范教育专任教员及教务主任；私立南菁学校校长；现任云南大学文法学院教育系教授。家庭住址：昆明市石屏会馆。

杨家凤 中国国民党党员；云南省立第一师范毕业；武昌师范大学毕业；美国密苏里州立大学研究院中等教育系研究员；腾乃西乔治披波狄大学研究院高等教育系研究员。云南省立第一中学校长；昆华女子中学校长；昆明市党务指导委员；云南教育经费委员会委员；国民会议云南代表等职；兼任云南大学文法学院教育学系教授。家庭住址：昆明市永宁宫坡双梅树巷4号。

李国清 香港大学文学士；在本校继续任教十二年，云南大学文法学院文学系英文讲师、教授。文章或著作：《德法英美日俄意丹八国教育概况》《英文文法讲义》。家庭住址：昆明市北仓坡螺翠山庄。

周锡夔 中国国民党党员；模范小学最优等第一名毕业；高等工矿学校最优等考送留日预备科；日本东京一高预科，三高本科毕业；日本东京帝国大学教育学科毕业，文学士；历任教育司科长；第一中学、昆华中学校长；省政府秘书处科长；前东陆大学教授，云南大学文法学院教育学系讲师、教授。家庭住址：昆明市省立昆华中学或昆明市文林街81号、23号。

方国瑜 国立北平师范大学文学士；国立北平大学研究所国学专门毕业；国立北平师范大学研究院编辑员（专任）；北平民国大学国文系教授（专任）；云南大学文法学院

云南大学史料丛书·教职员卷

文学系讲导、专任教授。家庭住址：昆明市大兴街 27 号。

　　李立藩　美国威斯康星大学生物系毕业；美国拉何耶海滨研究所研究员；国立成都大学、师范大学及省立河南大学生物教授；现为云南大学文法学院教育学系讲师，兼任云南昆华师范校长。家庭住址：昆明珠市街廉泉巷 9 号。

　　熊光珷　中国国民党党员；上海震旦大学本科肄业；法国巴黎大学毕业；法国高等社会学院研究员；现为云南大学文法学院兼任讲师。文章或著作：《中国劳资问题》。家庭住址：昆明市启文街昆安巷 14 号。

　　徐君武　法国巴黎政治大学毕业；广西省经济委员会专门委员；现兼任云南大学文法学院法文讲师。家庭住址：昆明市小吉坡 5 号。

　　王齐兴　南京金陵大学文学士；美国不克乃尔大学社会学硕士；南京金陵大学附中训育指导；云南青年会副总干事；云南省立鼎新商校校长；云南大学兼任讲师。

　　樊弥德　兼任云南大学英文讲师。

　　杨体仁　国立中央大学经济系毕业，得法学士；美国哈佛大学工商管理研究院毕业，得工商管理硕士；前本大学教授；现为本大学理工学院兼任教授，文法学院讲师。家庭住址：昆明市崇仁静定巷 3 号。

　　阮荫槐　中央政治学校地政学院毕业；云南大学文法学院兼任助教。家庭住址：昆明市府东街 38 号。

　　顾颉刚　国立中山大学史学系主任；私立厦门大学国学研究所导师；私立燕京大学历史学系主任；国立北京大学讲师；国立北平研究院史学研究会主任。

　　吴　晗　国立清华大学文学士；清华大学专任讲师；本大学文法学院文学系教授。家庭住址：本校。

　　陶　音　国立清华大学文学士；日本东京帝国大学研究院毕业；本大学文法学院文学系讲导。家庭住址：本校。

　　徐嘉瑞　国立暨南大学讲师；私立中国公学、复旦大学教授等；本大学文法学院文学系讲师。家庭住址：昆明市大绿水河 15 号。

　　林徽因　美国彭省大学建筑学学士；美国耶鲁大学戏剧研究院肄业；东北大学建筑学系教授；北平大学女子文理学院讲师；中国营造学社社员。

　　楚图南　国立北平师范大学毕业；国立暨南大学教授等。家庭住址：昆明市巡津街止园。

　　施　章　云南高等师范毕业；中央大学文科毕业；服务五所后入中央大学研究；曾任江苏、安徽等省高中教员；中央大学半月刊编辑；云南省立师范讲师；苏州章氏国学讲习会讲师。

　　施蛰存　私立中国公学大学部教授等；本大学文法学院文学系教员。家庭住址：本校。

　　周　呆　燕京大学文学硕士；文法学院文学系教员。家庭住址：昆华中学南院。

　　由　道　国立中央大学文学士；中央大学英文教员；云南大学文法学院文学系教员，并在附属中学兼职。家庭住址：昆明市玉龙堆 12 号。

　　王　政　美国斯坦佛大学教育学学士、社会学硕士；中央大学教授；中央政治学校教授；实业部科长；国民经济建设委员会总会专员。

　　萧　蘧　北平清华学校毕业；美国密苏里大学文学士、商学士；康奈尔大学硕士；

哈佛大学研究院肄业；南开大学经济学教授，经济系主任；清华大学经济学教授、教务长、法学院院长；军事委员会工矿调整委员会业务组组长。家庭住址：昆明市玉龙堆3号。英庚款会补助。

伍纯武　法国巴黎大学社会经济学博士；中央大学商学院教授；光华大学社会系主任、教授。家庭住址：昆明市华山东路39号。

朱驭欧　美国威斯康星大学政治学博士；中央研究院副研究员等；本大学文法学院政治经济系教授。家庭住址：昆明市北仓坡螺翠山庄。

王赣愚　国立清华大学法学士；美国哈佛大学政治学硕士；本大学文法学院政治经济系教授。家庭住址：昆明市北仓坡螺翠山庄。

赵　镈　清华大学毕业；哥伦比亚大学社会硕士；全国经济委员会研究员。

李肇义　法国地雄大学经济学博士；国立中山大学讲师等；本大学文法学院政治经济系讲师。家庭住址：本校。

高仁夫　日本早稻田大学法学士；前东陆大学教授等；本大学文法学院政治经济系讲师。家庭住址：昆明市民生街潇湘巷底8号。

高直清　民国十九年考入巴黎大学法科博士班，后三年在南锡大学法科博士班研究，于二十五年七月获法国法学博士学位；曾任中央实业部专门委员；云南省府特务秘书及省府单行法规编审委员会委员；省立云南大学政治经济系教员。家庭住址：昆明市维新街23号。

何德鹤　复旦大学学士；巴黎大学社会学博士；复旦中学教员；广德中学训育主任；国际和平局委员；广报主笔；云南建设厅设计委员兼特务秘员。家庭住址：云南建设厅。

张　禄　美国华盛顿大学研究院研究员；国立中山大学教授；本大学党义讲师。家庭住址：昆明市华山东路8号。

张永宽　国立暨南大学、成都大学教授；国立四川大学政治系主任；本大学文法学院法律系教授。家庭住址：本校。

朱绍曾　北京中国大学法律系毕业；云南鲁甸县县长；云南高等法院第三分院院长；昆明地方法院首席检察官。家庭住址：昆明地方法院。

李长之　国立清华大学文学士；北平京华美术学院美术史教授，现在为云南大学文法学院文学系教员。家庭住址：本校。

罗志英　国立北平师范大学教育研究科毕业；国立暨南大学教授等；云南大学文法学院教育学系实习指导。

马季唐　日本京都帝国大学经济学士；东京帝国大学经济学部研究院研究；云南大学文法学院政治经济系教员。家庭住址：昆明市青云街166号。

易文烽　日本明治大学专门部政科毕业，得政治学士学位；前清北京学部考试及第，得法政科举人；曾任云南省立法政专门学校、农业学校、高等警察学校、高等学校法政经济教员五年以上及云南高等检察厅检察长五年；现为云南大学文法学院法律学系讲师、教授。家庭住址：昆明市一丘田18号。

3. 省立云南大学理工学院教员简历

彭禄炳　美国加省裴士那中学毕业；美国密苏里省立大学工程科学士（1919年）；美国康奈尔大学土木工程师（1920年）；美国治河筑路与汽车工程、中国筑路建筑与教授。

云南大学史料丛书·教职员卷

计阳曦　北平汇文中学及大学预科；柏林工业大学毕业；全国度量衡局服务；河南大学任教；曾为东陆大学专任教员；现为理工学院专任教授。家庭住址：本校。

何　瑭　国立北京大学理学士；前北平市立商业学校教员；云南省立第一师范学校教员；云南大学教授。

陈芳照　美国夏威夷大学土木工程科毕业；现为云南大学理工学院专任教授。家庭住址：本校。

李良训　美国麻省理工大学造船毕业（学士）；在上海海军江南造船所任绘图师一年；山东大学机械系任讲师一年；现任云南大学理工学院专任教授。

马　琛　澳洲米耳拜耳大学机械科学士；伦敦机械科学士；美国加州理工大学物理硕士；澳洲理工学院任教授六年；英国飞机工厂任绘图师一年；福建协和大学任物理教授十三年半；现为云南大学理工学院专任教授。

苗天宝　德国国立工业大学毕业；现为云南大学理工学院兼任教授。

何　非　中国国民党党员；省立东陆大学土木工程系毕业；昆明市政府改造南正街工程委员；昆明市政府土地科科长；云南省教育经费委员会委员；云南大学理工学院兼任讲师。家庭住址：本校。

杨文辉　夏威夷大学修业（美属檀香山）；现为云南大学理工学院专任讲师。

何有贵　燕京大学毕业；云南大学理工学院地质学讲师。

杨哲夫　国立青岛大学理学士；昆华工业职业学校专任教员；云南大学兼任助教。文章或著作：《原子物理学通论》。家庭住址：昆明市华国寺院 13 号。

王士魁　法国国家天算博士；里昂天文台研究员；法国哥城测量局测量技师；本大学理学院算学系讲导。家庭住址：本校。

陈省身　国立清华大学研究院毕业；德国汉堡大学数学博士；西南联合大学教授。

陆子芬　国立清华大学理学士并曾任同校助教。

张福华　国立北平师范大学理学士；本大学理学院算学系助教，并在本大学附属中学兼职。家庭住址：昆明市大兴街 28 号。

王志符　国立暨南大学理学士；上海商务印书馆数理覆阅员；首都补习学校数理教员；前中央陆军军官学校教官；本大学理学院算学系助教。家庭住址：柿花巷 15 号或昆明市五华坊 17 号。

李季伟　法国巴黎大学理学硕士；里昂中央高工学校工程师；国立劳动大学、国立四川大学教授等；本大学理学院理化系教授。家庭住址：昆明市青云街 166 号。

赵忠尧　美国加利福尼亚理工大学博士；国立清华大学教授；本大学理学院理化系教授；英庚款会补助对象。家庭住址：昆明市华山西路 61 号。

李清泉　法国格来诺博大学毕业，同校电机工程师；前上海市政府技正等；本大学理学院理化系讲师。

彭桓武　国立清华大学理学士；清华大学研究院研究；本大学理学院理化系教员。家庭住址：本校。

顾建中　国立北平师范大学理学士；本大学理学院理化系教员。家庭住址：本校科学馆。

高国寿　国立四川大学理学士；本大学理学院理化系助教。家庭住址：本校。

陈梅生　国立北平师范大学理学士；本大学理学院植物学系助教。家庭住址：本校。

顾宜孙　美国康奈尔大学硕士、博士；美国顾问工程师；国立交通大学教授等；本大学理学院土木工程系教授。中英庚款委员会补助教授。

　　张　伟　国立交通大学工学士；前东陆大学教授等；现为本大学理学院土木工程系讲师。家庭住址：昆明市大兴街28号。

　　赵凌寒　法国工业大学卒业；私立铁道大学、国立东北大学教授等；本大学理学院土木工程系讲师。家庭住址：昆明市太和街45号。

　　夏昌槐　比利时干德大学工程师；云南省政府技正；本大学理学院土木工程系讲师。家庭住址：云南建设厅。

　　张家宁　香港大学工学士；前云南矿业公司技正；本大学理学院土木工程系教员。家庭住址：昆明市钱局上街70号。

　　赵炳金　本大学工学士；前工路总局测量队队长；本大学理学院土木工程系助教。家庭住址：昆明市金凤花园巷7号。

　　马锡荃　省立云南大学工学士；本大学理学院土木工程系助理。

　　陈鸿仁　本大学理学院土木工程系测量器械管理。

　　吴大暲　法国圣德田大学毕业，得国家工程师学位；国立中山大学、四川大学教授等；本大学理学院采矿冶金系教授。家庭住址：本校。

　　蒋导江　英国什裴尔德大学硕士；南京永利硫酸铔厂工程师；本大学理学院采矿冶金系教授；中英庚款委员会补助教授。

　　庐焕云　比国刚城大学土木工程工程师及采矿工程师；云南建设厅技正；本大学理学院采矿冶金系讲师。

　　林少华　国立中央大学研究员；中央研究院特许研究员；本大学理学院采矿冶金系实验员。家庭住址：昆明市卫家巷23号。

　　于耀廷　本大学理学院采矿冶金系矿山实习经理。

　　马希荣　前本大学理学院采矿冶金系讲师。

　　严济慈　巴黎大学授予国家理科博士；北平研究院物理研究所所长；法国物理学会理事。

　　冯新德　国立清华大学理学士。

　　邹恩泳　美国康奈尔大学土木工程硕士；纽约省道委员会工程师；唐山大学教授；上海市公用局技正兼科长。

　　汪国栋　国立中央大学理学士；中央大学地质系助教；湖南建设厅地质调查所技士。家庭住址：本校。

　　刘宝煊　日本东京高等师范卒业；云南大学理化学院理化系讲师。家庭住址：富春街芭蕉巷2号。

　　文元模　北平国立师范大学教授并任理学院院长，物理系主任等；现在云南大学理化学院任职。

　　张有龄　国立清华大学工学士；英国曼彻斯特大学硕士；伦敦大学博士；云南大学理学院土木工程学系讲导。

　　杨鲁曾　国立青岛大学理学士；昆华工业职业学校专任教员，本大学理工学院兼任助教。

　　赵　聪　前本大学理学院土木工程系教员。

4. 省立云南大学医学院教员简历

何　昌　中国国民党党员；香港大学医学院毕业；蒙应政府授内外科医学士；历任香港皇家医院医官；云南外交厅英文秘书；云南陆军一等军医正；云南陆军医院院长；云南军医学校上校、教育长兼教官；云南大学医学专科教授。家庭住址：昆明市卖线街或华山街光周医院。

王启宗　云南军医学校医本科毕业；历任中央剿匪军第二路军后方医院军医；兼任云南大学外科实习助理。

杨毓华　云南军医学校医本科毕业；历任中央剿匪军第二路军后方医院军医；兼任云南大学医专助理。文章或著作：《云南伤寒及疟疾之广见》。

环建一　北洋陆军军医学校医科毕业；曾任陆军医院院长；军医课长；军医监术；兼任云南大学医专科教授。家庭住址：建一医馆。

周　伟　香港英国大学医科毕业；历任香港政府医院医师；广州梧州美国医院医师；云南惠滇医院医师；兼任云南大学教授。家庭住址：昆明市马市口伯雄诊所。

后长德　曾为中国国民党党员；教育部立案私立上海东南医学院毕业；上海东医院医师；云南陆军医学校教官；云南陆军医院少校医正；云南大学医专科教授。家庭住址：昆明市富春街1号或武庙街大和药房。

魏述徽　上海国立同济大学医学士；兼任云南大学医专科讲师。家庭住址：昆明市牛角坡64号。

许端庆　国立同济大学医学院毕业；曾任上海实隆医院医师；云南大学医学专修科内科讲师。家庭住址：昆明市西院街136号。

周泽庭　云南讲武学校十九期步科毕业；云南军医学校医本科毕业；云南陆军医院军医；兼任云南大学医专科助理。文章或著作：《胃肠病之一切》（未出版）。家庭住址：昆明市文明街明德医院。

李丕章　法属印度支那医科大学毕业；历充军医正、军医院院长、课长等职；云南大学医专科教授。

沈稑苓　上海南洋医科大学毕业，并得医学士学位；日本东京帝国大学医科部选科研究；曾任云南陆军讲武学校军医正兼卫生学教官；云南军医学校医科教官；现任省立昆华中学校医；省立昆华女子中学卫生主任；本大学医专科教授。家庭住址：五华坊种苓诊所。

薛受益　北平协和医院学校医学博士，外科、产科专修；英国眼科医院专修；湘雅医院助医；惠滇医院医师；定县平民教育会保健院主任医师；全国经委会特派协办；滇省卫生事业医师；本大学医专科教授。

姚寻源　北平协和医学院医学博士；美国约翰霍金斯大学公共卫生学硕士；北平协和医学院卫生科助教；全国经济委员会卫生试验处历任技正兼社会医事系主任；山东齐鲁大学医学院卫生学系教授兼主任；宁夏省卫生实验处处长兼高级助产；职业学校校长；云南全省卫生试验处处长兼省立昆华高级护士助产职业学校校长；本大学医专科教授。

徐彪南　上海圣约翰大学医学院医学博士；新加坡国际联盟三次疟疾研究班毕业；中央医院内科主治医师；军医署军医学校内科讲师；本大学医专科教授，看护训练指导。

王承才　香港大学医学科毕业；美国费城梨山医院实习；美国磐歇亡尼亚大学毕业；院眼科专门修业；本大学医专科教授。

宋播仁　云南军医学校本科毕业；曾任铆村卫生演讲团团员并任团营主任医官；现任昆明市第一卫生所助理医师，兼任本大学医专科实习助理。

李　枢　法国里昂大学医学博士；波都大学医师；昆明慈群疗养院医师；本大学医学院讲师。家庭住址：昆明市慈群疗养院。

赵竹筠　本大学医学院绘图员。家庭住址：昆明市星君殿。

5. 省立云南大学附属中学教职员简历

杨春洲　国立北平师范大学毕业；日本东京帝大研究生；国立暨南大学附中教导主任；现任云南大学附属中学校长、主任。家庭住址：昆明市北门街45号。

冯素涛　国立广州中山大学文史系毕业；河南北仓女中、上海浦东中学专任教员；云南大学附属中学文史教员。家庭住址：昆明市玉龙堆19号。

由　道　国立中央大学文学士；中央大学英文教员；云南大学文法学院文学系教员，并在附属中学兼任英文教员。家庭住址：昆明市玉龙堆12号。

张福华　国立北平师范大学理学士；本大学理学院算学系助教，并在本大学附属中学兼任数学教员。家庭住址：昆明市大兴街28号。

马鹤苓　国立北平大学毕业；天津河北女师学院教授；云南大学附属中学公民理论学兼任教员。家庭住址：景虹街里仁巷1号。

徐　谦　云南讲武学校毕业；曾任云南讲武学校区队长及广西南宁军官学校队长；广西新兵第一团第一营长；江西碉堡工程队长等职；曾在云南大学附中服务；曾任云南省立昆华中学主任教官；现为云南大学专任军事教官兼训导委员会委员；并兼任附中军事教官和事务主任。家庭住址：昆明市大西门正街复兴巷1号或本校。

陈少铭　云南大学教育学院毕业；省立临安中学专任教员兼级主任；私立南菁学校国文教员；本大学附中教导员兼国文教员。家庭住址：本校。

王志导　上海大夏大学数理系毕业，理学士；安徽省立芜湖中学数理专任教员；本大学附中数学兼任教员。家庭住址：柿花巷9号。

吴　钧　国立北平师范大学历史系毕业，文学士；云南私立南菁学校教导主任；广州建国中学教员；本大学附中历史兼任教员。家庭住址：南菁学校。

龚芷莠　国立北平师范大学毕业；北平私立志成中学教员；云南大学附属中学地理兼任教员。家庭住址：昆明市武庙下街连升巷7号。

柏荣光　上海美术专门学校毕业；云南大学附属中学图画兼任教员。家庭住址：昆明市小西门江城巷16号。

丁素秋　本大学附中音乐兼任教员。

蓝思德　英国剑桥硕士；英国陆军CAPTANI圣公会会长；恩光小学教职员；兼任云南大学文法学院文学系英文讲师、教授；本大学附中英文兼任教员。家庭住址：本校。

陈梅生　国立北平师范大学理学士；本大学理学院植物学系助教；本大学附中生物兼任教员。家庭住址：本校。

周　耀　暨南大学英国文学士；云瑞中学专任教员；本大学附中体育教员。家庭住址：云端中学或本校。

袁芷芬　国立北平女子大学毕业；云南大学附属中学会计员。家庭住址：本校。

丁声远　云贵监察署科员；云南大学附属中学庶务员。家庭住址：本校。

罗耀华　上海复旦附中毕业；南京参谋本部干事；中央勘委会中方干事；云南大学

附属中学事务员。家庭住址：本校。

余为相　道路工程学校毕业；云南大学附属中学图书员。家庭住址：本校。

郭树勋　省立第一师范毕业；曾任公路总局迤东路会计兼庶务；本大学附中书记。家庭住址：本校。

胡肖先　省立第一中学及讲武十一期毕业；前任董干外汛蒙化县立中学军事训练兼图书管理员；现云南大学庶务课事务员；前附中事务员。

杨国荣　本大学附中前文书。

杨学元　本大学附中前体育主任、教员。

彭桓武　国立清华大学理学士；清华大学研究院研究；本大学理学院理化系教员；兼任附中数学教员。家庭住址：本校。

孙德崇　中国国民党党员；上海群治大学法学士；曾任云南省立法政专门学校教员及中等学校教职员；现任昆明市立中学校长及云南大学文法学院法学教授；本大学附中前公民教员。家庭住址：昆明市立中学。

姚蓬心　本大学附中前生物教员。

6. 其他人员简历

杨瑞勋　光华大学文学士。家庭住址：象眼街6合巷5号。

庄永华　云南省立第一师范毕业；云南建设厅水利局局长。家庭住址：东大街279号。

张儒翰　北平师范大学理学士；私立南菁学校教员。家庭住址：南菁学校。

林伯园　省立第一师范学校二部毕业；历任建国第三军部少校、军法处员及省立昆华师范图书馆主任。家庭住址：海潮庵巷6号。

胡云礽　省立第一中学云南讲武学校毕业；蒙化县立中学教员兼女子简师体育教员。家庭住址：本校。

杨玉生　暨南大学教育学士；暨南大学附中教员；苏州乡师教员。

窦重先　国立中央大学教育学院教育科毕业；省会各中学美术教员。

许秉乾　云南省立第一师范高级部毕业；呈贡县立简易师范学校校长。

赵象乾　广东省立勷勤大学建筑工程学士；广东民生中学体育主任；岭侨中学数理化教员。

张用之　家庭住址：存真照相馆。

（四）国立云南大学教职员简历

1. 文法学院

文史系

姜寅清　国立清华大学研究院毕业；巴黎大学研究院毕业；上海大学、复旦大学、暨南大学、河南大学教授；国立中山大学、西北临时大学教授；国立东北大学教授兼主任。所授课程有文学概论。曾住于云南大学校内、晚翠园。

萧　蘧　北平清华学校毕业；美国密苏里大学文学士、商学士；康奈尔大学硕士；哈佛大学研究院肄业；美国密苏里大学经济学教员；天津大学、南开大学经济学教授、经济系主任、文科主任；北平、清华大学经济学教授、法学院院长、教务长；军事委员会、工矿调整委员会业务组组长。曾住于玉龙堆3号。

闻　宥　国立中山大学、国立山东大学、国立四川大学、私立燕京大学教授。曾住于云南大学校内。

吴　晗　国立清华大学文学士；历任国立清华大学历史学系助教、教员、专任讲师。曾住于南昌街白果巷4号。

顾颉刚　国立北京大学文学士；北京大学助教兼讲师；厦门大学研究教授；中山大学教授兼史学系主任，语言历史研究系主任；燕京大学教授兼史学系主任；北平研究院史学研究所历史组主任；厦门大学、国立中山大学、燕京大学等教授；国立北平研究院史学研究所历史组主任；管理中英庚款管事会补助；西北教育设计委员。曾住于云南大学校内。

赵诏熊　北京清华学校毕业；美国麻省理工大学机械工程科学士；哈佛大学英文学硕士；私立南开大学教授；国立清华大学、东北大学讲师；国立北京大学副教授；私立辅仁大学讲师；中国正字（基本英语）学会干事。曾住于青云街69号。

方国瑜　国立北京大学研究所国学系毕业；师范大学研究院编辑员；北平民国大学教授。所授课程有国文、音韵学。曾住于大兴街27号、玉龙堆3号。

刘文典　北平师范大学讲师，国立北京大学、清华大学教授。所授课程有庄子、校勘实习。曾住于玉龙堆3号。

钱　穆　国立北京大学、西南联合大学、齐鲁大学等教授。

徐嘉瑞　国立暨南大学讲师，中国公学、复旦大学教授。所授课程有中国文学史、诗经。曾住于求实中学、龙井街38号。

范　锜　日本东京高等毕业又同校研究院专攻科毕业；在帝国大学院研究又在美国哥伦比亚、哈佛、霍斯各大学研究院研究；国立政治大学训导主任；国立北京大学教授；国立清华大学教授；国立中央大学教授；国立中山大学教授兼文学院院长；中央党部党义教育主任；中央派遣留学生管理委员会委员；中央宣传委员会主任秘书；教育部西北教育视导专员；湘、赣、皖高等教育视察学术审议委员会专门委员。所授课程有伦理学。曾住于云南大学校内、云南澄江县仁西镇77号。

杨家凤　武昌师大毕业；美国密苏里研究院研究员；乔治披波狄大学研究院研究员；云南省立昆华中学校长；省教育经费管理局局长；本校总务长等职。曾住于昆华女中。

马　坚　埃及国立阿拉伯文专科大学毕业，云南私立明德中学教务主任。

郑天挺　国立北京大学教授。曾住于西南联大。

汤用彤　国立北京大学教授。曾住于西南联大、文林街5号。

陆钦墀　燕京大学文学硕士，所授课程有中国近世史、西洋近世史。

尚健庵　北京大学毕业，曾任河南、哈尔滨、宁夏、云南等高中专任教员。所授课程有中国通史。曾住于云南大学校内。

陶秋英　燕京大学文学硕士；上海《民国日报》编辑；上海卅界米局编辑；上海中西女子高中部科主任；江苏省立苏州女中教员；杭州弘道女中高中部文科；国立东北大学专任讲师。所授课程有国文。曾住于云南大学校内。

林少侯　北京大学毕业；德国汉堡大学肄业一年；上海复旦大学哲学讲师；世界书局上海书局编辑。曾住于云南大学校内。

云南大学史料丛书·教职员卷

袁丕佑　国立北京大学文科学士，美国磐学维尼亚大学教育哲学硕士。

诸祖耿　私立正风文学院、私立太炎文学院文学教授，教育部特设南京临时大学补习班中文教授。

徐知良　国立北平师范大学史学系毕业；曾任国立西北联合大学讲师；国立西北师范学院讲师、副教授；国立贵阳师范学院副教授、教授。

马丰琛　南开大学历史系毕业；清华大学研究院毕业；南开中学高中部教员；华中大学历史系讲师、副教授、教授等职。

水天同　国立清华大学留美预备部毕业；哈佛大学硕士；国立山东大学副教授；中国正字学会理事；云南省立英语专科学校校长。所授课程有"莎士比亚"。

李源澄　曾任无锡国专教授；浙江大学副教授；四川大学教授。

纳　忠　埃及爱资哈尔大学毕业，博士；国立中央大学教授；中央干部学校研究部教授。

朱杰勤　国立中山大学文史研究所毕业；国立南洋研究所史地组主任；东方语文专科学校教授。曾住于云南大学校内。

二

罗膺中　国立北京大学教授。曾住于西南联大、龙井街28号。

姚奠中　山西教育学院毕业；苏州章氏国学讲习会研究组毕业；曾任安徽政治学院讲师；安徽师范专科副教授；国立女子师范学院副教授；国立贵阳师范学院副教授。

吴乾就　国立清华大学文学士；清华大学研究院史学部毕业；曾任西南联合大学专任讲师；国立昆明师范学院副教授。曾住于西南联大。

张友铭　云南省立英语专科学校讲师，本校先修班讲师。所授课程有国文。曾住于云南大学校内。

名

录

傅懋勉　国立西南联合大学毕业；国立清华大学研究院毕业；曾任西南联大助教；中法大学讲师；东方语专讲师。

傅平骧　国立四川大学毕业，曾任成都各高中国文教员暨专科学校经学导师。

马　曜　上海光华大学毕业；西南联大进修班国文组毕业；曾任云南各省立中学国文教员；曾任省参议员。

全振寰　国立北平大学女子文理学院中国文学系毕业；曾任华北日报社编辑三年；历任中学国文教员八年；东方语文专校国文讲师兼图书馆主任一年。

二

李　埏　国立西南联大毕业；北京大学文科研究院毕业；大理师范教员；浙江大学史地研究会编辑兼讲师。所授课程有中国通史。曾住于云南大学校内、北仓坡正1号。

殷焕先　中央大学中国文史系毕业，云南省立曲靖中学国文教员。曾住于昆华中学。

李为衡　国立云南大学毕业；齐鲁大学国学研究所肄业；齐鲁大学国学研究所助理研究员；中央民众教育馆研究员。曾住于螺峰街桂花巷2号。

缪鸾和　本校文史系毕业，所授课程有先修班国文。曾住于云南大学校内。

田鸣鹤　国立北平师范大学毕业，曾任中法中学、五华中学、南菁中学教员。

周　均　云南大学教育学士，昆明师范学院副讲师及本校文史学系兼任讲师。

方龄贵　国立西南联合大学文学士，北京大学研究院文硕士。

王宏道　国立北京大学毕业，云南私立求实中学、省立昆华中学文史专任教员。

王　岫　西南联大师范学院史地系毕业，云南省立昆华农校、昆华中学、昆华师范文史专任教员。

丁则良　清华大学毕业，所授课程有国文。

马开樑　本校文史系毕业。

马忠民　本校文史系毕业。

杨允中　本校文史系毕业。

陶　音　国立清华大学历史学系毕业，文学士；日本东京帝国大学（东洋史科）研究院毕业；云南省立云南大学文史学系"讲导"（专任讲师）。曾住于云南大学校内。

施蛰存　上海震旦大学文科；历任江苏松江县立中学、江苏省立高级应用化学职业学校、江苏省立松江中学、浙江杭州行素女子中学国文教员；私立上海中国公学大学部文科教授。曾住于云南大学校内。

楚图南　国立北平师范大学毕业，国立暨南大学教授。所授课程有国文、历代文选、《史记》。曾住于云南大学校内、昆华师范校内。

吕　湘　国立东南大学外语文系毕业；江苏教育厅选送英国牛津大学及伦敦大学研究；江苏省立苏州在学教导副主任兼英文教员。曾住于云南大学校内。

罗　庸　国立浙江大学副教授；国立中山大学教授兼中国文学系主任；国立北京大学教授；国立西南联合大学教授，曾住于兴华街 28 号。

李国清　香港大学文学士，前东陆大学教授。曾住于北仓坡螺翠山庄。

马嘉德　云南中法学校校长。曾住于石桥铺 1 号中法学校。

赵　璁　河内东法大学毕业。曾住于如安街华兴巷 15 号。

施来福　国立中山大学岭南大学讲师。曾住于云南大学校内。

王　烈　日本早稻田大学文学部研究院卒业。曾住于本校附中。

朱　洪　北京大学、师范大学、中国大学讲师，清华大学、民国大学教授。曾住于才盛巷 2 号。

张　易　国立四川大学教授，昆明分军校教官。曾住于光华街县政人员训练所。

由　道　国立中央大学文学院毕业；国立中央大学英文教员；江苏省立常州中学教员。曾住于玉龙堆 12 号。

牟宗三　国立北京大学毕业，广州学海书院教员。

周泳先　曾任国立暨南大学讲师，江浙各中学教员。曾住于磨盘山 5 号。

陈家骅　中法学校修业。曾住于中和巷 58 号。

朱进之　燕京大学文学硕士，哈佛、燕京学社特别研究员。

白寿彝　燕京大学研究所肄业；燕京大学国学研究所研究员；国立北平研究院名誉编辑；中央大学文史系教授。曾住于小南门回教俱进会、庆云街回教俱进会。

刘尧民　历任云南省立各中学教员及高中师范国文教员。所授课程有各体文习作、温李诗、词史、词选。曾住于金凤花园 4 号。

陈定民　北平中法大学、法国巴黎大学语音学院毕业；法国巴黎大学文学博士；国立清华大学教授；国立西南联大教授；本校教授。曾住于云南大学校内、篆塘新村 1 号。

翁同文　国立清华大学毕业；西南联大助教；东方语专讲师。曾住于云南大学校内、西宿舍 26 号。

姚从吾　国立北京大学教授。曾住于西南联大。

刘崇鋐　国立清华大学毕业；美国威斯康星大学学士；哈佛大学硕士；国立清华大学教授；西南联合大学教授。曾住于北门街 71 号。

程应镠　燕京大学肄业；西南联大毕业；曾任第一战区长官部上校秘书；十三军特别党部上校秘书；清华中学教员。曾住于小坝天祥高中。

李俊昌　国立云南大学文法学院文史系毕业。曾住于先生坡6号。

李淑贞　本校文史系毕业。曾住于玉龙堆3号。

张印堂　国立北京大学文学士；英国利物浦大学地理硕士；北京大学专任讲师；清华大学教授；西南联合大学地理组主任。曾住于西南联大、昆中北院西楼32号。

余冠英　国立西南联大教授。曾住于云南省训团。

殷焕光　国立中央大学中国文学系毕业；北京大学文科研究所毕业；云南省立曲靖中学教员。曾住于云南大学校内。

闻家驷　国立清华大学教授。曾住于西南联大、民强巷5号。

冯宝麟　国立清华大学哲学系毕业；清华研究院哲学部肄业；中国哲学研究会研究二年。曾住于昆华中学北院、昆北院教员宿舍研究生隔壁。

马奉琛　南开大学历史系毕业；清华大学研究院毕业；南开中学高中部教员；华中大学历史系讲师、副教授、教授等职。曾住于云南大学校内。

马芳若　国立北京大学中国文学系毕业；国立艺专中国文学专任讲师；国立西南联大中国文学系教员。曾住于方盛巷北大办事处。

萧涤非　国立清华大学文学士，同校研究院毕业；国立山东大学专任讲师三年；国立四川大学专任讲师五年；国立西南联合大学副教授三年。

张书桂　国立北京大学国文系毕业，联大附中长城中学国文教员。

吴世荣　本校文史系毕业。

刘桂五　西南联合大学史学系毕业。

外国语文学系

凌达扬　美国耶鲁大学学士；哥伦比亚大学硕士；清华学校英文教授；青岛《英文时报》总编辑；历任东北大学、齐鲁大学、国立山东大学、国立中山大学外文系主任教授；国立西南联合大学英文教授。所授课程有英文散文选及作文、十九世纪文学、英国文学史。曾住于青云街丁字坡1号。

柳灿坤　法国烈日省百工大学制造飞机科优等毕业；工程电学科最优等毕业工程师；机械科优等毕业工程师；烈日省立高等商业学校英文专修科最优等毕业，获有英文通讯员证书；历任军政部巩县兵工厂、炮弹工厂主任兼艺教讲习所教务主任；获省奖及优良证，普洱道尹公署云南第二殖边督办署科长；思普区公路技正兼工务处处长；云南省参议会参议员等职。曾住于云南大学校内。

吴富恒　美国哈佛大学教育硕士；中国正守学会研究员；云南英语专科学校教授；本校讲师。所授课程有英文散文选项及作文、小说选读、社会心理学。曾住于兴隆街英专。

费令宜　美国哥伦比亚大学硕士，曾任东吴、北平大学英文教授。曾住于中央机器厂福德桥。

高朗节　法国巴黎大学文硕士，法国驻华文化联络员。曾住于中法中学。

刘寿民　国立清华大学教授。

鲍志一　国立清华大学外文系毕业；清华大学外文系助教；西南联大助教及教员等职。所授课程有英文、戏剧。曾住于大东门外东庄昆维慈组院。

董公勖　英国伦敦麦美商学院毕业；军事委员会工委会稽核；本校校长室秘书。

吴文嘉　北平女子师范学院毕业；美国 Seton Hill College 学士；美国华盛顿社会服务研究院研究一年；曾任南京市育婴所主任；湖南零陵苹洲高中、芝城中学、昆明昆华女中、中山高级职业学校英文教员；本校女生指导委员；先修班英文教员及外语系讲师。

袁家骅　国立北京大学教授，所授课程有语言学、语音学。曾住于云南大学校内。

王金锺　国立北平大学外语系毕业；云南丽江中学教务主任；中央政校大理分校英文教员。曾住于云南大学校内。

俞铭传　国立武汉大学毕业；清华大学研究院肄业；西南联大助教。曾住于云南大学校内。

宋传训　国立北平师范大学外文系毕业。曾住于黄土坡中法中学。

朱树飏　清华大学文史系毕业。曾住于跑马山。

陆　凡　本校外语系毕业。曾住于云南大学校内。

王森堂　清华大学外语系毕业；曾任中学教员；西南联大外语系教员。

江汉章　上海圣约翰大学文学士；香港圣三一中学英语主任；贵阳大夏大学英语讲师；安顺陆军军医学校英语教官。

邱道生　圣约翰大学肄业；美国澳海沃大学毕业；上海青年会学校英文历史教员；圣约翰大学附中英文教员。

蒋硕真　巴黎大学文学硕士，中法大学讲师。

贝麦雅美　英国曼维斯大学文硕士，剑桥大学教授。

段惠仙　国立西南联大毕业。曾住于云南大学校内。

叶其汉　本校外国语文系毕业。

杨邦顺　本校外语系毕业曾任中央通讯社编辑。曾住于万钟街 84 号。

魏兆南　云南大学外语系毕业。

仲跻鹍　本校外语系毕业。

王金钟　国立北京大学外语系毕业；云南丽江中学教务主任；中央政治大学英文教员。

林筠因　私立南开大学英文系毕业，北平慕贞女中英文教员。所授课程有英文。曾住于青云街 69 号、民强巷 5 号。

桂灿昆　国立浙江大学毕业，曾任各中学高中英文教员、报馆访员、美新闻处翻译员。曾住于正义路正义报馆。

许逸超　国立清华大学理科硕士，中山大学、贵州大学等校教授。

李敦白　哈佛大学学士。曾住于云南大学校内。

段喆人　国立北平师范大学英语系毕业；河北省立高级中学英语教员；国立编译中法大学附中主任。

苏冰心　美国威斯林大学文科毕业，国立山东大学、西南联大英文教员。

法律学系

王伯奇　巴黎大学法学博士，所授课程有民法总则、民事诉讼法。

朱　观　高等考试司法官考试及格；司法行政部法官训练所毕业以再试及格论；曾任汉口地方法院、昆明地方法院、云南高等法院推事；第一集团军总司令部同上校秘书；任云南高等法院首席检察官。

于振鹏　法国国家法学博士；国际联盟会秘书厅合作员。所授课程有行政法、法学绪论、公司法。曾住于法大驻滇办事处中法大学。

周新民　日本明治大学法律研究科毕业；曾任上海中国公学、上海法学院、复旦大学、广西大学等校民法教授；上海法政学校教务长；安徽省党部委员；安徽省参议员及省府驻渝办事处处长；历任昆明地方审判厅厅长；高等检察厅厅长。所授课程有民法债务、民法物权等。曾住于大东门中国协会234号。

赵崇汉　法国里昂大学法学博士。曾住于云南大学校内。

宋玉生　厦门大学法学士；法国里昂大学经济学硕士；比国鲁汶大学法学士；曾任国立东北大学法学院教授；教育部学术审议会审定合格教授。

徐　靖　辅仁大学教员。

魏登临　法国里昂大学法学博士；里昂行政专门学校毕业；巴黎政治专门学校毕业。

彭望雍　巴黎大学比较法学院研究员。

冯　浩　湖北法政专门学校法律科毕业；第二届法官训练所毕业；历任安徽怀宁、广东顺德地方法院推事；广东广宁、云南昭通地方法院院长；云南高等法院庭长。曾住于云南大学校内。

阮曾佑　湖北省公立法政专门学校、司法部法官政治党务训练班、司法行政部法官训练所毕业；历任安徽高等法院第一分院，安徽凤阳，湖北孝感、黄冈各地方法院推事；贵州贵阳、云南昆明地方法院、云南高等法院检察官；云南高等法院推事兼庭长。

孙希衍　云南高等法院院长。

吴薇生　前西南联合大学讲师。

饶　骥　本校法律学系毕业。

罗世齐　北京法政专门学校肄业；日本东京法政大学大学部本科毕业；曾任四川法政专门、商业专门及警监专门学校、国立四川大学、云南省立云南大学法律学讲师、教授等职；任国立云南大学法律学系教授。曾住于地藏寺巷1号。

饶重庆　历任昆明地方审判厅厅长；云南高等检察厅检察长；云南法政专门学校校长；云南最高法院监督推事；本校教授。所授课程有民法亲属继承、刑事诉讼法、教育法、劳工法。曾住于新民巷17号。

张永宽　国立北京法政大学毕业；法国巴黎大学法科博士班研究及法兰西国家学院College de France研究；任四川省行政公署派赴欧洲考察教育专员；任国立暨南大学、国立成都大学、国立四川大学教授及本校教授；民国十年并曾兼任国立四川大学政治系主任；中央陆军军官学校成都分校教官；高等检察考试委员；四川省政府设计委员会地方行政专门委员兼四川省政府调查团地方行政调查组组长。曾著《行政法学讲义》四部凡五册、《宪法学讲义》一部、《劳工法》一部、《社会政策》一部、《合作大纲》一部、《行政学》一部，并曾任《北京黎明报》《四川西蜀晚报》总编辑；四川政报处处长；中国国民党驻法总支部机关报总编辑；巴黎支部执行委员代理国民政府赈灾委员会监察委员。曾住于地藏寺巷2号。

陶天南　东吴大学法学院研究所教授，国立武汉大学法律系教授。曾住于玉龙堆若园巷3号周宅。

费　青　东吴大学法学士；柏林大学研究员；西南联大教授；东吴大学法律系主任；复旦大学教授。曾住于云南大学校内、文林街51号。

名

录

朱绍曾　北京中国大学法律科毕业，曾任云南高等法院、第三分院院长等。曾住于青云街 188 号。

杨振兴　国立北京法政大学毕业；历充云南各级法院推事；检察官部派云南高等法院首席检察官。曾住于文庙东巷 22 号。

范承枢　高等考试、司法官考试及格；司法院法官训练所第四属法官班毕业；曾任广州地方法院推事；广东新兴四会、云南大理、昆明等地方法院院长；云南省参议员；第一集团军总司令部军法处长兼任本校讲师。所授课程有中国司法组织（下）、强制执行法（下）。曾住于民生街 80 号。

高直青　曾任实业部专门委员；云南省政府特务秘书；单行法规编审委员会委员。曾住于维新街 23 号。

何襄明　巴黎大学法科博士班及国际研究毕业。

瞿同祖　燕京大学硕士。所授课程有中国法制史、中国经济史、中国社会史。曾住于维新街 47 号。

饶　礼　本校法律系毕业。曾住于云南大学校内。

政治经济学系

林同济　美国密西根大学政治学学士，美国加利福尼亚大学政治学硕士、博士，美国加利福尼亚大学密勒士大学讲师；南开大学教授兼经济系研究所导师；云南大学文法学院院长。曾住于青云街 167 号。

范师武　美国康奈尔大学农业经济学学士；哥伦比亚大学经济学硕士；墨德裴士大学商业心理博士；曾任云南个旧锡务公司官股董事；前富滇银行主任稽核；省行正经理；历充云南省整理财政金融委员；曾任云南省临时参议会参议员；曾任国立云南大学政治经济系教授。曾住于报国巷 13 号。

朱炳南　美国伊利诺大学经济学博士，中央研究院社会科学研究所专任研究员。曾住于云南大学校内。

朱驭欧　国立清华大学留美预备部毕业；美国威斯康星大学政治学学士、硕士、博士；中央研究院社会科学研究所专任副研究员；行政院行政效率委员会专门委员；云南县长考试、襄试委员；中国航空建设协会云南省分会分队长；云南省总动员委员会设计委员会委员兼秘书；云南大学教授。所授课程有各国政府及政治、行政学、外交学。曾住于北门街 79 号、云南大学校内。

潘大逵　清华学校毕业；美国斯坦佛大学学士；美国威斯康星大学硕士；哥伦比亚大学研究员；上海法学院政经系主任、训导长、教务长；光华大学政治经济系主任；四川大学、暨南中正大学等教授；四川省参议员；绥靖主任公署顾问。所授课程有宪法、政治学、西洋政治思想史。曾住于北门街北门书屋楼上。

司徒尹衡　清华大学政治系毕业；美国威斯康星大学硕士；中央军官学校政治教官；金陵大学代理教授；三民主义青年团中央团部编审组长、秘书等职。所授课程有国际公法、西洋政治及外交、先修班公民课。曾住于云南大学校内。

赵康节　国立清华大学法学院毕业（1931 年）嗣在该校研究院继续研究两年；实业部国际贸易局指导专员；西南运输处专员；滇缅公路运输工程监理委员长会专员；赴欧专使团秘书；昆明运输统筹委员会秘书；杂志编辑等。所授课程有中国外交史。曾住于云南大学校内。

王贡予　清华大学法学士；美国哈佛大学政治系毕业，政治学硕士；中央政治大学、南开大学政治系教授。曾住于玉龙堆3号。

罗应荣　国立西南联大毕业，国立清华大学法科研究所毕业。曾住于云南大学校内。

陈复光　美国哈佛大学学士、硕士；清华大学、燕京大学、云南大学教授；陆军大学教官；第二届国民参政员等职。

邹邦梁　国立清华大学留美预备班卒业；美国斯坦佛大学政治学学士；美国威斯康星大学政治学硕士。

陈人龙　东吴大学法学士；中央政治学校地政研究所研究员；美国约翰霍金斯大学硕士。

熊锡元　复旦大学政治学系肄业；本校政治学系毕业；曾任《昆明中日报》撰述、《生活导报》主编。曾住于自由论坛社、玉龙堆3号。

张时俊　国立清华大学政治学系毕业。

梅远谋　国立武昌高等师范毕业；法国巴黎大学研究员；巴黎财政金融高等专门学校毕业；法国南锡大学经济学博士；原任国立重庆大学商学院教授；私立齐鲁大学政经系教授；私立光华大学商学院教授兼工商管理学系及银行学系主任；国立四川大学经济学系教授；国立东北大学经济学教授兼系主任；私立川北农工学院教授兼工商管理学系主任兼教务长。

姚嘉椿　中央大学商学士；安徽大学教授；浙江省政府会计处会计专员；中央机器厂成本课长。所授课程有成本合计。

萧子风　法国刚城CAEN大学经济学博士（1931年），巴黎大学最高国际法学院研究员（1933年）。

赵公望　美国密西根大学经济学硕士；曾任暨南大学、同济大学教授；国民参政员等职。

杨克成　国立中央大学毕业；美国哈佛大学工商管理硕士；云南省合作事业管理处处长。

韩及宇　曾任国立编辑馆编审；私立齐鲁大学、国立四川大学、国立东北大学经济系教授；日本东京商科大学毕业；国立北平大学法学院毕业。

瞿明宙　日本东京帝国大学经济研究室研究生毕业；历任国立中央研究院研究员；全国经济委员会专员；实业部视察云南省合作事业管理处主任秘书。

陆忠义　国立上海商学院毕业；曾任国立上海商学院、江苏省蚕丝专科学校教职管理；中英庚款委员会研究员。所授课程有会计学、国际贸易与金融。曾住于南屏路四荫里4号、翠湖北路顺宁会馆。

周光倬　东南大学毕业；曾任江苏第四师范及南京中学教员；国民政府外交部特派云南边地调查专员；中央军官学校中校教官；中央航空学校少校教官；国立南京高等师范学校文史地部毕业；曾任江苏省立第四师范第一中学专任地理教员；中央高等警官学校政治地理教授；中央军校、中央航校地理教官；外交部边地调查专员。

陈东凯　军事委员会西南运输处总会计室审核股长兼专员；军委会中缅运输局查账专员；军委会战地服务团账务检查员；《中央日报》会计与工商栏主编；平正会计学校附设会计簿记训练班主任；执业会计师六年。

张骁祥　国立清华大学法学士；天津金城银行经济研究室研究员；交通银行昆明分

行襄理兼放款主任。

张家驹　本校经济学系毕业。曾住于云南大学校内、钱局巷 49 号张医师府。

李绍武　本校经济学系毕业。

冉俊彦　本校经济学系毕业。

王赣愚　国立清华大学法学士；美国哈佛大学政治学硕士；英国伦敦大学研究（政治经济研究院）；中央政治学校政治学教授；南开大学政治系教授；国立西南联合大学兼任讲师；曾任国立云南大学政经系教授。所授课程有中国政府、政治名著选读。曾住于翠湖东路 24 号。

徐绳祖　国立北京法政专门学校政治经济科毕业；日本东京法政大学经济学部经济科毕业；历任《北平晨报》编辑；《大公报》特约撰述；国立北平大学商学院、朝阳学院等校讲师；国立北平大学法商学院教授；云南省政府教育厅秘书、编译主任；云南省动员委员会设计委员；国立云大教授兼秘书长；临时参议会候补参议员。曾住于钱局巷 77 号。

伍纯武　民国十三年毕业校——上海圣约翰大学附中；民国十七年毕业校——上海光华大学，得政治经济学士；民国二十一年毕业校——法京巴黎大学，考取社会经济博士；民国二十一年秋至二十七年春，任上海光华大学教授；二十四年秋至二十七年春并兼任该校社会学系主任；二十二年秋至二十四年夏，任国立上海商学院经济学教授；后任国立云南大学教授兼主任导师；民国二十八年三月毕业校——中央训练团党政训练班第一期。所授课程有西洋经济史、经济思想史。曾住于青云街 107 号、篆塘新村 28 号。

赵　镈　国立清华大学文学士；美国哥伦比亚大学硕士；美国 Scinkke Foundation 实习研究；全国经济委员长会研究员。曾住于水晶宫 18 号。

郑独步　日本东京大学毕业；武昌、中华、北平、朝阳各大学教授。所授课程有经济学、劳动问题、经济政策、中国建设问题。曾住于绥靖路东道巷 4 号。

鲁冀参　国立中央大学法学士；德国柏林大学经济学博士；曾任淞沪警备司令部咨议救国公债劝募委员会驻德分会委员；黄河水灾捐款劝募委员会主任委员；寒衣捐款劝募委员会主任委员；德学生会会长。所授课程有经济学、高级经济学。曾住于云南大学校内。

黄公尚　国立清华大学毕业；美国西北大学学士；美国哥伦比亚大学硕士；国立中山大学教授；广州大学经济系主任；缅甸国防部远东部主任；国立西南联合大学教授。

齐祖詝　巴黎政治大学毕业，天津工商学院商科教授。所授课程有经济循环、经济英文、货币与银行、国防经济问题。曾住于螺峰街 97 号。

秦　瓒　上海圣约翰大学文学士；美国哥伦比亚大学经济学硕士；国立北京大学教授；西南联大教授。曾住于文化巷 1 号。

路祖焘　国立中央大学商学士；西南联大会计主任；曾任上海大同大学教授；浙江省政府会计处指导员及衢县、平阳等县科长；会计稽核主任暨代理县长等职。所授课程有政府会计。曾住于云南大学校内、大兴街 23 号。

杨叔进　中央政治学校大学部毕业；南开大学经济研究所毕业；经济学硕士；南开大学经济研究所研究员；中央设计局专员；国立重庆大学教授。

李德家　美国哥伦比亚大学政治学博士；卡内基和平基金会研究专员；国立四川大学专任教授；金陵大学特约教授。

刘大公　德国佛琅克府大学政经博士；军委会军事杂志社中校编辑；党委会招待所主任秘书；军委会政治部上校主任、政治教官。

伍启元　武汉大学、清华大学及国立西南联合大学教授。

陈世忠　本校经济系毕业。曾住于云南大学校内。

陈曼石　本校经济系毕业，云南省立昆华商校教员。曾住于云南大学校内。

杨嘉禾　国立北平师范大学肄业，本校经济系毕业。

社会学系

吴文藻　清华大学毕业；1923 年美国哥伦比亚大学哲学博士；1929 年 2 月，燕京大学社会学系讲师；1929 年 9 月，清华大学兼任讲师；1933—1934 年燕大代理文学院长；1934—1935 年燕大社会学系主任；1936—1937 年美国罗氏基金社资助游学教授；1937—1938 年燕大社会研究荣誉学位筹备主任；1938 年，云大中英庚款讲座。曾住于维新街 74 号。

王　政　北京清华学校毕业；美国斯坦福大学教育学学士；社会学硕士；国立中央大学教授；中央政治学校教授；实业部科长；国民经济总动员会总会专员；云南省立昆华师范校长；云南省立云南大学教授。曾住于晋宁省立昆华师范学校。

费孝通　燕京大学社会人类学系毕业，燕京大学学士；国立清华大学研究院毕业；伦敦大学经济学院人类学系博士；广西省政府特约研究专员。曾住于文化巷 52 号、云南大学校内。

潘光旦　美国哥伦比亚大学硕士；国立西南联合大学教务长；国立清华大学教务长；西南联大社会系主任。所授课程有中国社会思想史。曾住于西南联大。

许烺光　上海沪江大学文学士；英国伦敦大学哲学博士；北平辅仁大学助教；武昌迁滇华中大学教授。所授课程有社会学、民族学。

李有义　燕京大学文硕士。曾住于巡津街甘美医院。

金琼英　北平中法大学毕业；法国里昂大学哲学硕士；国立女子师范学院教授；台湾省编译馆编审。

陈年榜　本校社会系毕业。

刘尧汉　本校社会系毕业。

杨怡士　日本大学社会科学科毕业，河北省立法商学院、广西省立法政学校、北平中国大学、上海法政大学等校教授。曾住于灵光街薛家巷。

倪中方　美国芝加哥大学哲学博士，国立西南联合大学教授。曾住于昆中北院、省立昆华师范。

史国衡　国立清华大学文学史，所授课程有劳工问题。

王　康　国立西南联合大学社会系毕业。曾住于云南大学校内。

王志诚　本校社会系毕业。曾住于云南大学校内。

张之毅　国立清华大学文学士。所授课程有云南农村经济。曾住于贡院坡 5 号、维新街 74 号、青云路 4 号。

胡庆钧　国立北京大学文科硕士，国立中央研究院历史语言研究所助理研究员。曾住于云南大学校内。

游国恩　国立北京大学教授，曾住于西南联大。所授课程有国文。

唐立庵　国立北京大学教授。曾住于西南联大。

田汝康　清华大学文学士。曾住于大富春街6号。

文法学院其他教员

方国定　复旦大学法学士；曾任无锡、保山等县政府秘书科长等职；中华文化建设协会总会干事。曾住于一丘田12号。

2. 理学院

数学系

何　鲁　法国里昂大学理科硕士；中国公学校长；安徽大学校长；重庆大学理学院院长；国立中央大学算学系主任等。

王士魁　法国国家天算博士；里昂大学数学硕士；里昂天文台研究员；法国哥城测量技士。所授课程有微分几何、高等解析几何。曾住于云南大学校内、黄土坡中法大学、后新街1号。

陆子芬　上海招商局航海专科算学教授，国立中央大学算学系教员。曾住于云南大学校内。

陈省身　国立清华大学研究院毕业；德国汉堡大学数学博士；巴黎大学研究；国立西南联合大学教授。曾住于西南联合大学。

庄圻泰　国立清华大学理学士；国立清华大学算学研究所毕业；法国国家大学理科博士。所授课程有续复数函数论、微积分。曾住于云南大学校内。

华罗庚　国立西南联合大学教授。曾住于西南联合大学。

姜立夫　国立西南联合大学教授。曾住于西南联合大学。

戴良谟　国立西南联合大学教员。曾住于云南大学校内。

张福华　国立北平师范大学理学士，国立昆明师范学院数学系兼任副教授。所授课程有微分方程、数学、乘方。曾住于大兴街28号。

朱德祥　国立清华大学理学士；本校数学系专任讲师；国立清华大学讲师。所授课程有微分方程，先修班代数、三角。曾住于昆华女中、路南临时校址。

苗华殿　本校数学系毕业。曾住于云南大学校内。

张孝机　国立北平师范大学理学士。曾住于云南大学校内。

尚学仁　北平师范大学算学系毕业。曾住于云南大学校内。

何衍璿　法国里昂大学算学硕士；曾任国立中山大学教授兼算学系主任；理学院院长等职。所授课程有理论力学，著作有《近代几何要义》。曾住于云南大学校内。

张　燮　民国三十一年西南联大毕业，民国三十六年二月美国麻省理工学院算学硕士。

陈筲谷　国立北京大学数学系毕业；天津南开中学数学教员；南开大学数学讲师；西南联合大学数学讲师；本校附中数学教员。

徐天祥　国立四川大学毕业。

白世俊　国立云南大学理学士。曾住于云南大学校内。

钱春深　本校数学系毕业，曾任本市市女中、昆中等校数学教员。曾住于先生坡头8号。

简恩泽　本校数学系毕业。曾住于云南大学校内。

饶婉宜　本校数学系助教（民国三十一年）；省立昆华高级工业、职业学校数学专任教员。

理化学系

张其濬　巴黎大学理科硕士；巴黎高等电机学校无线电工程师；安徽大学理学院院长；武汉大学、广西大学、北平师范大学、中法大学教授兼物理系主任。

彭桓武　英国都柏林研究院副教授。

王明贞　美国密歇根大学理学博士；北平燕京大学理学士。

杨桂宫　国立北平师范大学毕业；军医学校讲师；天津培华女中专任教员。曾住于云南大学校内、路南临时校址、晚翠园。

胡维菁　国立北平师范大学物理系毕业；历任中学教员；中法大学助教。曾住于云南大学校内。

辛毓庄　国立北京大学英文系毕业。曾住于路南临时校址。

郑智绵　本校化学系毕业。

王光诚　西南联大物理系毕业。

赵雁来　法国国家理科博士；里尔大学理科硕士；里尔化学院工程师；法国西部第昂酒精厂工程师；里尔燃料专门学校助教；云南利滇公司总经理；云南大学教授兼理化系主任。所授课程有高等有机化学、普通化学。曾住于金碧公园建厅化验所、前新街5号、北后新街5号、云南大学校内。

李季伟　法国巴黎大学理学硕士；法国角罗卜大学庶艺院造纸工程师；法国里昂中央高等工业学校电机工程师；曾任法国摩达伦造纸厂技师（半年）；里昂人造丝厂化学技师（半年）；巴黎人造汽油厂工程师（半年）；阿尔萨斯、洛林电机制造厂设计员（五个月）；德国德兰斯登、美国纸业赛会中国纸业部主任（四个月）；国立劳动大学教授（一年）兼复旦大学特约教授（一学期）；国立成都师范大学教授（一学期）；国民革命军二十一军高等顾问（三年）兼重庆制造厂化验场场长（一年）；兼重庆科学实验所所长（一年）；国立四川大学教授（五年）兼四川省立工学院教授（四年）；川康绥靖公署军医研究班教官（一年）；实业部广州商品检验局化学组技正兼组长（二个月）；云南省立云南大学教授（一年）；任国立云南大学教授兼教务长。曾住于云南大学校内。

沙玉彦　德国哈雷大学理学博士。曾住于云南大学校内。

田　渠　法国里昂大学物理硕士；法国国家物理博士；里昂天文台研究员。曾住于云南大学校内。

张汉良　法国朗西大学化学院化学工程师；理科博士；曾任国立四川大学化学教授；曾任中法大学化学教授兼化学工厂厂长及理工调查所主任；国立北平研究院化学研究所研究员。曾住于黄公东街北平研究院总办事处。

丁孚远　日本东京同文书院毕业；德国柏林大学化学科毕业；德国柏林政治大学政治经济科毕业。曾住于节孝巷48号。

黄士辉　法国里昂大学化学院毕业；化学工程师；中山大学教授；广西省政府技正；云南化验所技正。曾住于化验所。

刘为涛　法国国家化学博士；曾任国立中法大学教授；任国立北平研究院化学研究所所长。曾住于国立北平研究院昆明办事处。

童致远　不协波尔多大学工业博士；曾任国防研究所研究员；任兵工署科长。曾住于兵工署昆明办事处。

顾建中　国立北平师范大学毕业，历任本校理化系助教、讲师及学生生活指导等职。

所授课程有普通物理。曾住于云南大学校内。

冯新德　北平清华大学理学士。曾住于云南大学校内。

李如琚　国立北平大学女子文理学院化学系毕业，曾任北平大学女子文理学院助教。曾住于节孝巷56号。

斯允一　国立清华大学理学士。曾住于云南大学校内。

张德荃　北平中法大学化学系毕业。曾住于金碧公园建厅化验所。

韩芷芬　上海中华职业学校毕业。曾住于圆通街79号。

张瑞纶　法国里昂大学理学硕士；法国国家理学博士；本校理学院、医学院教授等职。曾住于青云街270号。

王树勋　法国里昂大学化学工程师；法国理学硕士、理学博士；中法大学理学院长兼教务长；本校教授兼系主任。所授课程有分析化学演讲、实验，理论化学演讲、实验。曾住于云南大学校内。

姜震中　法国都鲁斯大学化学工程师；复旦大学教员；湖南省立职业学校校长。所授课程有工业化学，工业分析演讲、实验。曾住于云南大学校内。

冯式权　国立北京大学理学士；巴黎大学理科博士；北京大学附属女中教员；北平市立第一中学教员；北京大学助教；北平中法大学助教、副教授、教授等职。所授课程有普通化学。曾住于法大驻昆办事处中和巷内吉云巷5号楼上、青云街217号中法大学办事处。

陈美觉　华中大学理学士；华中大学助教；湖北湘稚医学院讲师；华中大学副教授；国立西南联大副教授；本校副教授。所授课程有有机化学演讲、实验，有机分析演讲、实验。曾住于云南大学校内。

张青莲　柏林大学哲学博士，清华大学化学教授。

罗建业　清华大学理学士，曾任清华大学教员。

徐德基　国立云南大学理学院理化系毕业。

周孝谦　清华大学理学士。所授课程有物理化学、材料力学。曾住于云南大学校内。

朱亚杰　国立清华大学化学系毕业；中正医学院助教、讲师；光华化学公司副工程师。曾住于云南大学校内。

陈四箴　国立清华大学理学士，兰州制药厂助理技师。曾住于云南大学校内。

温春融　云南省立曲靖中学教员，云南企业局安达炼油厂助理工程师。曾住于云南大学校内。

程力方　国立西南联大物理系毕业。曾住于云南大学校内。

何炳昌　国立西南联大物理系毕业，国立北平研究院助理员。所授课程有物理实验。曾住于云南大学校内。

汪志华　国立西南联大毕业，云南省立昆华工校教员。曾住于省立昆华工校。

何其贤　云南省立曲靖中学毕业，沾益交华乡澄清小学教员。曾住于云南大学校内。

李秉瑶　中法大学讲师；中法附中教务主任；兵工署五十二厂工程师及制造所长等职。

杨鹏魁　国立清华大学理学士。曾住于云南大学校内。

刘维勤　国立清华大学化学系毕业；高等考试及格；药剂师；中央军校第六分校教官；国立西南联合大学化学系教员。

云南大学史料丛书·教职员卷

钟盛标　国立北京大学学士；法国国家光学博士；巴黎居里研究室研究放射学；国立北平研究院研究员。曾住于黑龙潭北平研究院。

钟景文　国立中山大学物理系毕业；中山大学附中专任教员；航空委员会佐理研究员；军委会外事局翻译员。曾住于云南大学校内。

徐绍龄　本校化学系毕业。曾住于云南大学校内。

黄锦焕　本校化学系毕业。曾住于云南大学校内。

李　楷　本校化学系毕业。

田宝籍　本校化学系毕业。

赵树年　本校化学系毕业。

吴佑礼　本校化学系毕业。

生物学系

严楚江　美国芝加哥大学理学硕士；哲学博士；曾任国立中央大学、北平师范大学植物学教授。曾住于云南大学校内。

崔之兰　前国立东南大学农学士；德国柏林大学哲学博士；北京大学及清华大学动物学讲师；南京中国科学社生物研究所研究员。所授课程有切片学、组织学、胚胎学。曾住于北门街端拱巷2号、北门街56号、北门街北门书店隔壁、云南大学校内。

吴素萱　美国密歇根大学博士，燕京大学教授。

周家炽　金陵大学农学士；金陵大学农学院助教；岭南大学农学院助教；清华大学农业研究所教员。所授课程有普通植物。

吴醒夫　武昌大学文学士，华中大学讲师。所授课程有细胞学、遗传学、植物生理。

沈　同　康奈尔大学博士，清华大学教授。所授课程有生物系演讲、实习。

俞德浚　国立北平师范大学理学士；曾任中国西部科学院植物部主任；静生生物调查所研究员等职。曾住于黑龙潭。

李整理　国立中央大学毕业。曾住于云南大学校内。

殷汝棠　南开大学生物系毕业。曾住于云南大学校内。

朱树屏　英国剑桥大学哲学博士，英国浦利摩斯大学生物研究所研究员。

杜继彦　国立西南联大生物系毕业。曾住于云南大学校内。

李仲翏　国立西南联合大学毕业。

刘德仪　国立西南联合大学毕业。

杨明辉　易门简易师范毕业。曾住于云南大学校内。

朱彦丞　法国 Mantpellier 大学理学院自然科学国家博士。

萧承宪　国立清华大学生物学系毕业；国立清华大学生物研究所毕业；美国潘西威尼亚大学研究院研究。

汪发缵　前南京国立东南大学农学士；英国邱皇家植物园研究三年；曾任北平静生生物调查所植物研究员六年。曾住于黑龙潭。

孙云铸　德国哲学博士，北京大学地质系主任。曾住于大富春街64号。

陈梅生　北平师范大学理学士；曾任北平中国大学生物系助教；上海广州商品检验局植物病虫害检验员。曾住于云南大学校内。

沈嘉瑞　国立东南大学毕业；英国伦敦大学哲学博士；国立北京大学理学院教授；国立西南联合大学理学院生物系教授。所授课程有普通动物学。

殷宏章　植物生理学博士，西南联合大学教授。

陈阅增　国立北京大学理学士。曾住于云南大学校内。

彭承植　国立北平师范大学理学士，曾住于云南大学校内。

徐　仁　清华大学理学士；曾任北京大学助教；中英庚款协助研究员。曾住于青莲街学士巷 1 号。

杨貌仙　本校生物系毕业。

徐文宣　本校生物系毕业。

郝锡宏　本校生物系毕业。曾住于云南大学校内。

杨绍珠　云大附中修业。曾住于龙翔街 4 号。

周东志　上海美专毕业，曾任无锡中学、苏州中学美术教员。曾住于云南大学校内。

吴绍良　江苏宜兴县立中学毕业。曾住于顺龙桥分校。

3. 工学院

土木工程系

杨克嵘　美国普渡大学机械工程毕业；曾任云南兵工厂机器厂主任及副厂长；云南大学教授及工学院院长；第二路空军总司令部顾问；云南航空学校教官；云南省企业局顾问；云南建设厅顾问；昆明市工程委员会委员。所授课程有应用力学、机动学。曾住于青云街石印巷 3 号。

殷之澜　美国康奈尔大学、伊利诺大学土木工程硕士；美国文义铁路工程员；湘桂铁路、叙昆铁路、滇缅公路航空委员会工程师。所授课程有道路工程、房屋建筑、钢筋混凝土设计。曾住于云南大学校内。

李炽昌　香港大学土木工程学士；留美实习五年；曾任美国钢桥公司、纽约省公路局及芝加哥毛拉瓦公司等处工程师；回国后历任云南建设厅公路总局及省政府技监之职及本大学土木工程系教授。曾住于小绿水河 12 号。

高　鎮　上海震旦大学土木系毕业；法国国立桥路专校工程师学位；钱塘江大桥实习生；叙昆铁路及川滇铁路公司工程师；法国桥梁学院工程师；钱塘江大桥练习生；滇越铁路工程师兼设计科科长。所授课程有材料力学、结构学、结构计划。曾住于滇越铁路管理局宿舍。

杨铱鼎　国立中央大学工学学士；美国哈佛大学工学硕士；国立清华大学教授；国立贵阳医学院教授；中央卫生实验院卫生工程系主任；贵阳水利林牧局局长。曾住于昆华医院。

顾宜孙　美国康奈尔大学土木工程硕士、博士；美国顾问工程师处实习二年；交通大学唐山学院构造工程教授。曾住于崇仁街 7 号。

邹恩泳　上海交通大学土木科毕业；美国康奈尔大学土木工程硕士；曾任美国纽约省道处、纽约城市政卫生工程公司、纽约城克罗建筑公司等工程师共二年；上海南洋路矿学校教授一年；唐山交通大学教授二年；广西省建设厅技正兼柳州市政筹备处工务科科长二年；上海市公用局技正九年又兼第二科科长二年。曾住于圆通街高地巷 8 号。

丘勤宝　国立北洋大学工学学士；美国康奈尔大学土木工程硕士；浙江水利局工程师；浙江钱塘江大桥工程师；国立中山大学教授；云南建设厅技正兼代水利局长；国立云南大学土木系教授兼主任兼训导长；云南建设厅顾问；云南公路局顾问；云南省政府设计委员；水利部水利讲座。所授课程有水力学、高等结构、灌溉工程。曾住于云南大学校内、武成路 137 号、晚翠园、测量局。

赵凌寒　法国工业大学卒业；私立铁道大学、国立东北大学教授等。曾住于太和街45 号。

张家宁　香港大学土木工程学士。曾住于玉龙堆 24 号。

周传典　东陆大学土木工程学士；中央防空学校毕业；云南县长训练所毕业；历任改造昆明市街工程委员会主任委员；省立各高级专门学校教职员；教育厅一等科员；云南教育经费委员会委员长；云南防空司令部中校副科长；前本大学工学院教员等。曾住于景虹街 31 号。

陈元龄　云南大学土木工程学系毕业；算学系研究二年；中英庚款科学研究。曾住于府甬道 15 号。

张隐民　云南公路局工程处事务员，省政府技监室三等科员。曾住于新民巷 6 号。

王敬立　北平市政府工程师；黄河水利委员会工程师；国立东北大学讲师；国立武汉大学正教授。

王景贤　清华学校毕业；美国里海大学学士；康奈尔大学硕士；美国办省铁路公司实习；堪色斯城顾问工程师、设计员；东北大学锦县交通大学、中央大学教授；导淮委员会设计工程师；四川綦江水力发电处处长。

姚　瞻　国立北洋大学工学学士；国民革命军第一集团军总司令部中校技士；湘、黔、广、滇缅等铁路工程师兼分段长；工程委员会第三一工程处副工程师；公路局正工程师。所授课程有平面测量演讲、实习、工程制图。曾住于云南大学校内。

吴持恭　国立云南大学工学学士；行政院水利委员会金沙江工程帮工程师；盘龙江芹菜冲水库工程处副工程师；国立中山大学土木科主任。所授课程有铁道测量及土方实习、天文法大地测量实习。曾住于云南大学校内。

黄宝泉　本校土木系毕业，资委会昆湖电厂工务员。曾住于云南大学校内。

吴绍真　云南大学工学学士；叙昆铁路工程局实习生；华孚企业公司工程部工程师；盘龙江芹菜冲水库工程处帮工程师。曾住于云南大学校内。

陈叔香　本校土木系毕业，兵工署驻昆明办事处技术员。曾住于云南大学校内。

马耀先　国立北洋大学土木工程科毕业；沈海铁路工程师；同蒲铁路正工程师兼设计科长；瑶崖、湘、桂、滇缅铁路副工程师兼分段长；经济部第五水利设计测量队长；军委会工程委员会五十八工程处正工程师兼督工程员。

李家琛　美国诺威赤大学土木科学士；康奈尔大学土木工程硕士；历充东北交通委员会技士；北平粤汉平绥等铁路工程师；湖南大学、中法工商大学、云南大学等教授；滇矿务公司工程师兼工务课长；滇缅公路工务局正工务等职。所授课程有工程材料、石工及基础。

杨应昆　国立中山大学土木系二十九年度毕业；二十九年八月、三十年九月中国地理研究所天地测量组助理员；三十年十月、三十一年十月、三十一年六月滇缅铁道工务员。

朱家骏　国立云南大学工学院土木系毕业。

钱同福　国立云南大学工学院土木系毕业。

唐　英　法国柏林工业大学毕业，获有特许工程师学位；南京市政府技正；江苏省会建设工程处处长；国立劳动大学工学院院长；国立同济大学正教授；历任大学训育主任、教务长及附高工校主任等职；任昆明市工务局局长。

蒋泰熙　国立中央大学工学士；国立中央大学工学院电机系助教；资源委员、会员；中央机器制造厂副工程师。

张正林　本大学工学士；美国普渡大学硕士；本大学助教。

杜彦耿　执行建筑业务垂三十年。

杨祖诲　云南大学工学士；行政院水利委员会金江工程处助理工程师；云南省企业局南盘江水利工程处设计组副组长；云南建厅盘龙江水库工程处工事股主任；云南建厅水利局技术室主任。

何丕承　云南大学工学士；弥勒水利监督署帮工程师；云南公路局一等技士；盘龙江芹菜冲水库工程处副工程师。曾住于云南大学校内。

吴劭真　云南大学工学士；叙昆铁路工程局实习生；华孚企业公司工程部工程师；盘龙江芹菜冲水库工程处帮工程师。

李榆仙　云南大学工学士；弥勒水利监督署帮工程师；云南企业局南盘江水利工程处帮工程师；云南建厅盘龙江水库工程处副工程师；云南建厅水利局技正。

徐家宝　本大学工学士。

顾华林　中央飞机制造厂职员。

机械工程系

马光辰　法国拜伦拿勃大学电学院毕业；比国沙露涯大学机械系毕业；国立中央研究院工程研究所专任研究员兼中国电力制钢厂副总工程师及技术室主任。

张　经　曾任军政部兵工署第五十二厂公务处第六制造所所长；联勤总部兵工署第五十三厂技术室工程师；北平中法大学物理系毕业；法国里昂 Ecole Ceutrale Lyonnaise Ingeuieur。

王志民　北平中法大学数学系毕业；法国里昂大学 Licenciees Sciences；法国格城大学 Ingeuienr Hydraulicieu；曾任法国 Campaguie Nationa Ledu Rhane Ingeuieuradjoint 资源委员会全国水力发电工程总处副工程师。

屈维德　国立中山大学机械工程系，民国二十八年毕业，工学士；国立中山大学机械系助教一年；兵工署第二十一工厂安宁分厂工程师、工具部主管员六年。

袁建坤　资会昆明炼铜厂工务员；交通部云南公路总局工务员；空军汽车修理所技术员；国立西南联大机械系毕业。

李家宝　国立清华大学机械系，民国三十六年毕业，机械工学士。

航空工程系

王绍曾　北平中法大学物理系毕业；法国理学硕士；法国航空工程师；曾任法国 SIGMA 航空发动机厂工程师。曾住于云南大学校内。

赵重哲　1937 年美国芝加哥航空大学航空工程师，1938—1945 年航委会第一飞机制造厂设计课设计员及装配股股长。

郭佩珊　武汉大学机械系航空学校高级机械班毕业，空军技正。

陈乃隆　国立西南联合大学航空工程系毕业；空军机械学校高级班毕业；航空工业局工程师；美国 PRATTWHITNEY 发动机厂实习毕业；HAMI～TTON 螺旋桨厂实习；PRATT&WHITNEY 发动机厂工务处工程师；美国 AMERICAN SOCIETY OF TOOL ENGI-NEERS 会员。

凌云骏　国立中山大学化学系毕业；经济部广州商品检验局计佐；国立中山大学、云南大学助教；国立中山大学讲师；国立中国药物研究所助理研究员；航空研究院副研究员；空军第一飞机制造厂检验员主理化验室业务。

凌云沛　国立中央大学航空工程系毕业；印度加尔各答飞机厂实习一年；全国滑翔总会成都滑翔机厂设计股长；交通部中国航空公司驻印度机械员；航空研究院飞机层板制造厂检试股代股长；空军第一飞机制造厂设计员。

郭景纯　国立西南联大工学院机械系毕业，空军第一发动机制造厂技术员。

谭秀群　中山大学物理系毕业（民国二十九年），航委会航空研究院副研究员（民国三十年六月至三十三年二月）。曾住于云南大学校内。

陈尚文　国立武汉大学机械系毕业；中央机器厂助理工程师；西南联大助教；昆明机器厂工程师。曾住于云南大学校内。

萧粹彰　云南省立昆华高中毕业，历任舍资两级小学教员。曾住于会泽分校。

邱燮堂　会泽县警察局巡长及事务员等职。曾住于会泽分校。

林道高　揭阳县立一中毕业；滇北矿务局助理员；裕昆铁工厂工务员。曾住于云南大学校内。

矿冶工程系

张正平　美国明尼苏达大学矿学院，采业工程师；美国威斯康星大学地质学硕士；国立东南大学教授兼地学系主任；中央大学教授；东北大学教授；交通大学唐山工学院教授。曾住于青云街167号。

蒋导江　英国雪菲尔大学冶金硕士；黄海化学工业研究社研究员；永利化学工业公司硫酸亚厂工程师。曾住于青云街础基巷5号。

王　度　美国伊利诺大学土木工程学士及硕士；美国桥梁公司工程师；浙江省工路局工程师；上海事务所工程师；浙赣铁道局正工程师兼桥梁股主任；交通部技术厅桥梁设计处正工程司兼设计股主任。

朱熙人　美国哈佛大学经济地质硕士；交通大学唐山公学院地质教授；实业部地质调查所技师等职。曾住于先生坡10号。

叶家垣　上海南洋大学（即今交通大学）电机工程学士；美国康奈尔大学机械工程硕士；广州公用局技士；广东建设厅技士；广东粤汉铁路工务处长；南京工务局技正兼课长；铁道部科长；广东工业专门学校教务主任兼教授；唐山交通大学教授。曾住于福照街70号。

陶逸钟　国立上海交通大学土木工程学士；美国康奈尔大学土木工程硕士。所授课程有水文学、给水工程、石工及基础。曾住于青云街167号。

袁见齐　国立中央大学学士，曾任中央大学地质系助教与西康科学调查图地质教员及湘黔地质专员矿产调查员。曾住于云南大学校内。

熊秉信　清华大学理学士；曾任清华大学研究助理、助教；云南建设厅地质调查员兼云南省调查设计委员会委员。曾住于云南大学。

程绍祺　国立交通大学唐山工程学院矿冶工学士，资源委员会湖南金矿探采队队员。曾住于青云街185号。

王锡爵　国立交通大学唐山工程学院矿冶工学士，资委会湖南省政府合办江华锡矿工务员。

徐象数　英国伦敦皇家矿务大学毕业；英国伦敦皇家矿学院矿业工程师；曾任汉冶萍公司大冶铁矿矿师、采矿主任；前农矿部烈山煤矿局矿师；安徽建设厅矿业技正兼山东煤矿矿长兼省会电厂厂长；东北大学采矿教授；福建德源矿业公司矿师；广西省政府西湾煤场筹备处主任；广东富国煤矿公司工务处主任；国立湖南大学采矿教授；资源委员会湖南省政府合办江华矿务局工程师等职。曾住于云南迤西舍资、云大附中 28 号宿舍。

刘惠之　日本东京高师肄业；曾任北平大学女子文理学院及东北大学讲师；现任云南日报社编辑。曾住于云南日报社。

石　充　美国科州矿业大学冶金工程师学位；美国哥伦比亚大学矿务工程师经济资源委员会专员及专门委员；阳新铜矿工程主任；经济部矿冶研究所技正各职。曾住于云南迤西舍资、会泽分校。

黄国瀛　国立湖南大学教授兼系主任；湖南矿产化验所所长；防毒面具制造厂厂长；湘江煤矿公司董事长、总经理、总工程师；资源委员会湘江矿冶公司董事。曾住于云南大学校内。

卢焕云　比国列日大学矿冶系毕业；国授矿冶工程师；上海光华大学教授；云南建厅技正兼科长；云南地质调查所所长；云南省经济委员会矿冶专员。曾住于西寺巷慈群疗养院。

冯景兰　美国哥伦比亚大学硕士；河南大学教授；北洋大学教授；国立西南联大教授；本校教授、系主任、院长等职。所授课程有采矿工程、工程地质。曾住于云南大学校内。

罗紫台　美国哥伦比亚矿冶博士，国立北洋工学院矿冶工程教授。

许　杰　北平大学地质系毕业；中央研究院研究员；云南经济委员会专员。

靳树矩　美国卡内基大学毕业，汉阳大冶、安宁钢铁厂工程师。

王源璋　比利时国立列日大学采矿工程师；上海光华大学教授；云南大学矿冶系教授。

李清泉　法国格来欧博大学电机、电冶、电化学工程师；曾任上海市政府及云南建设厅等技正；资委会昆明电冶厂及军政部第五十二兵工厂等工程师；滇越铁路工程师及段长等职。曾住于后营门工学院实习工厂。

谭寿田　美国威斯康星大学、江斯浩肯斯大学理学硕士；国立北平师范大学教授；国立北洋工学院教授；国立北京大学教授；西南联合大学教授；国立昆明师范学院教授；国立北平研究院兼任研究员；中央研究院兼任研究员。

张文奇　国立北洋工学院矿冶系毕业；资源委员会各附属机关工程职务及本校讲师、副教授；现留英进修。所授课程有采矿工程（二）、采矿工程（六）、采矿工程（五）。曾住于云南大学校内。

李光溥　本校矿冶系毕业，资源委员会炼铜厂助理工程师在英进修。

邓经邦　国立云南大学工学士；经济部采金局、云南省金矿探勘队工务员兼腾冲分队长副工程师兼工务主任；本局金矿探勘队工程师兼第九探勘组工务主任；昆华煤铁公司铁业部采矿工程师；云南省地质矿产调查所所长等职。

陆景云　民国三十三年毕业于国立云南大学矿冶系工学士；曾任资委会明良煤矿工务员一年半；省立云瑞中学及昆华女中理化专任教员。

孟宪民　美国哥伦比亚大学硕士，中央研究院地质研究所研究员。曾住于敬节堂巷9号。

杨朝梁　云南大学矿冶系毕业。

潘和平　西南联合大学毕业。

张宝昌　本校矿冶工程学系毕业。

李志鹄　本校矿冶系三十六年度毕业。

缪以渊　本校矿冶系毕业；资源委员会滇北矿务局工务员；中央机器厂助理工程师。曾住于云南大学校内。

杨德森　本校民国三十年七月毕业；曾任个旧锡业公司工务员一年；本校助教五年。所授课程有矿物学实验。曾住于云南大学校内。

汪家鼎　美国麻省理工学院研究助教，南开大学、西南联合大学专任讲师。

高崇熙　美国威斯康星大学化学及哲学博士，国立清华大学教授兼主任。所授课程有分析化学。

黄劭显　国立北京大学地质系毕业；叙昆铁路沿线探矿工程处练习工程员；资源委员会西南矿产测勘处工务员。

陈迪武　北平志成中学毕业；国立云南大学三十年度毕业；曾任经济部采金局云南省金矿探勘队工务员。所授课程有湿试金实验（下）、大试金实验（下）。

王炳章　国立北京大学地质系毕业；江苏省立师范博物专科教员；国立北洋大学采矿冶金系助教；农矿部地质调查部技正；山西省政府技术处矿务组技正；两广地质调查所技正；清华大学、中山大学教员、教授。

吴迪似　国立暨南大学商学士；曾任国立暨南大学讲师；真南中学商科主任；资源委员会临时炼铜厂会计课长暨资委会云南省政府宣明煤矿公司会计课长等职。

王　云　本校矿冶系毕业。曾住于云南大学校内。

张行煜　本校民国三十年七月毕业；曾任个旧锡业公司工务员一年；本校助教五年。曾住于云南大学校内。

陈如玉　国立西南联大化学系毕业；中央工业试验场化学分析室助理工程师；大渡口钢铁厂化学室技术员。曾住于云南大学校内。

沈缙绅　武昌华中大学及文化图书馆学专科学校毕业；曾任东北北洋大学图书馆代理主任；湖南大学图书馆指导员；岭南大学图书馆西文部主任。曾住于云南大学校内。

顾正家　光华大学附属中学毕业，湘桂铁路及全叙昆铁路工程局绘图员。曾住于青云街裴家巷2号。

王静农　云南财政厅清丈人员养成所毕业，曾任蒙化县清丈分处办事员。曾住于海心亭。

铁道管理系

李吟秋　清华学校毕业；美国伊利诺大学铁路工科学士；普渡大学建筑工科硕士；历充京奉铁路工程师；华北水利委员会委员；滇缅铁路粮管处长；中印公路第六工程处副处长；石佛铁路工程处长；天津市工务局长等职。曾住于昆安巷22号。

林炳钟　国立上海交通大学铁道管理学士；美国伊利诺大学工业管理硕士；津浦铁路、粤汉铁路查账员及材料点查员；交通部桥梁设计处会计主任；重庆广和机器厂经理；交通部邮电纸厂厂长；美国 Allis – Chalmer 农具厂实习。

唐永权　北京交通大学铁道管理科学士；北宁铁路天津总站站长；川滇铁路昆明总站站长；云南财政厅专员；云南物资运输处处长；个碧铁路督办公输产料课长、车务课长兼滇越、川滇线区鸡街车站司令；个碧石铁路公司协理兼车务课长。

贾荣轩　曾任顺直水利委员会助理技师；杭州市自来水筹备委员会技师；浙江省水利局浙西基本测量队队长；四洮铁路局工务员；个碧铁路公司工程师、段长；粤汉铁路副工程师；京、赣、广、梅、滇缅铁路工程师、总段长；军委会、工委会第四十四工程处副处长等职。

安字明　私立武昌华中大学经济商业系助教兼庶务；私立武昌华中大学经济商业系副讲师兼庶务处主任；国立云南大学铁道管理系讲师、生活管理组主任。曾住于云南大学校内。

程文熙　比国列日大学工科工程师、兵工厂技师；平汉铁路机务股长、总务股长；粤汉铁路机务处长；滇越铁路总务组长；北京大学教授。曾住于滇越铁路管理局宿舍。

毛达庸　日本东京工业大学机械工程学士；日本东京铁道省大宫工厂实习技师；南京金陵兵工厂工程师；军政部二十一兵工厂工程师；安宁分厂第一制造所主任、工务科长；考试院检核及格，工程师。曾住于小绿水河17号。

许　靖　交通大学、美国伊利诺大学研究院毕业；交通大学铁道管理系教授；清华大学兼任讲师；交通部专员。曾住于云南大学校内。

徐大德　交通大学唐山工学院铁道管理系毕业。曾住于云南大学校内。

冉邦彦　国立云南大学土木系学士。

倪富林　国立云南大学经济学系毕业。

4. 医学院

范秉哲　法国国家医学博士；法国X光专科医师；法国卫生学院研究员；法国细菌学院研究员；法国国立医院住院外科医师；云南省政府卫生顾问；云南动员委员会设计委员；滇越铁路外科主任；昆明慈群疗养院院长；法国甘美医院主任医师；法国达城医院院长。曾住于慈群疗养院、慈群医院、云南大学校内。

姚碧澄　法国里昂大学医学博士；里昂市立医院医师；中山大学医学院教授兼附属第一医院院长及传染病科主任医师。曾住于巡津街甘美医院、平政街碧澄医院。

经利彬　法国国家理科博士、医科博士；法国里昂大学医学院助教；国立北京大学生物系主任教授；国立中山大学交换教授；国立北平大学女子学院院长；国立北平研究院生理研究厅厅长；国立云南大学医学院生理系组织学教授。曾住于登华街42号。

杜　棻　北平中法大学居理学院理科毕业；法国里昂国立医科大学毕业，医学博士；法国国立微细菌学院研究员；法国里昂公立医院皮肤专科助医；昆明慈群医院医务主任；云南大学医学院解剖学讲师。所授课程有妇科、产科。曾住于东寺街西寺巷慈群疗养院、华山西路仁民医院。

白莱特　法国里昂大学医学博士；历任法属非洲医院院长；法国本部医院院长；昆明甘美医院院长。

赵明德　法国里昂大学医学博士；前云南省立隔离医院院长；本校医学院附属医院院长。所授课程有内科、传染病。曾住于云南大学校内、正义路螃蟹巷。

李　枢　法国里昂大学医学博士；前北平南昌法国医院、前江西省医院、昆明慈群疗养院等眼、耳、喉、鼻科主任。所授课程有眼、耳、鼻、喉科、法医学。曾住于慈群疗养院、螃蟹巷 6 号。

沈福彭　东吴大学理学士，比国勃鲁捨尔大学医学博士。所授课程有解剖学、神经解剖、骨折学。曾住于小西门江城巷、打猪巷 5 号。

朱肇熙　北平中法大学理学院毕业；法国里昂大学医药学院药科毕业；法国里昂大学药学博士；历任本校医学院讲师、副教授、教授等职。所授课程有生物化学、病物学。曾住于中和巷吉云巷 5 号、东寺街西寺巷慈群疗养院。

邵可侣　比国普鲁士尔大学医学博士；劳动大学、中央大学、清华大学、北京大学教授，所授课程有法文（医一、医五）。曾住于云南大学校内、北门街 78 号。

程一雄　上海震旦大学医学博士；比国勃鲁塞大学病院泌尿科医师；巴黎大学医学院研究生。所授课程有皮肤花柳科、精神病及神经病、泌尿科。

黄绮文　法国里昂大学医学博士；广东省立勷勤大学讲师；中山大学生物系副教授。曾住于华山东陆碧澄医院。

徐肇彤　法国斯大斯堡大学医学博士；曾任汉口天主堂梅神父纪念医院医师；滇缅铁路主任医师；现任昆明市医院内科主任。所授课程有物理诊断、寄生虫学。

张　玺　法国国家理学博士；国立北平研究院动物研究所所长；国立山东大学、中法大学、中国大学教授。所授课程有胎生学。曾住于登华街 42 号。

郎萨纳维　甘美医院院长。曾住于甘美医院。

李慰慈　法国里昂美术学院毕业；巴黎大学艺术学、考古学学院研究生；广州美术专校理论科主任；国立中山大学法文讲师；私立中法大学副教授。

刘学敏　法国里昂大学医学博士，前云南仁民医院内科主任。所授课程有病理学、少儿科。曾住于正义路螃蟹巷 6 号。

朱锡候　法国巴黎大学心理学学院毕业；法国里昂大学理学博士；巴黎大学生理、心理学实验室研究生；中法大学生物系教授；云大医学院兼生理实验主任。曾住于本校医学院。

缪安成　上海震旦大学医学院毕业；美国哈佛大学公共卫生硕士；历任军医学校教官及云南卫生试验所长；云南省卫生处处长等职。所授课程有细菌学。曾住于武成路 476 号。

黄万杰　国立西北联合大学副教授；国立西北医学院教授兼公共卫生教学区主任及训导主任；交通部滇缅铁路督办公署卫生处专员；云南省卫生处简任待遇技正；昆明市政府卫生局长。所授课程有卫生学。曾住于玉龙堆 4 号。

梁家椿　武汉大学理学士；德国柏林大学牙医学博士；昆华医院牙科主任；军医学院第二分院教官。曾住于马市口中央报隔壁楼上。

戴芳沂　国立中央大学理学士，中国科学社生物研究所研究员。曾住于础基巷 5 号。

张蓬羽　法国里昂大学医学博士。

沈淑敏　江苏东吴大学理学士；上海医学院助教；贵阳医学院助教；清华农研所助教；华西大学讲师。曾住于本校医学院。

陆光廷　本校医学院毕业。曾住于本校医学院。

秦教中　法国巴黎大学医学博士；曾任中国医药研究所研究员兼医学组主任；广州湾赤坎法国医学院院长；云南省政府设计委员会卫生组副主任；云南省立昆华医院院长等职。曾住于昆华医院、文庙街 148 号。

郭文明　北平中法大学毕业；法国都鲁司大学农学院工程师；法国巴黎国立农学院研究系毕业；曾任本校农学院教授；中法大学理学院教授。

　　陈留馀　云南卫生试验所细菌病理课课长；历任云南卫生处药剂检验班讲师；云南卫生处高级药训班讲师；云南省训团讲师。曾住于本校医学院。

　　蓝　瑚　法国里昂大学医学院医学博士；天津市立第三医院外科主任兼医务主任。

　　李念秀　法国里昂医学院医学博士；天津市立第三医院妇产科主任。

　　叶日葵　法国里昂大学文学院博士；北平中法大学文学院教授。

　　石毓澍　法国里昂大学医学博士；法国里昂大学理学院硕士（Liceucie）。

　　刘鸿璧　云大医学院毕业；曾任云南省立仁民医院医师。

　　姚仰文　曾任第四陆军总司令部第四校方医院一等军医；佐庶东西江八属总指挥部第一校方医院中尉医官；国立中山大学附属医院皮肤科技术员。曾住于云南大学校内。

　　王承才　美国盤歇维尼亚大学院眼科专门；美国费城栗山医院住院医生；联军总司令部同上校军医。曾住于景星街仁济医药房。

　　陈　瘭　法学博士；文法学硕士；中法大学法国文学系主任兼教授。曾住于中法大学办事处。

　　萧　敏　江苏江都慕究理女中毕业。曾住于文林街东树巷4号。

　　姚金芝　国立云南大学医学院毕业；云南省卫生处隔离医院医师；云南省卫生处技士；袖东医院产妇科主治医师。

　　李荫屏　北平私立中法大学生物系毕业。

　　易淑懿　本校化学系毕业。曾住于本校映秋院。

　　刘崇智　法国里昂大学医学院医学博士；法国里昂市立医院外科医师；云南省立昆华医院外科主任。曾住于柿花桥82号。

　　周润琼　云大医学院毕业。曾住于本校医学院。

　　陈云浦　科员、处员、科长秘书等职。曾住于本校附属医院。

　　赵竹筠　曾在艺术专科学校毕业后即任建设厅第一团艺试验场绘图员，又任南菁学校事务员并任中法大学病虫害虫研究所绘图员。曾住于南城脚15号、云南大学校内。

　　李登榜　国立北平师范大学毕业，曾任国立北平研究院助理员。

　　叶桂燧　曾任卫生署技士。所授课程有化学。

　　余　馨　小学毕业。

　　李如祥　高小毕业。

5. 农学院

农艺系

　　段永嘉　日本北海道帝国大学农学部本科毕业；农学硕士；曾任江苏省立教育学院农系教授、湖南省立农业专科学校教授、国立广西大学农学院教授。曾住于本校呈贡农学院。

　　曾　勉　东南大学毕业；法国孟柏里大学科学博士；福建协和大学、中央大学教授。所授课程有普通园艺、果树园艺。曾住于本校呈贡农学院。

　　杜修昌　曾任国立浙江大学农业社会学系助教兼浙江省合作事业人员养成所讲师；中央农业实验所技士；本校专任讲师。曾住于云南大学校内。

　　常宗会　法国南锡大学科学博士；历任东南大学、中央大学、农科及农学院教授；

实业部、经济部、农林部技正；云南蚕桑改进所副所长。曾住于云南大学校内。

汪厥明　南京帝国大学农学士；国立北平大学农艺系教授兼主任；中央大学、中山大学、广西大学农学院教授。曾住于本校呈贡农学院。

金善宝　美国康奈尔大学农学硕士；国立浙江大学农艺系教授；国立中央大学农艺系教授。曾住于本校呈贡农学院。

林成耀　金陵大学农学士；美国康奈尔大学农学博士；美国路易西大学研究员；福建协和大学农学院教授兼系主任。所授课程有遗传学、作物通论。曾住于本校呈贡农学院。

王世中　北平燕京大学理学士；德国继省大学哲学博士；美国路易西大学研究员；大夏大学职业教育系教授兼系主任。所授课程有有机化学、土壤学。论著有《云南特种土壤之研究》。曾住于云南大学校内、呈贡农学院。

于景让　日本东京师范大学毕业；京都帝国大学农学部毕业；广西大学、四川大学、浙江大学、中央大学教授。

李文庵　法国蒙百里大学理科硕士；法国格立宁农业专校技师；里昂文克利啤酒厂技师。

农味莘　河内东法医科大学毕业；法国医学博士；河内华侨公立医院院长；蒙自法国医院院长；云南炼锡公司医务主任。曾住于呈贡梅子村。

熊廷柱　技正棉业处棉业改进所所长；任云南建设厅农林改进所所长兼昆华农校校长。

丁振麟　国立浙江大学农学士；曾任国立中央大学农学院助教及农场技术员；云南省立昆华高级农业职业学校专任教员兼农场主任。所授课程有育种学、生物统计。论著有《大豆遗传研究》。曾住于云南大学校内。

黄昆仑　私立岭南大学农学士；美国柯利根大学科学博士；美国华盛顿大学研究员。曾任国立中山大学农学院教授（民国二十三年至三十年）。所授课程有麦作、普通昆虫。

金肇源　国立中央大学农学士；日本东京帝大农学部；大学院研究员；国立西北农学院教授兼农场技师；农林部中央农业实验所技正。

金孟月　浙江省治中养成所毕业；历任浙江省昆虫局技术员；广东省农林局技佐；中山大学农学院代理助教；云南省建设厅稻麦改进所技士及技师。

冯完安　日本北海道帝国大学农科毕业；法国巴黎大学理学博士又植物学高等研究文凭；国立中央、中山、浙江等大学教授兼园艺系主任。曾住于呈贡车站云大农学院。

方叔度　美国柯利顿大学农学硕士，广东农林局技正。所授课程有畜牧学、兽医学。

杨耀光　云南省立第三中学毕业；云南财政厅清丈人员养成所毕业；历充各县清丈分处一二等办事员及发照组主任；本院酒精策划农场助理员。

李　淮　云南省立官司渡农校毕业。

王建续　云南省立丽江中学毕业，陆军第六十军一八八四师二等军需佐。

徐季吾　美国华盛顿大学农业硕士；历任全国稻麦改进所技正兼实业部小麦实验监理处副处长；中央农业实验所技正兼云南省工作站主任及云南省粮食增产副总督导。

邹　枋　复旦大学商学士、经济系硕士；全国经济委员会国外合作商业学察专员；杜页村建设专门委员会袖书绿潜部科长；现任云南合作事业管理处处长。

王松玉　国立浙江大学农学士。曾任母校园艺系助教兼高农教员。

沈蕙英　国立浙江大学农学院毕业；曾任中央农业实验所助理；云南省立临安中学

教员。

　　丁振林　国立浙江大学农学硕士；中央大学技正；农院技术员。

　　李宪之　德国柏林大学毕业；国立清华大学教授；国立西南联大教授。

　　沈用康　国立东南大学毕业。

　　陈克功　国立浙江大学农学院农业植物学系毕业；曾任四川省农业改进所甘蔗试场技士、技术主任半年；四川农所农业推广督导区主任八月；农校部垦务总局委二级技士。论著有《蔗糖之研究试验》。

　　王鸿福　本校农学院毕业，曾住于呈贡本校农学院。

　　陆师义　本校农学院毕业；昆华农校教员一年；呈贡中学教员半年。

　　熊秉明　国立西南联合大学哲学系毕业；军委会外事局翻译官；私立南菁中学专任教员。曾住于云南大学校内。

　　张文邦　本校农学院毕业，云南省建设厅稻麦改进所技士。

　　原颂周　留美，曾任中央大学等校教授。

　　王仲彦　日本北海道帝国大学本科毕业，曾任中山大学等校教授。

　　石坚白　留日，曾任中央大学等校教授。

　　诸宝楚　比国圣布律国家农学院农学工程师；国立育种场研究员；曾任云南建设厅稻麦改进所、农艺改进所所长等职。

　　昝维廉　国立北平农学院毕业，曾任四川大学、西康艺专、贵州大学教授。

　　徐天骝　法国国立农学院农业工程师；曾任云南东陆大学教授、云南农矿厅技正、云南开蒙区垦殖局副局长、云南烟草改进所所长等职。

　　刘致清　国立中山大学农学士；国立中山大学农学院士；壤学部助教；广东农林局粤北肥料厂技术股主任；湖南省立农业专科学校专任讲师、专任副教授；经济部广州商品检验局江门分处技正兼检验室主任。

　　黄邻宾　江苏省立教育学院教育学士；曾任母院实验干事；江苏小麦检验所技士；云南省立玉溪农校专任教员；本校助教讲师。曾住于呈贡本校农学院。

　　蔡克华　江苏省立教育学院农科毕业；曾任中央农业实验所计佐；云南省立玉溪农校专任教员；本校助教讲师。所授课程有农场实习。曾住于本校经济农场、呈贡分校。

　　段里惠　日本小尊高等女校毕业；日本女子大学肄业；曾任桂林军事委员会日文讲习班教官；国立广西大学讲师；本校兼任讲师。

　　张励辉　中山大学农学院毕业，曾任县长中学校长等职。

　　曹诚一　国立中央大学农艺系毕业（民国二十九年八月）；曾任四川农改所技士；任昆华农校教员；本校农艺系助教。所授课程有植物学遗传实习。曾住于呈贡本校农学院。

　　孙蓬吉　国立东南大学农学士；美国明尼苏达大学科学硕士；国立浙江大学教员、讲师共六年，副教授一年，教授八年。曾住于本校呈贡农学院。

　　孙　方　国立北平大学农学院毕业；曾任广西大学助教；中央农业实验所荐任技士；云南木棉公司董事兼开辽示范农场主任；云南绵业推广委员会技术委员等职。

　　阮兴业　曾任军事委员会上尉翻译官；建国中学教务主任；省立各中等学校教员（国立云南大学毕业）。

　　胡以仁　国立云南大学农艺系毕业；昆华师范教员；军委会外事局翻译官。

陈　钊　本校农艺系民国三十二年毕业。

杨培毂　国立云南大学农学系毕业。

黄础平　国立云南大学农学院农艺系毕业。

纳信真　国立云南大学农学院农艺系毕业。

杨绩彦　云南省立昆华师范学校毕业；曾任省立佛海简师教员及附小主任；省立昆华师范教务员；教育部高中毕业生实习班国文教员。曾住于云南大学校内。

王光正　中山大学农学院农学系毕业。

叶树潘　本校农学院毕业；中央农业试验所技术助理；省立官渡农校农科教员。曾住于呈贡本校农学院。

费家骅　本校农学院毕业，所授课程有育种实习。曾住于呈贡本校农学院。

森林系

张福延　日本东京帝国大学、农科大学林学科毕业；全国经济计划委员会委员；民国七年至民国十年江苏第一农校林科教员；十一年至十二年北京农政专门学校林科教授；十三年至十七年江西农业专门学校林科主任及教授；十八年至二十八年国立中央大学农学院森林科主任及教授。所授课程有农学概论、三民主义、森林工学、伦理学。著作有《云南主要树种余种生长量之查实》。曾住于敬节堂19号、呈贡本校农学院、云南大学校内。

蒋蕙荪　日本北海道帝国大学林科毕业；北海道林业实验场研究；农林部专门委员；江苏省立教育学院、河南大学及本校农学院教授；云南省农林改进所总技师。曾住于云南大学校内、晚翠园。

汤惠荪　柏林农科大学毕业；曾任山东农业专门学校、国立北京农业大学、国立浙江大学、中央政治学校教授；豫、陕、甘三省农务处处长；中央农业实验所技正；中央土地专门委员会委员；南通学院农科科长。曾住于华山西路159号、呈贡分校。

陈　植　日本东京帝国大学农学部林学科毕业；曾任国立中山大学教授；私立金陵大学教授；河南大学农学院院长；中央国民经济计划委员会专门委员；江苏省建设厅技正兼科长。所授课程有造林学、林政学。曾住于云南大学校内。

秦仁昌　金陵大学林学士；英国皇家植物园研究员；丹麦京城大学植物研究所研究员；中央研究院自然历史博物馆植物技师；静生生物调查所植物技师兼庐山植物园主任。

秦秉中　国立中央大学农学院毕业；农林部中央模范林管区管理员；云南省立昆华农校教务主任、财政厅股长。所授课程有测量学、计算学。曾住于小富春街梅子巷1号。

袁同功　国立中央大学农学院森林系毕业。所授课程有林产制造。

徐永椿　国立中央大学森林系毕业；中国木业公司技术员；本校森林系助教。所授课程有森林采运、树木学实习。曾住于云南大学校内。

李达才　日本东京帝国大学林学士；江西省立农专教授兼教务主任；国立北平大学农学院教授；河北省立农学院及河南大学农学院教授。

郑万钧　法国都鲁斯大学科学博士；中国科学社生物研究所研究员；云南植物研究所副所长；国立中央大学教授。所授课程有树木学、利用学。

石声汉　国立西北农林专科学校植物学教授；国立同济大学物理学、植物学教授兼生物系主任。曾住于翠湖北路先生坡10号。

齐雅堂　保定河北大学农科毕业；法国孟伯里蚕桑专门学校毕业；法国莱内大学、

岗城大学理科博士；中法大学理学院教授兼农场主任等。

伍兆诒　国立中山大学农学士；云南建设厅一等技士。所授课程有昆虫实习。

何从云　云南省立昆华高农毕业，曾任云南建设所稻麦改进所推广员。

李良康　本校农学院毕业；本校蚕专科助教；省立开远农校教导主任。所授课程有栽桑实习、蚕体解剖实习。

胡秀荃　本校农学院毕业。

唐绍平　本校农学院森林系毕业。

赵畯田　国立中央大学农学士。所授课程有土壤实习。

陈立干　日本东京帝国大学、农科大学兽医科毕业；曾任云南兽医实习所所长兼云南讲武学校及高等军事学校教官；现任滇黔绥靖公署兽医院一等兽医正院长。

张君亮　国立北平大学农学院林学系毕业；五十一军荣誉军人；第一农场技术主任；四川巴县三里高农校教员兼农场主任；农林部中央林业实验所技士兼代理推广股主任。

汪子瑞　东京帝国大学农学部林科毕业；江西农专教授兼林科主任（三年）；江西农业院森林技师（三年）；国立广西大学教授兼农学院林场主任（二年）。

朱峙雄　国立中山大学森林系毕业；中山大学农学院助教；中大森林系讲师；云南建设厅技正；云南建设厅孟南林务局局长。

农学院先修班

王世忠　德国继省大学哲学博士；贵阳大厦大学职业教育教授兼主任。

严志达　国立清华大学毕业。所授课程有高级数学、先修班几何。曾住于云南大学校内。

刘玉素　国立清华大学生物系毕业，曾任北平国立研究院生理研究所助理员。所授课程有生物学、组织学、先修班生物。曾住于五福巷9号。

农业经济研究室

方斗虚　四川省立高级职业学校毕业，云南省立昆华高农毕业。

杨易泰　云南省立昆华高农毕业。

6. 专修科

电讯专修科

周荫阿　法国巴黎中央无线电学校毕业；曾任东北大学、齐鲁大学讲师及教授各三年；联大电讯专修科副教授兼教务主任二年半；教授兼主任五年；昆明师范学院教授兼总务长。

刘赓声　国立西南联合大学电机系毕业；曾任交通部第五区电信管理局技术员；收讯台主任；中法大学理学院通讯人员训练班讲师。

梁家佑　国立西南联合大学电机系毕业。

李祖淦　国立西南联合大学工学院毕业。

蚕桑专修科

蒋同庆　江苏省立劳农学院毕业；日本九洲帝国大学农学部研究四年；曾任江苏省立教育学院、中山大学农学院、四川大学农学院、本大学农学院讲师、副教授、教授等职九年。所授课程有蚕体遗传、蚕体病理学。

陆星垣　国立中央大学农学士；中国合众蚕桑改良会女子蚕桑学校教导主任；云南建厅蚕桑改进所推广部视察员；本校蚕桑专修科教授兼主任。所授课程有栽桑学、蚕体解剖学。

李莘农　国立中央大学农学院毕业；考试院检核及格；蚕桑技师；金陵大学蚕桑系助教；江西省立女子职业学校蚕丝科主任；北京中央蚕种制造厂主任；四川省蚕丝改良厂技师；云南省蚕桑改进所主任；云南省政府建设厅第三科科长；本校讲师等职。所授课程有养蚕学、蚕桑概论、蚕种学。

胡鸿钧　日本国立京都蚕丝专门学校蚕种科毕业；浙江省农业改良总场技师；中国合众蚕桑改良会技师兼原种部主任；四川蚕丝改良场原种部主任；云南蚕桑改进所总技师。所授课程有文养蚕学、蚕种学。

董载衡　日本青山农科大学肄业二年；中山大学农学院蚕桑系毕业；云南财政厅开文垦殖局技师兼蚕桑场技术主任；云南蚕业推广委员会昭通推广区主任。

张勤奋　国立中山大学农学士；中国合众蚕桑改良会苏州蚕种场场长；镇江女子蚕校教员；四川西充蚕种场场长；云南蚕业新村公司蚕务处副主任兼技师。

李　淏　法国理科硕士；巴黎巴斯德学院研究员；云南建设所技正；战时青年农林校校长。

陆裕淳　国立中央技艺专校蚕丝科毕业；四川省立剑阁师范、云南省立昆华农校专任教员；云南粮食增产总督导处督导。

朱新予　日本国立蚕业试验场研究；中国合众蚕桑改良会女子蚕校校长；国立中央大学讲师；中山大学教授。

葛运成　中国合众蚕桑改良监理官；浙江蚕丝改良场场长；云南蚕桑新村总经理。

任运祥　本校农艺系毕业，昆华农校教务主任。

萧善良　云南省立丽江中学校毕业，历任剑川小学教员及洱源县政府科员。曾住于云南大学校内。

张性荣　上海大公职业学校毕业；桂林省立中学会计；中国植物油料厂柳州厂稽核；昆明振工烧碱厂会计主任。

陶芳辰　北平燕京大学毕业，青岛文德女中、上海培成女中、大夏、西南等中学教员。

蒋式骐　云南省党义讲习班毕业；云南省警察学校毕业；历任镇南、建水、云龙、弥勒、双柏、中甸等县警察局长；云南户口总调查第二区视察员。曾住于呈贡分校。

刘宝贵　省立玉溪农业职业学校毕业；省立玉溪农校农场管理员；军政部第八军需局华兴被厂会计；滇、黔、绥、靖公署交通兵大队汽车中队少、中尉分队长。

李玉瑞　云南省立昆华高级农校毕业；昆明国立专科以上学校战区贫寒学生膳食合作委员会蔬菜园艺场技术员；国立西南联合大学事务组书记；本校农学院助理员。

张致力　泰国国立朱拉隆功医科大学肄业；个旧保和医院助理员；社会部呈贡合作医院医务员；国立东方语专讲师兼医务员。

李国宪　女子桑校总务主任及教员；四川省桑丝专员；云南合作丝厂协理兼专员。曾住于云南大学校内。

戴矫松　本校蚕桑科毕业；云南蚕业新村公司助理技师；私立合众蚕业高级职业学校教员。曾住于弥勒农场。

赵上珍　师范学院毕业；剑川县报国小学教员。

韩惠卿　日本东京蚕丝专门学校毕业；四川蚕丝公司技师；私立合众蚕桑学校教员。

钟家显　国立中山大学农学士；云南省建设厅农业改进所技正。

钱惠田　国立中山大学农学士。

李存礼　本校农学院蚕桑科一九四五级毕业。

徐文奎　本校农学院蚕桑科一九四七级毕业。

俞志宸　云大外语系毕业。

何尚平　中国合众蚕桑改良会总技师，云南蚕业新村公司总技师。

李　隽　民国三十二年毕业于上海震旦大学女子文理学院教育家政系，曾任上海贫儿工艺学院主任兼教长并兼洋数华侨中学英文教员。

张兴志　中学毕业。曾住于弥勒农场。

杨敬先　云南省立丽江中学校高级部毕业。

黄庆慈　国立中山大学蚕桑系毕业。

采矿专修科

刘邦瑞　本校矿冶系毕业，资委会滇北矿务局工务员。曾住于云南大学校内。

附属实习农林场

钱立民　中央大学区立苏州农校毕业；中央大学农学院技术员；中山大学农学院技术员。

严发春　昆华高级农校毕业；中央大学绵专科修业；曾任昆华农校教职员及农场管理员；中央农业实验所技术助理员。曾住于昆明市五区十四坊柿花桥9号、呈贡分校。

李兴春　省立玉溪简师毕业；河西军屯镇中心学校教员；军医第二分校佐理员。曾住于本校农场。

杨嘉泰　姚安县区立小学毕业；云南省立云瑞初级中学毕业；省立昆华高级农业职业学校毕业。曾住于姚安县第6区西园乡、呈贡分校。

方斗灵　四川省立高级职业学校毕业，曾任四川宁居电马屏峨农业调查员及西昌安宁生产合作社职员。曾住于泸县况场邮政代办所。

7. 校长室

熊庆来　法国孟柏里大学数学硕士；法国国家理科博士；民国九年任云南甲种工业学校及路政学校教员；民国十年至十四年任南京高等师范学校教授及国立东南大学数学系主任兼教授；民国十五年任西安国立西北大学数理化系主任兼教授；民国十五年至二十一年任北平、清华大学算学系主任兼教授，其间曾代理理学院院长；民国二十一年至二十三年赴巴黎研究，得法国国家理科博士学位；自二十三年至二十六年仍任清华大学算学系主任兼研究院算学研究部主任；二十六年起任云南大学校长兼理学院院长。曾住于云南大学校内。

郑幼三　长沙师范毕业；曾任湖南通俗书报编辑所总编辑；湖南盐务管理局、浙盐运输处秘书等职。

陈黛珍　浙江杭州师范毕业；曾任四川自流井盐务管理局儿童保育院教员二年；泸州农校女生生活指导员一年。

张　恕　国立云南大学文法学院政经系毕业；曾任云南省立丽江中学教务主任；鹤庆师范公民教员。

李　柱　高级小学毕业。

云南大学史料丛书·教职员卷

8. 教务处

单理康　香港私立民德氏英文专科学校毕业；欧亚航空公司组员；经济部农本局运输处处长；云南公路管理局汽车营业处股长；昌花纱布管制局人事管理员。

张国光　昆明职中毕业；曾充云南省立一师书记员；云南省教育厅一等录事；省师附小书记兼文书股长；云南监运使署助理员等。曾住于昆明市景星街直道巷 8 号。

王烈祖　省立昆华高级工业学校毕业，曾任昆明市小教员。

9. 注册部

张　森　国立北平大学法商学院毕业，津浦路徐州调度所调度员。曾住于云津市街164 号、云南大学校内。

苏　珉　云南大学政治经济系毕业，江华私立铸民中学专任教员。曾住于云南大学校内。

张树英　日本奈良女子高等师范肄业三年，上海泉漳中学、时代中学等教员。曾住于绥靖路 159 号。

朱淑贞　广东省立勷勤大学师范学院师范科毕业。曾住于钱局街染布巷 22 号。

孙荣光　前云南省中毕业，云南财政厅清丈第十四班毕业。曾住于螺峰街 123 号。

陈庆五　高中修业，历任四川省立第二师范学校会计员等职。曾住于云南大学校内。

李敬臣　云南省立师范毕业；曾充第一旅准尉司书少中尉书记长；安宁两级小学教员。曾住于青云街石印巷 2 号。

杨茂之　师范传习所毕业。曾住于本市圆通街 196 号。

永裕祥　县立师范、国立两讲习所毕业，曾任高初两级小学教员。曾住于云南大学校内。

李光廷　私立求实中学修业；曾充昆华工校文牍课助理员。曾住于本市文庙街63 号。

张正坤　省立中学毕业；曾充五福县政府科员；新平县禁烟助理员；猴井工程管理员及楚雄、蒙化、顺宁等县清丈处技士。曾住于圆通街 103 号。

徐耀堂　省立第四师范毕业，曾充阿迷、嵩明两小学教员及本村两小学教员。

杨文彩　省立第二师范毕业，曾任两级小学校校长。曾住于昆华中学北院。

徐绍卿　曾充普洱县政府收发，普洱禁烟委员会造币厂司事。曾住于本市钱局街13 号。

王　泽　云南省立第一师范毕业；曾充澄江、路南等县收发员；建厅转运公司事务员。

王少钦　私立求实中学高中毕业。曾住于圆通街西巷 8 号。

杨蕙芳　上海沪江大学肄业；上海晏摩氏女中、进德女中、三育大学附中英、数教员；云南复兴分公司课员。曾住于青云街锭花巷 5 号。

施达汉　大夏大学师范专修科毕业；滇军党部中校干事；江苏东台地方法院书记官；镇南师范教员。曾住于本校职员宿舍。

李秀琴　北平辅仁大学肄业；叙永县立中学教员。

韩　瑛　广东普宁梅峰中学文学专修班毕业；中央电工厂空军第五路军司令部绘图员；云南粮政局工务员、办事员。

潘文娟　宜兴县立中学毕业。

曾云鹏　云南大学数学系毕业；曾任省立昆华女中、国立大理师范及国立西南师范数学专任教员。

戎青松　日本早稻田大学毕业；北京师范大学讲师；北平市教育局科员。

赵　谦　北平中法大学文史系毕业；曾任昆明培文中学国文专任教员一年。

陈凤英　金陵大学肄业；西南联合大学注册组助理。

陈丽卿　本校经济系毕业，曾任竹朋中学、粤秀中学英文、国文教员。

姜一鹤　云南私立成德中学毕业；香港 St. Stephen's College 第三年级修业；天津南开大学预科修业；上海沪江大学商学院城中区第乙组肄业；曾任陆军第七十九师少尉军官；第一方面军驻越南海防、航政监督官、署庶务主任。

刘诗芬　北平中法大学二年级肄业。

王治国　昆明市立中学毕业，曾任昆明红十字会分会医院办事员一年。曾住于平政街 36 号、昆明圆通西巷 8 号。

梁宝慈　广东私立协和高中毕业，曾任小学教员二年。曾住于昆明市小西门外新村 6 号。

范小梵　国立北京大学毕业，浙江省立绍兴中学、联合中学、承天中学、福建省师附中专任教员。曾住于云南大学校内。

10. 体育部

涂　文　前国立南京高等师范学校体育专科毕业；美国爱渥华大学体育学士；历任东南大学、中法大学、女子师范大学、北京大学、女子文理学院、北平师范大学等讲师；清华大学代理体育主任；西南联合大学副教授等职。曾住于本校西寝室 6 号。

杨元坤　国立中央大学教育学士；曾任昆华体育师范教导主任；前本大学体育主任。曾住于民权街 25 号。

沈芳夏　国立中央大学体育科毕业；曾任浙江省立杭州师范体育教员；浙江省立杭州女子中学体育主任。曾住于青云街 169 号。

张在实　中央陆军军官学校第六期卒业；中央军校高等教育班毕业；中央训练团教官训练班毕业；历任排长、连长、营长、中校主任参谋、上校大队长等职。曾住于云南大学校内。

林有光　中央军校高级班毕业；曾任排、连、营长；浙江省保安队少校大队长；苏、浙边区主任公署别种干部训练班中校队长；湖南省地方行政干部学校中校队长等职。曾住于本市绥靖路 51 号。

李振华　中央军校第五分校军官队毕业；十九路军干部团毕业；历充排、连长等职。曾住于云南大学校内。

金汉武　云南第三期教导团步科毕业，历充卫旅第一团排、连长等职。曾住于云南大学校内。

邵子博　国立东南大学毕业；云南省教育厅体育督学；福建省教育厅体育督学；华中大学体育副教授兼体育部主任等。曾住于云南大学校内。

方　备　国立中央大学体育系毕业；国立中央大学体育系助教；云南省立昆华女师专任体育教员。

11. 图书馆

彭元士　安徽高等学堂毕业；道尹公署科长；中学校长；省督学；本校秘书。曾住于本市景星街 151 号、景星街 145 号。

尹华中　国立交通大学图书馆员；私立东吴大学文理学院图书管理员；私立武昌文华图书馆学专科学校毕业。

何祝铭　云南省立昆华高中毕业；财政厅财务人员训练班毕业；昆明市消费税总局稽核员；高等法院书记官。曾住于小绿水河 2 号、云南大学校内。

顾汉光　文华图书馆专科学校毕业，曾任武汉同济大学图书馆中西编目员。曾住于龙翔街 28 号。

何友沫　私立武昌文华图书馆专科学校毕业；国立厦门大学图书馆编目主任；本校图书馆编目员。曾住于云南大学校内。

段宝珍　省立昆华女师高中毕业；女师附小级任教员。曾住于小东城脚 3 号、昆明柿花巷 4 号。

徐若梅　上海伯特利医学院产科毕业；曾任南京市立医院产科助理医士；江苏学院注册组组员；国立东北大学助理校医。

张性聪　江西省立女子职业学校毕业；中国合众蚕桑改良会南京蚕桑试验场技术员；上海时华学校教员；云南省建设厅蚕桑改进所课员。

陈震宇　江苏省立苏州女子师范学校毕业；五三兵工厂技校文书二年；贵州省立盘县师范学校图书馆组长三年；云南裕滇纱厂子弟学校教员一年。

袁俊春　省立贵阳高中毕业；国立艺专三年级肄业；历任本校理学院仪器管理员、图书馆馆员。曾住于顺龙桥分校。

马树柏　江苏省立苏州农业职业学校毕业；财政部云南盐务管理局官运股会计员；云南实业银行行员。曾住于民权街康寿巷 12 号、云南大学校内。

刘守先　初中修业，曾任弥勒县政府司事。

周淑轩　昆华女中毕业，经济部资源委员会云南蒙自锡矿工程处文书股助理员。曾住于云南大学校内、洪化桥 77 号。

张鸿书　武昌文华图书馆学专科学校毕业。曾住于绥靖路 488 号。

李继先　武汉文华图书馆学专科学校毕业；北平师范大学毕业；北平大学及清华大学图书西文编目部主任。曾住于云南大学校内。

周玉麟　国立暨南大学毕业。曾住于华国寺巷 14 号。

陈荣恩　武昌华中大学肄业，曾任职国立清华大学图书馆。曾住于竹安巷 1 号。

段维屏　成德中学毕业，国学专修馆甲班肄业。曾住于东升街 16 号。

曾以厚　云南省立第一中学毕业；云南盐务稽核分所、广南盐税分局文牍员、办事员；昆明市政府科员。曾住于报国街裆裆巷 4 号。

姜启明　上海同义中学毕业。曾住于钱局街 82 号。

方如兰　云南大学文史系毕业。曾住于华山西路 60 号。

刘溪鹄　市立中学毕业。

陈佩瑜　省立昆华女子高中毕业；曾任昆明市立小学级任教员。曾住于报国巷 11 号、昆明大兴街 27 号。

何正荣　永仁初小毕业；云南军官团毕业；云南警卫团排长。

伍慰熙　云南省立昆华女高中毕业；曾任玉溪小学教员。曾住于翠湖东路青云街107号。

顾家杰　武昌文华图书馆学专科学校毕业，曾任武汉大学、同济大学图书馆中西编目等。曾住于昆明龙翔街93号。

12. 出版组

王德谦　丽江七属联合中学毕业；历任剑川沙溪禁烟委员；永北县署总务科长；云南省政府秘书处第二科二等科员；云南省立昆华中学庶务主任；云南省立昆华高级农业职业学校庶务主任兼国文教员。

熊勋武　云南训政讲习所第二期毕业；滇黔绥靖公署特别党部宣传组干事；昆明行营运输处上尉科员；滇黔绥靖公署政治部上尉科员。曾住于云南大学校内。

王怀仁　中学修业，昆明市政府印刷合作社石印指导员。曾住于云南大学校内。

宋　涛　初中修业。曾住于云南大学校内。

唐梅冰　高中毕业。曾住于云南大学校内。

熊履绥　云南省立昆华高级商校毕业。

罗祥生　蒙自旧制中学毕业；县党部干事；军政部兵工署第五十二工厂军委二阶事务员。

徐培昌　江苏苏州师范学校毕业；曾任南京中国中央两报技士。

燕勋赓　商业初中毕业；开智公司印刷部管理员；云南公路局玉元段助理员。

楚世锴　云瑞初中毕业；云南印刷局石印部制版员。

吴栋臣　楚雄中学及高等警官学校毕业；五十八军十二师参谋处上尉书记；省会警察巡长、巡官；外县区长、警务长等职。曾住于景虹街10号、昆明市青云街245号。

梁德祥　历任昆明市政府合作社石印指导员。曾住于云南大学校内。

13. 秘书处

姜锡龄　南京安徽公学高级部毕业；曾任弥勒虹溪教育委员；简易乡村师范学校校长；弥勒水利委员会主任。曾住于云南大学校内。

14. 文书课

沈鸿范　上海民立中学毕业；曾任资源委员会运务处及中央机器厂四川分厂事务员、课员等职。曾住于云南大学校内。

雷光汉　四川省立第二师范学校毕业；历任小学及初中教员；云南按板盐场公署科长；第一兵站医院军需；第五军官分校书记官；第一集团军第二路军指挥部秘书等职。

林治华　昆明市立中学高中毕业；教育部电化教育人员训练班毕业；私立峨岷中学事务主任；滇西企业局二等办事员。曾住于云南大学校内。

陈慰群　江西省立法政专门学校毕业；曾充湘、鄂政务委员会教育科科员；黄梅县立第一高等小学校长；湖北省立实验学校总务主任；教育部特设大学先修班文书员；重庆市立第二中学文书干事等职。

王绳尧　云南省立师范学校高级部毕业；历任云南私立求实中学事务主任；本校文书组组员、干事、文牍主任等职。曾住于云南大学校内。

宋为藩　省立第一中学毕业；历任石屏高小教员；景东县政府收发员；昆明特种消费税总局书记。曾住于螺峰街97号、武成路355号。

杨德铭　昆明市立商业学校毕业，昆明市自来水厂、中缅总局办事员。曾住于珠玑街100号。

虞　唐　国立中央大学毕业；上海欧亚航空总公司文牍；云南财政厅科员；航空委员会空军总站书记员。曾住于一丘田13号、富春街芭蕉巷4号。

王汝训　云南省立旧制第二师范毕业；历任县立两级小学校长；教育厅委员；云南建设厅科员。曾住于钱局街66号。

周保康　云南方言学堂修业；云南省会中学毕业；前任禁烟公所收发管卷拉员；宪兵司令部三等书记官；总指挥部文牍员兼云南通志馆馆员。曾住于玉龙堆18号。

高荫堂　云南旧制师范毕业；云南民政厅区长训练所毕业；曾任云南国民军事训练处中尉科员；云南学生集训总队部书记长。曾住于云南大学校内。

杨汝振　高级中学毕业；曾任小学校长；前大理镇守使署录事等职。曾住于云南大学校内。

李永龄　省立中学毕业；曾任清文处三等办事员。曾住于珠玑街284号、兴仁街39号、云南大学校内。

杨如俊　县立初中毕业。曾住于云南大学校内。

陈远模　四川省立宁远高中毕业。曾住于云南大学校内。

15. 出纳课

陈鸿藻　国立北平大学法商学院经济系毕业；曾充高级中学财务人员训练班、党务人员训练班等教员。曾住于武成路484号。

王　廉　国立北平大学法商学院经济系毕业；历任云南省立昆华中学专任教员。曾住于兴华街37号。

苏　蓁　云南省立师范第二部毕业；云南造币厂科员；本校出纳组主任。曾住于金鸡巷8号。

张开仕　时中学校修业。曾住于洪化桥4号。

郭嘉宝　云南省立昆华女高中毕业。曾住于云南大学校内。

张家谟　云南省立昆华师范毕业；弥勒县立简易师范学校校长；县立初级中学校长。曾住于云南大学校内。

萧善梁　云南省立丽江中学毕业；本校驻会泽工学院事务员；本校驻呈贡农学院事务员。

张雨润　省立曲靖师范毕业，曾任云南省市中小学教员八年。曾住于云南大学校内。

苏淑芬　云南省立昆华女子实用职业学校高级部毕业。曾住于金鸡巷8号。

于世芬　昆华高级农业职业学校毕业。曾住于云南大学校内。

罗祉仲　湖南省立第二中学高级师范科毕业；曾任数员、管理员、会计员等职。

周廷灿　市立商业职业学校会计班毕业；云南大学体育组助理员；弥勒水利监督署办事员；开文垦殖局营业组主任。曾住于翠湖北路5号。

杨华芬　弥勒县立乡师修业。曾住于云南大学校内。

杨　荣　同济附设高工肄业；云南财政厅财政人员训练所会计专修科毕业；云南矿业银行高级会计员；六行联合管理处行员训练班指导员兼会计教师。曾住于平安街15号。

何心齐　旧制中学毕业；石屏县府科长；个碧石铁路总会云南矿业公司文牍。曾住

名

录

287

于石屏会馆。

伍雪芳　昆华女中高中毕业；昆明市小教员；公路管理局科员；卫生处科员。曾住于云南大学校内。

周居安　广西南宁高中毕业；中华职教社会计班毕业；广西武鸣县府科员；云南卫生材料厂会计员。曾住于青云街洋砚巷1号。

张理廷　时中学校修业。曾住于洪化桥4号。

邱淑贞　昆华女中高级部毕业；后继入昆明市立商业夜校会计班。曾住于钱局街121号。

16. 庶务课

张用之　工务组主任。曾住于云南大学校内。

张希杙　省立艺术师范学校肄业。曾住于云南大学校内。

潘延柯　天津法漠中学毕业；上海震旦大学修业。曾住于钱局街染布巷22号、华山南路华国巷10号。

杨允图　弥勒县立师范学校毕业。曾住于云南大学校内。

莫文灿　云南省立楚雄中学高中毕业。曾任昆明市立古幢小学教员。

王以忠　弥勒县立简易乡村师范学校毕业，曾任地方偏联保甲事务员等。曾住于云南大学校内。

周定元　县立中学毕业，地方区公所书记。曾住于云南大学校内。

李　怀　曾经云南省教育厅检定合格，历任省立宣威师范、县立澄江中学、易门师范、私立明德学校、华南学校等校专任教员及教务训导事务主任等职。曾住于昆明市青云街242号。

冯　洸　历任云南省县立中小学教职员；资委会电工厂课员；军委会西南运输处办事员等职。曾住于昆明庆丰街27号、府甬道隔壁。

张立诚　大理等八属联合中学第一班毕业；曾任初小教员；弥渡县立初中事务主任；弥渡县参议员；云南省立昆华中学事务员；本校庶务组员。曾住于云南大学校内、顺龙桥分校。

徐振芳　昆明玉案中学毕业；中华教职校高级会计簿记班毕业；曾任昆明邮局邮务佐；均益公司会计部副主任；中央储蓄会出纳。

董佩金　云南省立昆华女中高中修业，云南省军粮局职员。

章诚宗　合肥中学修业；陆军八七师干部训练班毕业；陆军八十七师少尉排长；曾任空军军官学校特务团少尉排长。曾住于云南大学校内。

李国兴　弥勒县立中学修业。曾住于云南大学校内。

丁兴华　曾任西南运输处中缅局少、中尉分队长；滇缅局中队附远征军兵站总监部直属第九分站三等军正主任、经理员；中学毕业；西南训所一期毕业。

严宗云　云南省立宣威乡村师范学校修业；资源委员会宣威煤矿公司材料股保管员；云南军管区司令部人事股中尉科员；军事委员会委员长；昆明行营运输处经理科上尉科员；云南私立求实中学校磁针务员。曾住于云南大学校内。

王秉章　前省立第一中学毕业；宜良县中教员；云南建设厅科员。

余树清　高小毕业；电灯公司技士。曾住于云南大学校内。

柳　纯　上海光华大学文学系毕业；中山大辞典编纂处编辑员；昆明市政府督学；

宁洱县参议会驻会委员；云南普洱中学校长；云南县长检试及格。

杨琴英　保山师范学校毕业；剑川县立女子初小教员兼校长，教育局一等书记。曾住于昆明青云街216号。

白世模　云南省立第二师范学校毕业。曾住于云南大学校内。

17. 训导处

邹景荣　曾任国立中山大学助教；云南省立镇南师范教导主任；滇缅铁路扶轮中学校长；昆明市政府教育局课长；昆明市立中学校长；云南省教育厅督学等职。

周　耀　国立暨南大学毕业，曾任湖南洪达中学、云南省立鼎新商校训育主任、英文教员及各中等学校高初中英文专任教员及中央训练团第十六军官总队英文教官等职。

周鸿业　中央大学艺术科毕业；上海艺专毕业；历任美术专科学校中等学校教师。

冯嘉葆　南京教育部义教班毕业；曾任中学师范教职员；云南教育厅一等科员；云南省防空疏委会教育组组长、总务组组长；云南军需局代理上校科长；本校校长室佐理秘书。曾住于云南大学校内、白云巷2号、白云巷10号。

李榆林　国立云南大学土木系毕业；曾任本校助教一年；弥勒弥泸水利工程处工程师；陆良南盘江水利工程处工程师；云南省建设厅水利局工程师。

甘师禹　国立北京大学英文系毕业；历任陕西省立六中教务主任兼英文教员；《北平日报》编辑；本校前注册课主任。曾住于莲花池大昌巷15号。

武臣奭　国立成都师范大学毕业；历任省立第五中学训育主任兼英文教员；《北平北方日报》编辑；本校前注册课主任；昆明市立中学教务主任及各校高初中教员。曾住于青云街281号、莲花池大昌巷15号、云南大学校内。

李荫嵩　易门县立简易师范毕业（四年）；曾服务小学教育二年；高小教育一年。曾住于云南大学校内。

王浩兰　国立北平大学女子文理学院音乐系毕业；曾任河北省立第六师范中学专任教员；省立工业学校专任教员。曾住于云南大学校内。

刘麟铭　师范毕业；曾任小学校长；镇雄独立营书记长等。曾住于钱局街101号。

18. 生活管理组

桂长生　中央陆军军官学校第十四期毕业，曾任排、连、营长等职。曾住于本校教职员宿舍。

李蕙卿　云南大学文法学院教育系毕业，曾任昆华女中教员兼图书馆主任及昆华女师舍监等职。曾住于云南大学校内。

丁月秋　国立北平大学毕业；宁夏暑期军训团毕业；陕西、宁夏、河南等省中学教员。

章　辘　本校土木系毕业。曾住于云南大学校内。

19. 体育卫生组

李仲三　德国国立体育大学毕业；北大、西大体育主任。

张淑娣　国立北平大学女子文理学院毕业，北平华北体育主任。

钟玉麟　上海东亚体专毕业；东亚体专助教；江苏省立银行专校体育讲师；南英中学、中法中学体育教员。

魏丕栋　曾任国立西南联大讲师。

胡宝善　东亚体育专科学校及国立体育专科学校毕业；中央政治学校大理分校、五台辅仁华侨中学等校教员。

朱影波　苏州中华体育专门学校毕业；曾任河南大学、河南省立第二师范、浙北省立第一中学、中华大学、云南省立石屏师范、云南省立昆华中学等体育主任及省立昆华女子中学等体育主任及教员。

王瑞甫　重庆大学毕业，交通大学、同济大学教员。

丁仲英　国立体专助教、讲师兼体育处主任，军队体育教官、主任、总教官。

郭秉道　国立体育专科学校毕业；中央干部学校教官；湛江体育场场长。

赵瑞林　北平市体育专科学校助教，军医署军简三阶复健指导及上校教官等职。

李毓华　国立体育师范专科学校毕业；军委会干训团教官；本校助教等职。

周廷璨　省立泸西简易师范毕业。

王苏宇　德国悌耳根大学医学博士。曾住于青云街228号。

王欣棣　贵阳医学院护士学校毕业；江苏医学院附属医院护士；昆明市立医院护士长；昆明卫生院附属医院护士。

20. 校医室

王天祚　上海同德医学院毕业。曾住于路南临时校舍。

高　瑶　江苏省立助产学校毕业，贵州省立医院护士长。

21. 总务处

王俊英　云南省立楚雄中学高中毕业；昆华煤铁公司出纳员；国立西南联合大学会计室事务员；经济部采金局滇西采金处会计员。曾住于云南大学校内。

孙重珠　怀远中学毕业；中国茶叶公司顺宁实验茶厂技术主任。

刘培之　北平民国学院政治经济系1937级毕业；曾充机械化陆军第五军司令部上尉、少校军官共六年；国立西南联合大学总务处事务员共三年。

黄锦龄　上海新闻天地社总社总干事。

赵裕康　省立昆华女子高级中学毕业。曾住于云南大学校内。

蔡元章　晋宁县立中学毕业；川滇铁路工程处录事；清丈分处书记。曾住于云南大学校内。

22. 会计室

全云寰　国立政治大学第一期财政系毕业；曾任上海市财政局科员；市西稽征处会计主任；粤汉铁路特别党部会计主任；云南鼎新商业中学专任教员；教育部战区学生指导处会计主任；教育部计政班专任教员；国立社会教育学院会计主任。曾住于文林街顺德巷2号。

王清泉　教育部计政班毕业；教育部会计人员特科考试及格；曾任国立西南联合大学会计佐理员。

陈允杰　大夏大学会计系肄业；本校经济系毕业；贵阳市各公、私立中学英文教员；昆明市立女中教员；黔灵中学大学升学预科班教员兼主任。曾住于云南大学校内。

包坤铎　私立中法大学附中毕业；西南联大会计室事务员；云南省卫生实验处材料室一等科员。曾住于文林街1号。

马振奇　云南私立成德中学及云南省财政厅财政人员训练班第三班毕业，曾充凤仪

云南大学史料丛书·教职员卷

昆明县政府会计员。曾住于云南大学校内。

郭先兴　教育部计政专修班毕业；军政部第七会计分处少校科员；军政部昆明办事处会计课长；空军军官学校委任一级会计科员；国立云大附中主办会计员。曾住于云南大学校内。

王树槐　四川省立重庆高商校毕业；求精商业专科学校肄业；教育部特种考试会计人员；第五届考试及格；曾任国立西南联合大学会计佐理员。

张天玉　云南大学政治经济系毕业。曾住于青云街青云巷3号、玉龙堆8号。

张鹤群　上海敬业中学毕业；大同大学经济系肄业；上海大华造纸厂会计；复兴公司仓库主办会计；三青团中央团部电讯总台课员；中央电工器材厂职员。曾住于云南大学校内。

宋凤娇　云南大学数学系毕业，曾任昆华女中数学专任教员。曾住于青云街水晶宫14号。

萧　颖　昆明市立中学高中部毕业。

张新秋　昆华女中云南财政厅科员。曾住于螺峰街桂花巷3号。

全竞寰　云南省立昆华女中毕业；资委会中央电工厂事务员。曾住于兴华街青宁巷8号。

路　钧　国立中央大学商学士；曾任上海大同大学教授；浙江省政府会计处指导员及卫县、平阳等县科长、会计稽核主任暨代理县长等职。曾住于大兴街23号。

何树铎　上海复旦大学商学士；重庆电力公司会计科科员。曾住于云南大学校内。

承正元　南京金陵大学法学士。曾住于云南大学校内。

王　蓉　上海大同大学商科毕业；曾任交通部浙江省电政管理局及浙江省水利局会计员；中央信托局职员。曾住于大兴街23号。

王鹤轩　上海大同大学商科毕业；曾任交通部浙江省电政管理局及浙江省水利局会计员；中央信托局职员。曾住于大兴街23号、云南大学校内。

杨家诰　高小毕业。曾住于大兴街23号。

23.　工务组

刘治中　民国九年省立中学卒业；十年考入路政学校；十一年四月卒业；同年九月十五日奉委市政公所技士在职十八年后升至主任；二十六年因事辞职；于十月十六日奉委在本校。曾住于护国路宝华巷3号。

张用一　甲种工业学校毕业；曾任弥勒县立中学教职员。曾住于大绿水河2号。

杨本忠　高中毕业；云南陆地测量局军事科文书上士。曾住于莲花池。

朵应景　自治训练所毕业；开蒙区垦殖局管理员。曾住于云南大学校内。

王学哲　弥勒私立虹溪师范修业。

杨尚书　专门技术学校毕业；曾任弥泸水利工程处工务员；云南全省公路管理局元龙段工务处技士等职。曾住于云南大学校内。

陈天培　云南省立昆华高级工业学校土木科毕业。

24.　附属医院

何艾田　本校医学院六年级肄业。

马利铭　本校医学院五年级肄业。

王和荣　本校医学院五年级肄业。

　　汪金焕　军政部军医第二分校第二期毕业；军医二分校附属医院医师。曾住于本校附属医院。

　　廖子宜　法语学校毕业；西南外语学校修业；兵站总监部医务所司药交通兵大队军医处司药主任。曾住于本校附属医院。

　　杨锡美　云南卫生处第八届药剂班毕业；云南卫生处第二科防疫股技佐。曾住于本校附属医院。

　　王惠敏　上海宝隆医院高级护士学校毕业；山东济宁德国医院及上海市立医院护士长；云南省立昆华医院护士长。曾住于本校附属医院。

　　杨瑞华　省立昆华女师毕业；惠滇医院高级护士班毕业；甘美医院中国红十字会及美军三七野战医院护士。曾住于本校附属医院。

　　康丽华　富民简师毕业；甘美医院助理护士；第五军第三野战医院护士。曾住于本校附属医院。

　　罗瑞琳　昆明县立日新中学毕业；玉溪仁怜医院、同仁医院、昆明卫生院助产士。曾住于本校附属医院。

　　程静珊　峨山县立中学毕业；玉溪仁怜医院、同仁医院、昆明卫生院助产士。曾住于本校附属医院。

　　胡少英　国立贵阳第二十中学毕业；第五军卫生处、杨林卫生院护士。曾住于本校附属医院。

　　汪筠仙　国立贵阳第二十中学毕业；第五军卫生处、杨林卫生院护士。曾住于本校附属医院。

　　杜永炽　江西省立万载志成中学毕业。曾住于本校附属医院。

　　陈　震　江苏镇江东南高中毕业；军委会战士团第二团毕业；中国汽车公司事务员；滇缅公路运输局运输处修理厂材料员；军政部汽车修理厂材料员。曾住于附属医院。

　　刘建中　河北沧县中学毕业；军医处十六后方医院副官。曾住于附属医院。

　　陈素华　南京市立高中毕业；广州大学计政班肄业；军政部汽车制造厂会计员；昆明行业无线电总台会计员；《中央日报》会计员；军政部十三修理厂一等军需佐。曾住于附属医院。

　　孙传珍　云南省立商业学校高级会计班毕业。曾住于附属医院。

　　寸琼辉　省立楚雄中学高中毕业；大田中心学校教员。曾住于附属医院。

　　袁恒昌　省立会泽高中毕业；资委会滇北矿务局课员；会泽县教育局办事员；云南仁民医院事务员。曾住于本校医学院、附属医院。

25. 附属中学

　　杨春洲　国立北平师范大学毕业；日本东京帝国大学研究生；北平市立第一中学及北平市立师范、河南开封师范专任教员；国立暨南大学附属中学教导主任；本大学先修班主任。曾住于路南临时校舍、正义路永升巷6号。

　　杨一波　国立北平大学毕业；徐州中学及暨南大学附中等校专任教员。曾住于路南临时校舍。

　　苏滋禄　国立北京大学化学系毕业；云南省立镇南师范教员；兵工署昆明办事处上尉技术员。曾住于龙泉镇本校附中、路南临时校舍。

云南大学史料丛书·教职员卷

程鸿渚　江苏省立教育学院毕业；上海私立浦东中学南分校教导主任；香港立华中学、桂林松坡中学等校文史教员。曾住于龙泉镇本校附中。

徐　谦　云南讲武学校及将校队毕业；曾任讲武学校区队长；桂军分校队长；新兵一团营长；云南大学及省立昆华中学等校军事主任教官。曾住于龙泉镇本校附中、路南临时校舍。

王苏宇　德国悌耳根大学医学博士。曾住于云南大学校内。

蓝思德　英国剑桥大学硕士；云南大学教授。曾住于路南临时校址。

张应汉　山东齐鲁大学国文系毕业。曾住于路南临时校址。

杨梦九　国立北京大学毕业；北京师范教务主任；岭南大学讲师。曾住于路南临时校址。

迟习儒　国立北京大学国文系毕业。曾住于路南临时校址。

顾吉度　安徽大学化学系毕业。曾住于路南临时校址。

杨兴楷　国立北京大学数学系毕业。曾住于路南临时校址。

丁素秋　国立北平师范大学毕业；日本东京音乐学校肄业。曾住于路南临时校舍。

赵晓东　东北大学毕业，华中大学体育教师。曾住于路南临时校址。

李　乔　云南大学毕业；石屏中学专任教员；六十军政训员。曾住于路南临时校址。

周幼云　云南省立第一中学毕业；上海药物专门学校毕业；河南保安处科员。曾住于路南临时校址。

唐立鐄　清华大学物理系毕业；云南省立昆华中学数理教员。曾住于龙泉镇本校附中。

张汝汉　国立北平师范大学体育系毕业；云南省立昆华女师体育主任；云南大学体育教员。曾住于龙泉镇本校附中。

陈志元　国立北平师范大学理学院数学系毕业；国立北平师大附中教员。曾住于龙泉镇本校附中。

魏　然　东京明治大学经济学士；复旦大学文学院文艺讲座、讲师；国立九中国文教员；国立同济大学附中教员；云南省立昆华女中国文教员。曾住于龙泉镇本校附中。

张学元　浙江大学化学系毕业；曾任浙江附中数理教员；四川金川酒精工程师；军政部兵工署二三兵工厂同少校技术员；曾住于龙泉镇本校附中。

郑伯华　国立北平大学经济系毕业；仰光华侨中学教员；《云南日报》编辑；《昆明观察报》总编辑。曾住于龙泉镇本校附中。

杨为松　国立西南联合大学法律系毕业；昆明县立日新中学教导主任；中华职业补习学校教员；省立昆华商校导师。曾住于龙泉镇本校附中。

许之乔　国立中央大学教育学院西画系毕业；桂林戏剧春秋月刊社编辑。曾住于龙泉镇本校附中。

季正怀　国立西南联合大学中国文学系毕业；江苏省立旅川临时中学教员。曾住于龙泉镇本校附中。

陆永俊　国立西南联合大学中国文学系毕业；军委会战地服务团文书课员。曾住于龙泉镇本校附中。

蔡显理　国立浙江大学英文系毕业；浙江三门县中心小学校长；战地服务团翻译员。曾住于龙泉镇本校附中。

江新苇　国立西南联合大学社会系毕业；军委会运统处办事员；外事局翻译官。曾住于龙泉镇本校附中。

张　涛　浙江大学英文系修业；西南联大外文系毕业；福建盐务管理局场务员。曾住于龙泉镇本校附中。

汤　基　国立浙江大学外文系毕业；军委会外事局翻译官；国立大理师范教员。曾住于龙泉镇本校附中。

华世芳　国立西南联合大学外语系毕业，曾住于龙泉镇本校附中。

陈赟谷　国立北京大学数理系毕业；天津南开中学数学教员；南开大学西南联大教员、讲师。曾住于龙泉镇本校附中。

路浡峰　国立北平师范大学数理系毕业；陕西翰林女子师范、察哈尔宣化师范、河北省立第八中学、昆华师范、昆华中学等校数学教员。曾住于龙泉镇本校附中。

张东祺　国立西南联合大学物理系毕业；昆明市育侨中学、育德中学教员；江西空军十二总站翻译。曾住于龙泉镇本校附中。

马联义　国立北京师范大学数理系毕业，国立第九中学及南开中学教员。曾住于龙泉镇本校附中。

刘雨荪　上海同济大学工学院毕业；军政部兵工厂主任技士；欧亚航空公司工程师；日新滑翔社主任。曾住于龙泉镇本校附中。

林彦群　国立云南大学经济系毕业；路南县立中学教务主任。曾住于龙泉镇本校附中。

程泰基　国立北京大学中国文学系毕业；昆华中学教员。曾住于龙泉镇本校附中。

阎昌麟　国立西南联合大学历史系毕业。曾住于龙泉镇本校附中。

钱　闻　国立武汉大学中文系毕业；广西省立桂林师范、平集高中及云南省立昆华高工等校文史教员。曾住于龙泉镇本校附中。

王辉植　国立北京大学物理系毕业；航委会无线电台电务员；国立华侨中学及省立泸西师范等校教员。曾住于龙泉镇本校附中。

余树勋　国立浙江大学园艺系毕业；本校助教；省立官渡农校、玉溪中学、昆明建国中学等校教员。所授课程有园艺实习。曾住于龙泉镇本校附中。

李嘉文　国立音乐院声乐系毕业。曾住于龙泉镇本校附中。

张书田　国立社会教育学院艺专；戏剧组毕业；杭州艺专肄业；国立社会教育学院；附师艺术教员。曾住于龙泉镇本校附中。

汪季昆　广东文理学院社会教育系毕业；桂林中山中学、省立儿童教育馆、省立石屏师范等校教员。曾住于龙泉镇本校附中。

薛锡全　国立中央大学农学院毕业。曾住于龙泉镇本校附中。

魏志平　上海大夏大学体育系修业；缅甸华侨中学、云南省立体专等校体育教员。曾住于龙泉镇本校附中。

温自强　南京体育师范毕业；云南昆华中学及南英中学体育教员。曾住于龙泉镇本校附中。

张光辅　云南讲武学校第十九期步科毕业；中央第三军八师二十二团排、连长；西南运输处第二十大队连副、连长。曾住于龙泉镇本校附中。

马龙图　国立同济大学医学院毕业；国立同济大学附设医院及兵工厂附设医院医师；

路南卫生院医务主任。

　　杨敦厚　昆华中学毕业。曾住于路南临时校舍。

　　莫福昌　省立商业学校高中部毕业。曾住于路南临时校址。

　　赵以恭　会计人员训练班毕业。曾住于路南临时校址。

　　李玉依　省立昆华女师高中部毕业。曾住于路南临时校址。

　　张兆彭　路南县立中学毕业。曾住于路南临时校址。

　　虞仲英　安徽卢州府中学毕业；昆明国文专修馆修业；云南省军第三路统带部军需官；滇黔联军第一纵队指挥部军需处长；玉屏县知事。曾住于龙泉镇本校附中。

　　石　淙　广东培英中学毕业，台山县立第一小学教员校长。曾住于龙泉镇本校附中。

　　范维龙　云南省立楚雄中学毕业；大姚忠信乡国民小学教员；中华职业教育社补习学校教务干事。曾住于龙泉镇本校附中。

　　蒋裕光　云南省立昆华中学及财政会计人员训练所毕业；建水县立小学教员；昆明市政府云南地产公司会计处科员；云南省立石屏师范及云南省财政厅财政人员训练班毕业；曾任昆明市政府利滇机制牙刷厂及云南地产公司等处职员。曾住于龙泉镇本校附中。

　　杨克强　云南易门县立简易师范毕业；易门惠民锁中心小学教员。曾住于龙泉镇本校附中。

　　许运暄　云南省立第一师范毕业；易门乾元镇中心小学教员及云大附中书记。曾住于龙泉镇本校附中。

　　纳静波　国立同济大学德补科修业；云南邮务管理局乙等邮务员。曾住于龙泉镇本校附中。

　　马　经　国立西康技艺专校化工系毕业；昆明广大华行佐理员；民安保险公司昆明分公司助理员。曾住于龙泉镇本校附中。

　　李　鉴　呈贡县立师范学校毕业；呈贡县太平小学教员；中华职业社干事；教厅书记；中华职业教育社办事处助理干事；云南省教育厅督导室书记及本校书记。曾住于龙泉镇本校附中。

　　杨德荣　云南省立石屏中学毕业；陆军第一六团技术连毕业；五八军及五六军排长、连副；远征军兵站总监部粮库库员。曾住于龙泉镇本校附中。

　　陈哲维　北京大学女子文理学院图文系毕业；山东省立济南高级中学女生指导。曾住于龙泉镇本校附中。

　　杨诚一　省立昆华中学高中毕业；利滇化学公司助理员；昆明第一区小学教员。曾住于龙泉镇本校附中。

　　徐耀祖　云南省立石屏师范毕业；石屏宝秀中心小学主任；秀山乡国民学校校长。曾住于龙泉镇本校附中。

　　吴嘉兴　中华职业学校会计班、昆明市商会高级会计补习学校毕业；昆明县政府会计助理员；昆明县银行行员。曾住于龙泉镇本校附中。

　　段光裕　蒙自中学毕业；个旧县党部干事；云南矿业公司个旧办事处事务员。曾住于龙泉镇本校附中。

　　孙剑华　北平华光女中处级部毕业，唐山中华医院护士班修业。曾住于路南临时校舍。

　　于　琳　北平私立慕贞女子中学毕业；曾任五十一军战地服务团员；北古城高小教

名

录

295

员。曾住于路南临时校舍。

李德忠　路南县立师范讲习所毕业；曾任紫玉小学校长。曾住于路南临时校舍。

辛毓庄　北京大学外语系毕业。曾住于路南临时校舍。

李秉厚　云南陆军讲武堂十八期毕业。曾住于路南临时校舍。

26. 先修班

张宗和　国立清华大学历史系毕业；曾任苏州私立米益中学校长；南京苏志中学、云南省立宣威乡村师范学校、国立西南师范文史教员。

司徒穗卿　中山大学理学士；中山大学助教；岭南大学讲师；西南联大助教。曾住于青云街锭花巷 3 号。

杨树图　县立简易师范毕业。曾住于路南临时校舍。

余玉燕　云南盐运使公署及昆华煤铁公司会计。曾住于路南临时校舍。

杨本立　云南建设厅驻留办事处科员兼厂区登记事务所主办员，曾住于路南临时校舍。

蔡超尘　北平辅仁大学毕业；《北平华北日报》副刊编辑；天津扶轮中学国文教员。曾住于路南临时校舍。

陈登亿　国立北京大学毕业。曾住于路南临时校舍。

颜道岸　国立清华大学毕业；曾任云南省立潞西师范专任教员。曾住于路南临时校舍。

魏徐年　南京体育师范毕业；浙江省立中等学校教师检定合格；曾任高、初中以上学校体育主任及指导十四年。曾住于路南临时校舍。

李咏林　国立北京大学史学系毕业，曾任河南省立开封女子师范学校文史教员。曾住于路南临时校舍。

魏华灼　北京大学英国文学系毕业，曾任河南开封高中英文教员。曾住于路南临时校舍。

于克三　北京大学理学院物理系毕业。曾住于路南临时校舍。

王乃樑　清华大学地理系毕业；资源委员会经济研究室研究员；西南联合大学史地系助教及教员。

徐　芳　国立北京大学国文系毕业；天津南开大学国文教员；北京大学研究院文科研究所助理；艺文研究会编审组干事。曾住于玉龙堆 4 号。

冯素陶　国立中山大学毕业；历任上海、南京、河南、云南中学、大学教员；任云南省义务教育委员会委员；《战时知识》半月刊主编。曾住于螺峰街 52 号。

赵景松　燕京大学外语系毕业；任原校教员。曾住于小东门节孝巷 12 号。

朱吴文嘉　北平国立女子师范大学英文系毕业；美国 Seton Hill College 社会学系文学士；英国天主教大学社会服务研究院肄业。曾住于北门街 79 号。

孙毓棠　日本东京帝国大学文学院研究院研究。曾住于螺峰街 116 号。

27. 中英庚款协助科学研究人员

丁道衡　法国留学得博士学位；云南建设厅及西北边省考察。

张维华　齐鲁大学文学士；燕京大学研究院文学硕士；齐鲁大学副教授；北平研究院编辑。

岑家梧　中山大学社会学系肄业；日本东京立教大学肄业、史学系肄业；大山史前学研究所、岭南大学、西南社会研究所研究员。

江应樑　暨南大学史学系毕业；中山大学文科研究所硕士。

单粹民　里昂大学理科硕士；中法大学、河南大学、安徽大学教授。

田雨农　云南大学法律系毕业。

谢毓寿　东吴大学物理系毕业。

28. 各院系职员

章缉五　美国纽约大学硕士；艾欧瓦大学博士；南开大学教授兼体育主任。所授课程有统计学。

吴富恒　美国哈佛大学教育硕士；云南英语专科学校教授。

凌达杨　东北、中山、齐鲁等大学教授。

董锺林　美国康奈尔大学博士；西北工学院及广西大学教授。

张善继　法国里昂大学数理硕士；广东勤勤大学教授。曾住于云南大学校内。

沈　霁　汉口武汉女子中学毕业，曾在重庆苏联协会服务。曾住于女青年会。

周延灿　省立泸西简易师范毕业。曾住于云南大学校内。

武馨维　中央陆军军官学校昆明分校十一期军官班步科毕业；武汉军官防毒训练班毕业；曾任陆军一二一师连长副官及副营长等职。曾住于东寺街 298 号。

王和昌　云南省立昆华女高中毕业。曾住于圆通街上智学校。

陈仲和　省立丽江中学及师范学校毕业；曾任高初小学校长；县党部助干。曾住于云南大学校内。

宋瑞贤　国立北平大学经济系毕业；曾任福建省县政人员训练所暨福建省公务人员练习所专任教师。曾住于云南大学校内。

陶永训　求实中学毕业。曾住于好生巷 3 号。

翁独健　哈佛大学博士。

赵萝蕤　燕京大学外语系毕业，曾任原校教员。曾住于小东门节孝巷 19 号。

张昭麟　曾任中央军校政治教官；中央军校洛阳分校政治总教官；中央军校第五分校政治部主任等职。曾住于洪化桥 75 号。

王　澄　国立中央大学文学士。曾住于圆通街 22 号。

周覃被　国立清华大学文学士；英国爱丁堡大学商学士。

郑安仑　清华大学文学士。曾住于维新街 74 号。

薛观涛　清华大学毕业。

曾石英　国立中山大学毕业。曾住于云南大学校内。

余寿年　国立北京大学化学系毕业；云南省开远县立中学专任理化教员；兵工署技术员。曾住于云南大学校内。

马希融　东北帝国大学地质学理学士；云南省经济委员会矿业专员；云南铜铁厂等委员会委员。曾住于武成路丰乐街太阳巷 4 号。

董爕川　国立云南大学土木工程学士。

宁钦明　中央大学理学士；曾任中央大学助教八年；中央陆地测量学校理化教官。曾住于迤西舍资。

熊先珪　中央大学毕业；曾任南开大学助教；江西宜春中学教员；江苏苏州中学教

名

录

员。曾住于迤西舍资。

　　殷炎麟　国立清华大学西洋语文系毕业。曾住于迤西舍资。

　　何淑黎　中央大学文学院毕业；曾任江西南昌女子中学副教导主任兼国文教员。曾住于迤西舍资。

　　郭令智　国立中央大学理学士；留任西康科学调查国家矿产调查员；国立中央大学助教。曾住于云南迤西舍资。

　　张锡康　国立交通大学工学士。曾住于云南迤西舍资。

　　钱翠麟　国立北京大学理学士。曾住于云南迤西舍资。

　　谢衍敦　国立清华大学理学士。曾住于云南迤西舍资。

　　萧燕甫　北京大学英文系毕业；曾任楚雄中学、临安中学英文教员。曾住于路南临时校舍。

　　张景苍　北京大学英文系毕业。曾住于路南临时校舍。

　　任景安　国立北京大学物理系毕业；曾任河南高级中学及云南省立临安中学数理教员。曾住于路南临时校舍。

　　戴鑫泉　初中肄业。

　　谢保清　常州中学毕业。

　　张　志　中央工业试验所酿造技术人员训练班毕业；曾任山东济南酿造技师；省立官渡农校酿造厂主任技师兼教员；云南省合作事业管理处视察员。

　　李敏斋　云南省立第一旧制中学毕业；路政学校毕业；历任昆明市政府一等技士；省政府同少校技士；民政厅一等技士；建设厅荐任十级技士。

　　谢苍禄　云南省立丽江中学高级部毕业；剑川县立中心小学扶教员。

　　杨建勋　省立大理师范毕业；云南巡警教练所毕业；昆明第四区警察署文牍员；牟定盐丰警察局局长兼牟定县府秘书。

　　祁景良　国立清华大学昆虫学助理。

　　赵法源　北平研究院技训班毕业；曾充练习技术员、技术员等职。

　　汤季彬　湖北武昌模范中学毕业；河南巩县兵工厂练习生；南京金陵兵工厂技工；资源委员会汽车修理厂工务员；内政部卫生用具制造厂绘图员；贵阳和丰裕实业公司技术员；联勤总部第五十三厂特等技工。

　　金宗佑　曾任云南省立昆明图书馆管理员；云南省立丽江中学高级部修业。

　　吴守箴　昆华女师高级部毕业；曾任石屏县立锺秀女子学校高级级任教员九年；个旧私立石屏小学级任教员一年；国立西南联合大学助理五年。

　　林　槐　昆华中学修业；交通部长途电话第四区工务处机务员；联大工学院电机系仪器管理员。

　　杨如峻　县立初中毕业。

　　杨景庭　国立上海医学院毕业。

　　钱德富　上海光华大学商学士；经济部注册会计师；曾任国立四川大学、东北大学、私立光华大学、华西大学、川康农工学院等校教授暨四川省立会计专科学校新生院主任。

　　马鹤苓　国立北京大学毕业；天津河北女师学院教授。曾住于云南大学校内。

　　张希杕　省立艺术师范学校肄业。曾住于云南大学校内。

　　寸镇兴　腾冲等五属联合中学毕业。曾住于云南大学校内。

周咏先　曾任国立济南大学讲师；江苏各中学教职员。曾住于磨盘山 5 号。

杨菱权　国立云南大学算学系毕业。曾住于云南大学校内。

洪雪芳　国立浙江大学农学院附设蚕桑科毕业；曾任浙江余杭蚕桑改良区省山蚕桑模范区指导员；实业部中央蚕桑实验所蚕桑系练习生。

童颂年　北平中法大学毕业。

杨静华　本校政治系三年级肄业。

苏　湖　本校文史系肄业。

田一庵　省立大理中学毕业。

周铭功　云南成德中学毕业；曾任云南永绥尔县联立中学教员；金沙江工程处第一测量队办事员。

李月英　路南简师毕业；昆华护士学校毕业；昆华医院护士；路南卫生院护士长。

许运煊　云南省立第一师范学校毕业；曾任小学教员。

冯选之　国立云南大学文法学院经济系毕业；曾任云南省立盐兴中学数理专任教员；通海县立中学训育主任兼国文专任教员。

张振纲　西南联大理学院化学系肄业；曾任寻甸县立中学教员。

李华庭　国立北京师范大学理学院地理系毕业；曾任河北省文泊头师范及察哈尔省立宣化师范地理教员；云南省立昆华中学地理教员。

李梦熊　中央训练团音乐干部训练班第三期毕业；曾任宪兵司令部政治部歌咏指导员；宪兵补充第二团音乐教官；成都西南美专音乐教员。

赵　麟　国立中央艺专毕业，曾任浙江省立丽水中学图书教员。

钱云鲜　江苏省立教育学院社会教育系毕业；曾任广西省立南宁女中指导；广东南雄艺幼教导主任；江西信丰县立中学及粤秀中学教员。

萧庆穆　国立西南联大工学院机械系毕业。

朱竹林　国立西南联大理学院物理系毕业；曾任私立建国中学教务主任开远农校数理专任教员。

张世彝　国立西南联大文学院历史系毕业；曾任国立中山中学史地专任教员。

刘北汜　国立西南联大文学院历史系毕业；曾任私立竹园中学及峨山中学文史地教员。

周基堃　国立西南联大文学院哲学系毕业。

刘子英　国立北京大学文学系毕业；云南省立昆华女子中学英文专任教员。

吴惟诚　国立西南联大法学院政治系毕业；昆明私立峨岷中学及华宁私立铸民中学等校教员。

庐福庠　国立西南联大文学院外文系毕业；美国志愿队中尉翻译员；美国第十四航空队翻译员。

王　唐　北平国立师范大学物理系毕业。

黄世晔　国立西南联合大学经济系毕业；云南私立南英中学教员；云南省立高级商业学校教员。

金吉甫　中央军官学校第十三期毕业；辎重兵第二团连长。

王彦秀　国立武汉大学文学院中文系毕业；重庆、南开中学以及四川省立江安中学、贵阳清华在学等教员。

名　录

王贯之　西南联大文学院国文系毕业；陕西省立兴国大学，重庆、复旦中学以及国立第十五中学、交通部扶轮中学等校教员。

程素乐　西南联大文学院历史系毕业；曾任国立中山大学、浙江省立温州大学等校文史专任教员。

黄静之　国立北京大学文学院中国文学系毕业；曾任涿县师范教导主任；保定培德中学专任教员。

沈传良　国立同济大学工学院毕业；同济大学附设高中及高职专任教员；同济大学工学院讲师；云南农田水利测量队长。

朱维藩　浙江大学农学院园艺系毕业；云南建设厅技士；本校生物专任教员。

叶　萍　上海法学院经济系肄业；曾任中央防疫及会计室事务员。

陈家鸽　曾任富民、禄劝、大姚县清丈分处技士及小学教员。

姚嘉璧　国立云南大学数学系毕业；省立楚雄中学高中物理专任教员；昆华农业学校高级部数学专任教员。曾住于顺龙桥分校。

袁怡贺　保定私立育德中学毕业；济南市立小学事务员及级任教员；卫生署事务员等职。曾住于顺龙桥分校。

雷希贤　曾任中小学教员七年。曾住于会泽分校。

陈希亮　云南私立成德中学毕业；昆华高级商业学校会计班毕业；昆华简易师范官渡农校兼任教员；昆明市党部组织干事等职。曾住于呈贡分校。

祁如云　云南省立昆华中学修业；曾任巡检团国中心学校教员。曾住于呈贡分校。

李维孝　云南省立官渡农产制造职业学校毕业。曾住于呈贡分校。

蒋里香　云南昆华高级农校毕业；曾任云南建设厅林务处三等三级技士。曾住于呈贡分校。

莫耀俊　浙江省立民众教育实验学校毕业；曾任江苏省立教育学院助理干事；浙江萧山县民众教育馆馆长；萧山县政府科员。曾住于呈贡分校。

黄树人　四川涪陵仁济高级护士学校毕业；服务四川涪陵仁济医院二年；兵工厂一年；四川忠县仁济医院一年；产庆红会一年；一百三十五补训团一年；滇缅铁路工程处一年。曾住于呈贡分校。

李松龄　省立昆华高级师范学校毕业，曾任中央研究院历史语言研究所语言组书记。曾住于呈贡分校。

欧阳容　云南第二师范毕业；云南财政厅玉溪通河石蒙宁等县清丈分处办事员；绥署新编补充大队上尉文书主任。曾住于呈贡分校。

杨绍光　易门简易师范毕业。曾住于顺龙桥分校。

励蕙文　南京女子中学毕业。曾住于云南大学校内。

范乐山　省立师范毕业；历充部四团文书主任；督练第二分处少校经理；琅井场长；金平蒙自县政府秘书科长等职。曾住于云南大学校内。

邵循恺　国立清华大学经济系研究。曾住于云南大学校内。

翟亦山　曾任河北、山东、北平各中等学校教员。曾住于顺龙桥分校。

刘春芳　广文中学高中毕业。曾住于顺龙桥分校。

李焕章　县立简易师范毕业；曾任省分会警察第二分局三等警长。

邵明书　省师毕业；历任云南全省禁烟总局昆明市政府稽查主任二等科员；弥渡文

山禁烟委员检查等职。曾住于云南大学校内。

姜必得　弥勒县虹溪师范五年旧制班毕业；曾任弥勒县虹溪简师音乐专任教员；弥勒竹园镇中心学校教导主任；弥勒虹溪镇中心学校校长。曾住于云南大学校内。

戴铨苍　云南大学第十班法律系毕业；曾充云南财政厅科员；一八四师中上尉书记、少校秘书、特别党部少校干事、政治部中校科员等职。曾住于云南邓川江尾街。

周　华　中央陆军军官学校第十六期步科毕业；曾任小中尉分队长、附上尉中队长、少校副官、中队长等职。曾住于云南大学校内。

李参如　国立西北联合大学法商学院毕业；国立西北工学院会计室事务员；中央直属西北工院区党部干事；国立西南联合大学会计室佐理员。曾住于云南大学校内。

钱杏仙　国立上海商学院银行系毕业；昆明银行会计员；浙江兴业银行会计员；联星运输公司会计。曾住于双龙桥。

缪冠素　昆华女子高中毕业；二十一年至二十八年任女中附小高级部级任教员；二十九年充云南富滇新银行保险公司会计室会计员。曾住于华山西路登华街。

马人龙　云南私立明德中学及云南财政厅财政人员训练班毕业；曾充云南财政厅大理凤仪保山清丈分处及凤仪县政府会计室主办会计。曾住于昆明市大观路8号。

华　萍　上海法学院经济系肄业，曾任中央防疫及会计室事务员。曾住于云南大学校内。

刘宝琼　昆华女子高中毕业；曾任私立峨岷小学级任教员；生生保育园级任教员。曾住于云南大学校内。

林景熙　昆华女子高中毕业；曾任蒙化县立中心小学级任教员；私立峨岷中小学教员。曾住于云南大学校内。

王经忠　曾任弥勒县教育局出纳员。曾住于云南大学校内。

奈体虞　云南省立农校毕业；历任省立等学校教员。曾住于云南大学校内。

尹嘉复　云南省立师范毕业；历任云南省立中等学校教员。曾住于昆明文林街文化巷43号。

刘隐鹄　市立中学毕业；曾任石屏高级教员等职。曾住于昆明民生街民生巷8号。

刘骏名　成德中学毕业；曾任耀龙电力公司设计部设计员；储料股股员；空军二十转运所监员。曾住于云南大学校内。

张联昌　云南省立曲靖第三师范学校毕业；曾任省、县立中小学教职员七年。曾住于云南大学校内。

赵　根　云南省立昆华师范毕业；曾任云南省教育厅金库科员及财政部贸易委员会云南分会办事员等职。曾住于昆明文林街24号。

童月卿　云南省立昆华女子师范毕业；曾任蒙自中小学教员。曾住于云南大学校内。

王贤爱　广州岭南大学毕业；国立西南联合大学研究生；曾任广东省立勷勤大学社会经济研究员；台山县师范学校专任教员；香港恩恩中学专任教员；国立中山大学兼办社会教育委员会干事员。曾住于云南大学校内。

李振蔚　北平贝满女子中学毕业；历任上海中学教务员及图画管理员三年。

濮德铭　中学毕业；昆华女中石印部指导员。曾住于云南大学校内。

杨增福　省立武定中学毕业；曾任中央电工厂电机组组员。曾住于云南大学校内。

刘君印　江苏省立南京女中毕业；中央大学肄业；中央大学助理。曾住于昆明市钱

名
录

局街仓园巷 2 号。

郑　鹏　福州三民中学高中部毕业；福建省电政管理局电务员；空军第四总站总务处组员。曾住于云南大学校内。

李震南　私立求中毕业；省立昆华工业学校教务课课员。曾住于云南大学校内。

毛　鸿　三十集团军补五团三营上尉营副三五补训处四团一营三连上尉连长。

王　爵　县立中学毕业；机械化学第三期毕业；辎汽五营上尉排长；国防工程处上尉技术员；西南联大附中事务员。曾住于云南大学校内。

许令德　国立西南联合大学文学院历史系毕业；中日战争史料征集会编辑一年。曾住于昆明市大兴街 28 号。

张　廉　教官班第一期毕业；曾任云南省立曲靖中学教官兼训育主任；国立同济大学及附中教官等职。

宋义龙　湘阴县师范修业；中央陆军军官学校第十一届一总队毕业；十九路六十一师五八旅三六三团特务队准尉排二营六连少尉排长；军事委员会委员长；南京行营第六兵器仓库中尉库员；明南保安处特务连中尉排长；九战区司令部暂编补充团三营八连上尉连长。

教职员管理

一、教师资格审定与聘书

（一）教师资格审定

教育部训令
（高字 09517 号）

令国立云南大学：

　　查该校送审教员资格案内饶重庆、伍纯武、何衍璿、朱驭欧、杨克嵘、王赣愚、林同济、柳参坤等八员业经发交本部学术审议委员会审查竣事，兹核定各该员均合于教授资格，除证书另行填发外，所有该员等前缴之证件、著作即由学术审议委员会发还，合亟令仰知照。

部长陈立夫

民国三十一年三月十六日

教育部训令
（高字 34536 号）

令国立云南大学：

　　查该校送审教员资格案内张福延等七员，业经发交本部学术审议委员会审查竣事，兹核定合于教授资格者张福延、范秉哲、徐嘉瑞、沙玉彦等四员；合于副教授资格者王树勋一员；合于讲师资格者陆忠义、朱观等二员，又上述各员中王树勋一员原系教授，经审核改为副教授得以副教授连同过去任教授年数满三年即（以规程公布及任教年月经此次审查合格后即可合并计算）按照规定请为教授之审查，除证书另行填发外，该员等呈缴之证件、著作即由学术审议委员会发还，合亟令仰知照。

　　此令

部长陈立夫

民国三十一年八月二十九日

呈送教育部关于鲁冀参教授证件请予审核由

　　查本校教员资格审查，经分次呈请钧部审核在案，兹查有经济系教授鲁冀参证件亟呈报，理合有文检同原件呈请。钧祈鉴核示遵。

谨呈教育部长陈

民国三十一年十月十二日

函呈教育部关于本校医学院教授陈廪等教师资格的审定

案查本校医学院教授陈廪教员资格，前任教中法大学时，曾经该校申请审查，呈奉钧部三十二年二月十七日高字第 07315 号训令，核准为副教授有案。现已满规定年资。兹拨申请升等审查等情，前来，理合开具该员履历证件著作照片连同原件备文转呈，请祈。

钧部鉴核审查示遵，实为公便。

谨呈教育部长朱

计呈履历证件清单一纸

署全衔名

教育部训令

（高字 09580 号）

令国立云南大学：

查该校送审教员资格案内鲁冀参一员，业经发交本部学术审议委员会审查竣事，兹核定该员合于副教授资格，又查该员原系教授，经审核改等为副教授（经此次审查核定之任教年资可与以前年资合并计算）得以任满规定年资后，请为升等之审查并得暂领支原薪。除证书该应将印花税四元送部再行颁发外，其前缴之证件即由学术审议委员会发还，合亟令仰知照。

此令

部长陈立夫

民国三十二年二月二十三日

函呈教育部关于王树勋教授资格审定事由

案查本校理学院理化系教授王树勋先生，其资格前经送请审查，奉钧部三十一年八月二十九日高字第 34536 号训令，奉此，自应遵办，兹查该员系于二十九年三月到校任理化系教授，至本年三月年数已满三年，经合有文，呈请钧部准予为教授之审查，是否为荷，仰新钧部鉴核示遵。

谨呈教育部

民国三十二年三月二十五日

教育部指令

（高字第 20036 号）

令国立云南大学：

三十二年三月二十五日呈一件为副教授王树勋，任教已满三年，请准予为教授之审查祈鉴核示遵由。

呈悉查专科以上学校教员申请升等审查办法第三条第三款规定，副教授请为教授之审查者应具有与受学术奖励之专门之著作，价值相当之著作始可升等，仰即转饬该员遵照补缴该项著作及履历表等件，以凭核办。

此令

部长陈立夫

民国三十二年四月二十二日

令知该校教员范锜等十二员资格审查结果由教育部训令

（学字第 25611 号）

令国立云南大学：

查该校送审教员资格案内，范锜等十二员，业经发交本部学术审议委员会审查竣事。兹核定合于教授资格者：黄昆仑、许靖、范锜、沈来秋、方国瑜、沈福彭、费孝通等七员；合于副教授资格者：郭文明、李慰慈等二员；合于讲师资格者：刘玉素、徐仁等二员；合于助教资格者：白世俊一员。又上开各员中郭文明一员原系教授，经审核改等为副教授；徐仁一员原系副教授，经审核改等为讲师，均得于任满规定教务年数后（于规程公布后任教年月经此次审查合格即可合并计算），按照专科以上学校教员申请升等审查办法之规定，请为升等之审查，并得暂领支原薪。除证书应每份缴送印花费四元再行填发外，所有该员等前缴之证件著作即由学术审议委员会发还。合亟令仰知照。

此令

部长陈立夫

民国三十二年五月二十八日

教育部指令

（学字第 26704 号）

令国立云南大学：

据呈校长之教授资格是否仍应审查祈鉴核示遵由

三十二年四月十六日呈一件，为呈询校长之教授资格是否仍应审查祈鉴核示遵由

呈悉查该校校长熊庆来已任教三十年以上，惟其资格仍应依照核定送请审查，以便

发给奖助金，仰即知照。

    此令

部长陈立夫

民国三十二年六月五日

教育部指令
（学字第 51118 号）

令国立云南大学：

    三十二年八月六日呈乙件为呈送教员丘勤宝等三员送审证件祈鉴核审查示遵由

    呈件均悉，查王士魁、陆星垣二员证件著作尚属齐全，准予备交审查，丘勤宝一员应再详报服务经历，并补缴专门著作以凭办理，仰即知照，件暂存。

    此令

部长陈立夫

民国三十二年十月十八日

教育部学术审议委员会关于胡鸿钧应行补缴各件事由

    奉交贵校三十二年九月一日呈部文一件，附送教员胡鸿钧应行补缴各件请付审查等由。查该员证件已属齐全，即可提会审查，核定当在另文通知，相应函复，即希查照转至为荷。

    此致

国立云南大学

教育部学术审议委员会启

民国三十二年十月二十三日

教育部训令
（学字第 53727 号）

令国立云南大学：

    查该校教员资格送审案内，王树勋等四员业经发交本部学术审议委员会审查竣事。兹核定合于教授资格者：王士魁、王树勋等二员；合于讲师资格者：陆昆垣、胡鸿钧等二员。又上开各员中陆昆垣、胡鸿钧二员原系副教授，经审核改等为讲师；胡鸿钧一员得于三十三年二月请为升等之审查，陆昆垣一员即可依照专科以上学校教员申请升等审查办法之规定请为副教授之审查，并均得暂领支原薪，除证书应每份缴印花费五元再行填发外，所有该员等前缴之证件著作即由学术审议委员会发还。合亟令仰知照。

    此令

教育部部长　陈立夫

民国三十二年十一月三日

呈请教育部审查高锴晋升教授事由

为呈请求审查资格准予升教授事，按职自民国二十九年起任教本校，于三十一年应教员资格审查，当于三十二年奉钧部一月十五日学字第2746号训令开，兹核定高锴为副教授须服务至三十五年八月始可申请升等，现届职服务期满，请附呈学历资格证件并著作材料《强度学》一册，敬恳赐予审查升等教授，实为德便！

敬呈校长熊　转呈教育部

国立云南大学土木系副教授高锴谨呈

民国三十五年七月十二日

教育部指令
（南字第985号）

令国立云南大学：

为呈送土木系教授高锴学历资格证件著作照片等祈鉴合等审查教员资格由。

呈件均悉。该员仍应补缴服务学校教员外等审查委员会意见书及系主任意见书，以凭核办证件六件，先行验还证件，暂存此令。

附还证件六件

部长朱

民国三十五年八月二十八日

呈请教育部审查缪鸾和教师资格事由

案据本校文史学系讲师缪鸾和一员，呈缴证件、著作、相片、履历表等，请予转呈升等审查讲师资格等情，前来。查该员助教资格，前经本校呈奉钧部三十五年六月七日第三一二八号训令审完，发给第一六五二号助教合格证书在案，所请升等审查一事应予照转，理合检具该员原缴证件、著作、照片、履历表等，连同教授刘文典审查著作意见书及本校聘任审查委员会等审查意见书，各备文呈请钧部鉴核审查，示遵。

谨呈

教育部部长朱

附呈本校文史系讲师缪鸾和升等审查意见书二份，原缴聘书一件，著作《文昌大洞经会考略》《儒学的宗教化》《南中志校注序列》《云南大理洞经会考目录及序》各一份，相片两张，履历表三份，刘文典教授审查著作意见书一份，本校聘任审查委员会等审查意见书一份，署全衔名公出。

（二）国立云南大学教员资格审查及证书等有关文件

国立云南大学送审合格教员补缴印花税清单

姓　名	职　别	核准令文年月及号数
丘勤宝	教授	三十三年三月六日学字第 11179 号训令核准
费孝通	教授	三十三年五月二十八日学字第 25611 号训令核准
杨克嵘	教授	三十三年三月十六日高字第 9517 号训令核准
李　枢	教授	三十三年五月三日学字第 20773 号训令核准
范秉哲	教授	三十一年八月二十九日高字第 34536 号训令核准
陈　廪	教授	三十四年六月学高壹 5 丙字第 31921 号训令核准
鲁冀参	教授	三十四年六月学高壹 5 丙字第 31922 号训令核准
许烺光	副教授	三十三年一月十五日学字第 2745 号训令核准
瞿同祖	讲师	三十二年八月十六日学字第 37769 号训令核准
杨桂宫	讲师	三十四年三月高字第 14200 号训令核准
陆忠义	讲师	三十一年八月二十九日高字第 34536 号训令核准
陈四箴	讲师	三十三年十一月十六日学字第 55677 号训令核准
丁振麟	讲师	三十三年五月三日学字第 20773 号训令核准
陈克功	讲师	三十四年三月高字第 14200 号训令核准
张淑娣	讲师	三十四年三月高字第 14201 号训令核准
张之毅	助教	三十三年五月三日学字第 20773 号训令核准
曹诚一	助教	三十三年五月三日学字第 20774 号训令核准
业树藩	助教	三十三年五月三日学字第 20775 号训令核准
钱春深	助教	三十四年六月学高壹 5 丙字第 31922 号训令核准
陆星垣	副教授	三十三年五月三日学字第 20773 号训令核准
凌达杨	教授	三十三年五月三日学字第 20773 号训令核准
赵雁来	教授	三十三年五月三日学字第 20773 号训令核准
姚碧澄	教授	三十三年五月三日学字第 20773 号训令核准
徐肇彤	副教授	三十三年五月三日学字第 20773 号训令核准

续　表

姓　名	职　别	核准令文年月及号数
朱肇熙	教授	三十三年五月三日学字第 20773 号训令核准
潘大逵	教授	三十三年五月三日学字第 20773 号训令核准
吴醒夫	讲师	三十三年三月六日学字 11179 号训令核准
陈美觉	讲师	三十三年三月六日学字 11179 号训令核准
章辑五	讲师	三十三年一月十五日学字 20773 号训令核准
熊庆来	教授	三十三年五月三日学字第 20773 号训令核准
周家炽	副教授	三十三年七月十五日学字 34329 号训令核准
张福华	讲师	三十三年七月十五日学字 34329 号训令核准
胡维菁	助教	三十三年五月三日学字第 20773 号训令核准
周孝谦	讲师	三十三年九月十三日学字 43436 号训令核准
周新民	教授	三十三年七月十五日学字 34329 号训令核准
蒋同庆	教授	三十三年九月十三日学字 43436 号训令核准
胡鸿钧	副教授	三十三年九月十三日学字 43436 号训令核准
高　锜	副教授	三十三年一月十五日学字 2745 号训令核准
程一雄	副教授	三十三年六月三日学字第 26745 号训令核准

教职员管理

（三）聘　函

云南大学函聘方国瑜等为西南文化研究室筹备会主任及委员由

方国瑜先生、楚图南先生、费孝通先生：

为聘为本校文史系西南文化研究室筹备主任（员），由中华民国三十年九月十三日发出，径照者查，本校文史系筹设西南文化研究室并特聘台端为筹备主任（委）。敬希

此致方国瑜先生、楚图南先生、费孝通先生

校长熊

云南大学聘函

下列各院经聘任委员会议决分别晋升，应即自八月起改聘书分别酌加薪额。此致。

马耀光升为教授，增为 440 元。

张文奇升为教授，增为 500 元。

李埏升为副教授，增为 320 元。

李为衡升为副教授，增为 290 元。

傅懋勉升为副教授，增为 290 元。

赵瑞林升为讲师，增为 240 元。

余树勋升为讲师，增为 220 元。

附聘任委员会议决案一件。

民国三十七年九月二十一日

民国三十七年度国立云南大学聘任委员会第一次会议记录

时间：民国三十七年九月七日午后三时

地点：机电馆三楼机械系办公室

出席人：熊庆来、黄国瀛、李吟秋、丘勤宝、张其濬、方国瑜、张福延、蒋蕙荪

主席：熊校长

记录：张福延

谈论事项：

（一）陆忠义由经济系提请晋升为教授案议决通过

（二）饶祀可否提升为讲师议决暂不升级

（三）徐绍龄由张院长文渊提请升为讲师议决暂不升级

（四）马耀光由工学院提请升为教授议决通过

（五）张文奇由矿冶系黄主任提请升为教授议决通过

（六）张言森由铁管系李主任提请升为教授议决通过

（七）工学院丘院长提请聘苗天华为教授议决通过

（八）文史系方主任提议请提升李埏、李为衡、傅懋勉为副教授案议决通过

（九）农学院农艺系段代主任提请刘玫清为教授议决，因本校资历较深且成绩表现正佳，犹未提升等，当候，将再提研究议文后再提

（十）农学院张院长提议请提升余树勋为讲师议决通过

（十一）体育组杨主任提请升赵瑞林为讲师议决通过

（十二）社会系杨堃主任提请聘江应樑为该系教授议决通过

教育部为请延聘教授龙冠海愿来滇任教致函云大

本校遴选教授龙冠海先生愿来滇任教特函介贵校延聘其薪金，由部负担并电复为荷。

此致

国立云南大学

教育部启

民国三十八年十一月二十三日

云南大学史料丛书·教职员卷

送审本校所聘教师蒋同庆等人函

　　案据本校蚕桑专修科教授蒋同庆呈升等审查，又法律系教授周新民、理化系讲师顾建中、社会系助教谷苞亦请资格审查。

　　教育部 1944 年 7 月 15 日发文，学字 34329 号训令核准周新民为教授。

民国三十三年四月十一日

（四）聘　　书

聘书样式

国立云南大学聘书
（南铁字第 3 号）

兹聘柳灿坤先生为本校铁道管理系教授兼校长室秘书，并订定聘约如下：

——薪金每月国币陆佰元，按月致送。

——每周授课自　小时至　小时。（原文缺）

——应聘期自民国三十五年八月起至三十六年七月底止。

——其他事项依照教职员待遇服务规程办理。

校长熊庆来
民国三十五年八月

国立云南大学聘书

受聘人	聘任院系	聘任职称	聘期（民国）	聘书号	授课时间(小时/周)	月薪	月研究补助费	受聘时间（民国）
陈定民	文法学院文史系	教授	二十九年八月～三十年七月			280	生活费50元外八折致送	二十九年七月十五日
郑万钧	林学院森林系	兼任教授	二十九年九月～三十年六月	云字第 166 号	实习3 小时	150		二十九年九月
杨克嵘	工学院	教授（龙氏讲座）	三十二年八月～三十三年七月	云字第 167 号		520	龙氏讲座每月津贴1000 元	三十二年八月

受聘人	聘任院系	聘任职称	聘期（民国）	聘书号	授课时间(小时/周)	月薪	月研究补助费	受聘时间（民国）
谭沛祥	农学院	助教兼农场技术员	三十二年八月~三十三年七月	云字第 181 号		100	生活费50元外八折致送	三十二年八月
杨家凤		教授兼代总务长	三十二年十一月~三十三年七月	字第297 号		570	280	三十二年十月
胡庆钧	社会系	专任讲师	三十四年八月~三十五年七月	云字第 45 号	9~12	220	120	三十四年七月
朱锡侯	文法学院及医学院	教授	三十四年八月~三十五年七月			420	200	三十四年八月
章辚		助教兼训导处组员	三十四年八月~三十五年七月			120	160	三十四年八月
于道文	铁道管理系		三十四年八月~三十五年七月	云字第 31 号	9~12	420	200	三十四年八月
张友铭		讲师兼注册组主任	三十四年八月~三十五年七月	云字第 2 号		380		三十四年八月
柳灿坤	铁道管理系	教授兼校长室秘书	三十五年八月~三十六年七月	南铁字第 3 号		600		三十五年八月
刘学敏	医学院	教授兼病理学主任	三十五年八月~三十六年七月	南医字第 6 号	6~9	460		三十五年八月
冯浩	法律系	兼任教授	三十五年九月~三十六年六月	南法字第 6 号	4	128		三十五年九月
程国勋	政治系	兼任讲师	三十五年九月~三十六年六月	南政字第 6 号	3	72		三十五年九月

续 表

受聘人	聘任院系	聘任职称	聘期（民国）	聘书号	授课时间(小时/周)	月薪	月研究补助费	受聘时间（民国）
秦作良	医学院	兼任教授	三十六年九月~三十七年六月	〔36〕医字第34号	3	144		三十六年九月
马希融	土木工程系	兼任讲师	三十六年十二月~三十七年七月	〔36〕土字第14号	3	108		三十六年十二月
应元岳	医学院	教授	三十七年二月~三十七年七月	〔37〕医字第39号		600		三十七年二月
张楚宝	森林系	教授	三十七年五月~三十七年七月	〔36〕森字第10号	9~12	420		三十七年五月一日
陈人龙	政治系	副教授	三十七年八月~三十八年七月		9~12	440		三十七年八月
田洪都	外国语文学系	教授	三十七年八月~三十八年七月		9~12	600		三十七年七月
李德家	政治系	教授兼主任	三十七年八月~三十八年七月		6~9	600		三十七年七月
王云珍	外国语文学系	助教兼校长室事务员	三十七年八月~三十八年七月		6~9	140		三十七年九月
丘勤宝	土木工程系	教授兼主任	三十七年八月~三十八年七月					三十七年七月
赵明德	医学院	附设医院院长	三十七年八月~三十八年七月					三十七年七月
唐曜	森林系	教授	三十七年二月~三十七年七月	〔36〕森字第9号	9~12	520		三十七年二月

教职员管理

受聘人	聘任院系	聘任职称	聘期（民国）	聘书号	授课时间(小时/周)	月薪	月研究补助费	受聘时间（民国）
张继龄	化学系	兼任教授	三十七年二月~三十七年六月	〔36〕化字第14号	2	96		三十七年二月
李绍武	经济系又铁道管理系	助教	三十七年八月~三十八年七月			150		三十七年七月
杨元坤	体育	教授	三十七年八月~三十八年七月		9~12			三十七年七月
徐天骝	农学院	教授	三十七年八月~三十八年七月		9~12	460		三十七年七月
纳 忠	文史系	教授	三十七年八月~三十八年七月		9~12	560		三十七年七月
徐永椿	森林系	副教授	三十七年八月~三十八年七月		9~12	330		三十七年七月
蔡克华	农艺系	副教授	三十七年八月~三十八年七月		9~12	400		三十七年七月
段永嘉	农艺系	教授	三十七年八月~三十八年七月		9~12	500		三十七年七月
蒋同庆	农学院	教授	三十七年八月~三十八年七月		9~12	580		三十七年七月
任 玮	森林系	副教授	三十七年八月~三十八年七月		9~12	320		三十七年七月
李莘农	蚕桑专修科	副教授	三十七年八月~三十八年七月		9~12	360		三十七年七月
秦秉中	森林系	副教授	三十七年八月~三十八年七月		9~12	380		三十七年七月

受聘人	聘任院系	聘任职称	聘期（民国）	聘书号	授课时间(小时/周)	月薪	月研究补助费	受聘时间（民国）
俞志震	外国语文学系	助教	三十七年八月~三十八年七月			140		三十七年七月
董公勋	铁道管理系	副教授	三十七年八月~三十八年七月		9~12	420		三十七年七月
赵希哲		讲师兼事务员	三十七年八月~三十八年七月		9~12	250		三十七年七月
朱杰勤	文法学院	教授	三十七年八月~三十八年七月		9~12	480		三十七年七月
王仲彦	农艺系	教授	三十七年十月~三十八年七月		9~12	600	生活费50元外八折致送	三十七年十月
约　德	外国语文学系	讲师	三十七年十一月~三十八年七月		9~12	220	生活费50元外八折致送	三十七年十一月
熊廷柱	教授兼校长室秘书		三十七年八月~三十八年七月			520		三十七年八月
李华农	农学院蚕桑学系	实习蚕桑场主任	三十八年八月~三十九年七月					三十八年八月
肖承宪	生物系	教授	三十八年八月~三十九年七月		9~12	440		三十八年八月一日
潘清华	生物系	副教授	三十八年八月~三十九年七月		9~12	340		三十八年八月一日
缪安成	医学院	教授	三十八年八月~三十九年七月		9~12	540		三十八年八月一日
马四和	先修班	国文助教	三十八年二月~三十八年六月			24		三十八年

教职员管理

（五）借　聘

致云南大学关于互借闻在宥、罗庸教授函

径启者：本校拟于本学年聘贵校教授闻在宥先生来校担任中国文学系语言文字组"印支语研究"一学程，每周二时，一学年。本校则请教授罗庸先生往贵校担任"中国文学史专题研究"一学程，时间与期限，亦为每周二时，一学年，以资交换。并由两校各发一名誉讲师聘约。相应函达，可否之处，即希查核见复为荷。

此致

国立云南大学

国立西南联合大学

民国二十七年十一月七日

关于借聘姜立夫来往函

案准贵校云字第三八○七号公函为拟聘本校姜立夫教授担任微分几何学讲师，且令学生到本校随班听讲，希约复。等由；准此。查贵校拟聘本校姜立夫教授为讲师，担任微分几何学三小时，自可同意。仍请查照前函附送之本校教授兼课规则办理。至令学生来校随班听讲一节，应请开示学生人数，俾便酌定。相应函复，即希查照为荷。

此致

国立云南大学

国立西南联合大学

案准贵校云字第一一七九号公函，关于拟聘姜立夫教授担任敝校微分几何学讲师，承允同意，深为感谢，其随班听讲学生，除原送学生中何凤舞、陈湘芸、白世俊等三名，现已退出外，实到听讲学生，计有杨发权、陈元龄、姚家璧、陈宝佩等四名，至姜先生之待遇，仍按贵校前送兼课规则办理。相应函复，即希查照为荷。

此致

国立西南联合大学

国立云南大学

民国二十八年四月

致管理中英庚款董事会借聘陶云逵事

径启者：查本校历史社会学系必修课中有"普通人类学"一门，现因未聘得教师，拟请贵会协助科学工作人员陶云逵先生暂时担任授课。除与陶先生面洽外，务请贵会特别通融，惠予允许。再陶先生担任此课，倘贵会认为应不受薪，当由本校酌送车资。相应函达，即希查照，见复为荷。

此致

云南大学史料丛书·教职员卷

管理中英庚款董事会

国立西南联合大学

民国二十八年十月七日

云大借聘联大教师陈席山函

径启者：敝校理学院生物系"遗传学"课程，自本年度下学期开始，拟聘贵校教授陈席山先生兼任，每周授课时间为 2 小时，先生对于遗传学颇有心得。贵校同意，则嘉惠青年学子受惠实多，相应函达，即查酌见复，以便致送聘书。

此致

国立西南联合大学

国立云南大学

民国二十九年一月六日

严楚江致熊校长函

本系下学期所聘生物系遗传学教授陈席山先生，现学期结束在即，请将聘书发出为盼，名义为兼任教授，每周授课 2 小时，从本年 3 月份起薪至 7 月底止。

[**熊庆来批语**] 函联大征求同意。

熊庆来函梅贻琦借聘冯景兰事

月涵吾兄弟校长如晤：

径启者：敝本校矿冶系成立未久，但荷各方赞助，规模粗具。刻因系务主持无人，工作甚难积极推进。冯淮西兄学识经验，同人向所推重。弟拟请其到云大维持一年，俾矿冶系一切得上轨道。左右于云大素极关切，敬请惠允借聘，无任感荷！专此敬请

勋安

弟熊庆来敬启

民国二十九年九月十日

梅贻琦复函

迪之吾兄弟校长大鉴：

前奉手书，敬悉贵校矿冶系成立后主持乏人，拟约清华冯淮西先生前往维持一年，本应照允借聘，惟本校因冯先生休假方始，期满照章须回本校继续服务；同时此间下年度地学系课程亦须冯先生回校方敷分配，有此困难，致尊处借聘一层未能遵办，至深歉仄，专函奉复，尚希查谅为幸。顺颂

教安

弟梅贻琦敬启

云南大学借聘贺麟函

径启者：查本校文法学院文史学系有"哲学概论"一课，素仰校贺麟先生学殖深湛，经验宏富，本学期特拟敦聘贺先生兼任本校讲师，担任"哲学概论"，每周授课三小时，用特函达，敬希查照，惠予同意，无任盼祷。

至此

蒋校长梦麟

国立云南大学

民国二十九年十月

关于借聘贺麟往来函

径启者：查云大拟请贺麟教授兼课事与本校章程并无不合，特闻。

汤用彤

案准大函，为拟敦请本校教授贺麟先生担任贵校"哲学概论"一课，嘱予同意。等由，准此，按照本校教授兼课章程，贺先生在贵校兼课，本校可予同意，相应函复，即希查照为荷。

此致

国立云南大学

国立西南联合大学

云南大学拟聘向觉民函

径启者：兹拟聘贵校教授向觉民先生为本校文史学系兼任教授，自本年三月起至七月止，每周授课三小时，相应函达，请即惠予同意，并希见复为荷。

此致

国立西南联合大学

校长熊庆来

民国三十年三月

联大借聘云大教师王赣愚往来函

径启者：本校拟聘贵校教授王赣愚先生兼任师范学院"公民训育学"讲师，每周授课 3 小时，自本年 3 月份起。相应函商，务祈。

惠予同意，并希示复为荷。

此致

国立云南大学

西南联合大学

民国三十年三月二十四日

云南大学史料丛书·教职员卷

顷准贵校大函拟聘本校教授王赣愚先生兼任师范学院公民训育学系之讲师函，缴本校同意等由，准此，自应同意。相应函复，请烦查照为荷。

此致

国立西南联合大学

云南大学校章启

民国三十年三月二十八日

函复云大准聘向觉民兼任贵校讲师

（《国立西南联大史料》四）

案准大函，为拟聘本校教授向觉民先生为文史系兼任教授，嘱予同意。等由，准此。查贵校拟聘本校教授向觉民先生兼任文史系功课，本校自可同意。惟按照本校教授兼课规则，名义应改为兼任讲师。相应函复，即希查照为荷。

此致

国立云南大学

国立西南联合大学

案准大函，以本校拟聘向觉民先生为文史系兼任教授，允予同意，惟名义应改为兼任讲师。等由，准此。自应照办。除聘向先生为兼课讲师外，相应函复，请烦查照为荷。

此致

国立西南联合大学

国立云南大学

民国三十年四月二十一日

云大借聘联大教师李树青复函

迪之先生道席：

接准大函，奉悉一是。关于贵校拟借聘本校副教授李树青先生兼任社会学系课程一节，本校可以同意。专函奉复。顺颂公绥

弟梅贻琦拜启

民国三十年十月二十八日

云大借聘云南钢铁厂杨尚灼函

请以校长名义致函云南钢铁厂严厂长冶之商借炼钢厂杨尚灼担任本校矿冶系教授，每周四小时，并请速办，因严厂长定日内赴渝，杨先生聘书请随函送东寺街敬德六号云南钢铁厂办事处。

谨呈

教务长何

[熊校长批示]：函件照发。

薪金照兼任教授计算（一学期课程），起薪日期照通例办理。

云大关于借聘郭佩珊往来函

查本校航空系"自动驾驶仪"与"高空瞄准仪"等课无人讲授，虚悬已久，据悉昆明第十修理厂近已结束，人员多他调，该厂修造课课长郭佩珊对于此等学科颇有研究，拟商贵部借聘一年，以免功课长此旷废停授。备照教安。

此致

空军总司令部

熊庆来

民国三十六年七月二十八日

国立云南大学熊庆来校长：

一、学号 13213 公函敬悉。

二、贵校请借聘郭佩珊一员，任教一年一聘，自应照办，该员自三十七年八月十六日起，应予停职留籍一年，前往贵校服务至明年（三十八年）八月十五日止，期满仍回返本军服务，希查照并转知为荷。

总司令周至柔

民国三十六年九月七日

二、规章制度

（一）私立东陆大学时期

东陆大学建筑事务所支领款项规则

第一条　本所所需一切经费随时由事务所总理备单自筹备处会计长领取。

第二条　本所设司账员二人，登录一切账目及保管簿册单据。

第三条　本所经费分事务建筑二门，事务费分（津贴）（役食）（文具）（购置）（消耗）（开支）各自建筑费分（工资）（材料）两项，工资分（泥）（木）（石）（杂料）各目。

第四条　支用事务费时由司账员会同司务员预算应需额数单呈总理核阅由总理书写领单，交司账员向会计长领取，领得之款缴存总理以备随时支用，但所领款项每次不得过二百元且过百元者须经筹备处处长核阅盖章后方能向会计长领取，至支用时由司账员照悉支额数填写领单，向总理领取。若采用零费等为数较少者，司账员得预算所需，先向总理领取，但每次不得过拾元。

第五条　本所各项工资于每月初七、十五、二十三、月底等日由稽查员据逐日所记之工人褶子核算一次，呈据总理核阅，由总理发给领单，与司账员自会计长领取，但过百元者须经筹备处处长核准后方能向会计长领取。

第六条　本所各项工资按每月初八、十六、二十四、月底等日发给工资一次，每次发给额数由司账员折算及所属工人核各条所写日内应得工资百分之六十填写领单，向总理领取分发工头，其每次积欠数至月底一次总理发清。

第七条　凡采买材料，总理据工程师所开购买料单，使司务员先调查市价接洽卖主到所面议，择其价值相当而质料适合规定者具单提交建筑委员会审定，依取决之条件再向卖主定料，应支料费由总协理照定章单，所定交银日期发给凭单，呈处长核准向会计长领取支票转交卖主自向银行取款。

第八条　凡采买一切杂件时须用本所规定之购物许可证经协理盖章提交司务员方得购买。

第九条　本所设总流水簿一本，逐日记录一切账目，分类簿若干本，分录各自支出款项。

第十条　本所一切账目每月于初十、二十、月底等日由司账将各账簿呈总协理检阅。

第十一条　本所一切账目每月须作收支计算书，收支对照表，工资一览表及工作情形各一份于下月初报告筹备处长一次，报告后须由筹备处长随时指派审计员将上月账目清查核销所有该月单据即由筹备处长交筹备需文牍员保存作工程完毕后总告核销之凭据。

第十二条　每月经费报告除交处长核阅外，得由指纸公布以示公开。

第十三条　本规则若未妥需得由筹备处修正之。

兹将监工员及工人工作规则列后：

第一条　本所建筑工程以诚实勤劳为主旨，凡监工员及其他办事人员应遵从总协理支配办理一切。

第二条　凡监工人员因疾病或紧要事有总协理之许可者，于工作时间不得旷工外出惟每月不能过三次，请假时间共计不能过十六小时。

第三条　如遇监工员请假外出由值日员转报总协理临时分派他员代为监视工作。

第四条　凡监工人员于每日散工后须巡视各需工程一次，依工程种类之类简规定应须工人额数于翌日上午七点钟发给工人木牌时习务工需分配适当工人指定工作地点认真工作。

第五条　凡监工人员该估计各需工程次时之多寡暂率指导工头及工人于应需时间内务将所指定工程做完并将工程种类实需时间工作人数详细记录随时报告总协理。

第六条　本所设有工人勤惰簿，凡监工人员于每日工作时间内须每时巡视各需工人之勤惰详细记载簿内由总协理逐日检阅以定赏罚。

第七条　凡无须技术之工程如搬运砖石沙土等类，监工人员改预为估计应需若干苦工报告总协理开具单子由所派送苦工工作以省经费。

第八条　本所各项工人均以颜色木牌标记种类及号数用资分别以便清查。泥大工（红）泥小工（绿）石工（蓝）木工（白）。

第九条　凡各项工人于每日晨七点钟齐集事务所内由监工员监视分取所定木牌依监工员指定工程分类工作，到下午五点钟散工时将木牌交回事务所依次挂于原处以便监工员稽查。

第十条　各项工人木牌号数均由稽查员编定列入工人勤惰簿，关于赏罚至重各工人不得任意调换自贴类扰。

第十一条　各项工人所领木牌须挂于胸前易见之处，不得藏匿衣底，以便稽查。

第十二条　凡本所招工具无贵贱，稽查员该分类登记保存于工具室。

第十三条　凡各工人须用之特别工具为本所所备之者，得由工头随时向稽查员领取，惟于散工之时该工头须收回交还稽查员存于工具室。

第十四条　凡本所开出之工具各工人务须小心使用，若有意损坏者查出时由该工人应领工资项下扣除损失费以惩疏忽。

第十五条　凡工人勤劳者每月得由稽查员记于勤惰簿予以奖励。

第十六条　凡工人偷惰者由监工员及稽查员特告诫，告诫到二次仍不改者，应饬该工人所属工头即行开保以备不准雇用。

第十七条　本规则自发表日即切实施行。

第十八条　本规则若需增减，随时规定。

民国十一年十一月一日订

东陆大学聘用教师合同条例

第一条　受聘员在本大学均应遵守合同，不得逾越。

第二条　受聘员聊担任科目以下列为限：英文讲读、英文文法及作文、英文修科、英文文学、英文文学史等项。

第三条　受聘员教授时间每星期以十二小时为率。

第四条　于教授前数日交本大学印刷处印出散给学生。

第五条　本合同自民国十二年月起以年为期限，期满后彼此愿意再行续订。

第六条　受聘员自到职之日起，本大学按月交给薪俸滇币三百元。

第七条　受聘员若住本大学住室及室内木器由本大学预备，其他寝具衣服等项由受聘员自理。

第八条　受聘员伙食费、医药及一切杂费须自行负担。

第九条　本大学委托受聘员出外办理校务时，所需以资杂费得由本大学交给。

第十条　受聘员如携带家眷，应自行由校外赁屋，不得在校内居住。

第十一条　受聘员以资于所在地起程前，由本大学送给港币二百元。合同期满如不愿续留需返原地时，共以资亦给港币二百元。

第十二条　受聘员除星期及例外应照规定时日到职，如因疾病不能到职，须随时通告本大学请假。但请假日期，每学期逾二星期以上者，须自请人代理，其代理人是否胜任，须由校长查照认可，始得出席至代理，薪俸由受聘员订给，若三个月不能任事，即将此合同作废。

第十三条　受聘员如因重病不能授课，自请告退时，其以资照第十二条支给。其为他项书信告退者，不给以资，其薪俸补算至解除之日止。

第十四条　受聘员倘不幸在合同期内病故，由本大学致送三个月薪俸。

第十五条　本合同所给薪俸及一切事项，均系双方同意，不得增改。

第十六条　本合同共缮写二份，彼此签字盖章。一存本大学，一存受聘员收执，以照仰守。

第十七条　本合同效力自受聘员到职之日起至解除之日止。

（二）省立云南大学时期

省立云南大学聘任教员规约

第一条　本规约依据部颁法令及云南省大学暨中等学校实行新生活运动大纲之规定订之。

第二条　教员授课，务宜切实认真，注意下列事项：

一、所授学科服务时间，每周以十五小时至二十小时为限，须以上课前充分准备；实验学科，并须将实验工具先行布置完备。

二、按时上堂下堂。

三、详晰讲授，遇学生质疑时，须尽量解答。

四、按照学校定制，举行各种试验，并评定成绩。

五、注意课堂秩序，纠正学生不规则之行动。

第三条　教员所担任之学科，须依照预定进度，于规定时间内教授完毕。

第四条　教员除授课外，有兼负法令规定及学校委托事项之责任。

第五条　教员因不得已事故必须请假者，每一个月不能超过所任教学时数百分之十。其请假时间内缺授之课程，须于课内或课外补足之。

第六条　教员请假时间，如超过前条规定时数，须自行请人代理。所请代理人应先行征得学校同意代理人之酬劳，并由请假教员自理。

第七条　教员请假，如不能请得适当代理人时，得商请学校直接请代理人，薪金仍由请假教员担负。如学校亦不能决请相当代理人，得将该科课程暂时停授，改授其他学科。聘书即归无效。

第八条　本大学聘教员，以聘书送达。聘书之效力，以一学期为限。期满时另行致聘。如因特殊事故，虽未满一学期，亦得解除之。

第九条　聘书于每学期开始前两个月送达，如受聘教员同意，应于聘书送达一个月内以书面答复。否则即视作同意。如开学一星期尚未来校授课者，得参酌本规约第七条之规定办理。

第十条　本规约自呈准之日实行。

民国二十五年

云南大学外籍教授聘约

第一条　本约聘期定为三年，但中途因情势变迁必需解约时，双方须于六个月前通知。

第二条　担任学科，以英文为主，但他种兼长之学科亦得商请担任之。

第三条　专任待遇每月国币二百元，每年以十二个月计算，每学期以六个月计算，按月致送，其他膳宿等项，照本校惯例办理。

第四条　教员授课，务宜确实认真，注意左列事项：

1. 所授学科，每周以十五小时至二十小时为限，须于上课前充分准备；试验学科，并须将试验工具先行布置完备。

2. 按时上堂下堂。

3. 详晰讲授，遇学生质疑时，须尽量解答。

4. 按照学校定制，奉行各种试验，并评定成绩。

5. 注意课室秩序，纠正学生不规则之行动。

第五条　教员所担任之学科，须依照预定进度，于规定时间内讲授完毕。

第六条　教员除讲授外，有兼负法令规定及学校委托事项之责任。

第七条　教员因不得已事故必须请假者，每一个月不能超过所任教学时数百分之十。其请假时间内缺授之课程，须于课内或课外补足之。

第八条　教员请假时间，如超过前条时数，须自行请人代理。所请代理人应先行征得学校同意。代理人之酬劳，并由请假教员自理。

第九条　教员请假，如不能请获适当代理人时，得商请学校直接请人代理，薪津仍由请假教员担负。如学校亦不能聘相当代理人，得将该科课程暂时停授，改授其他学科。聘书即归无效。

第十条　本约经双方同意签字后实行。

民国二十五年七月

省立云南大学秘书课办事规程

第一条　本规程依据本大学组织大纲第十一条订定之。

第二条　本课设主任一人，秘书员若干人。

第三条　主任秉承校长处理本校重要文件，秘书员商承主任分任本课职务。

第四条　本课之职务如下：

一、选拟各项文件。

二、管理各项文件。

三、稽核文件之收发。

四、担任各种重要会议之记录。

五、关于本课其他事项。

第五条　本课拟稿、缮校、管卷、记录、收发等项工作，由本课人员分任之。

第六条　本课每日收发案卷，逐日登记，每月清理一次。

第七条　凡各课馆会室向本课调阅案卷，须签条备查，归还时注销之。

第八条　本规程自核准之日施行，如有未书事宜，得提请校务会议修正之。

省立云南大学注册课办事规程

第一条　本规程依据本大学组织大纲第十一条订定之。

第二条　本课设主任一人承校长院长之命，办理本课事务，课员若干人辅助主任分任本课一切事务。

第三条　本课之职务如下：

一、办理各院系学生注册事宜。

二、办理新生入学考试事宜。

三、填发学生毕业证书或证明书。

四、造报各种教务表册。

五、排定各院系课程时间表。

六、汇理各院系学生成绩。

七、办理各院系在校学生及毕业生各种统计事宜。

八、关于本课其他事项。

第四条　凡遇本课与其他各课馆有关事项，由本课主任商同其他课馆主任办理之。

省立云南大学体育课办事规程

第一条　本课依照本校组织大纲第十一条之规定设主任一人及体育指导员若干人组织之。

第二条　本课之职权如下：

一、办理本校学生体育训练及体育成绩之考验事宜。

二、办理学生体育各种对内对外竞赛事宜。

三、管理本校运动场所及各项运动器具。

四、计划关于本校体育各项建筑等事宜。

教职员管理

五、编订每学期体育经费预算表。

六、管理本校学校卫生事项。

七、管理本校浴室。

八、关于本校体育其他事项。

第三条　本课每周开周会一次，讨论体育实施方案及有关于体育应与应革事项，如遇有重要事项时，得请有关职教员出席讨论处理之。

第四条　本规程自核准之日施行，如有未尽事宜得随时提请修正之。

省立云南大学庶务课办事规程

第一条　本课依据本校组织大纲第十一条之规定设主任一人，秉承校长办理本校庶务事宜，事务员一人至三人，辅助主任分任本课各项事务，并得（依事繁简）酌用雇员。

第二条　本课职务如下：

一、校舍道路、亭园之布置、修缮及清洁事宜。

二、校具之购置、保管及修理事项。

三、公共卫生消防及警卫（警卫事项与军训会会同办理）事项。

四、雇员校工之指导、管理、考勤及训练事项。

五、一切学校用具之统计登记及支配事项。

六、管理学生膳宿事项。

七、关于本校饮料及照明事项。

第三条　本规程自核准之日施行，如有未尽事宜得提请修正之。

省立云南大学会计课办事规程

第一条　本课依据本校组织大纲第十一条之规定设主任一人，秉承校长办理本课一切事宜，设置会计员一人、办事员二人，分掌各项事务。

第二条　本课职掌如下：

一、请领本校经费，保管学生缴纳各费。

二、致送本校职教员薪俸及支发雇员、校工薪金。

三、支发本校一切教务费及事务费。

四、登记本校一切收支款项账目。

五、办理本校月领经费支付预算书及领经费支出计算书。

六、办理年度预算及决算。

七、保管学生膳费并登记公布之。

八、关于本校其他会计事项。

第三条　本课设置财厅印制各种账簿如下：

一、现款出纳簿。

二、分录簿。

三、总簿。

四、各种辅助簿。

第四条　本规程自核准之日实行得随时提请修正之。

省立云南大学科学馆办事细则

第一条　本细则依本馆规程第四条订定之。

第二条　本馆办公时间除假日外每日定为上午八时至十时及上午十一时至午后四时，但遇特别情形得临时变更。

第三条　本馆职员须按时到馆服务，如遇婚丧疾病及其他事故发生不能到馆办公时须事先请假，但因公外出者不在此限。

第四条　本馆为办事便利起见分设物理及化学两股。

第五条　每股设事务员一人，秉承主任及物理与化学教授之指挥，助理实验并保管各该股仪器药品等事项，并应补具各种登记簿，分别载明种类、名称、价值、数量及购置年月俾资稽核，如有消费及损失应于备考栏内注明。

第六条　本馆实验材料除已有者外，如需新购补充时应由各该股开具名称、用途，经主任或教授签名盖章后，交本校庶务课购办。

第七条　各股标本仪器药品，如他股临时借用，由应出该股具借物证明名称及借用期限，经校长或主任许可方可借出。

第八条　本细则自经校务会议通过后施行，如有未尽事宜随时提出馆务会议修正之。

（三）国立云南大学时期

国立云大教职员资格审查暂行规定

第一条　本大学教员分教授、副教授、讲师、助教四等。

第二条　本大学教员等别由教育部审查其资格定之，但未办理送审手续者，除催促送审外，暂照本校聘任委员会规定办理之。

第三条　助教须具下列资格之一：

1. 国内外大学毕业得有学士学位而成绩优良者。

2. 本科学校或同等学校毕业，曾在学校机关研究或服务二年以上著有成绩者。

第四条　讲师须具下列资格之一：

1. 在国内外大学或研究院所研究，得有硕士或博士学位或同等学力证书而成绩优良者。

2. 任教四年以上，著有成绩并有专门著作者。

3. 曾任高级中学或其同等学校教员五年以上，对于所授学科确有研究，并有专门著作者。

4. 对于国学有特殊研究及专门著作者。

第五条　副教授须具下列资格之一：

1. 在国内外大学或研究院所研究，得有博士学位或同等学历证而成绩优良，并有价值之著作者。

2. 任讲师三年以上著有成绩并有专门著作者。

3. 具有讲师第一款资格继续研究或执行专门职业四年以上，对于所习学科有特殊成绩，在学术上有相当贡献者。

第六条　教授须具下列资格之一：

1. 任副教授三年以上，著有成绩并有重要之著作。

2. 具有副教授第一款资格继续研究或执行专门职业四年以上，有创作或发明，在学术上有重要贡献者。

第七条　凡在学术上有特殊贡献而其资格不合于本规程第五条或第六条之规定者，经教育部同意得任教师或副教授。

第八条　司事须具下列资格之一：

1. 小学或同等学校毕业，成绩优良者。

2. 同等学力或在本校为工友服务十年以上，成绩优良且识字者。

第九条　书记须具下列资格之一：

1. 初级中学或同等学校毕业，成绩优良者。

2. 文理清顺、字迹端正，或曾在机关服务多年，成绩优良者。

第十条　助理员须具下列资格之一：

1. 高中或同等学校毕业，成绩优良者。

2. 同等学力或服务多年，成绩优良者。

3. 任书记三年以上，著有成绩者。

第十一条　组员须具下列资格之一：

1. 大学或同等学校毕业二年以上，成绩优良者。

2. 同等学力或服务多年而成绩优良，确有能力者。

3. 任助理教员四年以上，著有成绩者。

第十二条　干事具下列资格之一：

1. 大学或同等学校毕业，成绩优良者。

2. 同等学力或服务多年而成绩优良，确有能力者。

3. 任组员四年以上，著有特殊成绩者。

第十三条　主任须具下列资格之一：

1. 具有干事第一款资格确有才力能胜任者。

2. 同等学力或服务多年而成绩优良确有才能者。

3. 任干事四年以上著有特殊成绩者。

国立云南大学财产保管办法

一、凡本校所有财产由庶务组派员负责保管之。

二、保管员有清点登记保管之责任。

三、保管应用之簿籍表册。

1. 财产目录。

2. 财产分户登记册。

3. 财产分类总账。

4. 财产增加表。

5. 财产减损表。

6. 器物表。

四、各单位所用器物由各单位主管人盖章于器物表上，交由庶务组保存。

五、各单位领用器物之人员，应盖章于各单位之器物表上，交由主管人收存，于离职时应交代清楚，如有问题，主管人即不予以核章，出纳组即不发给尾薪，若在一月以内，该员尚不交还所领之器物时，各该主管人得通知庶务组代为具领薪津，照样购赔，以购物单据照数作抵，薪津发给该员以重公物。

六、教职员借用办公所需器物时，必须由各单位备单借领，不能以私人名义向庶务组直接领用。

七、各单位备一木牌，上贴器物表，后列领用人姓名，器物之增减，可以随时加注，俾领用人加以爱护。

八、各单位主管人，遇有变动交代时，庶务组应派员到场，根据器物表清点器物，核对相符后，接收人于器物表内盖章，仍交庶务组存查。

九、学生宿舍器物由军训组规定于每学期开始前一周通知庶务组，照数准备交由军训组发给学生使用，索取领单，器物若有损毁，即报请修理，遇或更换，于每学期终了时，军训组应清查总数，比对庶务组财产分户登记册，如有差少，军训组应负责清还，如是学生遗失或无故损毁者，军训组应报请教务处，扣发该生证件，如仍有不能清还时，即责由该生之保证人赔还之。

十、必要时，庶务组得派员至各舍内查点器物。

十一、本办法自呈奉校长核准之日实行。

国立云南大学教员服务及待遇规程

第一章　总　则

第一条　本规程于本大学全体教员适用之。

第二条　本大学教员分教授、副教授、合聘教授、专任讲师、兼任讲师及助教。

第三条　教授、副教授、专任讲师及助教，为本大学专任教员，合聘教授及兼任讲师，为本大学非专任教员。

第二章　资　格

第四条　本大学教授及合聘教授，须具有下列三项资格之一：

（甲）三年研究院工作，或具有博士学位，及有在大学授课二年或在研究机关研究二年或执行专门职业二年之经验，及于所任学科有重要学术贡献者；

（乙）于所任学科有学术创作或发明者；

（丙）曾任大学或同等学校教授或讲师，或在研究机关研究，或执行专门职业共六年，且有特殊成绩者。

第五条　本大学副教授，须具有下列三项资格之一：

（甲）三年研究院工作或具有博士学位者；

（乙）于所任学科有重要学术贡献者；

（丙）曾任大学或同等学校教授，副教授，或讲师，或在研究机关研究，或执行专门职业共四年且有特殊成绩者。

第六条　本大学专任讲师，须具有下列三项资格之一：

（甲）二年研究院工作，或具有硕士学位者，或大学毕业成绩特优，且曾在大学或同等学术机关授课，或研究二年者；

（乙）于所任学科，有学术贡献者；

（丙）于专门职业，有特殊经验者。

第七条　本大学兼任讲师，须具有下列三项资格之一：

（甲）曾在国内外大学任教授，著有成绩者；

（乙）于所任学科，有学术创作或发明者；

（丙）于专门职业有特殊经验者。

第八条　本大学助教，须具有大学毕业成绩特优之资格。

第三章　聘约

第九条　本大学教授、副教授、合聘教授、讲师，及专任讲师之聘任，其资格须先得聘任委员会之同意。

第十条　本大学教授、副教授之聘约，首次聘限一年，以后为续聘，每次二年。

第十一条　本大学合聘教授，聘约之致送与解除，由本大学与合聘之学校共同订定之。

第十二条　本大学专任讲师，兼任讲师及助教之聘约，每年致送一次，每次以一年为限。

第十三条　本大学专任教员之续聘之约，应于每年五月一日以前致送，如届时尚未接到聘书，即作为解约。

第十四条　本大学教员在聘约期内，若遇下列事项之一，本大学仍解除聘约：

（甲）所服务之部分，中途停办者；

（乙）因事或因病请假，超过本大学所规定之期限者；

（丙）旷职或不称职者；

（丁）不遵守校章者。

适用丙、丁二项时，须经校务会议全体过半数之通过。

第十五条　本大学教授、副教授，其聘约期限为二年者，如欲辞职，须在学年终了以后，方可解除职务，并须于解职三个月前，提出辞职。

第十六条　本大学专任讲师，接到续聘之约时，须于五月十五日以前，将应聘书送还本大学校长办公室，否则作为辞聘。

第四章　薪俸

第十七条　本大学专任教员，及合聘教授之薪俸，每年以十二个月计算，兼任教授之薪俸，按时计算，每年以十个月致送，九月起至六月止。

第十八条　本大学新聘之教员，自八月起薪，但于学年开始后到校者，自到校之日起薪。

第十九条　本大学教师于聘约期内辞职，或因十四条事故解除聘约者，其薪俸至离职之日止。

第二十条　本大学教授之月薪，最低三百元，每服务满二年（休假之年除外）者，加月薪二十元。其余所任学科，有特殊学术成绩者，加月薪四十元，但每年受特别加薪之教授，不得过该年加薪教授总数十分之一。

第二十一条　本大学教授月薪，最高以五百元为限，但于所任学科有特殊学术贡献者，得超过此限，加至六百元。惟月薪超过五百元之教授，不得过全体教授总数五分之一。

云南大学史料丛书·教职员卷

第二十二条　本大学合聘教授之薪俸，由本大学与合聘学校或机关，共同订定之。

第二十三条　本大学所聘副教授之月薪，自二百八十元起，每服务满二年，加二十元，至三百六十元止。副教授于初受聘时起，资格与本规程第五条正相符合者，月薪二百八十元。

第二十四条　本大学专任讲师之月薪，自一百六十元起，至二百八十元止。其增薪之年限及多寡，视其于所任学科之学术成绩定之。

第二十五条　本大学兼任讲师之薪俸，按时计算，每周授课一小时者，月薪二十元，后类推。

第二十六条　本大学助教之月薪，最低八十元。每服务满一年者，加十元，至一百四十元止。

助　教	专任讲师	副教授	教　授	职　别
150	280	360	500	薪　俸
130	260	340	480	
120	240	320	460	
110	220	300	440	
100	200	280	420	
90	180		400	
80	160		380	
			360	
			340	
			320	
			300	

教职员管理

第五章　授课、兼课及兼事

第二十七条　本大学专任教授、副教授，授课钟点至少须每周八小时，或每学年十六学分，至多每周十二小时，或每学年二十四学分，其每周授课钟点未达八小时者，薪俸照兼任者致送，本大学得中途变更其聘约。惟受聘院长、系主任，或其他行政职务者，得因公务繁重，酌量减少其授课钟点，但至多以减少每周三小时或每学年六学分为度。

第二十八条　本大学专任教员，授课时间由注册组全权排列。

第二十九条　本大学专任教员，不得在外兼课或兼事，惟无报酬（薪金、车马费及其他一切收入皆在内）之事，不在此例。

第三十条　本大学专任教员，在外兼课或兼事，须先得本大学许可，其所兼课或兼事机关，应先函商本大学，未经本大学同意者，本大学得中途变更聘约为兼任。

第三十一条　本大学专任教员在外兼课，每星期至多以四小时（试验钟点与演讲钟点同标计算）为限。

第三十二条　本大学专任教员在外所兼之课，以在本大学所授之课程为限。

第三十三条　本大学专任教员，在外兼事，其所兼之事，必须与所授之课性质相同，其办公时间，每星期不得过四小时。

第三十四条　本大学专任教员，在外兼课而又兼事者，其授课及办公时间之总数，每星期不得过四小时。

第三十五条　本大学专任教员，兼课或兼事区域以昆明为限。

第三十六条　本大学专任教员，除授课外兼任导师义务。

第六章　请　假

第三十七条　本大学教员，因病或因事请假，须先通知该组，其因事请假逾一星期者，须先得系主任同意。

第三十八条　本大学教员，因事请假，每学期不得超过授课钟点总数五分之一，但因特别事故，经校长先行许可者，得超过此限。

第三十九条　本大学教员，因事请假，每学期逾授课钟总数五分之一者，其请假期内之薪金，由本校扣除，但有由学校认可之人代课者，不在此限。

第四十条　本大学教师，因事连续请假逾三星期者，其请假期内之薪金，由本校扣除，但因本校公事请假者，不在此例。

第四十一条　本大学专任教员，因病长期请假时，须具有本校所承认医生之证明书。

一次连续请假不逾两月者，得支薪金。

一次连续请假逾两月者，得自请假期第三个月起，按其服务年数，每满一年，多支一月薪金三分之二，但若第二次应用本条规定时，第一次已经适用之服务年限，不得并入计算。

一学年内数次请假，合计逾两个月者，与一次连续假期逾两月者同样待遇。

第四十二条　本校兼任教员，因病连续请假逾一月者停薪。

第四十三条　本大学教师请假，不得连续超过两年。

第七章　休　假

第四十四条　本章各条于本大学专任教员适用之。

第四十五条　本大学教授、副教授按照本规程连续服务满五年，而学校续聘其任教授、副教授者，得休假一年，为不兼事支半薪，或休假半年，如不兼事支薪金，但曾经休假一次者，须连续服务六年，方得再享休假权利。

第四十六条　本大学教授、副教授，如若在休假期内，做研究工作者，应先填写休假研究单，详具研究计划，经校务会议通过后，方得享受下列第四十七，四十八，四十九，五十各条之待遇。

第四十七条　本大学教授、副教授在休假期内，赴欧美研究者，除支半薪外，由本大学给予来往川资，为美金五百二十元。此外给予在外研究费，每月美金一百元。

第四十八条　本大学教授、副教授在休假期内，赴日本研究者，除支半薪外，由本大学给予来往路资，为日金一万五十元。此外给予在外研究费，每月日金一万五十元。

第四十九条　本大学教授、副教授，在休假期内赴欧美或日本研究者，自出国日起，至启程回国日止，须满十个月，不满十个月者，其研究费应按月减发。

第五十条　本大学教授、副教授，在休假期内，留学研究者，得支薪金，如赴远地调查者，其旅费得提出详细预算，经校务会议核定支付，但其总数不得过一千元。

第五十一条　本学校教授、副教授，曾享受本规程第四十六、四十七，或四十八条

云南大学史料丛书·教职员卷

之权利者，于休假期满后，至少须返校服务一年，并须列就研究报告，至下次请求休假研究时，校务会议应以上次研究成绩为参考。

第五十二条　本大学如在课程或经费上，有特殊困难情形，经校务会议通过得请已届休假之教授、副教授，延期休假一年。其延期之年，应在请下届休假前之服务年限以内。

第五十三条　本大学教授、副教授，已届休假时期而请求延期休假者，如继续在校服务，得保留其休假权利，但延期之年限，不得并入下届休假前之服务年限内。

第五十四条　本大学教授、副教授，每年休假人数，每学系教授人数在十一人以下者，不得过二人，满十二人者，至多不得过三人。

第五十五条　本大学各学系，不得因教授、副教授休假而增聘教授、副教授，但于必要时，得酌聘讲师。

第五十六条　本大学教授、副教授，经特种契约聘定者，不得享受本权利。

第五十七条　本大学专任讲师及助教，连续服务满五年成绩优异，硕士在国内专作研究，拟有具体计划，经校务会议通过而同时不兼他职者，得休假研究一年，支全薪，如须赴远地调查者，其旅费得提出详细预算，经校务会议核定支付，但其总数不得超一千元。

第五十八条　本大学专任讲师及助教，连续服务满五年，成绩优异，愿赴欧美或日本专作研究，拟具有具体计划，经校务会议通过，得支领学费，并照本规程第四十六、四十七条，按半数支给路资及研究费，但不得支薪。

第五十九条　本大学专任讲师及助教，改任他种专任教师者，其未改任前在校服务年限，仍计入休假前服务年限内，且休假待遇，照改任后之地位办理。

第六十条　本大学专任讲师及助教休假者，每年每学系不得过一人。

第六十一条　本大学专任教员在休假期内，做研究工作得有大学津贴者，应于休假年终，将研究结果报告本大学。

第六十二条　本大学专任教员，因事连续请假二月以上，不过一年者或因病请假二月以上者，须于休假前，补足服务年限方得享受休假权利，其因事请假过一年者，其假前服务之年限，不得计入休假前服务年限内。

第八章　附　则

第六十三条　本规程如有未尽事宜，由聘任委员会修改提请校务会议通过。

第六十四条　本规程经校务会议通过，呈请教育部核准施行。

国立云南大学教员待遇暨服务通则

第一条　本大学所称教员是指教授、副教授、讲师、教员、助教而言。

第二条　本大学教授薪俸分为下列六级，有成绩者，每两年得晋级一次，著有成绩者最高薪金不得超过肆佰元。

教　授	职别等级
400	1
380	2

教　授	职别等级
360	3
340	4
320	5
300	6

第三条　本大学副教授薪俸分为下列六级，有成绩者，每两年得晋级一次至第一级为止。

副教授	职别等级
300	1
280	2
260	3
240	4
220	5
200	6

第四条　本大学讲师除兼任者依时计薪外，专任概照下表所列办理，有成绩者每两年得晋级一次至第一级止。

专任讲师	职别等级
200	1
180	2
160	3
140	4
120	5

第五条　本大学各院系得设助教，薪俸分为下列七级，著有成绩者，每两年得晋级一次至第一级为止。

助　教	职别等级
120	1
110	2

续　表

助　　教	职别等级
100	3
90	4
80	5
70	6
60	7

第六条　本大学教授、副教授、专任讲师、助教概是专任职，如在校外兼职兼课须经校长许可。

第七条　本大学教授、副教授在校外兼课以每星期四小时为限。

第八条　本大学教授在校内任课，教授以每周十二至十六小时为率，副教授以每周八至十二小时为率，如兼院系主任或其他行政职务者，其授课时数得酌减之，专任讲师任课时数由校长决定。

第九条　本大学教授、副教授、专任讲师、助教因事因病请假以两周为限，请假在两周以上者，应请人代课，代课期间薪俸即由校致送代课人。

第十条　本大学教授、副教授连续在本大学任职满五年者，得休假一年，休假期间得支半薪，其出国研究者，得支原薪，如有另有职务者，不得享受此项待遇。

第十一条　本大学教员除在校外兼职及授课以时计薪者外，其薪给概照职员以十二月致送。

第十二条　本校于每学年开始即发聘书并附有应聘书，该项应聘书应于送达后两星期以内送到校。

第十三条　本校聘教员，聘期定为一年，如有特殊契约者，不在此限。

第十四条　本校发出聘书，统在每年六月底，如六月底尚未接到聘书，即作为解约。

第十五条　学校遇有不得已情形时，得斟酌情形解除聘约，薪金由校酌定。

第十六条　教员中途向校请辞，薪金即发至批准日为止。

教职员管理

国立云南大学职员服务暨待遇规程（单元：元）

第一条　本大学所称教员细分指为教授、副教授、讲师、助教等种。

第二条　本大学教授薪俸及研究补助费暂定如下：

第一级别：助教研究补助费200，月薪160；讲师研究补助费250，月薪260；副教授研究补助费300，月薪360；教授研究补助费360，月薪600。

第二级别：助教研究补助费190，月薪140；讲师研究补助费240，月薪240；副教授研究补助费290，月薪340；教授研究补助费350，月薪560。

第三级别：助教研究补助费180，月薪120；讲师研究补助费230，月薪220；副教授研究补助费280，月薪320；教授研究补助费340，月薪520。

第四级别：助教研究补助费170，月薪110；讲师研究补助费220，月薪200；副教授研究补助费 270，月薪 300；教授研究补助费 330，月薪 480。

第五级别：助教研究补助费 160，月薪 100；讲师研究补助费 210，月薪 180；副教授研究补助费 260，月薪 280；教授研究补助费 320，月薪 440。

第六级别：助教研究补助费 150，月薪 90；讲师研究补助费 200，月薪 160；副教授研究补助费 250，月薪 260；教授研究补助费 310，月薪 400。

第七级别：助教研究补助费 140，月薪 80；讲师研究补助费 190，月薪 140；副教授研究补助费 240，月薪 240；教授研究补助费 300，月薪 370。

第八级别：教授研究补助费 290，月薪 340。

第九级别：教授研究补助费 280，月薪 320。

第三条　本大学新任教员以自最低级薪为原则，曾任教员或有特殊情形者得自较高级起薪，其任教著有成绩者，每年得酌予晋级。

第四条　本大学教员以专任为原则，如在校外兼职者兼课者须经校长许可。

第五条　本大学教员因事因病请假，以两周为限，请假在两周以上者应请人代课，代课期间薪俸即由校致送代课人。

第六条　本大学教员之薪俸概照十二月致送，兼任教员之待遇标准另定之。

第七条　本校于每学年开始即发聘书，并附有及应聘书，该项应聘书应在送达及两星期以内填就送校。

第八条　本校发出聘书统在每年 6、7 月底，如在每年 6、7 月底尚未接到聘书即估不聘论。

第九条　本大学教务、训导、总务三处设教务长、训导长、总务长各一人，由教授兼任，处以下组或馆各设主任一人。

干事、组员、助理、书记若干人待遇如下：

第一级别：书记及司事研究补助费 130，月薪 70；助理研究补助费 170，月薪 100；组员研究补助费 210，月薪 180；干事研究补助费 250，月薪 260；主任研究补助费 300，月薪 360。

第二级别：书记及司事研究补助费 120，月薪 65；助理研究补助费 160，月薪 90；组员研究补助费 200，月薪 160；干事研究补助费 240，月薪 240；主任研究补助费 290，月薪 340。

第三级别：书记及司事研究补助费 110，月薪 60；助理研究补助费 150，月薪 80；组员研究补助费 190，月薪 140；干事研究补助费 230，月薪 220；主任研究补助费 280，月薪 320。

第四级别：书记及司事研究补助费 100，月薪 55；助理研究补助费 140，月薪 75；组员研究补助费 180，月薪 120；干事研究补助费 220，月薪 200；主任研究补助费 270，月薪 300。

第五级别：书记及司事研究补助费 90，月薪 50；助理研究补助费 130，月薪 70；组员研究补助费 170，月薪 100；干事研究补助费 210，月薪 180；主任研究补助费 260，月薪 280。

第六级别：书记及司事研究补助费 80，月薪 45；助理研究补助费 120，月薪 65；组员研究补助费 160，月薪 90；干事研究补助费 200，月薪 160；主任研究补助费 250，月薪 260。

云南大学史料丛书·教职员卷

第七级别：书记及司事研究补助费 70，月薪 40；助理研究补助费 110，月薪 60；组员研究补助费 150，月薪 80；干事研究补助费 190，月薪 140；主任研究补助费 240，月薪 240。

第十条　本大学新任职员代理者以自第七级起薪试用者自第六级起薪为原则。

第十一条　每年终由学校（或有特殊情形者例外）考核，成绩优、良、劣得酌予晋级或降级之分。

第十二条　本大学职员以专任为原则，其必须在校外兼职者应有校长之许可。

第十三条　本大学职员除主任由校函聘任外，其余干事以下均由校委委任，任期 2 届。

第十四条　本大学职员请假在两日以上者，须经校长许可；在两星期以上者，须请人代理，因特别事故经特许者例外，代理期间不得超过一个月。

第十五条　女职员在分娩期间准请假一月，并领该月份薪金。

第十六条　本大学新委用职员，应按照本校职员资格审查暂行规程验明证件而定等别任用之。

本规程经呈部核准即实行。

国立云南大学职员待遇暨服务通则

第一条　本大学所称职员是指各处、组、馆等负责人员而言。

第二条　本大学教务、训育、总务三处设教务长、训育长、总务长各一人，由教授兼任，处以下组馆各设主任一人，干事、组员、助理、司书若干人，其待遇如下表：

（甲）【主任】分六级初任，自第六级至第四级起薪，著有成绩得按年晋级一次。

主　任	职别等级
300	1
280	2
260	3
240	4
220	5
200	6

（乙）【干事】分八级初任，自第八级至第六级起薪，著有成绩得按年晋级一次。

干　事	职别等级
220	1
200	2
干　事	职别等级

180	3
160	4
140	5
120	6
100	7
80	8

（丙）【组员】分五级初任，自第五级至第三级起薪，著有成绩得按年晋级一次。

组　员	职别等级
120	1
110	2
90	3
70	4
50	5

（丁）【助理及书记】分四级初任，自第四级至第三级起薪，每年终由学校考查成绩酌量晋级。

助理及书记	职别等级
60	1
50	2
40	3
30	4

（戊）【司事】分三级初任，自第三级至第二级起薪，每年终由学校考查成绩，酌量晋级。

司　事	职别等级
40	1
30	2
20	3

第三条　本大学职员以专任为原则，其必须在校外兼任者，应得校长之许可。

第四条　本大学职员除主任干事由校长函聘外，其余由校长委任，任期不定。

第五条　本大学职员告假在两日以上者，须经校长许可，其告假在两星期以上者，须经校长许可，并须请人代理，又除因特别事故经校特许者外，代理期间不得超过一月。

第六条　女职员在分娩期间，得告假一月并领该月份薪金。

第七条　本通则经呈部核准后施行。

国立云南大学员生工警福利委员会服务人员奖惩条例

一、宗旨：本会为促进及发展会务对本会服务人员之有功绩者，施行奖励，对有亏职者，施行处罚起见，特订定本条例。

二、服务人员：凡由本会选出及由学校拨来各级工作人员，自主任委员、副主任委员起，各部组主任、各服务干事及办事员及工友等，均属之。

三、奖惩办法：奖励分精神的及物质的两种，惩处为精神的详列如下：……

四、应奖情形：凡热心会务工作，有效率持躬廉洁，治事无倦之服务人员应予以奖励，精神的奖励分为（甲）公告宣扬并由会备文致谢（乙）由会备文致谢（丙）由会于例会时，口头致谢。物质的奖励分为（甲）由会给予物资（乙）给予金其分量多寡由会视可能情形，随时酌定之。

五、应惩情形：凡对会务冷漠，无故缺席会议，工作怠慢，甚或发生不良或不道德之行为、之服务人员，应予以惩处，精神的惩处则分为（甲）公告揭示并由会备文警告（乙）、由会备文警告（丙）、由会于例会时口头警告（其涉及法律者另行办理之）。上列各种办法得合并使用之（如给予物质又公告宣扬等）。

六、奖惩之议定：于本会例会时，由各部门主管人员提出应奖应惩之服务人员，及应奖惩之等第，并由会决定之。

七、备案及施行：本条例经本会例会通过后，继付施行，同时分报五联会及学校备案。

国立云南大学教员服务暂行规程

（一）本大学聘专任教员每学年致聘一次，不续聘者不致送聘书。

（二）受聘教员应于收到聘书两星期内将应聘书填送本校总务处俾便致送薪津，如不应聘须将聘书寄还。

（三）应聘后须按期到校，如两星期未到校授课亦未经请假以辞聘论，若已领薪津旅费并应如数缴还。

（四）教授、副教授在校任课时数每周以九至十二小时为率，如系担任三门以上性质不同之科目则可酌减，又兼任行政职务者亦得酌减其授课钟点。

（五）专任教授、副教授在校外兼课兼职，每周以四小时之课或与此相当之工作为限，但须经校长同意且以不妨碍本校工作为原则。

（六）专任讲师不得在校外兼课兼职，其从事研究工作经有关院长及系主任之核准者，任课时数得减为六小时，其工作计划及成绩必须由有关院长及系主任之指导考核。

（七）助教在校服务应注重进修，绝不得在校外兼课兼职，否则学校得随时予以解聘，又其工作应受有关院长、系主任及教授之督导。

（八）教员于上课期间请假在一星期以内者，须经由系通知院及教务处备查；请假在一周以上者必须转请校长同意；请假在两周以上者必须请人代课，代课人选亦须得学校同意。

（九）教员有履行校务、教务、训导等会议议决案之义务。

（十）专任教员薪津概照十二个月致送，兼任教员以十个月计薪。

（十一）教员于每学年结束前应照学校规定清还所借图书、仪器，俾便作财产整理工作。

（十二）为保持教育尊严，培养学术风气，本大学教员应遵守政府法令、学校规章，除研讨讲授学术外不得在校内作任何政治活动，违者本大学得随时解聘。

（十三）教员除辞聘解聘外，在聘约未满以前不得离校而就他职。

（十四）教员于辞职离校时，所住房舍及借用学校器具应照规定通知庶务组派员点收以清手续，不得转让转借。

民国三十八年十月六日修正

国立云南大学职员考勤规则

第一条　本校各部分职员考勤事宜概依本规则办理。

第二条　本校各部分职员办公时间，应照规定时间遵行。但遇有赶办事件不在此限。

第三条　本校规定统一签到簿式样分发各部，照印应用，各部应经常派定一职员经理签到事务，并每周派一监视员监视之。

第四条　凡本校应行签到之职员，须于上、下午到公时间最初十分钟以内亲到签章。如逾十分钟者为迟到，逾二十分钟者作未到论。每日以两次计算，积迟到四次作未到一次论，积未到两次作旷职一日论（如遇警报，在警报解除后一小时半内，仍须到校签到，否则仍照上项规定办理），经理及监视签到人员，须于到公后二十分钟时收取签到簿呈核，不得徇情延迟。倘发现有挖补、涂改及延迟情事，即从重议处。

第五条　应行签到之职员，如逾办公时间半小时以内仍能到校工作者，经申明理由，得各主管人员斟酌情形以迟到论，但每周只限一次，并须到签到簿内注明以资查考。

第六条　早退以下公时间为准，与迟到同一办理。

第七条　本校职员非因不得已事故或疾病，不得请假。

第八条　职员请假规定下列四项：

1. 事假日假每月以三日为限，请事者每七小时折合一日，连同日假计算，每月仍不得超过三日。

2. 病假每年不得逾三十日，重笃者得给予特假，但均须呈送医生证明书，或足资证明之方剂候核。

3. 婚丧假，父母或祖父母及配偶丧，得请丧假，以十五日为限。如遇本人及子女婚嫁，以十日为限，并按路程远近酌给程途假期若干日。

4. 生育假，女职员因生育得请生育假二月，但须取具医师或助产士之证明书。

第九条　请假在一日以内者，应呈请各主管人核准。一日以上三日以内者，各组职员应先呈准各主管处长核准。各院系及会计室职员，应呈由院长、系主任或会计室主任核准。在三日以上，无论事假、病假，均须呈验足资证明之证件或方剂，由各主管人员签注意见转呈校长核准。

第十条　请假不论久暂，均须将经办事项委托同事代理，经核准后方得离职，并须按时销假，否则即以旷职论。

第十一条　职员请假逾规定日期者，须按日折算扣薪。情形特殊者查明属实后，得减免其扣薪处分。

第十二条　未经准假而旷职者，应按日折算扣除薪俸及各项津贴。

第十三条　职员连续未到至一星期者，得予记过、降级或解职处分，并扣其未到期间之薪金。

第十四条　本校规定考勤月报表，由各部分经理人员根据签到簿详细填报，连同签到簿送总务处登录，并呈送校长核阅及公布之，以作考核根据。会计室职员除依前项办理外，由校函请教育部会计处备案。

第十五条　凡本校职员继续按时到公退公不请假满三个月者，传谕嘉奖。满六个月者，除记功外并将罚金总额按人数平均分配，作为奖金。继续满一年者，除记大功一次及领上项奖金外，另给薪金一个月，以最后一个月薪额为准，并给假三日以示鼓励。其有特殊成绩者，则列入年终考核，另予增薪或升级。

第十六条　本规则由校务会议议决通过后施行。

第十七条　本规则有未尽事宜，得随时经校务会议修正之。

查本校全体职员考勤规则，并经详细拟定提请校务会议讨论，当经议决，推定王伯琦、柳锦澄、张海秋、何衍璿四先生审查修正在案，兹查该项规则已经王伯琦先生等审查修正完后，并提经三十年度第一次校务会议议决通过，特定于三十一年一月一日起执行。

国立云南大学教职员退休抚恤条例

第一条　本校教职员依本条例规定得请退休及抚恤。

第二条　教职员连续服务十五年以上，不任其他职务，有下列情形之一者，得请领退休养老金：

年逾六十岁，自请退休者。

年逾六十岁，由学校请其退休者。

未满六十岁而身体衰弱不胜任务，经医生证明属实者。

第三条　教职员如因公受伤，以至残废不胜任务时，虽服务未满十五年，亦得请领退休养老金。

第四条　专任教职员（年）退休养老金照下列标准给予（单位：元）：

退休养老金 在职年数	最后月俸 300 以上	200 至 300	150 至 200	120 至 150	90 至 120	60 至 90	60 以下
20 年以下	900	735	648	594	540	462	381
20 年至 35 年	1 050	840	715	660	594	544	413
35 年以上	1 200	945	810	726	648	546	445

第五条　兼任教职员退休领养老金，按其最后三年内年薪平均数给予百分之二十。

第六条　凡连续服务十五年以上之教职员，依第三条之规定退休者，其退休养老金照下列标准给予之：

专任教职员之退休养老金，除依第四条给予外，并按其最后年薪加给百分之十。

兼任教员之退休养老金，按其最后三年内年薪平均数，给予百分之三十。

第七条　退休养老金之支给，自退休之翌日起，至死亡日止。

第八条　教职员在职死亡而有下列情形之一者，得由法定承领人请领恤金：

1. 连续服务十年以上者。

2. 连续服务十五年以上者。

3. 连续服务二十年以上者。

4. 因公致死者。

5. 因公受伤或罹疾致死者。

第九条　专任教职员恤金给予之标准如下：

1. 合于前条第一款者，照最后年薪之半数。

2. 合于前条第二款者，照最后年薪之额数。

3. 合于前条第三款、第四款或第五款者，照最后年薪之倍数。

第十条　兼任教员恤金给予之标准如下：

1. 合于第八条第一款者，照最后三年内年薪平均数百分之三十。

2. 合于第八条第二款者，照最后三年内年薪平均数百分之四十。

3. 合于第八条第三款、第四款或第五款者，照最后三年内年薪之平均数。

第十一条　教职员退休后，依本条例领受退休养老金，未满二十年而死亡者，得由法定承领人请领前两条所定恤金额之半数。

第十二条　承领恤金之顺序如下：

1. 死亡者有配偶时，其配偶。但死亡者之夫以残废不能谋生者为限。

2. 无前款遗族时，其未成年之子女。

3. 无以上遗族时，其未成年之孙子暨孙女。

4. 无以上遗族时，其父母。

5. 无以上遗族时，其祖父母。

6. 无以上遗族时，其未成年之同父弟妹。

第十三条　教职员退休养老金或恤金，呈请教部照教职员恤金条例由国库支给。

第十四条　请领退休养老金或恤金，应由本人或其法定承领人，开具履历事实、请领金额，连同服务证明文件，呈校长转呈主管教育行政机关核给之。

第十五条　校长退休养老金或恤金之请领，由本人或其法定承领人依前条规定，由继任或代理校长核给。

第十六条　本条令公布以前之教职员服务年数得予追溯计算，但以依规定资格任用而有证明者为限。

第十七条　有下列情形之一者，其退休养老金应即停止发给，并追缴其领受凭证，呈报主管上级机关备案：

1. 被判中华民国经通缉有案者。
2. 褫夺公权者。
3. 丧失中华民国国籍者。
4. 违反本条例之规定，退休后再任其他职务者。

第十八条　领受退休养老金者死亡时，应由其遗族呈报主管教育行政机关，并缴还其领受凭证。教育行政机关接受前项呈报后，除将凭证注销外，应即呈报上级主管机关备案。

第十九条　恤金之法定承领人有下列情事之一时，其应领恤金由次顺序之法定承领人具领之：

1. 被判中华民国经通缉有案者。
2. 褫夺公权者。
3. 丧失中华民国国籍者。

第二十条　退休养老金自该教职员退休之翌日起，恤金自该教职员死亡之翌日起，二年内不请求者，其权利消灭。

第二十一条　本条例实施细则由本校拟定，呈请教育部核定之。

第二十二条　本条例自公布之日施行。

国立云南大学外籍教授聘约

第一条　本约聘期定为三年，但中途因情势变迁必须解约时双方源于六月前通知。

第二条　担任学科以英文为主，但其擅长之学科亦得商请担任之。

第三条　服务时间：除授课时间每周十五小时至二十小时为限，及在教学上应负之责任外，并须兼负课外指导及管理学生之职务。

第四条　专任待遇每月国币二百元，每年以十二个月计算，每学期以六个月计算，按月致送，其他膳宿等项照本校惯例办理。

第五条　任务以专任为原则，对于学校事务须负到生活上应当之义务。

第六条　在授课期间，如有请假事情，照本校通则办理。

第七条　本约经双方同意签字即实行。

民国三十五年

国立云南大学总务处职员考勤规则

第一条　本处职员考勤事宜除依照本校考勤规定执行外，概依本规则执行之。

第二条　本处职员每日午前八时到公，十二时退公，午后二时到公，五时退公。遇有赶办事件未在此限。非常时期中，本校办公时间应随全校随时更订之。

第三条　凡应行划到之本处职员，须应按照规定办公时间，于划到表上亲自签章，不准请人代为划到。

第四条

1. 本处应行划到之职员，须于到公时间最初十分钟以内，亲到划到处签章。如逾十分钟者，作为迟到；如再逾十分钟，即作未到。至有挖补、涂改字迹，应将本人及监视、经理员分别议处。

2. 在到公时间最初十分钟后，应行划到之职员若尚未到，即在其名下盖"未到"戳记，迟到之员得于"未到"上加盖名章作为迟到。再延十分钟，即由监视、经理员将划到表送呈总务长转呈校长核阅。

第五条　经理划到事务，由总务处派职员一员经常担任之，并派各组主任一员为监视划到员，每周轮换一次。

第六条　经理划到事务之职员及监视划到员，应按时加盖"未到"戳记，收取划到表。如查有徇情情事，即由总务长酌量轻重呈请校长分别议处。

第七条　凡本处职员因婚丧（丧以直系尊亲，婚以自身及子女为限）或有特殊事故请假者，经总务长转呈校长核准后，以特假论。如有重笃疾病必须长期请假者，经总务长查明属实，转呈校长核准仍以特假论（请短期病假者，仍照事假论，以杜取巧之弊）。

第八条　凡请假在两日以内者，须先一日将假单呈由主管主任转呈总务长核准。其请假在三日以上者，并须经校长核准。

第九条　凡请时假者，须先时（午后请假应于午前呈送，午前请假应于先一日呈送）经各主管主任核准。

第十条　本处应行划到之职员，除特假外，以不请假为原则。若必须请假者，一月内不得超过三日（每七小时折合一日），并不得超过六次。其时数逾限者，即以所得月薪计算扣除。其请假次数逾限者，每次作半日论。如日数次数均逾限者，从重议处。扣除之款，汇作按时到公人员之奖金。

第十一条　应划到职员，三月以上确守时间（不请假，不迟到，不早退）者，得奖励之。其奖励方法规定如下：

1. 继续按时到公满三月者，给罚金结存总数百分之五；继续满六月者，除给罚金结存总数百分之五之外，记小功一次，并得休假两日。

2. 继续按时到公满一年者，除给罚金积存总数百分之五为奖金外，记大功一次，并得休假一星期。

3. 上列二项所记之功，由各组主任送总务处并入年终考核，呈请校长晋级加薪。

第十二条　本处应行划到职员，不按照规定时间到公者，得酌量惩戒之。其惩戒方法规定如下：

凡一月内请假过三日者，按照本规定第十条之规定办理。

凡一月内迟到二次者，作未到论。

凡一月内未到一次者，扣月薪六十分之一。

凡划到簿记盖未到章之职员，如仍到公服务者，经主管人员证明后，仍作迟到论，但每月一次，余仍以未到论，且须在到公半小时内，否则仍作未到。

云南大学史料丛书·教职员卷

凡一月内扣薪至四分之一者，记小过一次；扣薪至二分之一者，记大过一次；至二分之一以上者，降级或撤差。其办法由各组主任签请总务长待请校长核定之。

上列各项，所记之过，由各组主任、总务处并入年终考核，签请校长议处，不再扣薪。

第十三条　本处考勤结果，由总务处每月根据划到表公布一次，每届三月呈请校长分别奖惩之。

第十四条　凡请假人员，须将经办事件托人代理。

第十五条　各组职员因公外出时，干事以下由主任核准，主任须经总务长核准，始得盖公出戳记，否则以未到论。

第十六条　凡未经请假而擅离职守，或假期已满仍未销假回处服务，及不续假者，均以未到论。但有特殊情形者，由各组主任签请总务长酌定之。

第十七条　凡职员请假、迟到未到次数，应由经理划到人于年底开单呈总务长，以作年终考核之根据。

第十八条　本规则自总务会议通过后，呈请校长核准公布实行。如有未尽事宜，得随时依法修正之。

国立云南大学总务处办事规程

第一条　本处依据本校组织大纲第三章第十一条之规定组织之。

第二条　本处设总务长一人，商承校长办理本处范围内一切事宜。

第三条　本处设干事一人，组员及司事各一人，办理下列事项：

一、收发分配文件事项。

二、记录教职员进退事项。

三、职员考勤事项。

四、编制报告事项。

五、食量代金清册事项。

六、本处调查统计研究事项。

第四条　本处依据本校组织大纲第三章第十二条之规定，分设文书、出纳、庶务及工务等组。

第五条　本处各组各设主任一人，干事一人，组员、助理、书记及司事各若干人，秉承总务长办理各该组事宜。

第六条　本处由文书组办理下列各事项：

一、撰拟、缮校、保存文件事项。

二、公布法令事项。

三、典守印信事项。

四、编制报告事项。

五、其他该组应办事项。

第七条　本处由出纳组办理下列各事项：

一、请领并保管本校经临各费，保管不属于经临各费之收入及学生缴纳各费事项。

二、致送本校教职员薪俸及支出雇员、校工、校警薪津。

三、支发本校一切教务费及事务费事项。

教职员管理

四、购买外汇。

五、登记本校现金出纳账、银行往来账及货款各账。

六、制造现金收支对照日记表及薪俸表。

七、每学期终了结算学生应退各费事项。

八、其他该组应办事项。

第八条　本处由庶务组办理下列各事项：

一、校具之购置、保管及修理事项。

二、校舍、道路、亭园之布置、修缮及清理事项。

三、公共卫生及消防事项。

四、校工之分配、指导、管理及训练事项。

五、一切学校用具之统计、登记及支配事项。

六、本校饮料及照明事项。

七、其他该组应办事项。

第九条　本处由工务组办理下列各事项：

一、本校各处建筑工程事项。

二、校舍、道路之建筑及修缮事项。

三、建筑图案之审核及保管事项。

四、工人之雇佣及监督事项。

五、材料保管及购置事项。

六、其他该组应办事项。

第十条　本处各组办事细则另订之。

第十一条　本处依据本校组织大纲第四章第二十条之规定设处务会议，由总务长、各组主任及干事组成之，以总务长为主席，讨论总务处一切进行事宜，每两周举行一次，遇必要时得临时召集之。

第十二条　本细则如有未尽事宜，得由处务会议修改后，提请校务会议修正之。

第十三条　本细则经校务会议通过之日施行。

国立云南大学总务处出纳组办事细则

第一条　本细则依据本校组织大纲第十二条总务处办事规程第五条之规定，设主任一人，秉承校长、总务长办理本校一切出纳事宜；设置干事一人，辅佐主任办理本组事宜；组员若干人，助理若干人，司事一人，分掌各项事务。

第二条　本组之职责如下：

一、接受会计室通知，请领并保管本校经临各费，及保管部属于经临各费之收入及学生缴纳各费。

二、依据会计室通知，致送本校教职员薪俸及支发雇员、校工、校警薪饷。

三、依据会计室通知，支发本校一切教务费及事务费。

四、依据会计室通知，购买外汇。

五、登记本校现金出纳账，银行往来账及代收款各账。

六、制造现金收支对照日记表及薪俸表。

七、保管学生缴纳各费并登记、清算公布之。

云南大学史料丛书·教职员卷

八、每学期终了结算学生应退各费。

九、遵照部令核发学贷金、奖学金。

第三条　本组设置各种簿记如下：

一、现金出纳账。

二、银行往来登记账。

三、代收款现金出纳账。

四、代收款总清账。

五、各种辅助簿。

第四条　本细则自核准之日施行，并得随时提请校务会议修正之。

国立云南大学总务处庶务组办事细则

第一条　本细则依据本大学组织大纲第十二条总务处办事规程第五条之规定订定之。

第二条　本组设主任一人，总揽本组一切事务；干事一人，协助主任处理本组事务。其下设组员若干人，秉承校长、总务长之命办理本组一切事务。

第三条　本组之职务如下：

一、关于器物之购置及修缮事项。

二、关于器物之出纳及管理事项。

三、关于饮料及照明之办理事项。

四、关于校工、校警之管理事项。

五、关于亭园之布置事项。

六、关于事务上对外接洽事项。

七、关于由外寄来挂号信件之收发事项。

第四条　本组为办事便利起见，得分下列六股，分别设员处理之：

一、采买股。

二、器物管理股。

三、工警管理股。

四、技术股。

五、杂物股。

六、邮电收发股。

第五条　采买股设组员、助理员各一人，采购全校器物，报送单据及登记备用金簿。其报送单据须编制清单二份，盖章后送主任核阅，一份存查，其他一份连同全部单据送会计室报账。

采购器物办法规定如下：

一、凡须填具请求购置单而本市商店可以购得之物品，须自请求购置单批准之日起两日内办到（星期、例假除外）。

二、经常消耗物品，由物品管理股于每日初将该日应行添购数列表送请主任核定后，一次购齐，以备各处领用。

三、各处所需特别用品，须于两日前用书面通知，经审查核准后照购。

四、凡所需物品有时地限制或特殊情形者，其办法与期限临时决定之。

第六条　器物管理股设组员二人、助理员一人，管理消耗物品之出纳、流动用具之增减等事项。其办法如下：

一、器物购入时，需依据凭证、单据如实点收盖章，并分别器物性质登入财务登记簿及各该户之领物栏内。

二、发出器物悉凭领物凭单（各处领用物品应先填具领物凭单正、副两联，经主管人员核章后，送物品室领取物品），将实发数量（由主任核定）填入实发数量栏，然后将副联退还领物人。并凭正联将领用日期、领用单号数、实发数量及价值，填入物品明细账中该物品之领用项下各相当栏内。领用者如为购置项下之物品，则将领物单号数填入财产登记簿该财产户之领物单号数栏。

三、流动用具之登记除财产登记簿外，并须依陈置处别制备考片，如有增减流动，须随时登记之。

四、每月终了根据物品明细分类账及财产登记簿，编制物品出纳表及财产增损表。年终时并须根据财产登记簿编制财产目录，各缮三份，盖章后送请主任转呈校长、总务长阅。一份存查，其他二份送会计室。

第七条　工警管理股设主任一人、助理员一人，办理工警之进退、训练、管理等事。其规定如次：

一、工警遇有缺额应设法招收补充之。

二、工警之考勤、奖惩（办法另订）、调动，于每月月终报请主任查核。

三、管理工警并指导其生活。

四、工警之指挥、监督及办理工警有关之一切布置事项。

五、训练工警服务之能力及道德（校警之军事训练则由军训组负责）。

第八条　技术股设组员一人，办理全校电器、五金用具及饮料之设计、亭园之布置、器具之修缮等事项。

第九条　邮电收发股办理全校公文件及教职员、学生信件及汇票、电报之收发事宜。

一、其收发如为公文件则送文书组，其挂号快递之信件，属于教职员者派人送递，但须盖章始得领取。属于学生者先公布其姓名，然后凭学生证及私章具领之。

二、每日收到挂快邮件，列单送主任核阅转呈总务处存查。

三、其挂快信件无人具领者，如三个月以上时即退回原处。

第十条　杂物股设组员一人，办理提货报阅以及对外接洽等事项。

第十一条　本组每月举行组务会议一次，由各股负责人轮流报告工作进度情况及推进各股工作。

第十二条　本细则自核准之日实行，如有未尽事宜得提请校务会议修正之。

国立云南大学总务处公务组办事细则

第一条　本组依据总务处办事规程第十条之规定组织之。

第二条　本组设主任一人，商承校长、总务长之命办理本组范围内一切事宜。

第三条　本组设干事、组员、司事各一人，办理下列事项：

1. 本校各处建筑工程事项。

2. 校舍、道路之建筑及修缮事项。

3. 建筑图案之审核及保管事项。

4. 工人之雇用及工程之监督事项。

5. 材料保管事项。

6. 本校下水道之整理事项。

7. 本校零星修缮事项。

8. 其他本组应办事项。

第四条　本校之建筑工程依据教部（三十二年二月）颁发所属及各学校建筑暂行规则，先绘制图案，拟定工程说明书及工程概算表，呈总务长、校长核准后登报招标。其办法根据审计部修正审查机关稽查各机关营缮工程及购置、变卖财物办法，及稽查须知之规定另订之。

第五条　建筑工程承揽人既经决定后即兴工，至全部工程竣工后，呈请审计机关监视验收。如有不符揽约或与图案不符，即饬承揽人更正，经复验后始核办尾款。

第六条　本校零星修缮，由承揽人拟具估计单呈请校长、总务长核后即行兴工。

第七条　本校工程修理完工，即由有关之院、系、处、组验收始发尾款。

第八条　本校建筑若系省款开支，事后即呈请省府核销。若系部款，事后即呈部核销。

第九条　承揽人领取工程费时，由承揽人呈具领单，经经手人核后呈请主任及总务长、校长复核后，交会计组登记，再由会计组通知出纳组，承揽人即可向出纳组领取。俟工程竣工，由承揽人立正式收据呈校，以便签转核销。

第十条　工程在十日内不能包工者，得雇用临工，但每日应填具工单，送呈总务长核阅后，由庶务组付工资。

第十一条　本校零星修缮事项，如工程须一日经费三百元内者，由组决定办理之。若时间十日经费万元者，得签请校长核准后动工之。

第十二条　每工程工作情形及材料之消耗应逐日填报。

第十三条　凡属私人工作，无论大小除校长、总务长之条谕外，不得接手办理。

第十四条　本规则自核准之日施行。如有未尽事宜，得呈请总务长提交校务会议修正之。

国立云大教务处注册组办事暂行规定

第一章　组织大纲

第一条　本规程依据大学组织大纲第十二条之规定组织之。

第二条　本组设主任一人，干事一人，组员、助理、书记、练习生各若干人。

第三条　本组就事务之性质分设注册、课程、成绩、招考、杂物五股（文件股暂不设立）（于非常时期如某院系疏散至其他本组应设立办事处，以便办理并请报该院系注册组事务，其职限与股同，其办事规程参定之）。

第二章　办事规则

第四条　本组人员应振奋服务，不得有迟到早退情事。

第五条　本组主任秉承校长教务长之命负责支配办理本组一切事务。

第六条　干事秉承主任命协理本组一切事务。

第七条　组员秉承主任之命接受办事之指导，办理指定之工作，由助理员书记练习生协助之。

第八条　本组事务员经分股，然遇必要时悉依主任之命办理任何事务。

教职员管理

第九条　本组办公时间悉依学校之规定，然遇必要时得由主任予以延长之。

第十条　寒暑假期正值本校事务繁忙，其休息办法由主任确定之，其所缺例假，开学后由主任安排轮休息。

第三章　各股工作

第十一条　注册股。

一、编排新生学员。

二、办理新旧学生注册。

三、印发各课目点名记分册。

四、登记学生动态。

五、填发修业证明录。

六、编制毕业生名录。

七、颁发毕业证书。

八、制各项统计。

九、办理与本股有关文件。

十、保管本股一切档件。

十一、填制教部调查表及各省教厅或其他机关调查表。

十二、其他本股一切事务。

第十二条　课程股。

一、编排授课时表。

二、填制教员个人授课时间表。

三、制教室上课时间表。

四、办理学生选课改课。

五、制各课目选修学生名单。

六、编排学期学年及毕业考试日程表。

七、办理教员请假。

八、办理校内外借用教室事。

九、办理更改课目时间地点事。

十、制各项统计。

十一、办理与本股有关文件。

十二、保管本股有关文件。

十三、填报教部调查表。

十四、其他本股一切事务。

第十三条　成绩股。

第十四条　招考股。

一、办理统一招生事宜。

二、办理招收中专学生事宜。

三、办理招收专科生事宜。

四、办理新生报到收存志愿书保证书。

五、保管学生证件、造册报部。

六、制各项统计。

七、保管本股一切档件。

八、办理与本股有关文件。

九、其他本股一切事宜。

第十五条　杂物股。

第十六条　条件股（暂不设置）。

第四章　附　则

第十七条　本规程自呈准校长、教务长之日起施行。

第十八条　本规程如有须加变更之处，得随时呈准校长、教务长修订之。

民国二十九年八月订

国立云南大学出版组办事细则

第一条　本组依据本校组织大纲之规定，设主任一人商承校长教务长综理本校出版事宜，组员若干人辅佐主任，分掌本组一切事务。

第二条　本组为处理事务便利计，设总务、缮校、印刷三股。

第三条　本组各股得酌设助理、书记，分任各该股内事务。

第四条　总务股职责如下：

一、办理本组出版物收发事项。

二、办理与外方交换刊物事宜。

三、办理经本校认可之校外出版物之寄售事项。

四、支配及保管本组各项印刷材料。

五、办理本组一切文件之撰拟收发及保管事项。

六、造报本组各种统计表册及报告。

第五条　缮校股职责如下：

一、办理缮写及校对一切印件事项。

二、保管收印之印件原稿。

三、逐日填报缮校工作日志表。

四、考核缮校员之工作成绩。

第六条　印刷组职责如下：

一、印件缮就稿收到后分类登记付印。

二、分发各院系学生讲义。

三、学期结束前一礼拜计算学生讲义费。

四、接洽交校外印刷事项。

五、保管石油印机及印刷所用各种器具。

第七条　本组印刷品及其价目每学期终了统计，具表呈教务长校长核阅。

第八条　本组于学期终了由主任考核各职员成绩及勤惰，呈教务长校长鉴核。

第九条　本组各职员对于该管事项应负全责，如遇必要时，经主任指派得兼办非主管事项。

第十条　本细则呈由校长核定施行，如有未尽事宜，得随时呈请修改之。

教职员管理

国立云南大学附属中学教师服务暂行规定

一、本校聘书连同应聘书一并发出，教师于收到聘书后一星期内将应聘书填送本校文书组。

二、各教师应聘后，应照开学日期到校授课。

三、本校专任教师如在校外兼课兼职，需经本校校长同意。

四、本校专任教师国、英、算每周任课为十五小时，其余课为十八小时，超过此限度另致报酬，不及此限度按比例减酬，但兼作职务者，其授课时数得酌量减少。

五、本校教师需出席校务、教务、训导等会议，并有履行各该会议决案之义务。

六、本校每学期之开学典礼、修业式及其他隆重盛典，教师均应出席。

七、本校教师均有辅助、训育、指导学生生活之义务。

八、本校专任教师有轮值视察及指导学生自习之义务。

九、本校教师如因故告假，需与教务处商酌补课办法，如告假时间较长，得由学校提出代课办法，代课者之报酬由原任教师薪津内扣发。

本校教师在发薪之前，如有急需向学校预支，须视学校经济状况由校长斟酌决定。

国立云大附中导师职责

一、督促该班学生之学习。

二、领导该班学生之一切活动。

三、指导该班学生之班会组织及活动。

四、解决该班学生之纠纷。

五、调查该班学生之生活及家庭状况。

六、核定该班清寒学生之名单。

七、评阅该班学生之周记大小楷。

八、指导该班学生之班级壁报。

九、规定并评阅该班学生之假期作业。

十、对该班学生之各项奖惩提供意见。

十一、核定该班学生之操行。

十二、参与导师会议及训导会议。

民国三十六年三月二十五日

附中教师应注意之点

一、请对学生功课多予负责，除不得已事故，请勿随意迟到，随意缺课，课内少谈与功课无关之事。教室内请严格点名及管训学生，如学生迟到、早退或阅读课外书籍等，请严加干涉或通知训导处惩处。学生作文练习或笔记，务请按照学校规定次数及办法实施。

二、对学校行政请多加协助，务请出席各种会议，并请守时刻。

三、本校各种考试，向主严格，语云"严师出弟子"，师不严学生功课殊难功实，

云南大学史料丛书·教职员卷

考试时请勿限制范围，请准时出席监考并请认真监考。

四、对学校如有意见请直接向校长或其他各部主管人贡献，在同事间在学生间以至对校外人务请勿随意毁谤或讥评学校。

农学院款项出纳办法

一、本院款项出纳均依照本办法办理之。

二、款项由院长或院长指定人向校部具领。

三、会计兼出纳员向院长整领每月一结。

四、会计兼出纳员有下列情形之一者，得付现：

1. 院长饬付者。

2. 单据以盖有经办人验收人（或证明人）及总务干事之章而符合报销手续者。

3. 经审查符合报销手续之旅费，并经院长核批（拟准予报销）者。

五、报销分月中、月尾两期，由会计兼出纳员负责办理之。

六、会计兼出纳员于每周末，将出纳情形列表送呈院长核阅。

七、本办法如有不妥处，得提请院长备正之。

民国三十年九月九日

农学院教职员伙食团规则

一、本院教职员及其眷属佣仆，凡欲加入本伙食团者，均依照本规则办理之。

二、本伙食团伙食，每月一期，由团员轮流经理之，如不愿经理者，其伙食费以客饭计算之。

三、每月月初各团员应预缴规定伙食费，于月终结算后，多退少补，其不能缴付者，须得经理者之许可。

四、每月预缴伙食费及每顿客饭费，由各该月经理者，根据食物价格规定之。

五、凡由外客临时参加本伙食团开客饭者，须于开膳前一时通知经理者。

六、不足五岁之儿童欲加入伙食团者，以半膳计算之。

七、团员继续停膳一周以上者，得预先通知经理者，扣算伙食费。

八、本伙食团团员均在食堂开膳，除特殊情形外，饭菜与食具不得携出食堂或厨房。

九、除特殊情形外，在开膳时间以外，不得要求开膳。

十、如损毁本团食具者应予赔偿。

十一、除招待院客及特殊情形外，团员概不得在本团厨房煮烧菜饭。

十二、有特殊传染病者，应即自动退出本伙食团。

十三、本规则经团员会议通过后施行。

农学院教职员家属住宅规则

一、本院教职员家属欲加入本院教职员家属住宅者，均依照本规则办理之。

二、教职员住宅以本院之专任教职员家属居住为原则。

三、本院教职员家属住宅暂定为十二个单位，每一单位为大小室各一间，每家至多租赁一单位。

四、本院教职员家属之加入住宅者，须先向院长办公室登记，然后由院长办公室指定其住室并订定合约。

五、每单位住宅内规定，设备于迁入住宅前，须出据具领，迁离住宅时复须清点归还，如有损毁须负责修理或赔偿，如规定设备不敷用者，由各家自备之。

六、院中其他公共场所之器物不得搬入住宅。

七、住宅之门窗墙壁勿随意钉钉或损污。

八、洗晒衣服均须至规定地点。

九、晚间打过熄灯钟后禁止高声谈笑。

十、患有特殊传染病者，须自动迁出住宅。

十一、住宅室内外均须整洁并须禁止小儿随地便溺。

十二、住宅禁止赌博及其他不正当娱乐。

十三、晚间留客住宿者，须先通知院长办公室。

十四、院长办公室有时为调整住宅起见，得商请各家更换住宅。

十五、门锁灯及灯油各家自备，开水由院供给。

十六、住宅内如有发生失窃情事，院长办公室得派员入各室检查。

十七、住宅前后门于九时半加锁。

十八、家属与家属间禁止争吵。

十九、煮烧饭菜及茶水等，一律用木炭以免房屋熏黑。

二十、住宅内不得饲养家禽及家畜。

二十一、每月租金暂定为大间二十元，小间十元，于每月终缴纳。

二十二、如不遵守规则或有不端行为时院长办公室得通知其迁离住宅。

二十三、本规则自公布之日施行。

国立云大校本部工警分区清洁及夯理校室办法

第一条　为夯理校室，养成工警劳动习惯，现特订定本办法。

第二条　凡本校之工警，除有特殊任务如厨工岗、井水夫、茶房及看守宿舍侍应教职员之工人暂不工作外，其余均应遵照本办法之规定施行之。

第三条　校工警应于每日上午六时起床，七时三十分以内将服务处办公室及制定区域内打扫清洁布置停当。

第四条　清洁器具由庶务组分发，各工警自行保管应用。

第五条　每日上午七时正以前，由庶务组管理工人职员前往巡视，若有未照规定夯理清洁之，工警第一次予以警告，第二次记过，第三次罚月薪十分之一，加给工警食。当月终加菜。

第六条　工警分区清洁区域另图规定之。

第七条　如因特别事故得随时召集全体工警工作。

第八条　农学院电讯专修科及其他校外单位工警得参照本办法另订之。

本办法自三十六年一月一日实行，如有未尽事宜得由庶务组随时呈请修改订之。

民国三十六年一月六日

云南大学史料丛书·教职员卷

三、休假、进修

吴中伦出国留学进修致熊校长往来函

径启者：敝校农学院讲师吴中伦君奉准赴美留学，拟乘机前往加尔各答候船转美，相应函请贵所查照，准予登记购买机票，以利远行至级公谊。

此致

航空检查所

校长熊庆来

民国三十年一月二十九日

教育部指令

令国立云南大学：

三十一年六月八日呈一件，为遵令遴荐本校教授杨克嵘为三十一年度休假进修教授，附具履历计划等。

呈请核示由

呈件均悉。据呈荐该校教授杨克嵘为三十一年度休假进修教授一节，准予备文审查，待核定后，再行饬知，仰即知照，件存。

此令

部长陈立夫阅

民国三十一年六月

杨克嵘等人休假进修报告及批复

案查前奉钧部三月二十八日高字第 11516 号训令：颁发国立专科以上学校教授休假进修办法一份，饬遴选三十一年度休假进修教授人选，以凭核办等因，奉此，遵查本校服务满七年卓著成绩之教授计有杨克嵘、饶重庆等二人，当经照案遴选并分别通知。旋据饶教授重庆称：本年不愿休假，请保留权利，矣诸异日。至杨教授克嵘曾将履历表及进修计划等填具到校，理合检同履历表件具文呈请

钧部鉴核示遵！

谨呈教育部长陈

计呈履历及进修计划各一份

姓名	杨克嵘
年龄	四十八岁
籍贯	云南洱源县
学历	美国普渡大学机械工程毕业
经历	前东陆大学筹备员、建筑事务总理、工科主任、实习工厂主任、省立云南大学教授兼工学院院长兼云南兵工厂长、国立云南大学工学院院长
在校服务年月	民国十一年九月至三十一年七月共二十年
教授科目	应用力学、机动学、机械制图、图解几何
月支薪给	国币四百八十五元，外加百分之三十五及生活津贴九十元，又平价食代金院长旅马费、特别办公费各项共计一千四百余元
进修计划	拟于暑假九月起，参观东川各铅铜矿区，再至永北、平彝、宣威、易门、个旧弄矿区调查，约期三月；又拟到宝川、弥勒、曲靖、金沙江各地考察水利工程及关于机械之利用，约期三月；再往川、黔考察各项工业，约期四月，现因交通工具多有不便，日期途程项待临时酌定，特此声明。

校长熊

民国三十一年六月八日

关于徐嘉瑞休假进修函件

为呈复本校教授徐嘉瑞在国内休假进修经呈准展缓期限一年请祈鉴核由

案奉钧部本年十月二十七日高字第52106号训令开："查该校三十二年度休假进修教授人选业经提交本部学术审议委员会审查，竣事并经核定徐嘉瑞准在国内进修，电知在案，该教授在进修期内所需研究或考察必需费用仍照上年成例经其本人拟具计划及数额呈部核定后由部及原校补助各半该员三十三年八月至三十四年七月薪俸。应将月薪数额填报后再行发给合行令仰知照办理。"等因。奉此，查本校教授徐嘉瑞休假进修一案。曾于本年九月十五日以总字第1251号文呈以本校本年度学生人数激增，文史课程加多，不便离校，请准延期一年，并改荐教授兼理学院院长赵雁来递补，请求核示。旋奉钧部本年十月九日高字第48906号指令核示徐嘉瑞准予展缓休假期限一年，改荐赵雁来教授于本年度休假一节，以呈荐较选，碍难照准等因各在案。奉令前因，理合具文呈复，请祈钧部鉴核。实为公便！

谨呈

教育部长陈

国立云南大学校长熊庆来

民国三十二年一月十日

徐仁赴印度研究致教育部函

（民国三十二年四月初八日发出）

为本校副教授徐仁先生，因赴印度研究东亚中生代植物，请转咨外交部签复护照，以利前往

案据本校生物系副教授徐仁先生，呈为与印度卢克老大学（University Oflucknaw）桑尼教授（Prof BSahni）合作研究东亚中生代植物，须赴印度一行，研究期限定为二年。恳请转呈钧部，核转外交部准予签发期限二年之出国护照以利前往。等情前来经查属实，理合备文，转请钧部，签核准予转咨外交部迅赐签发，俾该员得早日出国从事研究，实为公便。

谨呈教育部长陈

拟遴荐饶季华先生为休假进修计划书征求意见由

案奉教育部高字第 18275 号调令：饬于本年五月底以前，遴荐三十二年度休假进修教师合格人选，以凭检选等因。奉此，查部章规定以连续在校专任教授七年以上教授为合格，本校兹即拟遴荐台端相应先行函商，为荷。同意即请开具履历表及服务期间之研究报告或著作及进修计划送交，俾便呈荐，即希见覆为荷！

此致
饶季华先生

校章启
民国三十二年五月二十七日

教育部指令

令知该校教授徐嘉瑞准予展缓休假期限一年，改荐赵雁来于本年度休假一节，未便照准由。

民国三十三年九月七日

公函送外交部云南特派员公署

事由：为本校社会学系教授瞿同祖偕同眷属赴英，请函请美领馆签发过境证，俾能早日成行，希查照办理见复，由

径启者：查本校文法学院社会系教授瞿同祖应美国哥伦比亚大学之聘携同其妻及子女二人赴美，业经外交部发给交字第 23297 号护照，并经美国领事馆签发入境证，兹拟向英国领事馆请签过境证，因手续较繁恐有留难，拟请贵署函请该馆予以签证，俾能早日成行，复查该员在印度仅作过境之短期停留，足敷应用，相应函达，即希查照办理并冀见复为荷。

此致

外交部云南特派员公署

校长熊庆来

民国三十三年十一月十五日

瞿同祖出国研究致教育部公函

本校社会系教授瞿同祖，顷应美国哥伦比亚大学之聘，担任中国文化史之研究工作，请准予出国。

由文书组照办。

民国三十三年十一月

本校农学院选派人员出国深造事由呈教育部

窃查云南位居边陲，迩已成为抗战核心省份，举凡农土生产事业关系到国防资源者至钜。本校农学院负有改进西南农林水产责任，除延揽良好教授外，有志而学业已有良好根底，罗出国深造，此次钧部选荐出国研究人员七十五名，内列有农科十名，本校农学院为培植专才发展农林事业起见，拟请求钧部对于该项名额准予分配本校一名。查本校农学院森林系讲师袁同功君系中央大学毕业，业经七载，本校服务已四年有半，对于林产制造一科颇有心得，袁君曾以桐油为原料，试制人造相片，成绩颇称优良，惜已限于设备未获竞赛，又曾将桉树蒸馏精油医治疥疮及无名肿毒，颇著奇效。方今抗战正殷，前方将士之被困于疥疮比实繁有徒，若能派往国外研究，俾之深造，他日贡献于社会国家必更有斐然可观。袁君在校服务虽未满五年，而毕业已近七载，且研究从未间断，而成绩又复卓著，特推荐呈部准予选派出国研究，以便深造，实为公便。

谨呈

部长陈

校长熊

民国三十三年十一月十六日

理学院周家炽等五员出国研究呈教育部函

案奉钧部本年十月二十日高字第 51117 号调令，为本年度举办选派出国研究人员中，本校应选派理工科各一名，共二名，按照上列名额加倍荐选并检同荐选人员履历表报核。等因，奉此，自应遵办。查本校荐选出国考察研究人员，组织出国考察研究人员资格审查委员会进行遴选，经选有理学院周家炽、张福华二员，工学院丘勤宝、杨克嵘、张文奇三员理合检具，各该员履历表及著作清单等备文呈荐请祈

钧部鉴核圈定指令祗遵，实为公便

谨呈

教育部长陈

云南大学

民国三十三年十一月二十一日

史国衡出美研究呈教育部核示

据本校社会系讲师史国衡呈称"窃国衡服务本校五载于兹授课之余从事工矿业人事之研究，所著有《昆厂劳工》一书及在美哈佛大学以 *Chinaentens the machineage* 书名出版，颇得该方人士重视，并认为与该校历年所作之工业人事研究不无相互发明之处，兹接美国国务院代理国务卿格鲁来电知嘱赴美，作更进一步之研究合作，窃思我国战时工矿事业中人事制度艺徒教育以及社会福利等设施，虽在极端困难之中，颇多难能可贵之贡献，此种情形尚未为友邦人士所了解。为宣扬我国社会事业，藉正外人视听计拟即接受此项工作，恳请呈教育部核准，并祈转函外交部填发护照，以利进行。情拟此查该员在校任教成绩卓著，对所学尤钻研不倦，前途甚有希望，兹既应望出国研究，拟请将俯赐照准并祈转外交部"。

附：

1945 年 6 月 5 日教育部通知，周家炽、史国衡出国条件合格，进行体格查检。7 月 4 日，教育部通知云大史国衡出国护照一事业经核准，除电请外交部核发外，相应电达云大。

按教育部指令，出国研究人员的体格由附属医院检查，英语程度考核另组织人员考查。

民国三十四年五月二十五日

徐仁赴印度出席科学会需要用印币事由致重庆央行函

三十三年一月，生物系副教授徐仁奉准自费赴印度卢克老大学研究植物学（教育部自费留学证书），并得三十三年 1 月 14 日外汇管理会核准：第一年生活用 2 400 元。刻据徐仁教授自印度来函，呈请转函贵（外汇）局为"因拟出席印度科学年会，需用印币500 盾至肯再代请，印方有两学会：一为印度国家科学会议将于 1 月 1 日至 7 日在朋加拿地方举行，一为印度国家科学院会议将于 12 月 24 日至 31 日在乌达潘地方举行。两地相距达远、入会费亦多，为将来中印学术上联络起见，拟为永久会员"，请恳准予代请等情，查所呈属实，并于学术研究上必多助益，拟请贵局惠予允准照购，相应函达，至希查明办理为荷

此致
重庆中央银行业务局

校长熊庆来

附：

熊庆来致函银行业务局，1946 年 1 月 2 日徐仁在印度卢克老大学之桑尼教授（印度古生植物学权威），遂将学习后移至本年 6 月，以便完成研究论文，呈请转函贵局准予续购第 3 年度 6 个月之生活费及学费卢比 1 500 盾，使徐仁两年研究工作之论文得完善结束等情，徐仁返国后，对国内古生植物学工作及国际间之名誉殊重要，且对在郑有芳名教授之热忱叮嘱须迟数月回国，所请购外汇，亦在情理之中，拟请贵局允准，照购。

民国三十四年十二月二十日

径启者：兹得印度美国快船公司来函，悉近有美国船舶驶美。鄙人前填寄乘客申请书已列入，可以设法之中际，兹学校功课业已结束，故拟搭机赴印度加尔各答候船转往美国，顷至军事委员会航空检所登记，悉须由学校备一公函至该所证明，保证始予登记为。

特恳请

校方发给致军事委员会航空检查所保证公函一封，以利通行，实为公便。

此上

校长熊

云大农学院讲师吴中伦　上

民国三十五年一月二十八日

关于彭桓武回国任教旅费问题

桓武吾兄左右顷奉：

来滇任教，不胜欣喜，当肃寸谅邀青及，兹国内请政府办美金无正费事，兹先由校中存有者，遵嘱汇交美国执事省马大猷先生转交，即祈查收早日速驾，俾资欢迎不胜祈祷端此启颂

旅祺

弟熊　拜启

大猷先生台鉴：

鄙校聘彭桓武先生来滇任教，所需回国旅费，昨接桓武兄函汇由台端收饬，兹由昆明中国银行汇奉美金五万元，即请查收饬交，并祈代为敦促早日命驾，不胜感祷，端此并颂研祺

熊　拜启

民国三十六年一月七日

许烺光从美国致熊庆来函

迪之先生赐鉴：

六月十二日来，从八月中旬始奉阅，敬悉蒙不章见。台返校至以为感。自三十三年秋来美后，始任哥伦比亚大学讲师一年。三十四年冬转任康奈尔大学人类学副教授，此校规模甚大，我国文人学者多出其门。今秋，应西北大学之聘，改就此校人类学副教授，三年来出版论文五六篇，另有二书，一书已由哥伦比亚大学付梓，今年十二月左右问世，另一书正接洽条件中。书出后当即寄奉乞。三年来虽小有贡献，但怀念祖国，无时或释，如可能明夏当作归计。先生得暇，能否将社会系情况如教员人数、图书需要、住宅有等略为示之一二，以便早作准备。再返回国时，船必先抵上海，由沪去昆之旅程，此刻以何者为最佳最便，并校中对旅费办法望一并告知，前在云大任教两年余，未有所成，皆先生领导有以致之为能，再返本校当尽绵薄也。

云南大学史料丛书·教职员卷

此敬颂

教安

迪之夫人前代致意

之毅兄及其他令人等全此

愚许烺光

民国三十六年十月三十日

[批文]：请梅院长批示，以便函复

旅费单身以提前两月起薪充之，有眷属三个月

烺光先生亲鉴：接读十月三十日手书

李枢前往越南学术研究的信函

径启者：顷据法国领事馆转来河内医学院院长来函，拟请李枢前往河内医学院做研究工作，事关联络中法文化，有增两国友谊，拟请致函外交部，特派员公署发给出国护照为荷！

此致

国立云南大学整理委员会

医学院教授李枢

民国三十八年十一月二十四日

[批文]：转函杨教授知照

国立云南大学公函

径启者：顷校本校医学院教授李枢，函称顷接法国领事馆转来河内医学院院长来函，拟请枢前往河内医学院做研究工作，事关联络中法文化，增加两国友谊，拟请转函外交部驻滇特派员公署，发给出国护照等情，附法国领事馆证明书一件，授此相应检同证明书函，请贵署查照，准予发给出国护照并冀，见复为荷！此致

外交部驻滇特派员公署

附法国领事馆证明函一件（办毕请仍掷还）

主任委员　卢汉

副主任委员　任泰

民国三十八年十二月二十五日

方国瑜休假进修报告

请予休假进修履历表

姓　　名	方国瑜
年　　龄	四十岁
籍　　贯	云南省丽江县
学　　历	国立北平师范大学文学士，国立北京大学研究所国学门毕业
经　　历	北平民国大学国文系教授、师范大学研究所纂辑员，云南通志馆编审员，云南省教育厅征集文献专员
在校服务年月	民国二十五年八月任文史系教授至今满七年
教授科目	国文、目录学、校勘学、声韵学、云南文化史诸科
月支薪给	薪金四百元，津贴一千六百元共两千元，各月多不一，兹据四月份实支之数，连各项津贴合计国币两千零九十五元
著作名称	已成稿者有《广韵》《广韵声读表》《隋唐声韵考》《慎子四种》《么些文字汇》《滇西边区考察记》等书

请予休假进修计划

　　拟在休假一年内，往四川搜集滇史资料，国瑜留心云南史地之学已十五年，先后在北平南京昆明搜录资料，分门整理积稿已逾五尺，惟有尚未查翻图籍，拟以一年之时间往重庆、成都、南溪等处访书抄录前所未备资料，然后整理已成之长编写为定稿，预计全书约五百万字，再经五六年后即可完成，兹将全书拟目列之如次：

　　甲编　纪自然　分疆域志、山川志、物产志诸门

　　乙编　纪历代设施之政治经济军事　分经略考、建置考、武备考、职官录、政绩传、户口考、赋役考、交通考诸门

　　丙编　纪历代移民开拓及一般文化　分拓殖考、儒学考、艺文考、金石考、古迹考、宗教考、风俗考诸门

　　丁编　纪土族　分土族载记、土司传、土民志、方言志诸门

　　戊编　纪人物　凡人物传记分若干门

　　己编　纪边裔　分中国经略、缅甸史、中国纪录、暹罗古代史、安南与云南交涉史诸门

　　庚编　载杂文　分诗文录、琐事录、异闻录诸门

　　上所列举诸门大都已成长编，尚有若干门类如天文、外交、艺术等则尚未加编次，待搜访较备整理全书而需翻阅之书较多，一年期间仅能搜录，惟在此一年中拟先成缅甸史、暹罗史两种，因目前局势国人应多明了，中南半岛与我国之关系，坊间已有此类书籍出版而浅肤讹谬不堪读也。

云南大学史料丛书·教职员卷

教职员薪俸与生计

一、省立东陆大学时期

（一）民国十九年十月薪俸册

职务、课别	姓　名	月支俸给数
校长	华秀升	600
文科主任	邓鸿藩	300
工科主任	杨克嵘	300
预科主任	聂体仁	300
理化主任	赵家逎	300
编辑主任	严继光	300
图书主任	袁丕佑	300
会计主任	何　瑶	300
庶务主任	杨维浚	300
体育主任	王秉章	200
秘书	邵　润	160
学监	刘元中	200
学监	赵焕剑	160
专任教员	范师武	100
专任教员	萧扬勋	200
编辑员	邓鸿涛	160
会计员	章积厚	100
国家政治欧洲史教授	严继光	160
党史、美国史等教授	陈复光	416
经济概论等教授	范师武	384
法学概论等教授	邓鸿藩	448
英文教授	华秀升	448

续 表

职务、课别	姓 名	月支俸给数
财政学等教授	李乾元	192
欧洲史教授	聂体仁	96
体育教授	周锡夒	96
法学教员	邓鸿涛	96
国文等教员	袁丕佑	320
法文教员	杨维浚	128
英文教员	李国清	64
英文教员	赛门和佛	64
公文程式教员	赵梦渔	64
簿记学教员	朱寿昌	160
国文教授	袁嘉谷	64
测量学等教授	张 伟	352
高等物理教授	赵家通	128
解析几何等教授	杨克嵘	288
道路建筑等教授	毕近斗	288
工厂实习等教授	何 瑶	224
无线电学教授	萧扬勋	96
化学实验教授	聂长庆	192
国文教授	张炳翼	102
国文教授	刘嘉瑢	102
国文教授	倪隆德	72
英文、法文等教授	李国清	240
英文会话教授	聂镇南	72
化学实验等教授	聂长庆	216
历史教授	聂体仁	96
代数教授	毕近斗	96
几何教授	杨克嵘	72
名学教授	严继光	48

续　表

职务、课别	姓　名	月支俸给数
科学概论教授	周锡夔	72
英文会话教授	华秀升	96
物理实验教授	赵家通	144
用器书教授	萧扬勋	48
英文读本教授	范师武	96
经济教授	李乾元	96
三角教授	何　瑶	72
政治教授	邓鸿藩	96
国文教授	袁丕佑	48

（二）云南省立东陆大学民国二十一年十月全体雇员姓名、职务、薪水数目清册

姓　名	字　号	职　别	薪金（元）	服务地点
张正富	宝臣	事务员	100	专司事务保管物件及照料校内一切
陈鼎甲	小山	事务员	100	专司登记出入账务及分送各部应用物品
赵之鹏	云波	采买司事	100	专司采买
刘汝峰	峻山	会计处书记	100	缮写账务及预算书
方继祖	克纯	图书助理员	80	管理图书室书报杂志
谢沅	濂溪	理化管理员	100	管理理化室器械药品
萧珍	益齐	教务处书记	80	专办教务处一切事务
袁绩亮		英文打字员	40	专打英文讲义
陈煊		收发兼书记长	100	管理文卷缮写文件讲义及写石印公件收发文件监印等事
杨茂之	兴臣	书记	75	专司缮写
徐镇兴	乾山	书记	75	专司缮写
张钟祺	炳文	书记	60	专司缮写

续　表

姓　名	字　号	职　别	薪金（元）	服务地点
张隐民	耐夫	书记	60	专司缮写
谢云轩	人民	油印员	75	专司油印
杨国铨	子衡	书记	75	专司缮写
王嗣武	光文	稽查	65	稽查天门出入一切事务
李国义	伯庚	校警长	65	专司校内警务及管理校工
唐绍元	松泉	副校警长	65	专司校内警务及管理校工

注：以上各员外备早膳，每人每月约合津贴洋壹拾七八元。

（三）云南省立东陆大学民国二十一年全体校工职务清册

姓　名	服务地点	工　食	备　考
刘进臣	会泽院	40	
陈鹤清	会泽院	40	
刘　勋	事务部	40	
文绍童	事务部	40	
赵子孝	理化室	50	
田应桢	学生宿舍	40	
易福兴	茶房	50	
周旺兴	挑水	40	
郑徒顺	俱乐部	40	每人每月津贴伙食洋壹拾元
张　华	沐浴室	40	
陈华堂	清洁	50	
徐　清	清洁	40	
丁　阳	清洁书记室	45	
杨炳权	花工	50	
杨文秀	俱乐部	20	
王嘉宝	校警	50	
毕烂庚	校警	40	
胡德昌	校警	40	

（四）云南省立云南大学民国二十五年教职员薪金名册

职 别	姓 名	字号	年龄	性别	籍贯	月俸（元）	专职或兼职	担任课程总数及每月课时数	到校年月（民国）
校长	何瑶	元良	41	男	云南石屏	80	兼		二十一年九月
文法学院院长	邓鸿藩	屏洲	39	男	云南盐津	140	兼		十六年三月
理工学院院长	何瑶	元良	41	男	云南石屏	140	专		二十一年九月
政治经济系主任	范师武	晋丞	44	男	云南大理	20	兼		十三年十一月
教育系主任兼附属高中主任	徐继祖	述贤	40	男	云南弥渡	300	专		二十五年二月
法律系主任	邓鸿涛	巨源	34	男	云南盐津	20	兼		十九年八月
	王伟	正恒	40	男	贵州贵阳	20	兼		二十五年六月
医学专科主任	秦光弘	稚藩	33	男	云南呈贡	100	兼		二十三年八月
秘书	李永清	子廉	39	男	云南昆明	100	兼		二十一年六月
注册课副主任	沈燊	济之	35	男	云南曲靖	100	兼		二十年十月
体育课主任	姚继唐		39	男	云南个旧	80	专		二十年五月

职 别	姓 名	字号	年龄	性别	籍贯	月俸（元）	专职或兼职	担任课程总数及每月课时数	到校年月（民国）
会计课主任	方继熙	介福	46	男	云南昆明	100	专		二十一年十一月
庶务课主任	杨维浚	子深	45	男	云南昆明	120	专		十一年九月
科学馆主任	聂长庆	赓馀	36	男	云墨江南	240	专		十四年三月
图书馆主任	彭元士	恺丞	47	男	江苏吴县	100	专		二十四年七月
训导委员会副主任	付铭彝	民一	46	男	云南镇雄	100	专		二十四年五月
训导委员会副主任	刘元中	伯庸	34	男	云南曲靖	110	专		十九年三月
训导委员会副主任	梁恒洲	正乡	33	男	云南沾益	80	专		十九年九月
军事教官兼教导委员会委员	徐 谦	受益	30	男	云南昆明	90	专		二十二年十月
编辑委员会委员	包崇仁	仰宁	30	男	云南蒙自	90	专		十九年八月
教授	袁嘉谷	屏山	60	男	云南石屏	120	兼	一种二时	十二年
教授	白之瀚	小松	44	男	山西介休	168	兼	二种十六时	二十三年二月
教授	方国瑜	瑞丞	32	男	云南丽江	180	专	五种十五时	二十五年九月

职 别	姓 名	字 号	年 龄	性 别	籍 贯	月俸（元）	专职或兼职	担任课程总数及每月课时数	到校年月（民国）
教授	邓鸿藩	屏洲	38	男	云南盐津	216	兼	六种十八时	十六年三月
教授	邓鸿涛	巨源	34	男	云南盐津	216.8	专	四种十八时	十九年八月
教授	饶重庆	季华	52	男	云南蒙化	180	兼	四种十五时	二十一年九月
教授	杨振兴	宏举	40	男	云南大理	86.4	兼	二种九时	二十二年八月
教授	孙德崇	羲菴	34	男	云南墨江	57.6	兼	二种六时	二十二年八月
教授	范师武	晋丞	44	男	云南大理	260	专	三种十五时	十三年十一月
教授	李乾元	李立	38	男	云南晋宁	220	专	四种十五时	十七年四月
教授	陶贞元	子固	32	男	云南昆明	220	专	五种十四时	二十年二月
教授	聂体仁	雨南	35	男	云南墨江	108	兼	一种九时	十七年三月
教授	朱寿昌	宇平	37	男	云南富民	28.8	兼	一种三时	二十四年十一月
教授	易文奎	崇皋		男	贵州绥阳	36	兼	一种三时	二十四年十一月
教授	马嘉德		50	男	法国巴黎	38.4	兼	一种四时	十七年

续 表

职 别	姓 名	字号	年龄	性别	籍贯	月俸（元）	专职或兼职	担任课程总数及每月课时数	到校年月（民国）
教授	徐继祖	述先	40	男	云南弥渡	300	专	四种十五时	二十五年二月
教授	杨家风	瑞五	39	男	云南鹤庆	96	兼	二种八时	二十五年二月
教授	李立藩	君范	38	男	云南昭通	36	兼	一种三时	二十五年一月
教授	张嘉栋	季材	30	男	云南石屏	86.4	兼	二种九时	二十二年三月
教授	李永清	子廉	39	男	云南昆明	168	兼	一种十四时	二十一年十月

二、国立云南大学时期

国立云南大学民国二十八年至三十年薪俸表

职　别	姓　名	二十八年		二十九年		三十年	
		原支薪额	实发薪俸	原支薪额	实发薪俸	原支薪额	实发薪俸
校长	熊庆来	700	505	60 000	49 000	60 000	60 000
秘书长	徐绳祖	320	239	40 000	33 000	36 000	36 000
秘书	郑崇贤	300	225				
秘书	施来福	100	85			5 000	5 000
助理	车华庆	30	30				
助理	姜锡龄	50	50				
助理	方际熙	140	113				
主任	虞　唐			18 000	16 400	25 000	25 000
组员	刘维聪			6 500	7 400	12 000	12 000
助理员	陈仲和			3 500	4 500		
助理员	陈远模			4 000	5 000	11 000	11 000
助理员	宋为藩	20	20	3 500	4 500	8 000	8 000
书记	李永龄			3 000	4 000		
书记	王和昌			2 500	3 500		
书记	任崇德			3 000	1 542		
书记	刘骏名			5 000	3 466	9 000	9 000
书记	丁济沅			3 000	4 000		
课员	王汝训	35	35	7 000	7 600		
课员	周保康	35	35	6 000	6 800	11 000	11 000
书记	杨大儒	22	22				
书记	高　成	20	20				
书记	阮志辉	20	20				

职 别	姓 名	二十八年		二十九年		三十年	
		原支薪额	实发薪俸	原支薪额	实发薪俸	原支薪额	实发薪俸
书记	李 沛	16	16				
书记	黄鼎华	22	0				
书记	陈家骅	22	0				
书记	马 俊	20	17.42				
书记	高阴堂	22	13.9				
书记	杨汝振	22	7.33				
石印员	梁德祥	40	40				
石印员	李敬臣	24	24				
石印员	蔡仲明	20	20				
石印员	马克强	22	22				
石印员	杨茂之	22	22				
石印员	韩国远	20	20				
石印员	李光庭	22	22				
石印员	张国光	22	22				
石印员	刘麟铭	20	20				
石印员	吴秉华	20	20				
油印员	徐绍卿	22	22				
稽查员	宋 睢	19.1	19.1				
司事	段品超	20	20				
司事	袁同鈇	18	18				
主任	陈鸿藻	120	99	20 000	18 000	26 000	26 000
干事	王 廉	80	71				
助理	苏 秦	32	32	7 000	7 600	14 000	14 000
助理	张理廷	26	26	4 500	5 500		
助理	李以文	25	0				
助理	郭嘉宾	25	0	5 000	6 000	11 000	11 000

职　别	姓　名	二十八年		二十九年		三十年	
		原支薪额	实发薪俸	原支薪额	实发薪俸	原支薪额	实发薪俸
主任	张用之	140	113				
干事	陈道明	80	71				
监工员	杨允图	30	0				
课员	王沂	30	30				
课员	张友阑	30	30				
课员	吴德光	30	0				
课员	潘延静	30	30	3 000	4 000	8 500	8 500
组员	陶永训	50	50	7 000	7 600		
助理	尹希先	30	30				
助理	张希栻	30	30	6 000	6 800		
助理	陈鼎甲	26	26				
助理	莫文灿	24	24	5 000	6 000	10 000	10 000
课员	王懋功	30	30				
课员	杨破南	20	20				
课员	王以忠	24	22.19	5 000	6 000	11 000	11 000
事务员	周定理	20	20				
稽查	宋睢	19	19				
稽查	赵巨祥	22					
教务长	何鲁	0	0				
教务长	李季伟	薪俸由教授俸内致送					
干事	方国定	80	71				
主任	赵传						
主任	张季善	140		20 000	18 000		
干事、主任	张森	80	71	18 000	16 400	25 000	2 5000
课员	萧扬铭	45	45				

续 表

职 别	姓 名	二十八年		二十九年		三十年	
		原支薪额	实发薪俸	原支薪额	实发薪俸	原支薪额	实发薪俸
课员	刘意萱	35	35				
助理	姜锡龄	40	40	11 000	10 800		
助理	沈霙	40	40	3 500	4 500		
课员	徐昆玉	30					
课员	朱淑贞	30	30	11 500	5 500		
书记	陈庆五	26	26	4 500	5 500		
书记	永裕祥	24	24	4 000	5 000	9 000	9 000
书记	李敬臣	24	24	4 500	5 500	9 000	9 000
书记	蔡仲明	20	20				
书记	杨茂之	22	22	3 000	4 000	7 000	7 000
书记	李光庭	22	22	4 000	5 000	9 000	9 000
书记	张国光	22	22	5 000	6 000	10 500	10 500
书记	刘麟铭	20	20				
书记	吴秉华	20	20				
书记	徐耀堂	22	0			7 500	7 500
书记	张正坤	20	0				
书记	杨有为	20	0	2 500	3 500		
油印	徐绍卿	22	22	3 000	4 000	8 500	8 500
书记	王泽	22	21.72				
书记	王治国			3 000	4 000	9 000	9 000
书记	吴栋臣			3 000	4 000		
书记	欧阳天曼			3 500	4 500		
书记	寸镇兴			3 000	4 000		
书记	徐耀唐			3 000	4 000		
书记	官声荣			3 000	4 000		
石印员	梁德祥			6 700	7 700	14 000	14 000

云南大学史料丛书·教职员卷

续　表

职　别	姓　名	二十八年		二十九年		三十年	
		原支薪额	实发薪俸	原支薪额	实发薪俸	原支薪额	实发薪俸
主任	涂　文	300	225	32 000	26 600	36 000	36 000
教员	杨元坤	100	85	14 000	13 200	19 000	19 000
教员	沈芳夏	50	50				
书记	姜伯厚	20	20				
书记	潘延柯	20	20				
书记	杨大儒	22	22				
书记	周廷灿			3 500	4 500		
兼任教员	张汝漠			3 200	3 200		
教官	张继鹏	100	85				
教官	张在实	70	64	15 000	14 000		
教官	杜有光	70	64				
教官	林有光			11 000	10 800		
教官	武馨维			6 000	6 800		
教官	赵鸿勋			11 000	10 800	19 000	19 000
主任	彭元士	140	113	20 000	18 000	26 000	26 000
西文编目员	李继先	135	109.5	1 8000	16 400	5 000	5 000
中文编目员	张鸿书	40	40				
馆员	周玉麟	35	35				
馆员	余锡鸿	30	30				
馆员	陈荣恩	50	50	8 000	8 400		
馆员	马树伯						
打字员	楚玉成	25	25				
助理	何祝铭	33	33			9 000	9 000
助理	段维屏	33	33				
助理	马树柏	24	24				
打字员	楚玉成	25	25				

教职员薪俸与生计

379

续 表

职 别	姓 名	二十八年		二十九年		三十年	
		原支薪额	实发薪俸	原支薪额	实发薪俸	原支薪额	实发薪俸
助理	何祝铭	33	33	4 500	5 500	9 000	9 000
助理	段维屏	33	33				
书记	杨德全	18	18				
书记	姜启明	20					
书记	陈庆五	26	26	4 500	5 500		
书记	曾以厚	22	22	5 000	6 000	10 000	10 000
中文编目	何友来			18 000	16 400		
馆员	方如兰			4 000	5 000		
馆员	周绍瑜			2 500	3 500		
助理	陈佩瑜			2 500	3 500	7 500	7 500
助理	刘鸿鹄			2 500	3 500	7 500	7 500
助理	武慰熙			3 000	4 000		
助理	曾以文			2 500	3 500		
助理	段宝珍			2 500	3 500	7 500	7 500
主任	伍纯武	320	239			44 000	44 000
训育员	甘师禹	80	71				
训育员	王浩兰	60	57			12 500	12 500
训育员	武臣奭	60	57			13 500	13 500
书记	粉光灿	22	22				
书记	刘麟铭	20	20				
主任	路祖寿	200	155	25 000	22 000	32 000	32 000
佐理员	何树铎	100	85				
佐理员	承正元	100	85	14 000	13 200	17 000	17 000
雇员	张天玉	40	40	6 500	7 000	12 000	12 000
雇员	徐真如	35	35				
事务员	王鹤轩	50	50	7 500	8 000	16 000	16 000

职　别	姓　名	二十八年		二十九年		三十年	
		原支薪额	实发薪俸	原支薪额	实发薪俸	原支薪额	实发薪俸
院长	胡光炜			40 000	33 000		
院长	胡小石					44 000	44 000
主任	闻再宥	340	253	36 000	29 800		
教授	程　璟	320	239				
教授	吴　晗	300	225	30 000	25 000		
教授	赵诏熊	280	211			38 000	38 000
教授	陶振誉	260	197				
副教授	徐嘉瑞			26 000	21 800	36 000	36 000
副教授	方国瑜	140	113	14 000	12 200	17 000	17 000
副教授	楚图南	220	169	2 2000	18 600	36 000	36 000
副教授	施蛰存	220	169	22 000	18 600		
副教授	吕　湘	200	155	26 000	21 800		
副教授	陈定名			26 000	21 800	30 000	30 000
副教授	赵晚屏			24 000	20 200		
讲师	王　烈	108	90.6	19 000	17 200		
讲师	李崇年	36	36				
讲师	朱汇臣	36	0				
讲师	李国清	72	65.4				
讲师	马嘎太	36	36				
讲师	赵　聪	36	36				
教员	由　道	120	99	20 000	14 000		
讲师	沙国彦	36	0				
讲师	黄伟惠	36					
讲师	周泳先	40	40	15 000	14 000		
讲师	张　易	24	0				
讲师	牟宗三	24					

续　表

职　别	姓　名	二十八年		二十九年		三十年	
		原支薪额	实发薪俸	原支薪额	实发薪俸	原支薪额	实发薪俸
讲师	方国定			2 400	2 400		
教授	顾颉刚	400	330				
专任讲师	赵萝蕤			14 000	13 200	18 000	18 000
专任讲师	瞿同祖			20 000	1 8000	2 6000	26 000
专任讲师	白寿彝			16 000	14 800	24 000	24 000
专任讲师	朱进之			14 000	13 200		
专任讲师	王　烈			19 000	17 200		
讲师	张照麟			4 800	4 800		
讲师	皮名举			4 800	4 800	6 000	6 000
讲师	蔡维藩			4 800	4 800		
讲师	邵循正			4 800	4 800		
讲师	戴世光			4 800	4 800		
讲师	冯素陶			4 800	4 800		
讲师	施来福			10 000	10 000		
书记	陈家骅			3 000	4 000	8 500	8 500
助理	郑　鸿			4 000	4 000	4 500	4 500
主任	罗仲甫	300	225				
教授	张和笙	300	225				
教授	饶重庆	300	225	30 000	25 000	34 000	34 000
教授、主任	陶天南	300	225	32 000	26 600	38 000	38 000
教授	费青	200	155				
教授	王伯琦			30 000	25 000	34 000	34 000
讲师	何襄明			30 000	25 000		
讲师	朱绍曾	84	73.8				
讲师	杨宏举	60	57				
讲师	王式成			2 500	2 500	4 000	4 000

续　表

职　别	姓　名	二十八年		二十九年		三十年	
		原支薪额	实发薪俸	原支薪额	实发薪俸	原支薪额	实发薪俸
讲师	孔容照			4 800	4 800	8 000	8 000
讲师	朱近吾			4 800	4 800	6 000	6 000
讲师	范承枢			8 000	7 400		
主任	林同济	400	295	40 000	33 000	44 000	44 000
教授	范师武	320	239	32 000	26 600	30 000	30 000
教授	朱驭欧	320	239	32 000	26 600	36 000	36 000
教授	王赣愚	320	329	32 000	26 600	38 000	38 000
副教授	赵 镈	240	183				
副教授	秦 拔			28 000	23 400		
副教授	何永佶			4 800	4 800	6 000	6 000
讲师	高直青	24	24				
教授	朱炳南	320	266	3 3000	29 000		
教授	萧 遽	400	330				
助理员	武慰熙			3 000	4 000		
助理员	汪庆璜			4 500	5 500		
教授、主任	吴文藻	400	330	40 000	33 000		
副教授	费孝通			28 000	23 400	18 000	18 000
助教	郑安伦			8 000	7 400	1 3000	13 000
助教	张之毅			8 000	7 400	1 4000	14 000
助教	薛观涛			8 000	7 400		
院长	熊庆来	0	0				
院长	何衍璿					44 000	44 000
主任	何鲁	400	295				
教授、主任	王士魁	280	211	30 000	25 000	34 000	34 000
教授、主任	庄圻泰			28 000	23 400	30 000	30 000
教员	陆子芬	160	127	22 000	19 600	26 000	26 000

续　表

职　别	姓　名	二十八年		二十九年		三十年	
		原支薪额	实发薪俸	原支薪额	实发薪俸	原支薪额	实发薪俸
助教	张孝机	70	64	14 000	13 200		
助教	张福华	80	71	13 000	12 400	15 000	15 000
助教	徐贤修	15	15				
研究助教	尚学仁	40	40	10 000	10 000	14 000	14 000
助教	姜立夫	36	36				
讲师	陈省身	36	36				
讲师	戴良谟	200	0				
讲师	华罗庚	24	24				
助教	徐贤修	15	15				
助教	白世后			8 000	8 000		
助教	朱德祥			13 000	12 400	16 000	16 000
主任	赵雁来	320	239	34 000	28 200	38 000	38 000
教授	李季伟	320	239				
教授	田 渠	300	250	30 000	25 000	34 000	34 000
教授	张瑞纶			30 000	25 000		
副教授	沙玉彦	280	211	30 000	25 000	34 000	34 000
副教授	王树勋			28 000	23 400	32 000	32 000
副教授	丘明机			7 500	9 200		
讲师	张汉良	48	48	4 800	4 800		
讲师	朱肇熙	48	48				
讲师	刘为涛	36	36	3 200	3 200		
讲师	童致诚	12	36				
助教	顾建中	80	71	13 000	11 600	18 000	18 000
助教	高国寿	80	71				
助教	冯新德	70	64				
助教	黄士辉	36	0				

云南大学史料丛书·教职员卷

续　表

职　别	姓　名	二十八年		二十九年		三十年	
		原支薪额	实发薪俸	原支薪额	实发薪俸	原支薪额	实发薪俸
助教	李如琚	80	71	12 000	11 600	14 000	14 000
讲师	张德荃	64	0				
讲师	斯允一	60	57				
讲师	丁孚远	20	20				
助教	韩芷芬	25	25	3 500	4 500		
助教	李如琚			12 000	11 600		
助教	周萧谦			9 000	9 200	11 000	11 000
助教	曾石英			9 000	9 200	11 000	11 000
助教	余寿年			9 000	9 200	11 000	11 000
助教	梁世泽			8 000	7 100		
练习生	沈家敬			2 100	2 100		
主任	严楚江	340	253	36 000	29 800		
教授	崔之兰	320	239	32 000	26 600	36 000	36 000
教授	汪发瓒	150	120				
兼任教授	石声汉			4 800	4 800		
专任讲师	陈梅生	110	92	15 000	14 000	18 000	18 000
专任讲师	徐仁			25 000	19 600	26 000	26 000
专任讲师	愈德浚			20 000	18 000		
助教	彭承植	70	64				
助教	陈阅增	70	64				
助教	孙铁仙	45	0				
助理	潘清华	50	50	9 000	9 200	11 000	11 000
助理	郝天和			9 000	9 200	11 000	11 000
管理员	梁兆芬			4 500	5 500		
讲师	陈希山			4 800	4 800		
练习生	陈选明			2 500	3 500		

教职员薪俸与生计

385

续 表

职 别	姓 名	二十八年		二十九年		三十年	
		原支薪额	实发薪俸	原支薪额	实发薪俸	原支薪额	实发薪俸
练习生	杨家铭			2 000	3 000	2 200	2 200
练习生	杨绍光			3 500	4 500	4 000	4 000
助理	吴绍良			4 000	5 000	5 500	5 500
院长	杨克嵘	400	295	40 000	33 000	44 000	44 000
主任	李炽昌	380	281	38 000	31 400		
教授	邹恩泳	320	239	30 000	25 000		
教授	顾宜孙	442	363				
教员	张家宁	120	99	20 000	18 000		
教员	周传典	90	78				
讲师	赵凌寒	36	36				
讲师	丘勤宝	108	90.6	34 000	28 200	32 000	32 000
讲师	马希融			4 800	4 800		
助教	董燮川			9 000	9 200		
助教	姚启志	60	0				
兼任助教	周叔芳			2 000	2 000		
监工员	李春善	50	50				
管理员	陈元龄	30	30	10 000	10 000		
书记	张隐民	29	29	4 500	5 500		
教授	张正平	450	450	115 000	45 000	50 000	50 000
教授	蒋道江	360	360	38 000	38v000		
教授	叶家恒	400	0	40 000	40 000		
教授	朱熙人	380	380	39 000	39 000		
教授	陶桂棻	280	280				
讲师	熊秉信	100	100	10 000	11 000		
教授	徐象数	93	93	36 000	36 000	42 000	42 000
助教	程绍祺	60	60				

续 表

职别	姓名	二十八年		二十九年		三十年	
		原支薪额	实发薪俸	原支薪额	实发薪俸	原支薪额	实发薪俸
讲师	袁见齐	200	0	20 000	21 000		
教授	周 励	360	0				
教授	尹石生	30	0				
教授	石 充			50 000	50 000	50 000	50 000
教授	张耀曾			32 000	32 000	36 000	36 000
专任讲师	宁钦明			20 000	21 000		
专任讲师	熊先珪			15 000	16 000		
讲师	姚 瞻			9 600	9 600		
助教	郭令智			8 000	11 100		
助教	钱翠麟			7 000	10 000		
助教	何淑犁			5 000	6 000		
助教	张锡康			7 000	8 000		
助教	黄辰桓			4 800	4 800		
助教	徐衍敦			8 000	9 000		
助教	汪德峤			8 000	8 000		
绘图员	沈缙绅	75	75	8 500	9 500		
绘图员	顾正家	60	60				
绘图兼庶务员	吴广元			9 000	10 000		
书记	庄其兴	25	25				
书记	李 谦	30	0				
书记	王静农	25	15				
书记	王炳福	25	8.33				
矿山实习场经理	于耀廷	22	22				
教授	徐象数			36 000	36 000		

续 表

职 别	姓 名	二十八年		二十九年		三十年	
		原支薪额	实发薪俸	原支薪额	实发薪俸	原支薪额	实发薪俸
讲师	薛诚之			1 400	1 500		
讲师	殷炎麟			12 000	14 000		
讲师	张文奇			19 000	20 000	24 000	24 000
书记	江重品			3 000	3 500		
会计事务员	罗再造			8 000	9 000	10 000	10 000
庶务助理员	刘昭武			6 000	6 000		
院长	范秉哲	300	225	30 000	25 000	34 000	34 000
副院长	姚碧澄			40 000	33 000	44 000	44 000
教授	经利彬	200	155	20 000	20 000	26 000	26 000
教授	杜棻	60	57	35 000	29 000	40 000	40 000
教授	王承才	200	155	20 000	17 000		
教授	沈福彭			28 000	29 000	32 000	32 000
副教授	赵明德			28 000	23 400	32 000	32 000
教员、讲师	戴芳沂	100	85	18 000	14 800	24 000	24 000
助教	刘玉素	90	78	13 000	12 400	19 000	19 000
助教	李登榜	80	71	11 000	10 800	15 000	15 000
专任讲师	朱肇熙	48	40	30 000	2 5000	32 000	32 000
讲师	张瑞纶	84	73.8				
讲师	李枢	72	65.4	12 800	12 800	3 0000	30 000
讲师	张玺	24	24	3 200	3 200	4 000	4 000
讲师	朱汇臣	36					
讲师	王绍辛	200	155				
绘图员	赵竹筠	26	26	4 500	5 500	8 500	8 500
助理	张棣华	10	10				
助理	张维华	120	120				
助理	江应樑	80	80				

职　别	姓　名	二十八年		二十九年		三十年	
		原支薪额	实发薪俸	原支薪额	实发薪俸	原支薪额	实发薪俸
助理	丁道衡	200	200				
助理	宓贤璋	100	100				
助理	岑家梧	80	80				
助理	费孝通	120	120				
助理	白寿彝	80	80				
教授	吴文藻	400	330				
教师	冯素陶	40	40				
教师	吴文嘉	30	30				
教师	徐　芳	40	40				
教师	赵景松	30	30				
教师	赵萝蕤	30	30				
教师	王士魁	30	30				
教师	陈鸿远	30	30				
教师	戴良谟	30					
教师	张孝机	20	20				
教师	林同济	10	10				
教师	涂　文	20	20			1 600	1 600
教师	孙　易	30	30				
教师	刘　汉	30	30			4 800	4 800
教师	严楚江	45	45				
教师	崔之兰	45					
教师	沙玉彦	30	30				
教师	李季伟	45	45			10 000	10 000
教师	赵雁来	45					
教务员	苏　岷	30	30				
院长兼教授	汤惠荪	200	155	40 000	33 000	44 000	44 000

续　表

职　别	姓　名	二十八年		二十九年		三十年	
		原支薪额	实发薪俸	原支薪额	实发薪俸	原支薪额	实发薪俸
技工	丁振林	72	46	14 000	14 000		
主任	张福延			38 000	314 000	44 000	44 000
教授	陈　植			34 000	28 200	30 000	30 000
兼任教授	郑万钧					15 000	15 000
助教	袁同功					14 000	14 000
助教	徐永椿			10 000	10 000	14 000	14 000
助理	严登春					10 000	10 000
教授	周士礼					24 000	24 000
教授	徐继吾					30 000	15 000
副教授	诸宝楚					30 000	30 000
兼任副教授	周拾禄					15 000	15 000
兼任副教授	贾海义					15 000	15 000
兼任副教授	齐雅堂					10 000	10 000
兼任讲师	秦秉中					20 000	20 000
助理	王松玉					14 000	14 000
助理	杨耀先					500	500
农场助理	杨嘉泰					9 500	9 500
农场助理	方斗灵					9 000	9 000
农场助理	杨本桢					7 500	7 500
农场助理	蔡克华					18 000	18 000
农艺系助理	张光汉					7 500	7 500
农艺系助理	何从云					7 500	7 500
兼任讲师	杜修昌					25 000	25 000
兼任讲师	冯景兰					8 000	8 000
技师	丁振麟					20 000	20 000
助教	王光正					14 000	14 000

续　表

职　别	姓　名	二十八年		二十九年		三十年	
		原支薪额	实发薪俸	原支薪额	实发薪俸	原支薪额	实发薪俸
助教	蒋寿骏					18 000	18 000
助教	徐象数	267	267				
助教	周泳先	20	20				
助教	吕　湘	30	30				
助教	顾建中	15	15			4 800	4 800
助教	童致诚	30	30				
助教	陆子芬	40	40				
助教	张德荃	15	15				
助教	杨元坤	20	20				
助教	钱临熙	30	30				
助教	刘惠之	10	10				
教员	姚允一	15	15				
注册员	张淑英	35	35				
军训员	李振华	30	30				
助理	谢毓寿	40	40			9 000	9 000
助理	黄光陆	40	0				
助理	田雨农	40	0				

国立云南大学民国三十一年酒精原料农场职员薪金报表

职　别	姓　名	月　薪	津　贴	备　注
主任	陈植	360	120	
技术组长	萧泽	160	80	
推广组长	蔡克华	160	80	
会计组长	黄光祖	160	80	
事务组长	徐寿龄	160	80	

教职员薪俸与生计

391

续 表

职　别	姓　名	月　薪	津　贴	备　注
技士	蒋寿骏	150	80	
技士	陶元高	140	80	
事务助理员	吴　刚	60	50	
事务助理员	李孝侯	60	50	
技术助理员	王健安	40	45	
技术助理员	马永国	40	40	
推广助理员	王子明	15	45	
推广助理员	马瑜晖	15		
临时事务员	陆师羲	60	50	
临时事务员	陈仁涛	60	50	
临时会计员	胡翠金	60	50	
临时会计员	萧寿昌	60	50	
临时技术员	钱丽因	60	50	
临时技术员	施惠钧	60	50	
临时技术员	李海宗	60	50	
临时技术员	叶树藩	60	50	
临时推广员	陈南田	60	50	
临时推广员	郑传燮	60	50	
临时推广员	谭沛祥	60	50	
临时推广员	费家群	60	50	

国立云南大学民国三十三年九月马坊镇分校教职员薪津分册

职　别	姓　名	年　龄	薪俸（元）	学术研究费（元）	部定研究费（元）	备　注
理化系主任理学院院长	赵雁来	43	580		1 000	每月支特别办公费 550 元；滇越路补助费 1 300 元
讲师	顾建中	33	270	130		
助教	胡维菁	30	170	200	260	
	龙文池	29	110	160	260	
	何炳昌	32	110	160		
图书管理员	袁俊春	30	90	170		
英文讲师	王舍钟	31	260	120		
	俞铭传	31	260	120		
文史讲师	尚健菴	41	300	160	500	
	林少侯	39	26.	150		
助教兼总务干事	郑　侨	29	140	160		
数学系助教	苗华殿	27	110	160	260	
	兰恩泽	27	110	160		
军训教官	吕秀章	36	220	200		
庶务员	张立诚	39	125	200		
试用事务员	朵应景	35	70	160		
特务干事	把尚贤	32	70	120		
助理校医	董裕卿	32	200	220		
学生助理	赵旭初		80			
学生助理	冉邱彦		80			
校工	徐礼忠		98			
校工	李　彬		92			
校工	曹家彦		90			
校工	恭询珍		90			

教职员薪俸与生计

续 表

职 别	姓 名	年 龄	薪俸（元）	学术研究费（元）	部定研究费（元）	备 注
校工	宋连唐	80				
校工	曹学富	95				
校工	杜老柱	85				
校工	刘兴周	60				
校工	张 兴	85				
校工	曹家祐	75				
校工	李 谓	92				
校工	蔡民春	80				
校工	杨复中	57				
校工	左氏富	80				
校工	张 贤	75				
校工	李开春	160				
校工	李长江	75				

国立云南大学民国三十三年校本部各专款补助费表

姓 名	薪（元）	学术研究费（元）	校方支薪（元）
龙氏讲座			
姜寅清	300	1 000	220
冯景兰	300	1 000	290
张福延	300	1 000	300
胡光炜	300	1 000	300
刘文典	300	1 000	300
杨克嵘	300	1 000	290
王赣愚	300	1 000	220
华罗庚	300	1 000	180
曾 勉	300	800（200 调查费）	220

续 表

姓　　名	薪（元）	学术研究费（元）	校方支薪（元）
西南文化研究室			
徐嘉瑞	100		400
楚图南	100		400
方国瑜			
陶秋英	140		150
缪鸾和		180	
李俊昌		180	
中英庚款讲座			
鲁翼参	230		230
庄圻泰	240		240
沈福彭	235		235
王世中	235	235	235
实习工厂			
柳璪坤		1 000	
刘振章		200	
附属医院			
赵明德	550		
伊斯兰讲座			
白寿彝	200	240	300
棉作讲座			
孙逢吉		2 000	
南园研究费			
胡光炜		5 000	
中基补助			
周孝谦	250		
陈迪武	110		
杨德森	120		
殷之文	110		

二

教职员薪俸与生计

二

姓　名	薪（元）	学术研究费（元）	校方支薪（元）
萧梓彰	3 000（车房贴）		
企业局补助			
滇越铁路补助			
何衍璿	1 000		
杨克嵘	40		
柳璨坤		40	
丘勤宝		40	
殷之澜		40	
高　锜		40	
陶逸钟		40	
李吟秋		40	
姚　瞻		40	
杨心湛		20	
吴持恭		20	
黄宝泉			
陈叔香			
张正林		20	
何丕承		20	
膳食补助费（即各院系主任领特别办公费）			
姜寅清	100		
何衍璿	100		
杨家凤	1 100		
章辑五	600		
张福延	1 100		
范秉哲	100		
柳璨坤	50		
冯景兰	100		
徐嘉瑞	50		

续 表

姓　名	薪（元）	学术研究费（元）	校方支薪（元）
朱驭欧	50		
王伯琦	50		
王士魁	50		
崔之兰	50		
林成耀	50		
郑万钧	50		
丘勤宝	50		
鲁翼参	50		
费孝通	50		
王鹤轩	50		
英大使馆新闻补助费（津贴）			
玛丽司达威斯基	3 000		
刘隐鹄	1 000		

民国三十四年二月调整后兼职教员薪俸表

姓　名	薪　俸
王赣愚 秦瓒	（1）月薪（以四小时计）160 元加成数 20 倍 3 200 元 （2）超溢二小时薪（以学研费报部）1 680 元 （3）龙氏研究费 3 600 元 （4）学生研究指导（特别费支）4 000 元
陈后芝 潘光旦 李树青	月薪（二小时）120 元加成数 2 400 元
姚嘉椿	月薪（三小时）120 元加成数 2 400 元特别补助费 2 000 元（特费支）
贺　印 芮　沐 赵公望	月薪（二小时）80 元加成数 1 600 元

姓　名	薪　俸
白　英	（1）月薪（三小时）120 元加成数 2 400 元 （2）特补费 1 500 元
陈美觉	（1）月薪（四小时）120 元加成数 2 400 元 （2）超溢一小时薪（学研费报部）630 元 （3）学生研究指导 1 000 元（特费支） （4）本学期内准予另送 5 000 元
华罗庚	（1）月薪（一小时）40 元加成数 800 元 （2）龙研补费 1 000 元
高崇熙 黄子卿	（1）月薪（四小时）160 元加成数 20 倍 3 200 元 （2）超溢一小时薪（以学研费报部）840 元 （3）龙氏研究补助费 3 000 元
张　玺	（1）月薪（二小时）80 元加成数 20 倍 1 600 元 （2）特补费 2 200 元（由特费支）
钱临照	（1）月薪（四小时）160 元加成数 20 倍 3 200 元 （2）特别费 2 000 元（特费支）
缪安成	（1）月薪（四小时）160 元加成数 20 倍 3 200 元 （2）超溢二小时薪（以学研费报部）1 680 元
沈家瑞	（1）月薪（四小时）160 元加成数 20 倍 3 200 元
路祖寿	（1）月薪（三小时）90 元加成数 20 倍 1 800 元
韩裕文 王　逊	（1）月薪（二小时）40 元加成数 20 倍 800 元 （2）报练习补助费 660 元
马芳若	月薪（三小时）60 元加成数 20 倍 1 200 元
陈阅增	（1）月薪（三小时）60 元加成数 20 倍 1 200 元 （2）学研费 1 500 元（学研费支）
吴征镒	月薪（二小时）40 元加成数 20 倍 800 元
朱德祥	（1）月薪（四小时）80 元加成数 20 倍 1 600 元 （2）特补费 800 元（特费支）

　　备注：调整兼任教授每周每小时拟改为国币 40 元，副教授 30 元，讲师 20 元，薪津自民国三十四年二月份起照上表致送。

三、补助办法

呈教育部关于兼职教员薪俸补助办法

为呈覆致定兼任教员钟点费盘呈报兼任教员名册敬祈签核备案示遵由

案奉，钧部三三年十一月三日会字第九三八八号训令饬知教职员兼课钟点费，准自三三年十月份起支领薪俸加成，仰即遵照办理。等因，一案。

查本校兼任教员钟点费，过去每周每十时一律致送国币八十元，教授、副教授、讲师并另支给补助费，以资调剂。兹奉，令准支给加成，自应将钟点费重新调整，兼任教授每周每小时拟改为国币四十元，副教授三十元，讲师二十元，并停发补助费，改给薪俸加成，已兼课人员虽有超溢，实以师资缺乏，不易退聘齐备，不得不从权办理。钧部饬设法调整，拟依下学期学年聘期满时再行办理。遵照奉令前因，理合造具兼任教员名册随呈。敬祈

民国三十三年

关于教职员福利基金分配办法
（民国三十六年度第四次校务委员会议记录）

时间：三十六年九月五日上午九时

地点：校长室楼下

出席人员：张福延、李吟秋、蒋同庆、于振鹏、赵崇汉、黄士辉、黄国赢、段永嘉、丘勤宝、王绍曾、朱驭欧、方国瑜、蒋蕙荪、朱肇熙、王士魁（黄士辉代）、马光辰、张其濬、梅远谋、全云寰

主席：张院长

记录：雷光泽

报告事项：

一、张院长报告

本会委员会已到过半人数，宣布开会。

今天会议有须提出报告者为员工福利基金案，业经8月30日第一次员工福利基金委员会第一次会议：决定分配办法如记录案所载，其余有须补充者，请福利基金委员会召集人蒋蕙荪先生报告。

二、蒋总务长报告

福利金分配情形照教育部令示办法分医药、丧葬、生育、房租津贴、子女教育、准备金等酌定百分比。此外，并提出部分支发全体员工7成薪津，惟此项福利金之分配有须再加考虑者，即夫妇同为本校教职员而其享受福利金之权利究为一份或得两份，似有

提经本会讨论之必要。

三、全主任报告

本年 1~7 月份教职员福利基金共结余 29 528 560 964 元，若按全体教职员工支发薪俸 7 成，则总支 27 592 000 000 元，所饬仅只以 436 560 964 元，是则一切房租、子女教育、医药、丧葬等等将无法分配，应否将 7 成数再行酌减之为全体会商讨。

四、讨论事项

1. 福利基金决议，将三十六年七月份生活补助费节余提出：三分之二作为奖金及制服费，就员工普遍发给薪饷之 7 成一案，应否重加讨论，请公决案议决，改为支发 6 成。

2. 福利金提发员工薪饷 6 成外，所有剩余是否依照福利基金委员会决议分配之百分比办理请决案。公决案议决依照原议决案酌予改订，如下：

甲、分配原则定为：

A. 房租津贴 30%；

B. 医药津贴 30%；

C. 丧葬 5%；

D. 生育补助 10%；

E. 子女教育 25%。

乙、房租津贴分配标准：

A. 教授以租赁 5 间为限；副教授 4 间；讲师 3 间；助教 2 间；助理 1 间。

B. 教员、组主任比照副教授；干事比照讲师；组员比照助教。

C. 单身教职员以 1 间为限。

上项房租津贴按分配之百分比酌量分配之以一项为限。

丙、医药费补助标准定为：

A. 教授 50 万元以上，副教授 40 万元以上，讲师 30 万元以上，助教 20 万元以上，工友 10 万元以上者始予补助。

B. 医药费用超过上列基数者每增加一倍补助费亦照比例增一倍。

C. 职员、组主任比例照副教授、干事比照讲师、组员比照助教给予。助理 10 万元以上给予补助。

上项医药补助限于三十六年 1~7 月取得实证件者，并随在任所之眷属为限，补助数目视分配之百分比得款多寡酌量分配之。

丁、丧葬补助以在三十六年 1~7 月份者为限。

戊、生育补助费每生育一婴孩以补助 40 万元为最高额，并以三十六年 1~7 月出生为限。

己、子女教育补助费以每一小孩为单位计算照发，工人减半，补助金额视分配之百分比所得数目多寡酌定之。

上项补助费须有学校肄业证明书方得核给。

3. 关于员工支发 6 成薪饷，有已离职或不到，以及兼任人员是否照发，请公决案。

议决规定支发条件如下：

A. 离职者不发；

B. 不到职者不发；

C. 不在职者不发；

云南大学史料丛书·教职员卷

D. 兼任人员不发；

E. 委托他人代课者不发；

F. 到职一月者发6成薪饷之七分之一，自到职月份起算以此类推。

4. 福利金之补助须由福利委员会审核批付请公决案议决通过。

5. 福利金之分配问题附中有与牵连，请公决案。议决将教育部令颁办法转令附中遵办，现所讨论分配者为大学本部节余之福利基金，自与附中无涉。

6. 李吟秋先生等14人提议，学术研究费为数无几，闻现在又有公文递减核发，似非提倡学术之意，拟请校方照旧垫付并电部准予照前列办理。

7. 李吟秋先生等14人提议，本校同仁薪津应请教部除仍照京沪办理，差额亦照发给外，并要求配给实物，所配实物即请照廉价配，折每人国币20万元，以上资救济拟电部，力争请公决案。议决通过。

国立云南大学节余薪俸及生活补助费移充员工福利用途实施细则

一、本细则依照三十六年七月十日教育部颁订《各机关学校节余薪俸及生活补助费移充员工福利用途实施办法》规定之。

二、员工福利之补助费以下列各项比例分配之：

甲、员工消费合作社基金占节余全额百分之十；

乙、员工眷属宿舍租赁费或津贴占节余全额百分之三十；

丙、员工膳食制服、医药、丧葬、生育、子弟教育等补助费占节余全额百分之三十；

丁、员工补习教育、学术研究及体育娱乐、图书等设备费占节余全额百分之二十；

戊、奖金占节余全额百分之十。

三、员工消费合作社基金一次拨足，另组织合作社经营之，如不成立合作社时，其节余额由乙丙丁三项比例分配之。

四、员工眷属宿舍租赁费或津贴仅限于不住校之员工方得支领，而按各员工之薪级比例分配之。

五、员工膳食、制服、医药、丧葬、生育、子弟教育等补助费之分配办法如下：

1. 膳食补助费占本项全额百分之十；

2. 制服补助费占本项全额百分之十五；

3. 医药补助费占本项全额百分之二十；

4. 丧葬补助费占本项全额百分之十；

5. 生育补助费占本项全额百分之十；

6. 子弟教育补助费占本项全额百分之三十五。

上列各项之支付细则如下：

甲、膳食补助费按各员之薪级比例分配之；

乙、制服补助费按各员工之薪级比例分配之；

丙、医药补助费限于员工之直系亲属，按确实证据酌为津贴，其数额由保管委员会决定之；

丁、丧葬补助费限于员工之直系亲属，按确实证据，每一员工支领若干，而由保管委员会讨论决定之；

戊、生产补助费按确实证据，每一职员或每一工友支领若干，而由保管委员会讨论决定之；

（以上丙丁戊三项如有剩余，留作下期备用）

己、子弟教育补助费分配如下：每一大学生每学期补助，每一中学生每学期补助，每一小学生每学期补助，俱凭交费单或成绩单发给。

六、第二条丁项之分配办法如下：

甲、员工补习教育设备补助费占百分之二十；

乙、学术研究设备补助费占百分之三十；

丙、体育娱乐设备补助费占百分之三十；

丁、图书设备补助费占百分之二十。

上项开支由保管委员会议决之。

七、奖金：凡员工之有特殊劳绩者，得由主管人员提请保管委员会决定奖金数额发给之。

八、本细则如有未妥事项，得由保管委员会提请校务会议修正之。

九、本细则由校务会议通过施行之。

十、本细则由福利基金保管委员会执行之，委员五人至七人由校务委员会公推之。

云南大学史料丛书·教职员卷

国立云南大学节余生活补助费及特别补助费使用办法

径启者：查本校三六年度节余生活补助费及特别补助费，兹遵照行政院三六年七月三日会字第25942号训令，颁发各机关学校节余薪俸及生活补助费移充员工福利用途实施办法第二条、第三及第五三项规定，用途拟提发肆亿零柒佰壹拾叁万柒仟伍佰元，按"三六年十二月份各员工应得薪津二分之一标准分发，各员工工作为奖金及制服费，此项奖金及制服费并未超过上项办法第三条后半段，员工福利用途不得超过原核定预算员预算额百分之二十"之规定，本校三六年度生活补助费及特别补助费合陆拾亿陆仟捌佰万贰仟元，照核定员额百分之二十计算，可拨充员工福利用途费用合壹拾叁亿叁仟叁佰柒拾万陆仟肆佰元余，三六年十一月二日以国库3359户第224407号支票提过368 601 800元及三七年一月三十一日以国库3 359户第224416号支票提过33 888 600作员工福利金，二共合402 490 400元，外连此次提拨之407 137 500元，不过合809 627 900元，与核定预算员额百分之二十之比例尚相差524 118 500元，相应检具国库3 359户第224417号支票连同拨款名册，备文函达，即希贵处查照审核，分别盖章，发还以便向国库拨领至级公谊。辞致审计部云南省审计处

附送拨款清册一份，3 359户第224407号支票一纸

总务处关于职员生活补助费发放标准报告

查本校职员二月份生活补助费，奉示照报端新载新案第四区生活指数65 000倍提前拨领，尽于旧历年前办发等因，详细办法尊于昨日特函领获悉。因新案办法尚未奉令录，正式办账既属不便，且须准备附件手续甚烦，年间在追赶办不及，为争取时间计，拟照上述标准就各专任教员应得二月份薪案生活补助费预发十万元以上整数。譬如：某人月薪250元，以30元为基数乘65 000倍得1 950 000元，余工薪220元乘6 500倍得1 430 000元，合计3 380 000元，即预付整数3 300 000元，余数则备奉令确定后再为补办。又学术研究费特别办公费及其他补助费等等，因国库经常费存款不敷，无法先期拨额，拟暂不列支，仍旧备以后并补发，至于兼任教员是否照上述新标准式，旧案预发整

数。又校工警照报端新载自月饷 6 元起至 18 元正分为 7 级，按生活数 65 000 倍暂以 12 元计给每人月合 780 000 元。特因工警常有异动，应准借支 10 000 元，谨候，钧示上陈办法是否有当，理合签请鉴核照，示遵！谨呈，总务长蒋核转熊校长

一、专任教员照此办理；

二、兼任照旧办理并发整数；

三、工警每人暂发 700 000 元。

民国三十七年一月二十六日

总务处关于薪给报酬所得税新标准报告

查薪给报酬所得税，按大观晚报八月九日刊载，自七月份起，起征额已有调整，薪资所得每月额满 2 216 万元以上者一律课税 10%，所得额起过 14 714 万元者，始课征累进税。复查员工生补，非照七月份生活指数 130 万倍计算，即工役每人亦可得响银 1950 万元之教员最高者月得壹亿壹千万元，若照旧案起征额计算（旧案以 791 万元为起征额，为所得额过 5 274 万元者，即以累进计税），则全校工警均需扣纳所得税，而教职员薪津皆纳累进税，若此则扣税必多，员工负担为之加重，且事后若照新案退税则手续案繁，办理不易，为免除事后之麻烦，顾及目前事实上之需要，请暂照报载新标准办理七月份薪津扣税，事宜之变，理合签呈，钧鉴核夺，示遵，为蒙，赐准并新通知会计室知照！谨呈总务长蒋核转校长熊。

民国三十七年八月十三日

四、教职员生计

呈请增加本校职员工役薪水由

　　为呈请核示事：窃查，职校职员工役薪俸极低微，司书月薪低则法币 16 元，高亦不过 20 余元，课员干事平均亦仅 30 元左右，年来米珠薪桂，个人生活已难维持，赡养家室更不能，校长随时训话，钧以在抗战期间，各级职员顷共体时艰，勉力支持，该员司等难虽在万难之中，尚能仰体斯意，努力服务，惟近顷生活程度继续增高自二十八年一月至三月，物价增加倍徙，即以米价一项而论，已由每斗 10 元涨至二十七、八元，乃至 30 元之晋，零星各物亦因此以飞涨，计一月所得之薪金，仅能购米一斗有余，低级者仅及其半，各该员司工役，实无以自给，纷纷请求辞职，校长察其情形，实属可怜，若不酌予增加，则影响工作甚钜，查职校概算，关于行政费，按其比率，已无可掷加，而事实驱迫，又不能听其相率离去，影响校政无已，惟有呈请。

　　钧部，特准将历年应行解缴款项，如学费、利息、杂项收入等，免予解缴，即作为本年度追加预算，增加员工薪水，至增薪办法，除高级职员概不增加外，拟将薪水较少之主任干事等薪金增加百分之十，课员等增加百分之二十，司书等增加百分之三十，虽为数甚微，尚可补救于一时，否则各机关工厂，迁滇者日多，滇省行政机关，薪水亦已增百分之五十，各员工均将相率他去，实于校务推进防碍殊大除另拟加薪表呈请钧核外，理合备文呈请核示施行。

民国二十八年四月十六日

教育部关于周保康抚恤金处理指令
（民国三十二年十月二十一日收到）

令国立云南大学：

　　三十一年八月二十九日呈一件为据情呈请抚恤本校职员周保康遗族检附表件，祈核示由：呈件均悉，查该校故职员周保康继续在该校服务十年，准依照学校教职员养老金及恤金条例第八条第一款及第九条第一款之规定，照该故职员最后年薪，国币 1 440 元之半数给予，恤金国币 720 元，所呈将津贴等项，并入薪俸计算，碍于规定未便照办，惟念该故员身后萧条，情殊可悯，仰由该校酌再加发三个月薪津，以示体恤，除恤金俟呈奉国民政府备案后再行咨请财政部拨发外，仰即知照，证件发还。此令附证件一件。转知该故员家属，知照酌再加发三个月薪津，应请核示后再行发给，再由校加发三个月薪津（自呈报身故之月起），以示体恤，总务处会计室查照。

部长陈立夫

云南大学史料丛书·教职员卷

教育部关于汇发王鹤轩医药费训令

令国立云南大学：

该校职员王鹤轩医药补助费，案经转准卫生署三十四年二月十六日医字第 2171 号函核与规定相合，应发国币柒仟捌佰柒拾陆元陆角柒分请查收转发等由，兹将该项医药补助费汇发，仰即具领报部备查此令。俟令行汇发通知王鹤轩先生。

民国三十四年四月三日

云南大学通知段宝珍、陶秋英领取生育费

民国三十四年六月七日查本校前呈：

台端请领生育医药费一案，奉教育部本年五月十八日人字第 25947 号训令，开该校教职员陶秋英、段宝珍生育医药补助费案，经转准卫生署三十四年四月二十二日医字第 5770 号函，核与规定相合，应发国币叁万贰仟元，请查收转发等由，兹将该项生育医药补助费汇发。等因，奉此，应俟款到后特发，除分别通知外，相应通知，即希查照办理为荷。此致

会计组出纳组

段宝珍　陶秋英先生

案查：教部由农民银行汇发三十四年五月份陶秋英等生育补助费国币二千元，暨同年五月份未贴五佰万元，六月份膳贷肆佰万元业向该行如数取讫，兹填印收，请备文呈送为荷。此致文书股组附即收三份

出纳组启

民国三十四年五月三十日

潘大逵配偶生育补助费事由教育部指令

教育部指令：该校教员潘大逵之配偶生育补助费五千元准予汇发由。

会计室，出纳组分别办发并取具即收据报部

民国三十四年九月十日

令国立云南大学：

三十四年七月二十七日云字并 1077 号呈一件，为呈送本校教员潘大逵之配偶生育补助费证件祈核准拨给由呈付均悉。准发该校教员潘大逵之配偶生育补助费五千元，仰取具收据，加盖印信呈部以凭报销。件存，此令

部长朱家骅

云南大学通知潘大逵领取生育补助费

案查本校前呈转政治系教授潘大逵配偶生育证件，祈核拨生育补助费五千元一案，奉教育部本年八月二十七日人字第 42424 号指令开"呈均悉云云件存此令"等因，奉此除通知外，相应通知，即希办发并取拨报部为荷。查照。迳向出纳组洽领为荷。此致

会计室出纳组
潘大逵先生

民国三十四年十一月九日

为凌达扬家属医药补助费呈教育部函

为核转本校外国语文系教授凌达扬申请家属医药补助费，检具请领清册收费单据等祈鉴核，准予补助示遵由：

民国三十四年九月二十七日：呈案据，本校文法学院外国语文系教授凌达扬，检送该员男孩患病就诊收费单据请特呈，补助医药费由二分之一等情，查该员家境艰难，负担奇重，所呈用去医药各费壹拾陆万玖千捌百元，核尚属实拟请钧部准予补助半数，理合制具请领清册，连同该员原呈医院收费单据收据备文呈请。钧部举核示遵，实为公便。

谨呈教育部部长朱

民国三十四年十一月十九日

补助凌达扬医药费通知

案查本校前呈转公端家属医药证件，祈核发医药补助费捌万肆千玖百元一案，兹奉教育部本年十一月十九日人字第 58494 号指令，开呈件均悉云云，由该校核实后再报，原贵各件发还，仰即知照此令。等因，奉此相应发还医院收费单据，通知即希查照更正办理，送校俾凭转报为前。此致凌达扬先生

附送医院收费单据及领据各一份

民国三十四年十一月二十七日

关于调整赵重哲先生车马费之通知

奉校长条谕："赵重哲先生常住航空研究所，每周须往来校本部上课，原补助车马费十万元实过少，兹调整改为三十万元，自一月份起照发"事因，奉此，相应通知，即希，查照办理为荷。此致

国立云南大学
三十七年一月二十二日

关于先行垫付教职员食米代金总务处致新校长函

查 4 月份米价按昆明市政府通知每斗为 18 万元，本校员役 5 月份米代金可否仍援旧案以 4 月份米价为准，即予拨发之变。敬祈钧核示遵！谨呈

总务长蒋核转代行新校长张

三十七年三月十五日

经管农行 2 298 户存款截至本日午后四时为正，尚有节余壹亿元。又 3 403 户应付未付三月份工薪津约余存壹亿元转入 2 298 户，后则共约余存贰亿元。昨日面谕，因教职员役生活艰苦，命将食米代金先行垫付。谨查本校专任教职员（各附属单位人员在内）约以 480 人计，核定每月每人垫付三十万元，月均约需壹亿肆仟肆佰万元；全校工警约以 250 人计，每月每人各垫付贰拾万元，月约需伍仟万元；员役合计每月共约垫米代金壹亿玖仟肆佰万元，尚今后能将其他支付暂予停止，则前述余存及透支款额尚足敷用，至于每月每人各垫付若干，抑先垫一个月或二个月米代金之变。敬新，钧核示遵！谨呈

总务长蒋核转代行新校长张

三十七年三月二十四日

九月份米代金照发通知

校长室发下会计室签一件为"9 月份米代金因薪饷办法改变尚未发送，行政院通令文武职人员薪饷办法内亦未提及米代金一项，惟财政部拨发米代金数项，仍照常拨发至十二月，九月份起米代金拟应继续发送，兹拟按市政府证明米价（八月份市价）办理每公斗八角零五厘计算，拟于中秋前发送……"等情，经奉校长批示："如拟照发，若政府取消米代金以后再收回"等因，相应通知，即希查照办理为荷。此致

出纳组

国立云南大学
三十七年九月五日

因物价上涨提前发放十一月份薪津之通知

奉校长条谕："目前物价狂涨，员工生活极端困难，应照十月份薪额标准提前垫发十一月份薪津，壹元以上整数发给，已预支者照扣。"此致

国立云南大学
三十七年十月十八日

向银行借款购买用品做救济员工之用的通知

奉校长室发下通知一件为："查十一月二十五日第十四次行政会议记录载，本校向昆明银行团贷款壹拾捌万金元券，以作本校员工救济之用，应如何妥筹、办理请公决案议决：照教授会建议，按照十月份底案，借给本校员工薪津及学生公费奖学金三个月一金元以上之整数，约需壹拾贰万元，其余陆万元分别购买布匹、面粉、毛巾、肥皂、煤、盐、糖、茶等由员工福利委员会会同总务处采购，并配借之等语，记录在卷，相应通知，即希查照办理"，等因，相应录案通知，即希查照办理为荷。此致

国立云南大学
三十七年十一月二十七日

冯建纲家属借支安葬费处理之通知

奉校长条谕"冯建纲教授身后萧条，其家属借支之安葬费壹千元准予暂时不扣"。等因，相应通知，即希查照办理为荷。此致

国立云南大学

三十七年十二月十六日

助教仲跻鹍患病期间津贴使用之通知

奉校长条谕"助教仲跻鹍不幸患疯病，其家属无力来昆照应，其薪津故准外语系暂时代领，酌以一部分津贴，照应之工友，又一部分作医药费或代理工作之人。"等因，相应通知，即希，查照办理为荷。此致

国立云南大学

三十七年十二月二十七日

民国三十八年三月二十四日国立云南大学待电

教育部部长陈钧鉴：

迩来金元贬值，物价腾贵，教职员工生活困难，达于极点，昨蒙调整教员学术研究补助费，虽购买力仍属有限，但涸辙之鲋，滴水亦属大惠。惟是职员薪金微未待遇向低，在此窘迫情形之下，所得不能维持最简单之生活，工人工资则仅食粗藕果腹亦不可能，实难使其安心服务。

钧部准予比照教员学术研究费给予特别津贴，对工人另筹紧急救济金以资补助，而利维持并祈示遵临电，不胜迫切，待命之至国立云南大学校长熊，叩寅印。

民国三十八年三月二十四日云南大学公函

教育部本年三月未列日第六八七号代电以奉二月二十八日，穗预字第四九五号院令，核定学术研究费自本年一月份起调整为教授月支基数 200 元，副教授 150 元，讲师 100 元，助教 50 元，依照各区薪津计算标准支给，刻正给商国库简化支付手续以便及早领拨等因，奉此自应尊办，查本校有教授 106 人，副教授 39 人，讲师 41 人，助教 79 人，共计 265 人，按昆明区薪津标准计算，一月份学术研究费应照基数加 24 倍，二月份 50 倍，三月份 150 倍支发共需金元券 78 622 400 元。惟是款项现尚未奉拨下，在此生活窘迫之际，各同人催发甚急，应请贵行本中央重视文教人员之意，旨惠予通融提前借垫，俾资支应嗣款项拨到即行归垫，兹派员持函前来面商，希即，赐予给办为荷。此致

中央银行昆明分行

校长熊

增加主管人员特别办公费通知

奉校长条谕"现奉教育部令自民国三十八年八月起增加一倍发给各主管人员特别办公费，应即遵办至附属医院院长、副院长亦照新规定增发，希即照发"事因，相应通知，查照办理为荷。此致

国立云南大学

民国三十八年四月二十三日

教育部关于于耀廷抚恤金处理指令

令国立云南大学：

查本部前核给该校故员于耀廷遗族恤金 3 360 元一案，经呈请行政院转呈国民政府备案去后兹准行政院秘书处二十三年三月二十四日，义陆字 6488 号公函开"贵部转送国立云南大学故员于耀廷请恤一案，已由院转奉国民政府指令，准予备案，相应函达查照"，等由准此，除分别咨请财政审计部查照外，合行填发该故员遗族恤金证书，令仰转发并饬觅保迳向财政部具领，原缴服务证件三件发还，此令。附发恤金证书一件，发还证件三件。

非常时期改善教职员工生活办法施行细则

第一条 本施行细则依非常时期改善教职员生活办法第二十七条订定之。

第二条 教职员之父与子或女性教职员之配偶系属残废或有痼疾者，如援照非常时期改善教职员生活办法七八两条之规定报领食米代金时，应取具医生证明书，经其服务学校校长核定并于清册备考栏详为注明。

第三条 中途增减之数职员及工友与其家属食米代金照下列之规定计算：

一、到职在月之十日以前，离在月之二十日以后者，以全月计算。

二、到职在月之二十日以前者，离职在月之十日以后，以半月计算。

三、到职在月之二十一日以后，离职在月之十日以前者，不计。

第四条 各学校应于非常时期改善教职员生活办法施行之第一个月及以后每学期开始之月（即二八两月份）各造具教职员工友与其家属请领平价食粮代金清册（册式一）四份报部核办，其余各月只须将人事异动及各家属出生死亡之人口异动于次月十日以前造具教职员工友与其家属请领平价食粮贷金人数异动清册（册式二）四份报部核办，勿庸编造全部名册，其无人事或人口异动者，应予限办专文声明。前项清册四份除由部抽存一份，并以一份备送行政院外，其余两份饬送审计部备案。

第五条 各学校造送上项清册，应以一学校为一单位，不得任意割裂，但附属学校或分校所在地与本校不在同一地域者得分别列报，均应依照非常时期改善教职员生活办法第二十三条切实办理。

第六条 各学校如领到部垫发员工食米代金款项为维持各员工之生活计，由学校负责先行酌借一部分，俟所报清册经部依据粮价审查核定，令知到校后再行清发。

第七条　中途进退之教职员在职不足一月者，其生活补助费按日计算。

第八条　各学校于非常时期改善教职员生活办法施行及每会计年度开始，应各造具教职员请领生活补助费一月份清册（册式三）四份（年度开始及成立之学校应造送开办月份清册），报由本部核转国民政府主计处，通知各库署按月选拨，其余各月只须将人事异动于次月十日以前造具教职员请领生活补助费异动清册（册式四）四份。报部核办勿庸编造全部名册，其无人事异动者应于限期前专文声明。

第九条　各学校造送第四、第八两条所规定之清册时，如有漏列人员得在下月内补报，逾限不报者不得再行补报。员工家属人口除新出生者外，不得以任何理由补报。

第十条　各学校造报第四、第八两条所规定之清册应各专案呈送，不得并为一文。

第十一条　本细则如有未尽事宜得由教育部随时修改之。

第十二条　本细则自颁布之日施行。

后　记

　　《云南大学史料丛书》是云南大学与云南省档案馆合作完成的一套文献资料丛书，为此成立了由双方领导及专家参加的编委会。

　　《教职员卷》是《云南大学史料丛书》中的第一本，本卷经过课题组同仁历时一年的努力，现在终于出版了。

　　《教职员卷》集中反映了云南大学自建校至 1949 年教职员的变动以及学校对教职员的管理等诸方面的情况，有助于学者及关注云南大学发展的人士对云南大学的研究。

　　本卷以云南省档案馆现存的资料为主，兼顾中央第二档案馆及《国立西南联合大学史料》等的相关资料，为节省篇幅，在标注资料出处时，只标注了中央第二档案馆及《国立西南联合大学》。本卷大量使用了表格来说明教职员工每年的人事、薪俸等的变化情况，这些表格很大部分都是编者将资料综合编辑而成的。《教职员卷》的内容包括校院、系及行政机构的人事任命；教职员的名录及简历；学校对教职员的管理；教职员薪俸与生计等。这四部分的档案数量较多，我们只是选录了其中较重要的一部分。书中所述都是发生在中华人民共和国成立以前的事情，所以本书中使用时间的为民国时间。

　　全书由刘兴育统稿，并负责第二、三部分的审阅和修改工作，云南大学档案馆王晓珠馆长负责第一、四部分的审阅和修改工作。各部分编写人员分别是：毕学军（第一部分）；李国红、马丽（第二部分）；陶乔双、刘兴育（第三部分）；雷文彬（第四部分）。

　　本书的难点在于校对，省档案馆的蒋一虹、杨萍负责了部分校对工作，夏强疆、丁宝珠对本书的部分文字作了考证断句。云南大学副校长肖宪在百忙中为本套丛书作序。云南大学党委书记刘绍怀、云南省档案馆原馆长杨汝鉴、现任馆长黄凤平等领导积极支持本书的出版，为课题组查阅档案资料提供了有利的条件。此外，李波、冯彦杰、吕宗凤、李建华、李春雷、何军、王静、赵慧慧等为本书的录入工作付出了辛勤的劳动，在此一并致以诚挚的谢意。

后记

书中的资料全部来源于档案，许多资料由于档案史料庞杂且保存分散等原因而出现前后不统一。在编写过程中，我们能够统一的已作统一，但有部分经多方努力仍不能统一的，我们就按照档案实录下来，以求教于大家。本书难免还有疏漏之处，谨请读者予以批评指正。

　　该书出版后，受到读者好评，但也发现一些不完善的地方，借此次云南大学九十年校庆再次补充核实存疑之处，重新修订出版。

编　者

2013 年 2 月

云南大学史料丛书 · 教职员卷